Política, dinero
e institucionalización
partidista en
América Latina

Política, dinero e institucionalización partidista en América Latina

Manuel Alcántara y Elena M. Barahona (eds.)

UNIVERSIDAD IBEROAMERICANA
BIBLIOTECA FRANCISCO XAVIER CLAVIGERO

Política, dinero e institucionalización partidista en América Latina

1. Partidos políticos – México. 2. Partidos políticos – Finanzas – México. I. Alcántara, Manuel.

JL 1298 A1 P56.2003

1a. edición, 2003
D.R © Universidad Iberoamericana, A.C.
Prol. Paseo de la Reforma 880
Col. Lomas de Santa Fe
01210 México, D.F.
D.R © Instituto Federal Electoral
Viaducto Tlalpan No. 100
Col. Arenal Tepepan
14610 México, D.F.
D.R © Facultad Latinoamericana de Ciencias Sociales
Carretera al Ajusco No. 377
Col. Héroes de Padierna
14200 México, D.F.

ISBN 968-859-508-X

Impreso y hecho en México
Printed and made in Mexico

Índice

PARTE II: La institucionalización de los partidos

Presentación

Con el propósito de evaluar los resultados del Proyecto de investigación "PARTIDOS POLÍTICOS Y GOBERNABILIDAD EN AMÉRICA LATINA"[1], el *Instituto Interuniversitario de Estudios de Iberoamérica y Portugal* de la Universidad de Salamanca organizó el Seminario "Los partidos políticos ante los retos del siglo XXI" los días 1 y 2 de junio de 2000[2]. Las ponencias que fueron presentadas en dicho foro, son las que ahora se reúnen aquí una vez reelaboradas por sus autores tras las discusiones habidas en el seno del Seminario. El presente volumen resulta así imprescindible para los estudiosos de los partidos y para el público interesado en el tema ya que facilita una mayor divulgación entre los interesados en esta disciplina tanto por la gran actualidad del tema presentado como por el rigor y el elevado nivel de las contribuciones aquí recogidas.

Si bien la preocupación general en torno de la cual se articula el libro consiste en la tan renombrada crisis a la que se enfrentan los partidos políticos a nivel mundial, en particular cada uno de los trabajos aporta una posibilidad de superación de la misma con el objetivo de profundizar en una mayor democratización del sistema político y de mejorar la participación de la ciudadanía en el mismo a través de la que es una de sus instituciones clave. De esta manera, se pretenden abordar algunos de los principales problemas con los que se enfrentan las organizaciones

---

[1] Proyecto financiado por la Comisión Interministerial de Ciencia y Tecnología del Ministerio de Educación y Cultura de España (ref. SEC97-1458), bajo la dirección de Manuel Alcántara Sáez.
[2] Este Seminario contó para su organización con el apoyo de una Acción Especial de Ministerio de Ciencia y Tecnología (ref. SEC1999-1854-E) y de las Fundaciones Friedrich Ebert Stiftung y Konrad-Adenauer.

partidistas, instituciones básicas dentro de los actuales regímenes democráticos, desde una doble perspectiva: la financiación de la actividad partidista y su grado de institucionalización en relación con la organización de los partidos, sus relaciones con el gobierno y el papel de las campañas electorales.

El volumen se inicia con una introducción de los editores del mismo, Manuel Alcántara y Elena Martínez Barahona (Universidad de Salamanca) en la que se preguntan sobre posibles soluciones a los retos que aparecen identificados como más sobresalientes de los partidos políticos latinoamericanos al iniciarse el siglo XXI.

El texto de Daniel Zovatto (International IDEA), "Estudio comparado de las características jurídicas y prácticas del financiamiento de los partidos políticos y las campañas electorales en América Latina", aborda desde una perspectiva comparada las implicaciones de la ecuación "dinero-política" en el ámbito de los partidos políticos latinoamericanos. Para este propósito parte de seis ejes de análisis que hacen referencia tanto a las relaciones de la democracia con la financiación política, como a los rasgos fundamentales de la misma, los sistemas de financiación posibles y sus campañas electorales. También hace expresa referencia al acceso de los partidos a los medios de comunicación, los mecanismos y las instituciones de control así como el régimen de sanciones frente a las irregularidades del mismo. Consciente de las limitaciones que metodológicamente supone un estudio de estas características, dada la falta de información cuantitativa sobre las contribuciones y gastos de los partidos políticos como la falta de conocimiento de las variables relacionadas con el financiamiento, la escasez de transparencia o la heterogeneidad de los datos que dificultan la comparación, se adelanta a indicar que no existe respuesta a su pregunta de *cuánto se gasta en la política partidaria y electoral en América Latina*. No obstante esta ausencia de trabajos comparados incentiva el interés de este estudio que presenta la comparación de los sistemas de financiación de los partidos y de las campañas electorales en 18 países de América Latina así como de las normas vigentes que los sustentan, lo que

VIII

le otorga el carácter de un referente indiscutible para cualquier estudioso de los partidos políticos en general.

Delia Ferreira (CEPPA-Argentina) presenta en "Financiamiento de la política en Argentina" un estudio de caso sobre las controvertidas relaciones existentes entre dinero y política. Centrando su análisis en la realidad política argentina en la que analiza tanto su sistema de financiación como su posible reforma, muestra las claves generales para poder abordar los problemas de la financiación partidista desde cualquier ámbito político. Presenta, así, como instrumentos fundamentales la adecuación de los recursos privados y públicos de financiación política para incentivar la transparencia limitando también las duraciones y los gastos de las campañas electorales. Su texto aporta referencias claves para el momento actual, dejando reflexiones importantes que parten de la concientización de que no existe una superación del problema utilizando únicamente instrumentos jurídicos ya que se necesita siempre el compromiso de los actores involucrados.

Desde "Financiación pública y concentración de poder. El caso de los partidos políticos costarricenses" Sergio Alfaro Salas (Universidad de Salamanca) somete a prueba una metodología que permita relacionar las variables *Tipo de Financiamiento del partido político* y *Grado de Concentración de Poder* en la organización, de forma tal que la segunda actúe como dependiente de la primera. La intención de dicha prueba es conseguir un modelo para hacer una investigación comparada de los países estudiados en la investigación de Partidos Políticos fruto del Seminario, basados únicamente en los datos obtenidos en las entrevistas hechas en los diferentes países. Aplicado el modelo al caso de Costa Rica resulta consistente y practicable, por lo que se espera que el mismo pueda ser aplicado en una posterior investigación de corte comparado.

Para finalizar esta primera parte se incluye un análisis sobre el tema de las campañas electorales, en el que Roberto Espíndola (Universidad de Bradford) estudia el papel causal de los procesos electorales en el desarrollo de los partidos políticos. En "Partidos, Campañas y Democratización en el cono sur" lleva a cabo un exhaustivo análisis de las últimas campañas electorales en los países latinoamericanos de aquella subregión.

Si bien el tema de la Financiación ocupa un lugar central en el debate público, el que hace referencia a la *institucionalización* de los partidos y a su *organización interna* lo ocupa dentro de la propia militancia y filas partidistas. Así se consideró a la hora de articular otra de las sesiones de debate en el seno del Seminario, que aquí vertebra la segunda parte del libro, donde los ponentes intentaron abordar distintas facetas del problema en cuestión.

Leticia Ruiz Rodríguez (Universidad de Salamanca) en "Polarización en el Chile Post-autoritario. Elites partidistas" persigue la descripción y explicación de la evolución de la polarización en el sistema de partidos post-autoritario chileno, principalmente a nivel de sus elites. La polarización en cuestiones religión-valores permanece, pero existe una tendencia hacia la reformulación y el consenso en temas socio-económicos. Los desacuerdos persisten en torno a los arreglos político-institucionales, en la interpretación de la experiencia autoritaria y en el perfil democrático de los partidos. Continua la distancia entre los polos izquierda y derecha, pero sus significados han cambiado. La reducción de las diferencias en algunas cuestiones ha contribuido a que el centro pierda parte de su espacio político. La experiencia autoritaria, el sistema electoral y las transformaciones socio-económicas, junto con el grado de negociación de los temas y la naturaleza de la disposición de clivajes (transversal o superpuesta) son poderosos factores para explicar la evolución de la polarización en Chile durante la década de 1990.

El capítulo "Los partidos obreros en transformación en América Latina: El Partido Justicialista argentino en perspectiva comparada" de Steve Levitsky (Universidad de Harvard), ambientado en la dinámica de este caso argentino, trata de explicar las claves de su adaptación con éxito a un entorno económico y social muy diverso del que propició su nacimiento medio siglo atrás. A través del análisis del caso peronista se trata de examinar la capacidad de los partidos de base trabajadora para adaptarse a los procesos contemporáneos de cambios económicos y sociales,

X

con el objeto de construir una teoría de las organizaciones partidistas y los cambios emergidos en ellas tras los recientes estudios de los partidos en los países industrializados. La adaptación del PJ se ve así facilitada por una específica estructura partidista que combinó una fuerte organización social con una pobre institucionalización de la jerarquía del liderazgo. Así, se produjo una suerte de flexibilidad de la elite con una estabilidad de las bases que permitiría a los líderes llevar a cabo cambios estratégicos fundamentales para su adaptación sin sufrir importantes costes electorales. El artículo incluye al caso peronista mostrando como los bajos niveles de institucionalización facilitaron la adaptación programática del PJ con una estrategia de coalición durante la década de 1980. Finalmente, trata de encajar el caso peronista en una perspectiva comparada con el fin de examinar la adaptación de otros partidos populistas latinoamericanos al cambio neoliberal.

La tesis principal con la que aborda Elena Martínez Barahona (Universidad de Salamanca) su trabajo, "Hacia una nueva alternativa de organización partidista: el caso uruguayo del Frente Amplio", pretende revisar la estrategia organizativa de los partidos políticos en la izquierda del espectro ideológico para formular una nueva alternativa de éxito frente a las formas de los partidos tradicionales. Así, a lo largo de todo su análisis utiliza como referente al partido Frente Amplio, partido de izquierdas uruguayo, para poderlo presentar como un modelo posible de organización partidista desde su compleja estructura.

Las relaciones entre *Partidos y Gobierno* son necesarias e imprescindibles en un sistema democrático, tan frágiles en ocasiones y demasiado fuertes en otras, pero en todo caso inevitables y siempre objeto de un gran interés. Con el objetivo de explorar más en su estudio, se presentaron las investigaciones de Scott Morgenstern (Universidad de Duke) y Flavia Freidenberg (Universidad de Salamanca).

Scott Morgenstern en su capítulo "Explicando la unidad de los parlamentarios en el Cono Sur", trata de analizar el grado en el que los Poderes Legislativos votan unidos, grado al que su autor denomina "nivel de unidad". En este sentido pretende

XI

corroborar si existe una evidencia estadística para su hipótesis de relación entre la unidad del partido, el sistema electoral, el grado de orientación electoral de las elecciones, la ideología de los actores implicados, las coaliciones existentes y el momento del ciclo electoral.

El capítulo "Partidos y Gobiernos en Ecuador (1979-1998): Gobiernos *anti* partidos y partidos *contra* gobiernos" de Flavia Freidenberg, que cierra el libro, presenta las relaciones entre los gobiernos y sus partidos en Ecuador en el período 1979-1998. El objetivo es estudiar la composición de los gabinetes ministeriales como una manera de abordar los modos de relación entre el gobierno (Ejecutivo Nacional) y el partido que lo sustenta. En el mismo se revisan la incidencia de una serie de factores de carácter institucional, social y político sobre la estrategia del Presidente al momento de elegir a sus colaboradores.

Este libro así como la celebración del propio Seminario son deudores del apoyo institucional y personal de Dieter Koniecki y de Helmut Wittelsburger de las Fundaciones Friedrich Ebert y Konrad-Adenauer respectivamente, modelo de cooperación intelectual y talante universitario. A ellos queremos dedicárselo

Introducción

¿Soluciones ante los retos?

Manuel Alcántara Sáez y Elena M. Barahona *

Los partidos políticos a lo largo de su reciente historia se han enfrentado a diferentes problemas. Muchos de ellos han permanecido hasta el momento actual y siguen originando debates que constituyen retos para la comunidad académica y política. Por otra parte, como instituciones "vivas" se ven sometidas a los cambios que se producen en su entorno. Si bien desde este volumen no se ofrecen soluciones propedéuticas, se esbozan interrogantes sobre distintas alternativas y enfoques que ayuden a entender una realidad tan compleja como necesaria para cualquier sistema político.

A lo largo del actual período de democratización de los sistemas políticos latinoamericanos acontecido después de las transiciones políticas, para unos casos, y de continuidad para otros, los partidos políticos de la región han sufrido profundas mutaciones que tienen su base en aspectos tanto endógenos como exógenos, en cuestiones de alcance estrictamente político institucional como en otras de contenido social o económico. Los elementos endógenos se han centrado en cuestiones tradicionales como son las relativas a liderazgos más o menos caudillescos, a enfrentamientos entre los Poderes del Estado, al impacto de la corrupción. El factor exógeno por excelencia ha sido el descalabro del socialismo real y la pérdida de un referente sólido ideológico y práctico para grandes sectores de la izquierda latinoamericana. Estos elementos han

---

* Universidad de Salamanca.

hecho que muchos de los partidos de la región tuvieran que adaptar sus esquemas organizativos a estos retos. Modificaciones registradas en el universo partidista que también estuvieron influidas por cuestiones de carácter político-institucional debidas a los cambios realizados en los propios textos constitucionales, las leyes de partidos y las leyes electorales, hasta el punto que ningún país latinoamericano dejó de hacer cambios en las mismas, con mayor o menor profundidad, durante este período[1].

Abordando cuestiones como la financiación y la institucionalización partidista, en la que pueden incorporarse la relación de los partidos con el gobierno así como las reflexiones respecto a su organización interna, se introducen los temas globales a los que se han enfrentado los partidos de América Latina. Un ámbito poco analizado en el que la fortaleza de los partidos y su correcta operatividad es condicionante de la estabilidad y eficiencia de las instituciones democráticas. De modo que la importancia del estudio de las relaciones que el propio juego intrapartidista establece entre instancias institucionales diferentes (liderazgo del partido y los liderazgos del Poder Ejecutivo y del Poder Legislativo o de la bancada legislativa en el seno del mismo partido), junto con los procesos de toma de decisión y de financiación en el seno de cada partido, se debe a que con frecuencia son temas claves que en la mayoría de los casos se proyectan como responsables de la imagen de los partidos ante la sociedad. Una imagen que está siendo negativa debido a que los partidos reflejan la desunión que lleva a enfrentamientos a veces fraticidas entre las facciones o la estrecha política de fuertes liderazgos de camarilla frente a los deseos generales de mayor unión y coordinación de los militantes o simpatizantes, o incluso la problemática corrupción en la financiación partidista.

---

[1] Las cuestiones de otra índole no estrictamente politológica también fueron el origen de los cambios acontecidos, bien fuera como consecuencia de la crisis económica que asoló a la región durante la década de 1980 y que enterró definitivamente el modelo de substitución de importaciones así como la centralidad del Estado vigentes casi durante medio siglo, o como resultado de la aparición de valores postmaterialistas y de los cambios registrados en las sociedades.

Por lo tanto, no se pueden examinar los partidos desde una única perspectiva sino que se debe abordar su estudio desde un perfil en el que prevalezca la idea de complejidad ante la que una visión de tipo sistémico puede ser oportuna. De manera que los partidos se comportan como mini sistemas actuando tanto en un ámbito externo (partido como organización de gobierno, electoral u organización legislativa) como interno (partido como organización burocrática, voluntaria de miembros)[2]. Cada "cara" se interrelaciona de forma compleja con las cinco restantes por lo que el estudio de los partidos deberá centrarse en todas ellas de una manera sistémica, nunca individual[3]. A pesar entonces de que la escasez de trabajos teóricos y empíricos ha supuesto dificultades a la hora de consensuar el uso de herramientas analíticas válidas para analizar las organizaciones partidistas, los estudios que privilegian este enfoque[4] analizan las estructuras de poder y los modos internos de representación de los partidos: el modo de elección del liderazgo organizativo y el papel de las ejecutivas y de los congresos internos; las actividades de los *staff* profesionales y el tipo de financiación de la organización. Estudiar los partidos desde esta perspectiva supone conocer cómo trabaja un partido, análisis que no debe limitarse solo a la organización como una unidad aislada sino vinculada con su entorno[5]. Así, los movimientos de los partidos se encuentran limitados tanto por su financiación, como por las preferencias de sus simpatizantes, por su ideología, por la inercia organizativa y por el modo de adaptarse a los cambios del sistema.

Aunque los autores del presente volumen han examinado algunas de las diferentes dimensiones de actuación de los parti-

---

[2] Aunque esta noción de caras o ámbitos de actuación ya es clásica y tiene larga tradición (Key, 1951; Katz y Mair, 1990, Coppedge, 1994), no existen apenas estudios de aplicación de la misma al ámbito latinoamericano, laguna que ha sido subsanada por el estudio de Alcántara y Freidenberg (eds.) (2001).

[3] Hay que hacer referencia al trabajo de Katz y Mair que desarrolla un modelo de análisis sistémico de los partidos aunque limitado al estudio sólo de tres de las caras expuestas (1990).

[4] En este sentido se pueden señalar los estudios de Janda (1980) o los de Katz y Mair (1992, 1995).

[5] Ver Lawson (1994).

15

dos ligándolas a los factores ambientales necesarios para la comprensión de los mismos, una forma complementaria para analizar los partidos políticos consiste en acudir a sus propios miembros para conocer qué es lo que piensan realmente sobre sus organizaciones partidistas. De esta manera, las páginas siguientes pretenden acercarse a la realidad partidista latinoamericana desde esta perspectiva para plantear alguno de sus restos presentes en cuatro ámbitos de interés[6].

La competencia ideológica

El universo partidista, siguiendo pautas nacionales, es tan rico en América Latina que resulta extremadamente complejo realizar una clasificación de los partidos de la región[7], subrayándose así la gran heterogeneidad reinante en América Latina al alcanzar a la región la "tercera ola democratizadora"[8].

---

[6] Desde la Universidad de Salamanca se ha llevado a cabo un proyecto sobre partidos políticos en América Latina (PPAL, 2000: Proyecto de Investigación Partidos Políticos en América Latina. Instituto Interuniversitario de Estudios de Iberoamérica y Portugal. Dirigida por Manuel Alcántara Sáez.). En él se aplicó un cuestionario a 665 miembros partidistas, por el que se pretendía conocer el funcionamiento de los partidos a través de las percepciones de los individuos que forman parte de los mismos. Unos miembros partidistas que cubren todo el espectro ideológico y geográfico de la región al haberse analizado 63 partidos, por lo que resulta interesante conocer cómo se manifiestan sobre las cuestiones abordadas en este volumen. El universo de estudio de la investigación fue el conjunto de partidos considerados significativos al finalizar el año 2000 (sesenta y dos) como consecuencia de su actividad en la década anterior (con la excepción de Venezuela), en base a cinco criterios: proporción con el número efectivo de partidos de cada país, representación en el poder legislativo al menos durante dos periodos, un apoyo electoral de más del 5 por ciento y una fuerte representación nacional y/o regional.

[7] El tema es muy clásico y ha sido abordado por muy diversos autores desde perspectivas muy diversas baste como una muestra los trabajo de: Alexander (1973), Coppedge (1997 y 1998), Di Tella (1993), McDonald y Rulh (1989), Mainwaring y Scully (1995), Nohlen (1993), Perelli, Picado y Zovatto (1995), Ramos (1995), Ranis (1968) y Scott (1966).

[8] Ver Mainwaring (1998).

Uno de los criterios a los que se puede acudir para la clasificación de los partidos es el de su ubicación en base al criterio espacial mediante encuestas sobre la identificación ideológica a sus miembros[9]. Así, en una escala de diez puntos (1 izquierda y 10 derecha), los militantes de los partidos entrevistados sitúan al universo de los mismos en una media del 4,98 cuando se le pregunta por la identificación partidista (la desviación típica es de 2,13)[10]. Se trata de un eje que proyecta perfectamente las diferencias interpartidistas en el ámbito nacional para la mayoría de los países y que, por lo tanto, es una clara referencia de competencia[11] y cuyo uso es considerado como adecuado para los propios miembros partidistas (3,22)[12].

Cuadro 1

Los partidos en el eje Izquierda-Derecha				
Posición	Según la autoubicación		Según la ubicación de los otros	
	Casos	Porcentaje	Casos	Porcentaje
Izquierda	6	10,3	8	13,3
Centro Izquierda	14	24,1	8	13,3
Centro	23	39,6	12	20
Centro Derecha	11	19,0	18	30
Derecha	4	6,9	14	23,3
Total	58	100	60	100
Fuente: Manuel Alcántara (en prensa).				

[9] El eje izquierda-derecha es asumido por todos los partidos analizados siendo el nivel de respuesta de los entrevistados de 97 por ciento. Una escala aceptada ampliamente por las ciencias sociales (Inglehart y Klingemann, 1976; Sani y Sartori, 1983; Kitschel y Hellemans, 1990) y con una escasa tradición de uso en América Latina que está siendo superada (Alcántara, 1995; Crespo, 1996; Moreno, 1999).

[10] Pregunta realizada: "Por favor, sitúe en la siguiente escala izquierda-derecha, su propia ubicación ideológica y la de su partido" PPAL (2000).

[11] Alcántara (en prensa).

[12] Pregunta realizada: "¿Le parece apropiado situar la ideología de su partido en una escala izquierda-derecha?". Se utiliza una escala gradual de cinco tramos donde 1 significa "nada apropiado" y 5 "muy apropiado" PPAL (2000).

Esta clasificación de los partidos relevantes al finalizar el siglo XX, si bien muestra un relativo equilibrio en la integración de los partidos en los cinco "nichos" ideológicos establecidos, señala el primer reto que tiene la política partidista en América Latina que no es otro que el hacer efectiva la presencia real en el poder de todo el espectro ideológico. La clasificación por familias en el continuo izquierda-derecha pone de relieve la dificultad que tienen los partidos agrupados en la izquierda y en el centro-izquierda para acceder al gobierno. Circunstancia que solamente es superada en las coaliciones gobernantes en Chile y Argentina (parcialmente).

Cuadro 2

	Según la autoubicación		Según ubicación de los otros	
Posición	**País**	**Partidos**	**País**	**Partidos**
Izquierda	Ecuador	MUPP	Brasil	PT
	El Salvador	FMLN	Chile	PS
	Guatemala	FDNG	Costa Rica	PFD
	México	PRD	El Salvador	FMLN
	Nicaragua	FSLN	Guatemala	FDNG
	Uruguay	FA	México	PRD
			Nicaragua	FSLN
			Uruguay	FA
Centro	Argentina	FREPASO y UCR	Argentina	FREPASO
Izquierda	Brasil	PDT y PT	Brasil	PDT
	Chile	PPD y PS	Chile	PPD
	Costa Rica	PFD	Ecuador	ID y MUPP
	Ecuador	ID y PRE	Perú	PAP
	Honduras	PLH	Uruguay	EN
	Panamá	PRD	Venezuela	MVR
	Perú	PAP		
	Venezuela	MAS y MVR		
Centro	Argentina	PJ	Argentina	UCR
	Bolivia	MIR, MNR y UCS	Bolivia	MIR
	Brasil	PSDB	Brasil	PMDB
	Chile	PDC y RN	Chile	PDC
	Colombia	PL	Colombia	PL
	Costa Rica	PLN y PUSC	Costa Rica	PLN
	Ecuador	DP	Honduras	PLH
	Guatemala	PAN	Panamá	PA
	México	PAN y PRI	Paraguay	PLRA
	Panamá	PA	Perú	UPP
	Paraguay	ANR y PLRA	R. Dominicana	PLD
	Perú	UPP	Venezuela	MAS
	R. Dominicana	PLD y PRD		
	Uruguay	PC y PN AD		
	Venezuela			
Centro	Bolivia	AND	Argentina	PJ
Derecha	Brasil	PMDB y PPB	Bolivia	UCS y MNR
	Chile	UDI	Brasil	PSDB y PPB
	Colombia	PC	Chile	RN
	Ecuador	PSC	Colombia	PC
	Honduras	PNH	Ecuador	DP y PRE
	Perú	Cambio90	El Salvador	PCN
	R. Dominicana	PRSC	Honduras	PNH
	Venezuela	COPEI y PV	México	PRI
			Panamá	PRD
			Paraguay	ANR
			Perú	Cambio90
			R. Dominicana	PRD
			Uruguay	PC
			Venezuela	AD
Derecha	Brasil	PFL	Bolivia	ADN
	El Salvador	ARENA	Brasil	PFL
	Guatemala	FRG	Chile	UDI
	Nicaragua	PLC	Costa Rica	PUSC
			Ecuador	PSC
			El Salvador	ARENA
			Guatemala	FRG y PAN
			México	PAN
			Nicaragua	PLC
			R. Domihicana	PRSC
			Uruguay	PN
			Venezuela	COPEI y PV
Fuente: Manuel Alcántara (en prensa).				

19

Financiación, institucionalización y organización interna: Necesidades básicas para su supervivencia

Pese a la prolija literatura científica existente sobre el tema, la primera dificultad del estudio de la financiación de los partidos reside justamente en los obstáculos objetivos que imposibilitan el conocimiento regular de los recursos de los que disponen. Desde los primeros partidos conformados por la elite política que les permitían contar con un patrimonio propio para mantener su estructura organizativa, se ha llegado a la inclusión de la financiación pública vinculada a la implantación del Estado de partidos, concepción que consideraba que los partidos eran instrumentos necesarios para el sistema político por lo que deberían ser financiados por el Estado.

Asumiendo la falta de datos objetivos, se puede acudir, como una de las maneras de análisis a las percepciones que tienen los militantes sobre la financiación de sus partidos. Así, cuando se les pregunta por quien se encarga en su campaña política de conseguir recursos financieros se obtiene una media regional de 2,71, en una escala del 1 al 5 donde 1 significa "cada candidato individual obtiene los recursos para su campaña" y 5 "el partido obtiene los recursos para las campañas de sus candidatos", lo que indica que existe una tendencia a que sea el candidato del partido el que busque dichos recursos, lo que pone de manifiesto la financiación individual de las campañas electorales donde el partido juega un papel secundario. La escasa desviación típica (1,35) confirma la tendencia[13].

---

[13] Pregunta realizada: "¿Quién se encarga en mayor medida en su partido de conseguir recursos financieros para campañas políticas: los candidatos individuales o el partido?" (PPAL (2000)).

Cuadro 3

Obtención de recursos para las campañas			
País	N	Media	Desv. típ.
Argentina	81	2,81	1,17
Bolivia	38	2,97	1,20
Brasil	62	2,27	1,06
Chile	52	1,96	,84
Colombia	30	1,93	1,14
Costa Rica	38	2,32	1,23
Ecuador	81	2,36	1,54
El Salvador	17	3,76	,90
Guatemala	17	2,24	1,20
Honduras	21	2,29	1,71
México	69	3,61	1,03
Nicaragua	20	3,15	,99
Panamá	16	2,62	1,41
Paraguay	14	3,00	,78
Perú	31	2,35	1,40
República Dominicana	15	3,40	1,06
Uruguay	49	3,53	1,58
Pregunta: ¿Quién se encarga en mayor medida de obtener recursos para las campañas políticas? PPAL (2000)			

Los países donde es el candidato individual el que juega el papel más importante en la obtención de recursos para sus campañas son Chile y Colombia frente a El Salvador, México y Uruguay donde juega una función mayor el partido.

Un dato que se corrobora cuando se les pregunta por la fuente más importante de recursos financieros para las campañas políticas. Así, casi el 50 por ciento de los entrevistados señala que son los fondos personales de los candidatos o las aportaciones de los individuos las fuentes financieras de las campañas frente a solamente el 30 por ciento de financiación de origen público.

Cuadro 4

Primera fuente recursos financieros campañas		
	Frecuencia	Porcentaje válido
Aportaciones individuo	120	19,0
Aportaciones directas grupos de interés	78	12,3
Fondos personales Candidatos	189	29,9
Fondos provenientes del partido	50	7,9
Fondos provenientes del gobierno	194	30,7
Ninguna de las mencionadas	1	0,2
Total	632	100,0
No sabe	8	
No contesta	10	
N	665	
Pregunta realizada: "¿Cuáles es la fuente más importante de recursos financieros para campañas políticas?"		
Fuente: PPAL (2000)		

Que la corrupción y las prácticas clientelísticas se hayan señalado como uno de los problemas a superar de la vida política latinoamericana en general y de la financiación partidista en particular, es algo que es ratificado por los propios miembros de los partidos. Así, cuando se les pregunta por la existencia de prácticas clientelísticas (entrega de comida, regalos o promesas de trabajo a cambio de votos) como algo habitual en el quehacer de los partidos políticos de su país, la media de las respuestas lo confirma (4,28), con una escasa desviación típica (1,08)[14]. De nuevo se utiliza para ello una escala dividida en cinco tramos siendo 1 "práctica poco común en los partidos políticos del país" y 5 "práctica común en los partidos políticos del país". Brasil y Nicaragua junto con Costa Rica y Bolivia son los casos donde es una práctica más habitual, según los propios miembros partidistas, aunque las medias en todos los casos son preocupantes.

---

[14] Pregunta realizada: "¿Cree usted que la entrega de comida, regalos o promesas de trabajo a cambio de votos son prácticas comunes en los partidos políticos de su país?" PPAL (2000).

Cuadro 5

Prácticas clientelísticas			
País	N	Media	Desv. típ.
Argentina	90	4,44	,58
Bolivia	38	4,58	,83
Brasil	61	4,80	,44
Chile	51	3,49	1,24
Colombia	30	4,53	,68
Costa Rica	37	4,62	,64
Ecuador	79	4,42	1,24
El Salvador	16	3,94	1,29
Guatemala	17	4,00	1,73
Honduras	21	4,43	1,25
México	71	4,35	1,02
Nicaragua	20	4,70	,66
Panamá	16	4,56	,81
Paraguay	14	4,14	,77
Perú	31	3,55	1,57
República Dominicana	15	4,27	,59
Uruguay	46	3,59	1,31
Pregunta realizada: ¿Cree usted que la entrega de comida, regalos o promesas de trabajo a cambio de votos son prácticas comunes en los partidos políticos de su país?			
Fuente: PPAL (2000)			

Por lo tanto, a juzgar por las percepciones de los militantes, la financiación de las campañas que tiende a provenir con más frecuencia de fuentes privadas se convierten en recursos que en muchos casos se utilizan para fomentar las prácticas clientelísticas con el objeto de aumentar el caudal electoral. Este es un desafío al que se enfrentan todos los partidos del ámbito latinoamericano donde la solución reside en conjugar, como se verá a lo largo de la presente obra, política y ética, mediante el fomento de la transparencia tanto en las finanzas partidistas como en el manejo de los fondos públicos colocando la administración de los recursos públicos y el control del funcionamiento del sistema en manos de una instancia independiente del poder político. El conocimiento efectivo del origen y el destino de los fondos de los partidos supondrá en sí mismo un fortalecimiento de la democracia, algo que no depende solo de las normas que se dicten sino de la transparencia y honestidad en el manejo económico y financiero de los partidos tanto por parte de sus dirigentes como de la misma ciudadanía.

Pese a que aparentemente no hay incentivos para que los partidos desarrollen estrategias organizativas y sean manifiestas las denuncias de verticalidad en el proceso de toma de decisiones y de exceso de oligarquía a la hora de representar a la ciudadanía, "estos siguen siendo instrumentos básicos del juego político y de estructuras de intermediación para el funcionamiento del sistema"[15]. De modo que los partidos se enfrentan al reto de consolidar su institucionalización en el sistema y con ella fortalecer sus lazos con el electorado, mejorar sus estrategias organizativas para movilizar apoyos societales y mejorar con todo ello sus relaciones gubernamentales.

Desde los sistemas de "partidos estructuralmente consolidados"[16] hasta su consideración como "institucionalizados" gracias a la rutinización de los procedimientos, han sido numerosos los debates teóricos. Así se ha aplicado el concepto tanto a las organizaciones en general como al ámbito normativo o a las reglas del juego en particular. Serían Mainwaring y Scully quienes aplicarían esta categoría a los sistemas de partidos de América latina, haciendo referencia a cuatro condiciones que deben de cumplirse para hablar de un sistema de partidos institucionalizado: estabilidad en la competencia entre partidos, la existencia de partidos con raíces estables en la sociedad, la aceptación de los partidos y de las elecciones como instituciones legítimas y la existencia de organizaciones de partidos con reglas y estructuras razonablemente estables[17]. Si bien la institucionalización se ha asociado con resultados políticos positivos tales como una mayor estabilidad o una representación más efectiva[18], en contextos de

---

[15] Ver Alcántara y Freidenberg (2001: 19).
[16] Ver Sartori (1976: 244-248).
[17] Mainwaring y Scully (1995: 4-5).
[18] Ver en este sentido también Mainwaring y Scully (1995), Dix (1992) o Hungtinton (1968) entre otros.

crisis niveles bajos de institucionalización podrían facilitar una rápida respuesta[19].

Aunque es difícil encontrar un concepto consensuado sobre "institucionalización", cuando se pregunta a los miembros de los partidos latinoamericanos sobre la consideración de la estructura interna de su partido, en una escala donde 1 significa "es una estructura de carácter continuo" y 5 "una estructura que sólo se organiza y funciona en épocas electorales", la media de los militantes se ubica en 1,79. Esto indica que los miembros partidistas tienden a calificar como continua la estructura de su partido de una manera casi consensuada debido a la escasa desviación típica (1,23)[20]. Por ello, se puede calificar a los partidos latinoamericanos como estructurados de acuerdo con las percepciones de los propios actores partidistas donde sólo se separa manifiestamente el caso de Honduras del patrón regional (con una media de 3,43). De esta manera, en términos generales, los militantes de los partidos latinoamericanos consideran que pertenecen a formaciones estructuradas frente a considerarse que pertenecen a partidos que funcionan como meras "ventanillas electorales". Esto es muy importante ya que allí donde los partidos estén institucionalizados y donde además los actores partidistas consensuen sobre esta caracterización, existe un grado considerable de certidumbre relativa a la política democrática condición necesaria para la consolidación de la misma[21].

Si bien la percepción de la mayoría de los militantes coincide en indicar que la estructura de su partido es continua, es necesario estudiar la dinámica interna de las organizaciones partidistas. Esto permitirá conocer el desarrollo de la compleja trama de interacciones con el entorno que determinan el nuevo papel de los partidos como articuladores de las preferencias e intereses de la ciudadanía y condicionan su posición dentro de la dinámica institucional. Los estudios sobre organización han sido abordados gene-

---

[19] Tesis que desarrolla Levitsky en su trabajo que recoge este estudio.

[20] Pregunta realizada: "¿La estructura de su partido es continua o meramente electoral?" PPAL (2000).

[21] Ver Mainwaring y Scully (1997: 105).

ralmente de una manera teórica existiendo escasos trabajos a nivel empírico de manera que sólo se encuentran los estudios *ad hoc* de países o de partidos individuales. Esto se debe a que la descripción de la organización de partidos plantea una serie de inconvenientes ya que no solo debe tenerse en cuenta la organización formal sino la que constituye la organización real del partido. En este punto la complicación reside en la dificultad de obtener información relevante (comparable) de la vida interna de los partidos.

Por lo tanto, la posibilidad de preguntar a los militantes sobre sus consideraciones respecto a la organización interna de los partidos, permite disponer de una información muy valiosa sobre la vida interior de los partidos según las percepciones de sus propios miembros. Así, los órganos internos de los partidos en América Latina, a juicio de los militantes, se relacionan de una manera mixta (2,80, desv. Típ. 1,31) en una escala de cinco tramos donde 1 corresponde a "privilegian las relaciones verticales" y 5 "privilegian las relaciones horizontales"[22]. Los casos en los que los miembros partidistas, manifiestan unas mayores relaciones verticales son Panamá (2,06) y Colombia (2,14), mientras que la mayor horizontalidad entre los órganos internos partidistas, se señala en los casos de Brasil (3,70) y Nicaragua (3,65).

Respecto al grado de democracia interna de los partidos en América Latina en general, sus miembros la califican de media (3,22) aunque en este caso la desviación típica es más alta (1,83) lo que hace suponer un menor consenso entre sus militantes[23]. Sin embargo, sí sobresale el mayor alto grado de democracia interna manifestada por los militantes de México (4,06).

Del mismo modo, aunque sin una diferencia sustancial, tampoco indican que sea más importante para su partido contar

---

[22] Pregunta realizada: "¿En su partido los órganos internos se vinculan entre sí principalmente a través de relaciones verticales o de relaciones horizontales?" PPAL (2000).

[23] Se utiliza una escala gradual de cinco tramos (muy bajo-muy alto) donde se pregunta "¿cómo evaluaría el grado de democracia interna en su partido?" PPAL (2000).

con una base extensa de votantes que con una afiliación numerosa (3,56)[24].

El papel que representan las características originales del partido es un claro condicionante para las situaciones a las que se enfrenta la organización en un futuro íntimamente ligadas también a su proceso de institucionalización[25]. De manera que es necesario estudiar los factores iniciales que forman parte del *modelo originario* de cada partido en particular para poder entender su proceso de institucionalización. Así el tipo de desarrollo territorial de la organización que representa el inicio de la expansión del partido condicionará la estructura del liderazgo en la organización y el grado de institucionalización de la misma. Un desarrollo por penetración (la organización se extiende a partir de un núcleo de líderes) producirá un partido fuertemente cohesionado y con más posibilidades de constituir una organización sólidamente institucionalizada que aquellas organizaciones frutos de un desarrollo por difusión (donde la organización nace de núcleos dispersos de elites).

La mayoría de los partidos del ámbito latinoamericano han sido creados, según sus propios miembros, por penetración territorial (64,1 por ciento), es decir a partir de un centro organizativo se ha ido extendiendo por el país[26]. Lo que en principio les confiere una mayor posibilidad de institucionalización junto con una mayor cohesión[27]. Si se comparan los resultados por países, se obtiene que los países donde los orígenes del partido son abrumadoramente por penetración territorial Perú (96,8 por ciento), Paraguay (92,9 por ciento) y Ecuador (87,5 por ciento).

---

[24] Pregunta realizada: "¿Es importante para su partido contar con una afiliación numerosa o es más importante tener una extensa base de votantes?" En una escala de cinco tramos donde 1 era "es más importante contar con una afiliación numerosa" y 5 " es más importante tener una base extensa de votantes".

[25] Lo que Panebianco llamaba "modelo originario" (1982: 90 y ss.).

[26] Pregunta realizada: "Podría indicarme si cuando comenzó a organizarse hubo un centro geográfico que controló el desarrollo de las diferentes agrupaciones locales o, por el contrario, si la organización nacional fue resultado de la unión de las agrupaciones locales".

[27] El estudio de este desarrollo permite examinar las relaciones entre elites y líderes y militantes en la actualidad en relación con las originarias.

Cuadro 6

Orígenes del partido: creación territorial	
Por penetración territorial	64,1
Por difusión	21,5
Ninguna	1,3
Otra	13,2
Total	100,0
Fuente: PPAL (2000)	

El estudio de la incidencia de una institución externa al partido en su origen, permite saber si este goza de una legitimidad "extra" de manera exógena a la propia organización, lo que afectará a los vínculos del propio partido en general y de sus militantes en particular.

En la mayoría de los casos, los partidos latinoamericanos en su origen han contado para su extensión con el apoyo de una organización social externa (64,7 por ciento), casi para la totalidad de los partidos de Ecuador, Honduras y República Dominicana[28]. Aunque aun hay países donde sus partidos han contado con apoyos de organizaciones sociales externas (Bolivia, Colombia, El Salvador y Panamá). De manera que las lealtades originarias de los partidos de la región latinoamericana se centran en la propia organización.

Cuadro 7

Orígenes del partido: Presencia de una organización social que dirigiera la creación	
	Porcentaje válido
Apoyo de una organización social externa	35,2
Sin apoyo de una organización social externa	4,8
Total	100,0
Fuente: PPAL (2000)	

---

[28] Pregunta realizada: "Cuando comenzó a organizarse su partido, ¿había alguna organización social que apoyara con recursos materiales y/o humanos el surgimiento de su partido político?"

Desde esta perspectiva, el proceso de institucionalización incluye también el proceso de adaptación de las organizaciones partidistas a los cambios provocados por las nuevas situaciones. Unas organizaciones que han perdido su carácter de herramienta hacia el alcance de ciertos fines para convertirse en un valor en sí mismo por lo que su supervivencia es ya en sí una meta para un gran número de militantes. Una meta para la que se requieren mejoras en su organización. Así los miembros partidistas que señalan que su organización partidista requiere una mayor comunicación entre los niveles nacional y local (88 por ciento), al igual que su evolución demanda un mayor acercamiento de los legisladores del partido con sus electores (88,8 por ciento) y donde el 89,6 por ciento también considera necesario aproximar relaciones con movimientos sociales y grupos de interés. Mejoras en la evolución organizativa del partido que implican también la celebración de elecciones dentro del partido para nominar candidatos a las elecciones generales (75,8 por ciento)[29].

El anterior análisis, ha permitido constatar cómo los miembros partidistas indican que pertenecen a partidos en los que se establecen relaciones mixtas con el consecuente nivel medio de democracia interna en su seno y donde cobra la misma importancia tener una afiliación numerosa que una base extensa de votantes.

Las organizaciones partidistas en América Latina mayoritariamente han primado su asentamiento en la capital, donde se han originado la mayoría de ellas lo que plantea como reto la mejora del nivel de relaciones entre los líderes locales y nacionales donde aquellos puedan participar en la configuración de la agenda política. Una agenda para la que tampoco cuentan con los grupos de interés, dadas las escasas vinculaciones que manifiestan tener desde sus orígenes con las organizaciones sociales externas. Esto constituye para los propios miembros una necesidad que contribuye a la evolución de la organización en el futuro. Una evolución cuyo desafío implica avances en una mayor democratización en el proceso de elección de sus dirigentes así como una mejor relación entre los

---

[29] Pregunta realizada nº 23: "Para que su partido evolucione en el futuro, ¿qué mejoras debe desarrollar la organización?. PPAL (2000).

líderes del partido a nivel local y nacional con una mayor participación de los líderes vocales. Desafíos cuyas posibles soluciones requerirían una mayor participación y más activa en el proceso de toma de decisiones y una mayor transparencia en las mismas, gracias tanto a reformas estatutarias como reales que implicasen mayor *accountability* por parte de la ciudadanía.

Se ha podido ofrecer desde esta introducción algunos interrogantes que generan los retos y sus posibles soluciones a las que hacen frente los partidos, analizando las percepciones que sobre las mismas tienen los miembros partidistas y abordando aquellas cuestiones que se van a examinar a lo largo del presente volumen. Estudiando el partido desde el nivel de financiación se ofrecerán las líneas y problemas que esta temática ha implicado a los partidos latinoamericanos y que tiene consecuencias importantes en la competición interpartidista y en las relaciones que se establecen entre partidos y donantes. Competición que se encuentra también ligada a la ubicación ideológica de los partidos en términos de los clivajes que definen y su polarización así como a lo referente a sus relaciones triangulares entre militantes, el partido como burocracia y el partido como instrumento de poder. Se debe abordar entonces los procedimientos formalizados que regulan la estructura organizativa y estudiar las relaciones internas existentes en un partido y determinantes a la hora de su actuación y comportamiento real. Un comportamiento que se exteriorizará también a nivel legislativo

Por tanto, se insiste en el énfasis de la importancia del estudio de los partidos haciendo referencia a su visión como sistemas compuestos de diferentes dimensiones superando así la visión más rígida de estructuras[30]. Desafío planteado que requiere una mayor vinculación entre las distintas caras del partido. Un estudio que cobra mayor importancia dada la manifiesta carencia de aplicación a América Latina, a pesar del periodo de estabilidad democrática y de la longevidad de los partidos de la región[31]. Una tarea, entonces, a la que el presente volumen pretende contribuir.

---

[30] Ver Duverger (1957).
[31] Ver Alcántara (en prensa).

Bibliografía

ALCÁNTARA SÁEZ, M. (en prensa). ¿Instituciones o máquinas ideológicas? Origen, programa y organización de los partidos políticos latinoamericanos. Madrid.

ALCÁNTARA SÁEZ, M. y FREIDENBERG, F. (2001). "Los partidos políticos en América Latina". En América Latina hoy, núm. 27, Salamanca: Universidad de Salamanca, pp. 17-35.

COPPEDGE, M. (1994). Strong Parties and Lame Ducks. Presidential Partyarchy and Factionalism in Venezuela. Stanford: Stanford University Press.

CRESPO, I. (1997) "La cultura política de la clase parlamentaria centroamericana". En Revista mexicana de sociología, año LIX, núm. 1 (enero-marzo): 115-138. México: UNAM.

DIX, R. H. (1992). "Democratization and the Institutionalization of Latin American Political Parties". Comparative Political Studies 24, núm. 4 (enero): 488-511.

DUVERGER, M. (1957). Los partidos políticos. México: Fondo de Cultura Económica.

_____ (1959). Political Parties: Their Organization and Activity in the Modern State. New York: Methuen & Co. Ltd.

HUNTINGTON, S. P. (1968). Political Order in Changing Societies. New Haven: Yale University Press. "

INGLEHART, R. y KLINGEMANN, H. (1976). "Party Identification, Ideological Preferences and Left-Right Dimension". En Budge, I, Crew, I. y Farlie, D. Party Identification and Beyond. Representations of Voting and Party Competition. Londres: Wiley.

JANDA, K. (1980). Political Parties: a Cross-National Survey. New York: The Free Press.

KATZ, R. y MAIR, P. (1990). "Three Faces of Party Organization: Adaptation and Change", trabajo presentado en el XII Congreso Mundial de Sociología, realizado del 9 al 13 de Julio en Madrid.

KEY, V. O. (1955). Política, partidos y grupos de presión. Madrid: Instituto de Estudios Políticos. (Edición castellana consultada: 1962).

KITSCHELT, H. (1994). The Transformation of European Socialdemocracy. Cambridge: Cambridge University Press.

LAWSON, K. (1994). "Conclusion; Toward a Theory of How Political Parties Work". En Lawson, K. (wedit.) *How Political Parties Work. Perspectives from Within.* Westport, Conn.: Praeger.

MAINWARING, S. y SCULLY, T. R. (1995). "Introduction: Party Systems in Latin America". En Scott Mainwaring y Timothy R. Scully (eds.) *Building Democratic Institutions: Party Systems in Latin America.* Stanford: Stanford University Press.

MAINWARING, S. y SCULLY, T. R. (1997). "La institucionalización de los sistemas de partidos en la América Latina". En *América Latina hoy,* núm. 16. Universidad de Salamanca.

PANEBIANCO, A. (1982). *Modelos de partido.* Madrid: Alianza.

SARTORI, G. y SANI, G. (1980/1992). "dolarización, Fragmentación y competición en las democracias occidentales". En Sartori, G. *Partidos y sistema de partidos.* Madrid: Alianza.

SARTORI, G. (1976). *Parties and Party Systems: A Framework for Analysis.* Nueva York: Cambridge University Press.

Bases de datos

Proyecto Partidos Políticos en América Latina (PPAL) (2000). Salamanca: Universidad de Salamanca.

Parte I

La financiación de los partidos

Estudio comparado de las características jurídicas y prácticas del financiamiento de los partidos políticos y las campañas electorales en América Latina

*Daniel Zovatto**

I. Introducción

El objetivo de este trabajo es analizar, desde una perspectiva comparada, las características jurídicas y prácticas de la ecuación "dinero-política" en América Latina. Con el propósito de facilitar el estudio comparado de un tema complejo como el que nos ocupa, abordaremos la materia a lo largo de nueve puntos principales: **I.** Introducción; **II.** Democratización, dinero y política; **III.** La financiación de la política y su relación con la corrupción en América Latina; **IV.** Características formales y reales del financiamiento de la política **V.** Los sistemas de financiamiento de los partidos políticos y las campañas electorales; **VI.** El acceso de los partidos políticos a los medios de comunicación social; **VII.** Mecanismos e instituciones de control; **VIII.** Régimen de sanciones; y **IX.** Balance y recomendaciones.

Antes de iniciar el análisis, es preciso señalar que el esfuerzo por realizar un estudio comparado sobre el financiamiento de la política en América Latina enfrenta una serie de limitaciones tanto metodológicas como prácticas. Son muchos todavía los vacíos de conocimiento de variables relacionadas con el financiamiento co-

* (IDEA, Suecia)

mo: contribuciones extranjeras, fortunas o riquezas personales, reorientación de los flujos de dinero debido a la regulación, fondos secretos, influencia de los grupos de poder, así como los vacíos de información –especialmente cuantitativa– sobre las contribuciones y los gastos de los partidos políticos.[1]

Específicamente en el caso de América Latina, el estudio comparado sobre el financiamiento de la política tropieza con barreras generadas en gran parte por el hecho de ser un tema relativamente nuevo dentro de la agenda política de la región. En efecto, no es sino hasta años recientes que en la mayor parte de los países contemplados en este estudio, se ha planteado, como parte del proceso de profundización de la democracia y de cara a una multiplicidad de escándalos de corrupción, la necesidad de reformas político-electorales tendientes a garantizar una mayor transparencia y equidad en el financiamiento de la política.

Lo anterior conlleva, en primer lugar, a disponer de escasa información acerca de los movimientos financieros de los partidos políticos, puesto que la cultura de la transparencia y la obligación de dichas fuerzas de rendir cuentas al Estado y a la sociedad civil, ha estado por lo general ausente en la escena político-partidaria de la región. En segundo lugar, y a pesar de la existencia de regulaciones en la mayor parte de los países de la región que imponen a los partidos la obligación de transparentar sus finanzas, hoy en día ni los partidos ni los órganos de control cuentan con la experiencia necesaria en este ámbito, que garantice que los datos brindados sean exactos y confiables. A esto se suma la circunstancia agravante de regímenes de sanciones que en algunos casos son inexistentes y en otros no se aplican, lo que conduce a que exista generalmente un débil compromiso por parte de los partidos para reportar información precisa. En tercer lugar, en aquellos casos en que se cuenta con información

---

[1] K. NASSMACHER. "Comparing Party and Campaign Finance in Western Democracies". En A. GUNLICKS, Edit. *Campaign and Party Finance in North America and Western Europe*. San Francisco-Oxford, Wesview Press, Inc. Boulder, No. 10, 1992, p. 237. M. PINTO-DUSCHINSKY. *How Can the Influence of Money in Politics Be Assessed?*, Paper presentado en el XII Congreso Mundial de IPSA, París, 1985, pp. .2, 21-22.

sobre la materia, ésta muchas veces se compone de datos heterogéneos y dispersos que dificultan la comparación, ya sea por las diferencias en la periodicidad del rendimiento de cuentas, en el contenido de los informes o balances, en las características propias de los sistemas de financiamiento, o bien en las regulaciones específicas sobre qué deben incluir o cómo deben los partidos reportar sus movimientos financieros.

No obstante las limitaciones arriba analizadas, la ausencia de trabajos comparados se ha ido superando con algunos estudios pioneros[2] en la materia, que si bien limitados a enfoques de Derecho Electoral, han dado un primer paso en el análisis de las regulaciones sobre el financiamiento en la región. Adicionalmente, con Pilar del Castillo hemos elaborado una investigación comparada sobre el financiamiento de los partidos políticos y las campañas electorales en Iberoamérica, la cual ha ampliado el enfoque y el número de países analizados.[3]

Dentro de esta línea y con el afán de profundizar el análisis de este tema, el estudio que ahora presentamos contiene un análisis comparado de las principales características, tanto formales como reales, de los sistemas de financiamiento de los partidos y de las campañas electorales en 18 países de América Latina[4]. Nuestro enfo-

---

[2] Entre estos estudios podemos citar: 1. M. ALCÁNTARA y J. MONTERO. *La Legislación Electoral de Iberoamérica: Un Análisis Comparado*, trabajo de investigación presentado en el *I Seminario sobre Organización y Ejecución de Procesos Electorales*, Madrid, España, Ministerio del Interior de España y Agencia de Cooperación Española, abril de 1992. 2. INSTITUTO FEDERAL ELECTORAL DE MÉXICO. *Regulaciones sobre el financiamiento Público y Privado de los Partidos Políticos. Estudio Comparado de 17 países Latinoamericanos*, IFE, México D.F., 1994. 3. X. NAVAS. "La financiación Electoral en América Latina. Subvenciones y Gastos". En D. NOHLEN, S. PICADO y D. ZOVATTO, Comp. *Tratado de Derecho Electoral Comparado de América Latina*. México, Instituto Interamericano de Derechos Humanos, Universidad de Heidelberg, Tribunal Electoral del Poder Judicial de la Federación, Instituto Federal Electoral, Fondo de Cultura Económica, 1998.

[3] P. DEL CASTILLO y D. ZOVATTO, Edit. *La financiación de la política en Iberoamérica*. San José, Instituto Interamericano de Derechos Humanos-Centro de Asesoría y Promoción Electoral (IIDH/CAPEL), 1998.

[4] El estudio incluye los siguientes países: Argentina, Bolivia, Brasil, Colombia, Costa Rica, Chile, Ecuador, El Salvador, Guatemala, Honduras, México, Nicaragua,

que analiza el papel del Estado, de los partidos políticos y de la sociedad civil, en la aplicabilidad de las regulaciones sobre financiamiento y sus implicaciones en la arena político-electoral y en el proceso de profundización de la democracia que vive la región. Este estudio, empero, no pretende resolver la interrogante sobre los costos financieros de la política en el área, lo que queda pendiente para los años venideros, según se desarrolle y fortalezca el hábito de la transparencia en la actividad económica partidaria y se disponga por consiguiente, de una mayor y más confiable información. Por todo ello la pregunta ¿Cuánto se gasta en la política partidaria y electoral en América Latina?, continúa a la fecha sin respuesta.

II. Democratización, dinero y política

El (r)establecimiento de la democracia a lo largo y ancho de América Latina, con la única excepción de Cuba, unido a la consiguiente rehabilitación de los procesos electorales como elemento central de la competencia por el poder político llevó a los partidos a recuperar su papel de actores principales de la escena política.

Este proceso ha permitido a las organizaciones partidarias legitimarse progresivamente como entidades autónomas, provistas de personalidad jurídica plena mediante su constitucionalización, y con funciones de carácter general e interés colectivo. Consecuencia de ello, así como debido al progresivo encarecimiento de las campañas electorales, cada vez más apoyadas en la mercadotecnia, asesores extranjeros, encuestas y *"focus groups"*, los gastos político-electorales han experimentado un crecimiento exponencial.

Asimismo, la necesidad no sólo de mantener aparatos partidarios en funcionamiento permanente sino, además, la de llevar a cabo campañas electorales crecientemente costosas, ha colocado a los partidos frente al problema de tener que recaudar grandes sumas, sin indagar muchas veces el origen de esos dineros o, incluso, cerrando los ojos ante lo obvio de los hechos. Se ha ido abriendo

---

Panamá, Paraguay, Perú, República Dominicana, Uruguay y Venezuela.

así, paulatinamente, la puerta al financiamiento ilegal, al predominio cada vez mayor de fuertes grupos económicos, al tráfico de influencias y al flagelo del narco-financiamiento.

Frente a este complejo escenario, y en forma similar a lo ocurrido en Europa continental, en la gran mayoría de los países latinoamericanos se introdujo por ley, durante las últimas décadas, bajo distintas modalidades la figura de la subvención pública dirigida a ayudar a los partidos políticos a hacer frente a sus gastos propagandísticos y –en ciertos casos– a sus actividades permanentes.[5] Junto a estas normas, se elaboraron también otras tendentes a regular lo relativo a las contribuciones de origen privado y se introdujeron mecanismos para ejercer un mayor control público sobre las transacciones financieras de los partidos.

Sin embargo, pese a estas medidas, la independencia partidaria respecto de los intereses particulares se encuentra hoy amenazada como consecuencia de la creciente necesidad que tienen los partidos políticos de contar cada vez con mayores sumas de dinero. De esta manera, el tema del "financiamiento político" *–entendiendo por tal la política de ingresos y egresos de los partidos tanto para sus actividades electorales como permanentes–*, ha venido cobrando importancia creciente, al igual que en otras partes del mundo. Lo anterior es consecuencia, entre otras razones, de la proliferación de escándalos que han puesto al descubierto las prácticas ilegales de recaudación y contribución, contrarias a los fundamentos de una doctrina democrática y que evidencian, al mismo tiempo, las graves debilidades que existen actualmente en relación con los mecanismos de control previstos en las diferentes legislaciones electorales y de financiamiento político de los países de la región.

Sobre la base de estos elementos, esta materia se ha constituido en la actualidad en una de las cuestiones centrales de la agenda política de la región, no sólo por sus efectos negativos (tráfico de

---

[5] J. ALCOCER. "Introducción y La Regulación del Financiamiento y de los Gastos de los Partidos Políticos: Un Tema Complejo". En J. ALCOCER, Comp. *Dinero y Partidos*. México, 1993. pp. 15-25.

influencia, narco-política, corrupción), sino también como condición **sine qua non** –junto a la importante cuestión del acceso a los medios de comunicación– para la celebración de procesos electorales verdaderamente competitivos.[6]

Asimismo, este tema está estrechamente relacionado con el desencanto democrático de nuestros días[7]. Los escándalos continuos de corrupción por una parte, y de narco-financiamiento por la otra, no hacen otra cosa que profundizar el sentimiento de repudio que grandes sectores de la ciudadanía sienten actualmente respecto de la política y de los políticos, generando incluso en algunos países condiciones que afectan la estabilidad y gobernabilidad política. El desconocimiento público que caracteriza actualmente el funcionamiento de los partidos en general y específicamente su comportamiento financiero, rodea de sospecha la actividad partidaria y el proceso democrático. Dicha sospecha proviene no sólo de los escándalos de corrupción revelados y comprobados sino también de la "apariencia de corrupción", originada por la falta de transparencia respecto de la totalidad de los fondos adquiridos y utilizados, así como por las acusaciones entre los mismos partidos y candidatos mediante las cuales se atribuyen unos y otros el manejo u origen dudoso de sus fondos.[8] País tras país, encuesta tras encuesta, constatamos la pobre imagen que la ciudadanía tiene de los partidos políticos y de sus dirigentes, a quienes perciben como corruptos, faltos de transparencia, persiguiendo únicamente sus propios intereses, e incumpliendo, en la mayoría de los casos, las promesas hechas durante la campaña electoral.[9]

---

[6] F. GONZÁLEZ-ROURA; D. NOHLEN y D. ZOVATTO. *Análisis del Sistema Electoral Mexicano. Informe de un Grupo de Expertos.* México, OSP, PNUD, IFE, TEPJ, junio de 1997. p. 44.

[7] R. CERDAS. *El Desencanto Democrático. Crisis de Partidos y Transición Democrática en Centroamérica y Panamá.* San José, REI, 1993, capítulo IX, pp. 157 y ss.

[8] La crisis política que vivió Colombia y la crisis de legitimidad que sufrió el ex Presidente Samper, prácticamente desde su llegada al poder, fue quizás el caso típico en nuestra región, pero no el único.

[9] INTERNATIONAL IDEA. *Democracy Forum.* Véase el resumen de las conferencias de Marta Lagos y Daniel Zovatto sobre "The State of Democracy

Lo anterior trae aparejado varias consecuencias negativas para la legitimidad del sistema democrático. En primer lugar, la pérdida progresiva del prestigio de la política, la cual pasa a estar "bajo sospecha", aunada a un incremento marcado de la antipolítica y la consecuente aparición de *"outsiders"*.[10] En segundo término, un pronunciado desinterés por la política, en especial de los jóvenes, lo cual se traduce, entre otras consecuencias, en un aumento de los votos en blanco y votos nulos, una disminución en la identificación y afiliación partidaria, así como en un incremento del abstencionismo (Colombia, El Salvador, Guatemala, Haití, Venezuela, Argentina y Costa Rica, para citar algunos de los casos más recientes).[11] Finalmente, un ensanchamiento de la brecha entre los ciudadanos y la política, así como el incremento del cinismo de cara a ésta, todo lo cual repercute en una pérdida progresiva de la confianza respecto de las principales instituciones de la democracia representativa; fenómeno que de no ser corregido a tiempo, tarde o temprano puede llegar a afectar la legitimidad misma de la democracia como sistema.[12]

---

in Latin America". Estocolmo. Suecia. 1996, chapter 5, pp.39-43. Véanse asimismo los resultados de Latinobarómetro de los años 1995, 1996 y 1997. LATINOBAROMETRO. Corporación de Estudios de Opinión Pública Latinoamericana. Santiago, Chile.

[10] D. ZOVATTO. "La Política bajo Sospecha". En *La Nación.*, San José, Costa Rica, 3 de Abril de 1996. Pág. 15. Véase asimismo los artículos de C. PERELLI y D. ZOVATTO. "Partidos Políticos, Liderazgos y Consolidación Democrática en América Latina", y el de C. PERELLI. "La Personalización de la Política. Nuevos caudillos, outsiders, política mediática y política informal". En C. PERELLI, S. PICADO Y D. ZOVATTO, Edit.. *Partidos y Clase Política en América Latina en los 90.* San José, IIDH/CAPEL, 1995. pp. XIX-XXI y 163-204.

[11] INTERNATIONAL IDEA. *Voter Turnout from 1945 to 1997: A Global Report on Political Participation.* Sweden, 1997.

[12] D. ZOVATTO. "La política bajo Sospecha". Op. cit. pp. 15.

III. La financiación de la política y su relación con la corrupción en América Latina

Como hemos visto, el tema del financiamiento tanto de los partidos como de las campañas electorales forma parte central del debate actual sobre corrupción política. El problema de la financiación de la política ha adquirido una importancia cada vez mayor por sus consecuencias importantes en enturbiar la transparencia de las elecciones y deteriorar la legitimidad del sistema democrático y la ética de la administración pública.

En América Latina casos de financiamiento público ilícito a través de los fondos reservados o partidas secretas han dado lugar a sonados escándalos e, incluso, puesto en la picota a presidentes de la República como ha ocurrido en Brasil con Collor de Mello, en Venezuela con Carlos Andrés Pérez, en Colombia con Ernesto Samper y en Ecuador con Jamil Mahuad.

Por otra parte, el costo creciente de las campañas electorales provoca que la incidencia del dinero sea cada vez más determinante. Como se suele decir en los Estados Unidos "no hay campañas derrotadas sino empobrecidas". Desde esta perspectiva, la influencia de los donantes es creciente y a menos que se establezcan correctivos a esta situación, se pone en juego nada menos que la legitimidad no sólo del proceso electoral sino del poder político mismo. Si a esto se le suma la presencia del dinero negro en las campañas, la relación con la ética pública es evidente y las consecuencias sobre la legitimidad aún más vehementes.

En efecto, desde el punto de vista teórico queda claro que el financiamiento de la política no debería, en principio, ser una actividad corrupta en sí misma ni llevar en sí el germen de la corrupción. Todo lo contrario, parece lógico y sobre todo necesario para la salud de la propia democracia la existencia de un cierto grado de financiación, tanto público como privado, del quehacer político y electoral por ser estas actividades centrales para la perdurabilidad del sistema democrático. Sin embargo, desafortunada y frecuentemente el financiamiento de los partidos y de las campañas electorales es una de las causas principales de la corrupción política.

Por corrupción en el ámbito de la financiación política en este trabajo entendemos **"el mal uso y abuso de poder, de origen público o privado, para fines partidistas o personales, a través de la violación de normas de Derecho"**. En otras palabras, la entrega de dinero o bienes, así como la prestación de servicios, que se realizan en forma encubierta y/o ilícita, a favor de un partido y/o candidato por una o más personas (natural, jurídica, nacional, extranjera o también autoridad o funcionario público) con el fin de obtener un beneficio posterior. De todo esto se desprende que para poder hablar de corrupción en la recolección de fondos electorales, se debe en primer lugar determinar si la contribución es en sí ilícita, ya sea por la fuente de la cual proviene, por el monto de la misma, o bien por el fin con que se realiza.

Por ello, y dada la complejidad que el tema presenta, todo intento de dar respuesta a esta interrogante aconseja abordar su tratamiento de manera desagregada.

Un primer punto a considerar pasa por el hecho de admitir que para la supervivencia de la democracia se requiere de un cierto grado de apoyo financiero dirigido a los partidos y a las campañas electorales. El debate pasa entonces por determinar el origen de esos fondos, el monto de los mismos, así como las razones o fines por los cuales se hacen esos aportes.

Con base en estas consideraciones una primera observación radica en el hecho de que la falta de límites a los gastos electorales aunada a la circunstancia de que generalmente son pocos los políticos que tienen acceso a grandes cantidades de dinero, conllevaría el peligro de que las personas o grupos con abundantes recursos económicos serían los que en principio –si bien no necesariamente– estarían en condiciones de ganar siempre o casi siempre las elecciones o, en todo caso, de obtener un grado desproporcionado de influencia debido precisamente al poder del dinero. Esta situación no sería en sí antiética o corrupta, aunque con toda seguridad podría calificarse de injusta y no deseable para el funcionamiento de un auténtico sistema democrático ni para el desarrollo de una competencia electoral basada en condiciones de equidad entre los diferentes actores políticos.

Cabe advertir, empero, que no se trata de negar la importancia que para la vigencia de un sistema democrático tiene el hecho de poder contar con un régimen de financiamiento (público y privado) que le permita a los partidos políticos disponer de los recursos adecuados para llevar a cabo sus funciones de manera satisfactoria. Tampoco se trata de negar el papel necesario y positivo que el dinero debe jugar en la política. Por el contrario, lo que este trabajo propone es avanzar en dirección a lograr una reducción de la influencia del dinero en la política, al mismo tiempo que la necesidad de encontrar métodos más democráticos y transparentes que impidan o dificulten, al máximo posible, que el financiamiento político no degenere patológicamente, como ocurre actualmente en muchos países, en tráfico de influencias y corrupción.

Una segunda observación consiste en admitir que si bien el dinero no asegura automáticamente ganar las elecciones, existen sin embargo evidencias apabullantes acerca de la enorme influencia que tiene en materia política-electoral.

El dinero sí compra votos y no sólo en los Estados Unidos. Como solía expresar con cinismo Carlos Hank González, ex-ministro mexicano, *"un político pobre es un pobre político"*. Debido a que para muchos esta afirmación es correcta, ello determina entonces que enfrentados con la necesidad de conseguir grandes sumas de dinero, numerosos partidos y/o candidatos estén dispuestos a todo o a casi todo con tal de obtener los recursos financieros necesarios para hacer frente a sus costosas campañas electorales, incluso a comprometerse a pagar con favores una vez que lleguen al poder o en caso de reelección, de mantenerse en él. Este es uno de los modos como el tema del financiamiento se convierte en una fuente de tráfico de influencia y corrupción con consecuencias nefastas para la ética en la administración pública y la salud de la democracia misma.

Obviamente, la relación entre financiación y corrupción es más clara y directa cuando la misma se da entre un representante del poder público en ejercicio de sus funciones y una parte interesada del sector privado, donde el fin perseguido por lo general va implícito –y ya ha sido definido– en y para el acto mismo de la entrega ilícita de dinero o favores. Por el contrario, en el caso de políticos que no están aún en funciones, el potencial pago del favor sólo se concreta a *posteriori*, siempre y cuando el candidato que recibió el apoyo gane las elecciones y ello le permita devolver los favores a sus beneficiarios. Por otra parte, los financistas privados suelen asegurarse de las contingencias de los resultados electorales diversificando su portafolio de inversión entre diferentes partidos y candidatos lo cual es una vía cerrada para el ciudadano común que sólo tiene el poder de su único voto.

En cuanto a la manera de pagar los favores esta suele ser muy variada y depende tanto de las circunstancias como de la naturaleza del arreglo negociado en su momento. En algunos casos estos compromisos comportan un dar o un hacer; en otros, por el contrario, constituyen un no hacer o abstenerse. En ciertas ocasiones comportan dar apoyo o hacer la vista gorda, protegiendo de este modo actividades o sujetos que están en la ilegalidad; en otras circunstancias implican adoptar una política determinada en favor de tal o cual grupo de presión. Otras prácticas incluyen, por ejemplo, impulsar desde el gobierno una política en favor de una nación determinada (cláusula de nación más favorecida); pagar el apoyo financiero recibido mediante el otorgamiento de contratos públicos, o bien eximir a una industria determinada de pagar impuestos, hacerla pagar menos, o protegerla mediante el uso de tarifas (preservando así monopolios nacionales en perjuicio de los consumidores), o no tomando una acción en su contra (por ejemplo en el caso de la industria de cigarrillos, juegos de azar o prostitución). El caso del narcotráfico ofrece perspectivas más alarmantes porque sus agentes, dada la naturaleza del negocio, están dispuestos a arriesgar sumas mayores incluso que los otros tipos de financistas, bastándoles a veces como contra-prestación que no se tomen medidas para combatirlos o para extraditarlos.

Un análisis comparado latinoamericano de algunos de los principales vicios de la relación patológica entre financiación y corrupción permite identificar los siguientes:

- Desvío de servicios (empleados que en lugar de sus funciones específicas se dedican a trabajos partidarios);
- Creación de empleos inexistentes;
- Compra de votos para elecciones abiertas de candidatos (grupos organizados que se alquilan para votar en más de un partido);
- Cohecho anticipado (recepción de dinero por personas o empresas que esperan beneficios o privilegios ilícitos);
- Cohecho propiamente dicho (retornos por parte de contratistas en acción);
- Defraudación a la administración pública (lo mismo de arriba pero con sobreprecios);
- Participación en tráficos y servicios ilícitos (de tóxicos, personas, armas, juegos, prostitución).

Pero la existencia de estos males no es exclusiva de nuestra región. Países como Italia, España, Estados Unidos[13] y Japón, tan sólo para citar algunos de los más conocidos, constituyen claros

---

[13] En marzo de 2002, después de siete años de discusiones, el Senado aprobó el proyecto que representa los cambios más significativos a las leyes de financiamiento de campañas desde las que fueron aprobadas después del caso Watergate, casi tres décadas atrás. La iniciativa prohibiría las donaciones no reguladas a partidos políticos realizados por individuos, corporaciones o sindicatos (fondos que usualmente son empleadas para ayudar a un candidato individual). También duplicaría los límites de las contribuciones directas a postulantes individuales. Asimismo, en el proyecto se contemplan prohibiciones a las corporaciones y los sindicatos de emplear las donaciones no reguladas para solventar publicidades que mencionan un candidato federal a menos de 60 días de una elección general y a menos de 30 para primarias. Estas organizaciones pueden financiar algunos avisos por medio de comités de acción política, pero deben revelar los nombres de los donantes. Ver: CNN en español, 21 marzo 2002.

ejemplos de ello. Otros tres casos muy sonados en los últimos años son: uno, el que involucró al ex Canciller alemán Helmut Kohl; dos, el que afectó al actual Primer Ministro británico Tony Blair, obligándolo a aceptar la renuncia de uno de sus ministros y a establecer la comisión presidida por Lord Neill dirigida a reformar el actual sistema de financiación; y tres, el proceso que se llevó a cabo contra el actual Presidente francés Jacques Chirac.

Recapitulando. Si bien en principio no debiera haber conexión o relación alguna entre financiación y corrupción política, lo cierto es que la financiación se ha convertido en muchas ocasiones en fuente principal de corrupción, tanto en los países subdesarrollados como desarrollados, principalmente por tres factores: (i) una demanda creciente por llevar a cabo campañas electorales cada vez más costosas, a las que no son ajenas las sofisticadas campañas publicitarias y el caro acceso a los medios de comunicación, especialmente a la televisión; (ii) una disminución también creciente de los aportes de los afiliados así como del trabajo voluntario, todo ello unido al hecho de que la afiliación de los partidos va decreciendo; y (iii) una ausencia de mecanismos eficaces de control y supervisión en el manejo de los recursos financieros por parte de los partidos y los candidatos.

IV. Características formales y reales de financiamiento de la política

Si bien en cada país los sistemas de financiamiento asumen formas distintas por su interrelación con factores formales, políticos o culturales –como el grado de fortalecimiento de sus instituciones y una cultura política de mayor o menor tradición democrática– la existencia de importantes similitudes en el financiamiento de la política en América Latina nos permite elaborar un mapeo de las características formales y reales más relevantes de dichos sistemas.

A. Características formales

Entre las características formales más relevantes encontramos:

i) En relación con el tipo de sistema de financiamiento, predomina en toda la región (salvo en Venezuela) el sistema de financiamiento mixto, es decir en el que los partidos políticos reciben tanto fondos públicos como privados para financiar sus campañas electorales y/o para sufragar los gastos de funcionamiento ordinario de dichas fuerzas. ii) La mayoría de los países cuenta dentro de su financiamiento público con subvenciones directas (en dinero o bonos) o indirectas (servicios, beneficios tributarios, capacitación, etc.). iii) Los métodos de distribución del financiamiento público directo en la región son de cuatro tipos fundamentalmente: equitativo (por partes iguales), proporcional a la fuerza electoral, un método combinado en el que una parte se distribuye equitativamente entre todos los partidos y la otra de acuerdo a la fuerza electoral y otro método combinado en el que una parte se distribuye proporcional a la fuerza electoral y otra de acuerdo a la representación parlamentaria; sin embargo, predomina la fórmula por fuerza electoral, seguida por la fórmula híbrida que combina la fuerza electoral y la distribución por partes iguales. iv) En la mayor parte de países se prevé algún tipo de barrera legal para tener acceso al financiamiento público. Estas refieren específicamente a que los elegibles para el subsidio mencionado obtengan un porcentaje mínimo de votos o que cuenten con representación parlamentaria. v) En cuanto al desembolso del financiamiento público no existe un patrón homogéneo, pues en algunos países éste se realiza después de las elecciones (reembolso), en otros en cambio en la etapa previa a las elecciones, y en un tercer grupo de países el desembolso se divide en un monto anterior y otro posterior a los comicios. vi) La mayor parte de países establece prohibiciones a algún tipo de contribución privada, predominando las prohibiciones a donaciones de gobiernos, instituciones o individuos extranjeros; a algún tipo de contribución no-individual y a las contribuciones anónimas. vii) En algunos de los países se establecen límites al monto de las contribuciones privadas. viii) En la mayoría de los países se otorga a los partidos políticos acceso gratuito a los medios de comunicación estatales, privados o a ambos, predominando el acceso gratuito a los medios de comunicación del Estado durante la vigencia de la campaña electoral. ix) En casi todos los países existe algún órgano encargado del control y la fiscalización del financiamiento de los partidos, tarea que ha sido asignada en la mayoría de los casos a los organismos electorales. x) Finalmente, en la mayor parte de los países se prevé un régimen de sanciones dirigido a castigar la inobservancia de la legislación sobre el financiamiento de los partidos y las campañas electorales. Entre éstas prevalecen, por un lado, las penas pecuniarias y, por el otro (aunque en menor medida) las que conllevan la eliminación del registro partidario o bien la reducción o suspensión de los fondos estatales para los partidos que han violado la ley.

B. Características reales

Sin embargo, si deseamos tener una visión integral del sistema del financiamiento político a nivel regional, no podemos limitarnos a elaborar únicamente el mapeo de sus rasgos formales, sino que éste debe complementarse con la caracterización de la estructura del financiamiento real, el cual presentamos a continuación.

i) En primer lugar, y en relación con los niveles de los gastos electorales de los partidos y el destino de los mismos debemos señalar que a pesar de no disponer de datos cuantitativos globales definitivos al respecto, es posible afirmar que existe una tendencia al aumento del gasto, debido a varios factores:

> El crecimiento de la sociedad y la necesidad de los partidos políticos de llevar su mensaje a millones de votantes obliga a los primeros a invertir grandes sumas de dinero en los medios de comunicación electrónicos. Especialmente la televisión ha adquirido una importancia creciente en las campañas electorales latinoamericanas dado el acceso cada vez mayor de la población a este medio. La cobertura de las se-

ñales de televisión en amplios territorios, así como la posibilidad de que los electores cuenten con un aparato de este tipo en el hogar, lo han convertido en el medio ideal para transmitir el mensaje político de los candidatos en la región.

➢ Según el Informe de Desarrollo Humano de 1997, América Latina y el Caribe es la región en vías de desarrollo donde existe un mayor número de televisores por cada mil habitantes. Por ejemplo, mientras en esta región se cuenta con 200 televisores por cada 1000 personas, en Africa Sub-Sahara (la región con menor acceso) se dispone únicamente de 25 aparatos por cada mil individuos, es decir sólo un 12% del total de televisores en Latinoamérica[14].

➢ El total de televisores por habitante en América Latina alcanza actualmente un poco menos de la mitad del total de televisores existentes en los países industrializados (500 por 1000 habitantes). Aunque dicha diferencia es significativa, la tendencia en Latinoamérica es hacia el aumento en la cantidad de aparatos. Lo anterior se confirma al observar que en la región el número de televisores por mil habitantes creció en el término de diez años (1986-1996) en un 74.5%, mientras en los países industrializados el crecimiento durante este mismo lapso fue únicamente del 4.8%[15].

➢ Ante la idea generalizada de que las elecciones actualmente se ganan o se pierden en la televisión, el modo de hacer campaña en la región se asemeja cre-

---

[14] Utilizamos los datos del Informe de 1997, dado que los informes posteriores no contemplan la medición de esta variable.

[15] Considérese que la tasa anual de crecimiento demográfico en América Latina y El Caribe entre 1975 y 1997 fue del 2% y en los países industrializados fue del 0.6%. UNDP. *Human Development Report*, New York, Oxford University Press, 1990; y UNDP. *Informe sobre Desarrollo Humano*. New York, Ediciones Mundi-Prensa, 1999.

cientemente al modelo norteamericano, donde la mercadotecnia electoral, los sondeos, los asesores de imagen y especialistas en producción se convierten en factores decisivos para convencer a los electores. Todo ello determina campañas altamente onerosas, como por ejemplo la presidencial de 1999 en la Argentina, donde los dos candidatos presidenciales mayoritarios destinaron entre enero y octubre de ese año, cerca de $90 millones de dólares en avisos publicitarios, medios audiovisuales, gráficos y vía pública.[16]

➢ México, por su parte, muestra uno de los niveles regionales más altos de gastos de partidos políticos. En efecto, si se compara el gasto total neto de los partidos políticos en las elecciones generales de 2000 en México ($322.536.024[17]) con el gasto total neto de los partidos políticos en las elecciones generales de 2000 en Estados Unidos ($1,348,963.864[18]), puede observarse que el gasto por elector en México ($0.189) es más alto que el gasto por elector en los Estados Unidos ($0.152).[19] Mientras este monto representa el 0.0004% de la paridad del poder adquisitivo (*PPP measure*) norteamericano, el monto de gastos en México representa el 0.002 de la paridad del poder adquisitivo en este país[20], lo que implica

---

[16] C. GRUENBERG. *Monitoring The Financing of Political Campaigns from the Civil Society.* Buenos Aires, Argentina, Poder Ciudadano, Transparencia, 2000.

[17] Información suministrada por el área de Asuntos Internacionales del Instituto Federal Electoral, Abril, 2002.

[18] Esta es una cifra estimada producto de la suma del gasto total de los candidatos al Congreso en las elecciones de 2000 con el gasto total de los candidatos presidenciales en ese mismo proceso electoral. FEDERAL ELECTORAL COMMISSION, http:/www.fec.gov

[19] Para los efectos de estos cálculos: México: Población en edad de votar (2000)=61.000.000/ Estados Unidos: población en edad de votar (2000)= 205.815.000.

[20] Para los propósitos de estos cálculos: 1. México GNI per cápita (Purchasing Power Parity, PPP) 2000=$8790. 2. Estados Unidos GNI per cápita (Purchasing Power Parity, PPP) 2000=$34.100.

que la relación gasto por elector/paridad del poder adquisitivo en México fue cinco veces más alta que en los Estados Unidos.

➤ En segundo lugar, en relación con el origen de las contribuciones, en América Latina, al igual que en Europa y Estados Unidos, los partidos han sufrido una disminución significativa de las cuotas de los afiliados, mientras que el mayor volumen de las contribuciones proviene de las grandes corporaciones. Paralelamente, el dinero proveniente del crimen organizado y de actividades ilícitas como el narcotráfico se presume que ha tenido en la región un peso relevante en el financiamiento de las campañas en un buen número de países. Si bien esta modalidad de financiamiento se caracteriza por la dificultad para ser detectada debido a las hábiles y variadas formas que ella asume, su influencia puede ser medida sobre la base de los escándalos producidos con frecuencia en diferentes países. A continuación se presentan algunos ejemplos:

Algunos escándalos políticos por narco–financiamiento en América Latina	
Bolivia	Debe destacarse el caso "Drogas, Mentiras y Videos". Mientras Bolivia se preparaba para las elecciones generales de 1989, salieron a la luz una serie de videos y fotografías que comprometían la reputación de miembros de los partidos políticos bolivianos más importantes por sus supuestos vínculos con el narcotráfico. En particular, uno de los políticos más prominentes que posaba junto a Isaac "Oso" Chavarría (considerado el líder del narcotráfico boliviano) era el candidato del Movimiento de Izquierda Revolucionaria (MIR), Jaime Paz Zamora, quien fuera electo Presidente de la Nación. Surgieron acusaciones de que Chavarría había contribuido con $100,000 dólares a la campaña del MIR. Presuntamente, después de las elecciones las principales figuras del MIR continuaron su relación con Chavarría y en 1991, el Presidente Paz Zamora nombró al Coronel Faustino Rico Toro –conocido por tener un fuerte vínculo con el tráfico de drogas– para encabezar la Fuerza Especial de Lucha contra el Narcotráfico (FELCN). Lo anterior generó la suspensión de la ayuda norteamericana a Bolivia, por lo que Rico Toro renunció posteriormente a su puesto. Se alega además, que subsiguientes ministros del interior y comandantes del FELCN estuvieron vinculados también con la industria de la droga. Durante el gobierno siguiente del Presidente Sánchez de Lozada se iniciaron las investigaciones por los supuestos lazos del Ex-Presidente Paz Zamora con el narco y se encarceló a varios miembros del MIR. Asimismo, el gobierno norteamericano canceló al Ex-Presidente Paz Zamora su visa de entrada a los Estados Unidos.[21]
Colombia	En 1994, poco después de que el candidato del Partido Liberal, Ernesto Samper, fuera electo Presidente de la República, el candidato del Partido Conservador, Andrés Pastrana manifestó públicamente la existencia de unas cintas en las que se vinculaba a Samper con el Cartel de Cali. Aparentemente parte de su campaña había sido financiada con dinero proveniente del narcotráfico. Este supuesto caso de narco-financiamiento provocó una seria crisis política que incluyó la denuncia del Fiscal Gene-

---

[21] E. GAMARRA. *An excerpt from: The art of Narcofunding.* Hemisphere. El Nuevo Herald, http://lacc.fiu.edu/hemisphere/vol7num2/index.html, pp.1-3.

	ral de La Nación contra el Presidente recién electo. Asimismo, se inició la investigación contra Samper en la Cámara de Representantes. No obstante, dicha Cámara archivó posteriormente el proceso de acusación, bloqueando con ello el juzgamiento de Samper en el Senado. Esta medida generó el descontento de diversos sectores de la sociedad colombiana que interpretaron la decisión como un resultado de las presiones gubernamentales. Dentro de esta crisis deben señalarse además: el juzgamiento y condena del Ministro de Defensa y antiguo gerente de campaña de Samper, Fernando Botero, así como de su tesorero de campaña, Santiago Medina; el proceso contra dos exministros anteriormente ubicados en altos cargos de la estructura de campaña; el proceso contencioso administrativo iniciado por el Consejo Nacional Electoral con el fin de lograr la devolución de los dineros recibidos violando los topes legales; el encarcelamiento y condena de varios congresistas acusados por haber recibido dinero del narcotráfico; y finalmente la expulsión del Partido Liberal de algunos de sus más altos miembros por parte del Tribunal de Etica de dicho partido.[22]
Panamá	El Presidente Pérez Balladares admitió que $50 mil dólares provenientes del narcotráfico habían ingresado en su campaña.[23]
Venezuela	Deben mencionarse los siguientes casos: el de Genaro Scaletta y la conexión Italo-Canadiense. En 1988 fueron sentenciados varios individuos involucrados con el narcotráfico por intentar utilizar su influencia sobre líderes socialcristianos. El caso Adolfo Ramírez Torres: Se trata del Ex-Gobernador del Distrito Federal quien asumió luego como Ministro de Relaciones Interiores. Fue apresado en 1991 al vinculársele con narcotraficantes colombianos. El caso William Fajardo (líder del Partido Social Demócrata): Fue sentenciado a varios años de prisión por su supuesto involucramiento en el narco-financiamiento de las campañas regionales de 1989.[24]

---

[22] H. DE LA CALLE. "Financiación de los partidos y las campañas electorales en Colombia". En *La Financiación de la Política en Iberoamérica*. Op.cit.. pp. 120-121.

[23] IDEM.

[24] C. SUBERO. *Financiamiento de campañas electorales, el pecado original*. Venezuela Elecciones 98. Financiamiento. http://elecciones.eud.com/financia.htm

Los anteriores ejemplos son sólo algunos de los países donde ha quedado en evidencia –en mayor o menor medida– la injerencia del narco-financiamiento en las campañas electorales. En algunos casos, como en Colombia, la crisis política producida por tales escándalos ha adquirido dimensiones preocupantes para la institucionalidad democrática, lo que constituye una llamada de atención sobre las consecuencias que podrían derivarse de este fenómeno. Aunque no puede afirmarse que el narco-financiamiento sea un problema generalizado en la región, muchos países se han visto afectados por diversos escándalos de esta índole que han sido comprobados a través de pruebas fehacientes que evidencian la influencia del dinero proveniente de la droga en la política, o bien, que sin comprobarse, han rodeado la actividad política y particularmente las campañas electorales, de una atmósfera de sospecha y desconfianza.

ii) En tercer lugar, cabe señalar que la estructura del financiamiento real en la región dista significativamente del esquema normativo específicamente en lo que respecta a los mecanismos de control y a la aplicación de las sanciones. Consideramos que –entre otros factores– tanto el presidencialismo como los sistemas de partidos y la cultura política han influido de manera importante en la falta de aplicabilidad de las regulaciones en cuestión.

Como lo señala Xiomara Navas Carbó, particularmente en los países latinoamericanos el presidencialismo tiene una incidencia directa sobre las finanzas partidistas. La preponderancia del Poder Ejecutivo respecto de los otros poderes del Estado que caracteriza a los diferentes sistemas presidencialistas de la región[25], coloca a las elecciones presidenciales en un lugar privilegiado. Lo anterior repercute en la estructura de ingresos de los partidos y candidatos,

---

[25] Dieter Nohlen distingue por los menos cinco tipos de presidencialismo latinoamericano: el presidencialismo autoritario, el reforzado, el puro, el atenuado y el parlamentarizado, en los que influye para su funcionamiento la relación Estado-sociedad (la fuerza del clientelismo y corporativismo) y la fortaleza del sistema representativo; el sistema de partidos y el comportamiento e interacción de los actores políticos. Ver D. NOHLEN. *Sistema de Gobierno, Sistema Electoral y Sistema de Partidos Políticos. Opciones institucionales a la luz del enfoque histórico-empírico*. México, Tribunal Electoral del Poder Judicial de la Federación; Instituto Federal Electoral; Fundación Friedrich Naumann, 1999, p. 14.

específicamente en relación con el destino de las contribuciones de origen privado, que son las que constituyen, por lo general, la mayor parte de los fondos con que los partidos financian sus campañas. Y es que la prioridad de los comicios presidenciales en estos sistemas favorece que las contribuciones privadas se canalicen directamente hacia los candidatos presidenciales, ante el interés de los donantes por adquirir una mayor influencia sobre aquellos que compiten por el cargo en el que suele concentrarse el mayor poder gubernamental.[26] De ahí que a pesar de la existencia del financiamiento público a los partidos –que ha procurado evitar o reducir la injerencia de intereses particulares en la toma de decisiones y definición de políticas gubernamentales–, el clientelismo y el corporativismo continúen presentes en la práctica política de estos países.

Por otra parte, los sistemas de partidos ejercen asimismo un papel fundamental en la forma en la que dichas fuerzas financian sus campañas electorales y su funcionamiento permanente. Si bien no puede hablarse de un único sistema de partidos en la región, en tanto más bien se presenta gran diversidad entre los sistemas de uno y otro país, existe sin embargo un elemento aglutinador entre ellos y es el hecho de que tanto en las organizaciones tradicionales como en las nuevas fuerzas partidarias surgidas como alternativas a las primeras, destaca un alto nivel de personalismo que impide el desarrollo de partidos políticos organizativa, estructural y democráticamente estables. En este sentido, la tradición político-cultural latinoamericana tendiente a reunir a la ciudadanía en torno a un caudillo parece no sólo haber dejado su huella en el funcionamiento de los partidos, sino también –y específicamente en relación con el financiamiento de los partidos– en la forma en que se canalizan las contribuciones privadas, particularmente con fines electorales. Especialmente en América Latina, la voluntad del donante de colaborar con un partido está con frecuencia determinada por vínculos de amistad o por intereses comunes con su candidato, muchas veces al margen de la doctrina ideológica de las fuerzas políticas.

---

[26]X. NAVAS. "La financiación Electoral en América Latina. Subvenciones y Gastos". En *Tratado de Derecho Electoral Comparado de América Latina*. Op.cit. p. 473.

Lo anterior conduce –de nuevo– a que gran parte de las contribuciones se realice directamente al candidato o a su círculo más cercano y no a la estructura formal partidaria, generando con esto serios obstáculos para ejercer el debido control de las finanzas electorales y permanentes de los partidos. Por todo ello, la tarea del control deviene difícil, especialmente al evidenciarse que en la mayor parte de los países las regulaciones que atañen a la fiscalización del financiamiento y al régimen de sanciones se basan fundamentalmente en la responsabilidad de los partidos (o de los encargados de finanzas) y, en menor medida, en la responsabilidad individual de sus candidatos o colaboradores más cercanos.

Salvo excepciones, y lejos de asumir un rol de verdaderos mecanismos de representación de los intereses de los ciudadanos o de negociación y canalización de las demandas sociales, los partidos políticos de la región han tendido históricamente a funcionar como instrumentos para la distribución del poder entre élites dirigentes. La inestabilidad política generada por constantes golpes de Estado, la presencia sistemática de regímenes dictatoriales, y el control del voto, son algunos factores histórico-políticos que han dejado una profunda huella en los partidos políticos latinoamericanos.

Así, la debilidad estructural y organizacional de muchos partidos de la región y su funcionamiento como meras maquinarias electorales, son elementos que influyen en la forma en que se invierten los fondos partidarios. En este sentido, la baja actividad de muchos de los partidos en períodos no electorales y su postura instrumental hacia la política (su orientación estrictamente de maquinaria electoral) explican porqué las inversiones más importantes de los partidos en la región se realizan fundamentalmente en actividades relacionadas estrictamente con las elecciones y no en sus actividades ordinarias o de educación y fortalecimiento democrático. Por estas razones se ha regulado o está discutiéndose en diversos países una nueva ventana de financiamiento público dirigida a las actividades no-electorales de los partidos, entre ellas, la educación, la capacitación y la investigación, todo con el fin de fortalecer a estas organizaciones estructural, ideológica y administrativamente.

iii) Finalmente, el grado de profundización de los valores democráticos tanto en los líderes como en la ciudadanía en general resulta crucial para la aplicabilidad del marco formal que define las reglas del juego político y, en particular, sobre el financiamiento de los partidos. Por las características propias del desarrollo institucional de la región, tanto la rendición de cuentas por parte de las autoridades, como la vigilancia de la práctica política por parte de la ciudadanía, constituyen hábitos de una cultura democrática que sólo podrá enraizarse a través del aprendizaje sistemático y de la participación. Aunque la sociedad civil ha empezado en algunos países de la región a tener un rol más activo en el control del financiamiento de la política[27] –obviamente hasta donde le es posible– aún falta un verdadero compromiso de los actores políticos (candidatos y partidos) por respetar las regulaciones y por informar debidamente a los ciudadanos sobre sus movimientos financieros.

V. Los sistemas de financiamiento de los partidos políticos y las campañas electorales

A. Financiamiento público, privado o mixto

Todo sistema de financiación debe escoger entre tres escenarios principales: (i) sólo financiación pública; (ii) únicamente financia-

---

[27] Un ejemplo del involucramiento de la sociedad civil en la fiscalización del financiamiento de la política es el caso de Poder Ciudadano en Argentina (Capítulo Nacional de Transparencia Internacional), que se ha dado a la tarea de monitorear el financiamiento de las campañas en dicho país. Dentro de sus logros debe mencionarse la consecución del *Pacto de Integridad*, a través del cual los tres candidatos presidenciales se comprometieron –en el marco de las elecciones de 1999– a garantizar el libre acceso de la opinión pública a sus presupuestos de campaña. Otros ejemplos son: *Transparencia* en Perú, *Alianza Cívica* en México, *Vote Bien* y *Transparencia* en Colombia, *Participación Ciudadana* en República Dominicana y *Transparencia* en Costa Rica.

ción privada; o (iii) un sistema mixto, resultado de la combinación de las dos primeras opciones.[28]

En América Latina en forma similar a muchos regímenes políticos de la Europa continental, se optó por el financiamiento público como una manera de evitar o disminuir la incidencia de intereses particulares y poderes fácticos en el desempeño de las funciones partidarias (Ver Cuadro No.1). Así, el objetivo que se persigue con ello es, por un lado, lograr condiciones más equitativas durante la competencia electoral entre los diversos actores políticos, al mismo tiempo que una mayor transparencia en materia de financiación, orientada a mitigar los altos niveles de corrupción política generados por la búsqueda insaciable de fondos que le permita a los grupos partidarios solventar los gastos electorales y su funcionamiento ordinario.[29]

Otra razón importante para la introducción del financiamiento público en América Latina, similar a Europa continental, ha sido la convicción de que los partidos políticos juegan un papel trascendental en los sistemas democráticos representativos, por lo que el Estado debe asegurar que ellos dispongan del apoyo y los recursos necesarios para su funcionamiento ordinario y/o electoral, y para su institucionalización y fortalecimiento democrático.

---

[28] S. GONZÁLEZ-VARAS. *La financiación de los partidos políticos*. Madrid, Dykinson, 1995, pp. 21-23.

[29] Otro de los propósitos del financiamiento público, según sus defensores, es liberar a las fuerzas partidarias de la "humillante tarea de pedir dinero", permitiéndoles concentrarse en sus labores de tipo político. Ver G. Gidlund. "Public Investments in Swedish Democracy. Gambling with Gains and Losses". En M. WIBERG, Edit. *The public purse and Political Parties. Public Financing of Political Parties in Nordic Countries.* The Finish Political Science Association, 1991, p. 25.

Cuadro 1

País	Año
Introducción del financiamiento público de los partidos políticos y/o las campañas electorales en América Latina	
Uruguay	1928
Costa Rica	1949
Argentina	1961
Perú	1966 (sólo indirecto)
Venezuela	Incorporada en 1973 y eliminada en 1999
Nicaragua	1974
México	1977
Ecuador	1978
Honduras	1981
El Salvador	1983
Guatemala	1985
Colombia	1985
Chile	1988 (sólo indirecto)
Paraguay	1990
Brasil	1995
Bolivia	1997
Panamá	1997
República Dominicana	1997

El reconocimiento anterior coincide, además, con la naturaleza jurídica que los partidos políticos tienen hoy en la mayoría de las legislaciones de la región. En efecto, en América Latina la doctrina mayoritaria se inclina en favor de la tesis que ve a los partidos políticos como asociaciones privadas pero que cumplen funciones públicas o de interés general, debiendo por tanto ser sujetos pasivos de financiación pública. [30]

No obstante todo lo anterior, vale la pena tomar conciencia del riesgo que se corre al sustentar el sistema de financiación en grandes aportes públicos, cual es la estatización, burocratización y osificación de los partidos (es decir la dependencia económica crónica de parte de éstos de los recursos estatales y la consiguiente

---

[30] Ver sentencia del Tribunal Constitucional español del 2/2/81.

pérdida de contacto con la sociedad), lo cual repercute en una merma de su libertad, en su acomodo al *status quo* y en su alejamiento de la cambiante realidad social.[31] Otro tipo de riesgos que podrían ser generados por un financiamiento estatal excesivo, es que la dependencia casi exclusiva de los fondos públicos provoque el alejamiento del aparato central del partido de sus bases y reduzca la necesidad de los partidos de tener que acrecentar el volumen de membresías partidistas.[32]

Si bien se han señalado algunos de los efectos negativos que podría generar un sistema basado fundamentalmente en fondos públicos, es preciso agregar que un sistema basado exclusivamente en el financiamiento privado tiene también sus riesgos, entre ellos, permitir la influencia desmesurada de determinados individuos o corporaciones (legales o ilegales) sobre los partidos y los poderes públicos, frente a la desesperación de las agrupaciones partidarias y los candidatos por la obtención de recursos económicos sin importar muchas veces el carácter de las fuentes. Esta tendencia negativa se fortifica debido a que las pequeñas y regulares cotizaciones de la membresía partidista desempeñan hoy en día un papel menor en el financiamiento de los partidos políticos latinoamericanos. De todas maneras, cabe apuntar en favor del financiamiento privado que el provenir los recursos en su mayoría directamente de los ciudadanos debería ser visto, en principio, como una prueba del sano enraizamiento de los partidos en la sociedad dentro de la cual éstos operan, siempre y cuando existan topes a las contribuciones individuales, mecanismos de control efectivos y otra serie de garantías para evitar el abuso y la desigualdad excesiva. Además, como lo señala Michael Pinto Duschinski, la necesidad de recolectar dinero puede tener efectos colaterales positivos pues

---

[31] P. DEL CASTILLO. "La Financiación de partidos y candidatos en las democracias occidentales". Op. cit. pp. 64-77. De la misma autora ver también: "Objetivos para una reforma de la legislación sobre financiación de los partidos políticos". En *La Financiación de los Partidos Políticos*. Cuadernos y Debates. N. 42. Centro de Estudios Constitucionales, pp. 53-64.

[32] G. GIDLUND. "Public investments in Swedish Democracy. Gambling with gains and losses". En *The public purse and political parties. Public Financing of political parties in Nordic Countries*, op.cit. p. 25.

ésta constituye un poderoso incentivo para reclutar nuevos miembros. Asimismo, las actividades de búsqueda de fondos tienen el efecto de crear redes de simpatizantes que, en tiempos de campaña, estarán mejor preparados para cumplir tareas políticas.[33]

A.1. La fórmula predominante en América Latina: el sistema de financiamiento mixto

El examen comparado de la legislación electoral de los países latinoamericanos muestra que la totalidad de sus ordenamientos electorales regulan el tema del financiamiento de los partidos, si bien en términos, modalidades y grados de intensidad variados. Así, mientras algunos ordenamientos cuentan con normas detalladas en materia de financiamiento (Brasil, Ecuador y México), otros países en cambio se caracterizan por contar con regulaciones generales y escasas (Chile, Perú y Uruguay).

En relación con el sistema de financiamiento, la totalidad de los países estudiados, menos uno, Venezuela, cuentan con sistemas mixtos donde convergen fondos de carácter público y privado, aunque existen diferencias importantes con referencia al tipo de financiación predominante. Si bien en algunos casos prevalecen los fondos públicos sobre los privados (México por ejemplo), en otros países predomina el financiamiento de tipo privado (Chile y Perú, países que cuentan únicamente con financiamiento público indirecto).

Un análisis de las últimas reformas electorales (aprobadas o en proceso) evidencia que no existe una tendencia clara en favor o en contra del financiamiento público. Así, por ejemplo, la última reforma mexicana de 1996 si bien mantuvo el sistema de financiación mixto hizo pivotar el mismo fuertemente sobre lo público (la regulación ha establecido una proporción de 90% público y 10% privado para la totalidad de los partidos, no

---

[33] M. PINTO-DUSCHINSKI. "Grassroots aproaches". En *Administration and Cost of Elections, ACE Project CD Rom*, International Institute for Democracy and Electoral Assistance (IDEA), United Nations and International Foundation for Elections System (IFES), Version 01, Abril 1999.

obstante, dichas fuerzas pueden recibir contribuciones de sus miembros activos, o adicionar a los recursos privados, fondos provenientes de recolectas u otras actividades sin contar con límites claramente establecidos).[34] En esta misma dirección trató de marchar Colombia, país que agobiado por los escándalos de narco-financiamiento quiso dar un paso más adelante que México, estableciendo que la totalidad de la financiación de las campañas presidenciales y las del Congreso quedasen a cargo exclusivamente del Estado, sin embargo la reforma fracasó.[35] En sentido contrario marcha Venezuela, donde a raíz de la Constitución Bolivariana de 1999 se ha prohibido todo tipo de financiamiento público, tanto directo como indirecto. En este mismo sentido Chile y Perú cuentan únicamente con un financiamiento público muy reducido y sólo de tipo indirecto.

Resumiendo, existe un creciente debate regional acerca de la prevalencia del financiamiento público sobre el privado y viceversa como un intento por garantizar una mayor transparencia en cuanto al origen y el destino de los fondos partidarios, así como para reducir la probabilidad de que los partidos políticos recurran al financiamiento irregular para el desarrollo de sus actividades ordinarias y de campaña. Sin embargo, los escándalos de corrupción y la consiguiente pérdida de credibilidad de los partidos políticos han generado en la ciudadanía cierta animadversión en

---

[34] Sin embargo, el "predominio" de financiamiento público establecido por ley podría interpretarse hasta como un 50% más un peso de financiamiento público y el resto de financiamiento privado. J. WOLDENBERG. Presidente del Instituto Federal Electoral de México (IFE). Entrevista. México D.F., 23 de marzo 2000.

[35] En el caso de Colombia, la propuesta de reforma del gobierno de Andrés Pastrana en materia de financiación política, promovió la financiación total de las campañas a cargo del Estado. El proyecto comentado optó en materia de fuentes de financiación, por la financiación estatal íntegra y excluyente para las campañas presidenciales, aceptando la financiación mixta para las otras elecciones, pero limitando en este último caso los aportes particulares a las personas naturales, las cuales sólo pueden donar dinero o servicio personal voluntario y gratuito. Se prohíbe asimismo cualquier aporte privado en especie, bien de manera explícita, o utilizando cualquier subterfugio.Ver H. DE LA CALLE, op. cit. p. 23.

relación con la idea de destinar mayores fondos públicos a las agrupaciones partidarias, dado que por una parte existen dudas respecto al uso adecuado de los recursos y, por la otra, a que la población demanda una pronta y mayor atención a las prioridades de tipo socioeconómico.

A.2. ¿Cuánto de fondos públicos y cuánto de privados?

En nuestra opinión, toda legislación debe buscar un sano balance en materia de financiamiento dirigido a evitar, por un lado, la excesiva dependencia de los partidos respecto del Estado y por tanto su consiguiente osificación y alejamiento de la sociedad y, por el otro lado, a impedir la influencia excesiva de sujetos o corporaciones sobre los partidos o candidatos a los que apoyan, así como el fenómeno del financiamiento ilegal y del narco-financiamiento.

Aunque no existe un sistema de financiación ideal –pues cada sistema debe responder a las particularidades del ordenamiento político de cada Estado, a su sistema electoral, a la realidad política partidaria, y al nivel de su cultura política– nos pronunciamos en favor de la tendencia hoy mayoritaria en América Latina de mantener un sistema de financiamiento mixto debiendo cada país, en función de su situación particular, determinar el porcentaje de la fórmula dinero público/privado. El financiamiento público, obviamente no exclusivo, si bien no es un remedio mágico para todos los males, correctamente empleado ha probado ser, en ciertos países, un instrumento positivo para lograr que los partidos abandonen o reduzcan la práctica oficiosa de las comisiones y hacerlos menos dependientes de personeros corruptos. Pero creemos, asimismo, como bien sugiere Humberto Njaim, que para compensar los efectos burocratizadores del financiamiento público valdría la pena establecer algún sistema de "matching", en virtud del cual un porcentaje de la ayuda esté condicionada a que las fuerzas políticas recauden recursos por su propio esfuerzo, prefiriendo obviamente aquellos fondos que sean el resultado de numerosas y pequeñas contribuciones en lugar de pocas y grandes sumas de dinero llegando, incluso, con el fin de desalentar estas últimas, a descartar la posibilidad del *"matching"* en los casos de aportes económicos elevados.[36]

También nos parece necesario establecer criterios claros que ajusten el monto global del financiamiento público a las realidades económico-financieras de los países como se hace en Costa Rica, donde se señalan parámetros tales como el comportamiento general de la economía, el crecimiento de la producción y la situación de las finanzas públicas. De lo contrario en épocas de estrechez podría suscitarse el descontento de la ciudadanía al evidenciar que las subvenciones a los partidos no sufren los ajustes correspondientes a los del resto de la colectividad. Es recomendable también que el compromiso de financiamiento público se cumpla seriamente por el Estado en los términos establecidos, entre otras cosas, para que no se de a los partidos excusas para no cumplir con las normas de financiamiento.

B. Los esquemas de financiamiento público en · América Latina: directo, indirecto y mixto

El financiamiento estatal a los partidos políticos suele otorgarse mediante tres modalidades principales:

- Financiamiento público directo: mediante la entrega de dinero, bonos o préstamos;

- Financiamiento público indirecto: a través de facilidades en cuanto a servicios, infraestructura, exoneraciones, acceso a los medios de comunicación, etc.; y

- Financiamiento público mixto: el cual contempla los dos tipos de apoyo mencionados.

---

[36] H. NJAIM. "Una Parte de la Historia. El Financiamiento de la Política (Partidos Políticos, Campañas Electorales y Otros Aspectos) en Venezuela". En P. DEL CASTILLO y D. ZOVATTO, Edit.. *La Financiación de la Política en Iberoamérica*, op.cit., p. 607.

En América Latina existen dos categorías principales de países en relación con el tipo de financiamiento público. En primer lugar, la gran mayoría de países estudiados (14) disponen de un sistema de financiamiento público mixto (directo e indirecto): Argentina, Bolivia, Brasil, Colombia, Ecuador, El Salvador, Guatemala, Honduras, México, Nicaragua, Panamá, Paraguay, República Dominicana y Uruguay. En segundo lugar, solo dos países (Chile, Perú) cuentan únicamente con financiamiento público indirecto. En tercer lugar se encuentra Venezuela, país que como ya hemos visto, no cuenta con financiamiento público directo ni indirecto. Dentro de los países estudiados, solamente en Costa Rica se encuentra un esquema basado exclusivamente en el financiamiento público directo (Ver Cuadro No.2)

Cuadro 2

Países con financiamiento público		
País	Financiamiento público directo	Financiamiento público indirecto
Argentina	X	X
Bolivia	X	X
Brasil	X	X
Colombia	X	X
Costa Rica	X	-
Chile	-	X
Ecuador	X	X
El Salvador	X	X
Guatemala	X	X
Honduras	X	X
México	X	X
Nicaragua	X	X
Panamá	X	X
Paraguay	X	X
Perú	-	X
República Dominicana	X	X
Uruguay	X	X
Venezuela	-	-

B.1. El financiamiento público directo

El financiamiento público directo tiene tres usos principales:

- La subvención de los gastos de la campaña electoral;
- La operación permanente de los partidos políticos; y
- La investigación y fortalecimiento institucional de los partidos políticos.

La tendencia mayoritaria presente en las últimas reformas y/o proyectos de reforma hoy en discusión se dirige al financiamiento tanto de los gastos de las campañas electorales así como de los gastos ordinarios de funcionamiento de los partidos políticos. Dentro de los 15 países que poseen financiamiento público directo, once de ellos contemplan el uso de los fondos públicos directos tanto con fines electorales como de operación permanente de los partidos (Argentina, Brasil, Colombia, Costa Rica, Ecuador, El Salvador, Guatemala, México, Panamá, Paraguay y República Dominicana). Los cuatro Estados restantes limitan el uso del financiamiento público directo únicamente para la campaña electoral (Bolivia, Honduras, Nicaragua y Uruguay). Ningún país de la región prevé el uso de fondos públicos para financiar las actividades ordinarias de los partidos políticos (Cuadro No.3).

Cuadro 3

País	Actividades objeto de financiamiento público directo			
	Electoral y partidario	Solo electoral	Solo partidario	Capacitación/ investigación
Argentina	X	-	-	X
Bolivia	-	X	-	X
Brasil	X	-	-	X
Colombia	X	-	-	X
Costa Rica	X	-		X
Chile	-	-	-	-
Ecuador	X	-	-	-
El Salvador	X	-	-	-
Guatemala	X	-	-	-
Honduras	-	X	-	-
México	X	-	-	X
Nicaragua	-	X	-	-
Panamá	X	-	-	X
Paraguay	X	-	-	-
Perú	-	-	-	-
República Dominicana	X	-	-	-
Uruguay	-	X	-	-
Venezuela	-	-	-	-

Otra tendencia importante en la región, la cual vemos como muy positiva, es hacia la introducción del financiamiento público para la investigación, el desarrollo institucional de las agrupaciones partidarias y la realización de campañas de educación cívica y de labores de formación y capacitación de cuadros. Tal es el caso de Argentina, Bolivia, Brasil, Colombia, Costa Rica, México y Panamá. El establecimiento de esta modalidad es trascendental para el fortalecimiento democrático de los partidos y para asegurar el funcionamiento permanente de los mismos, a través de incentivos que les permitan trascender las características de meras maquinarias electorales.

B.1.a. Las condiciones de elegibilidad

En algunos países la legislación establece una barrera legal, es decir, se fija un umbral mínimo porcentual de votos sobre el total emitido o bien, un mínimo de representantes parlamentarios, para que un partido tenga derecho a recibir financiamiento público. Doce de los 15 países cuya legislación prevé el financiamiento público directo para los partidos (Argentina, Bolivia, Brasil, Colombia, Costa Rica, Ecuador, Guatemala, México, Nicaragua, Panamá, República Dominicana y Uruguay) cuentan con algún tipo de barrera legal (Cuadro No.4).

Cuadro 4

Financiamiento público directo para campaña electoral: barrera legal y criterios de asignación

Países	Barrera legal	Criterio de asignación
Argentina	Partidos reconocidos que hayan participado en la última elección de diputados nacionales.	Mixto (por fuerza electoral y por igual)
Bolivia	Partidos que hayan obtenido un mínimo del 3% del total de votos válidos a nivel nacional en la elección general precedente (o municipal según corresponda).	Por fuerza electoral
Brasil	Proporcional al número de votos obtenidos en la última elección para la Cámara de Diputados	Por fuerza electoral
Colombia	5% del total de votos válidos para elecciones uninominales. Para la reposición de los gastos de las elecciones plurinominales (parlamentarias y otras), los partidos deben alcanzar por lo menos un tercio de los votos obtenidos por la lista que obtenga escaño con el menor de los residuos.[37]	Por fuerza electoral
Costa Rica	Partidos que obtengan al menos 4% de los sufragios válidos a escala nacional o partidos inscritos a escala provincial que obtengan como mínimo ese porcentaje en la respectiva provincia o elijan por lo menos un diputado.	Por fuerza electoral
Chile	-	-
Ecuador	Partidos que hayan recibido al menos el cociente del 0.04 de los votos en elecciones pluripersonales.	Mixto (por fuerza electoral / Por igual)
El Salvador	-	Por fuerza electoral
Guatemala	Partidos que obtengan al menos el 4% del total de votos válidos emitidos en las elecciones generales. El cálculo se hace con base en el escrutinio realizado en la primera elección de Presidente y Vicepresidente de la República.	Por fuerza electoral
Honduras	-	Por fuerza electoral
México	2% del total de votos válidos emitidos.	Mixto (Por fuerza electoral/Por igual)
Nicaragua	4% del total de votos válidos emitidos.	Por fuerza electoral
Panamá	5% de los votos válidos de cualquiera de las 3 elecciones: Para Presidente, Legisladores y Corregidores.[38]	Mixto (Por fuerza electoral/ Por igual)
Paraguay	-	
Perú	-	-
República Dominicana	Sólo pueden recibir financiamiento aquellos a los que se les haya aprobado candidaturas independientes y los que hayan participado en las dos últimas elecciones generales.	Mixto (Por fuerza electoral/ Por igual)
Uruguay	Haber comparecido en las elecciones internas y primarias y alcanzado el número de votos superior a 500 (mínimo imprescindible para cubrir el cociente de representación).	Por fuerza electoral
Venezuela	-	-

[37] El menor de los residuos en la última elección (1998) fue de 38.000 votos. Por tanto la barrera legal es actualmente de 12, 666.6 votos (38,000 votos ÷ 3 = 12,666.6).

[38] Miembros de los consejos municipales.

Aparte del grupo de países que disponen de algún tipo de barrera legal, existe una categoría de países (El Salvador, Honduras y Paraguay) en los que la única condición de elegibilidad para recibir el financiamiento público es que las fuerzas políticas que participan en los procesos electorales se encuentren debidamente organizadas y registradas, con total independencia del nivel de votación que hayan obtenido u obtengan.

Volviendo a los países que establecen algún tipo de barrera, siete de ellos definen como condición para recibir el financiamiento estatal un porcentaje mínimo de votos que oscila en la mayoría de los casos entre un 2% y un 5% del total de votos válidos emitidos en las elecciones generales o en las legislativas (Bolivia, Colombia, Costa Rica, Guatemala, México, Nicaragua, Panamá). En el caso de la República Dominicana, si bien no se determina como requisito haber obtenido representación parlamentaria o un porcentaje mínimo de votos, se establece haber participado en las dos últimas elecciones nacionales y que se les hayan aprobado candidaturas independientes (Cuadro No.4).

B.1.b. Los criterios de asignación

Los métodos de cálculo para la asignación del financiamiento público directo en América Latina son de cuatro tipos: 1) En primer lugar la fórmula que se rige por la fuerza electoral, es decir por el número de votos obtenidos por los partidos en las elecciones nacionales generales o en las elecciones presidenciales, parlamentarias o municipales. 2) En segundo lugar, la distribución de los fondos por partes iguales entre todos los partidos. 3) En tercer lugar una fórmula mixta que combina la distribución de los fondos por partes iguales entre todos los partidos y la fuerza electoral. 4) Por último una fórmula mixta en la que una parte del financiamiento se otorga de acuerdo a la fuerza electoral y la otra de acuerdo a la fuerza parlamentaria.

En América Latina predomina el criterio de distribución proporcional a la fuerza electoral de cada partido (Brasil, Bolivia, Colombia, Costa Rica, El Salvador, Guatemala, Honduras, Nicaragua y

71

Uruguay); seguido por las fórmulas mixtas (Argentina[39], Ecuador, México, Panamá, Paraguay y la República Dominicana), donde un porcentaje se reparte por igual entre todos los partidos políticos y el otro se reparte proporcional a la fuerza electoral o donde una parte se distribuye de acuerdo a la fuerza electoral y la otra de acuerdo a la representación parlamentaria (Paraguay). De los países restantes, Chile y Perú no destinan, de manera directa, fondos públicos al financiamiento de las actividades electorales y en Venezuela, como ya vimos, está prohibido el financiamiento público (Ver Cuadro No.4).

La opción distributiva según la fuerza electoral por lo general tiende a ser considerada como una pauta de reparto más justa que aquella según la fuerza parlamentaria, ya que al no establecerse como requisito la obtención de escaños parlamentarios se permite a un mayor número de partidos acceder a la ayuda estatal. Sin embargo, si se exige (a priori o a posteriori) un porcentaje mínimo de votos, se altera su carácter comparativamente más justo o equitativo, ya que –al igual que en el caso de la distribución según la fuerza parlamentaria– se excluye del reparto a aquellos partidos de débil votación, y en algunos casos se limita la participación de nuevas agrupaciones partidarias. De los nueve países que cuentan con una modalidad de distribución por fuerza electoral, siete establecen como límite para la obtención de la contribución estatal un mínimo de sufragios (Bolivia, Colombia, Costa Rica, Guatemala, Nicaragua, México y Uruguay).

---

[39] El 11 de junio de 2002, se aprobó la ley No.25600, que cambió sustancialmente la cuestión atinente al financiamiento de los partidos políticos. Esta ley se publicó el 12 de junio de 2002, pero empieza a regir el 10 de octubre de ese mismo año. La ley todavía vigente, No.23298, en su artículo 46, señala que el criterio de asignación de los fondos a los partidos es por fuerza electoral, sin embargo, la nueva ley que regirá a partir de octubre incorpora un criterio mixto para la distribución de dichos fondo: 30% en forma igualitaria a todos los partidos que participen en la campaña y 70% en forma proporcional a la cantidad de votos que el partido haya obtenido en la última elección de diputados nacionales.

B.1.c.   El momento del desembolso

El momento designado en cada país para otorgar el financiamiento público a los partidos, no sólo conduce a propiciar o restringir la participación electoral de ciertos partidos, sino además genera consecuencias de importancia en cuanto al grado de libertad o dependencia de los partidos frente al dinero.[40]

En efecto, si la entrega del subsidio se realiza una vez celebradas las elecciones, desfavorece a aquellos partidos de reciente creación, con menores recursos financieros o con menor capacidad crediticia. No obstante ello, el subsidio posterior, que adquiere más bien la calidad de un reembolso, puede tener efectos positivos en lo relativo al control de los gastos electorales. En cierta forma este último sistema contribuye a ejercer una mayor presión sobre las organizaciones políticas para que contabilicen en forma detallada y transparente sus ingresos de origen privado y sus costos reales propagandísticos. Además, sirve de incentivo para que los partidos adquieran la costumbre de llevar una contabilidad permanente y detallada sobre los subsidios estatales y sobre los gastos que con estos fondos fueron cubiertos.

Un análisis comparado de la legislación electoral permite identificar diversos momentos de entrega de los fondos en la región. Un primer grupo de países (Colombia, Costa Rica, Ecuador, Nicaragua, Paraguay y Uruguay) cuenta con un sistema de reposición posterior a la elección y, por ende, el cálculo se hace con base en los resultados electorales alcanzados en la elección inmediata anterior. (Ver cuadro 5)

Una segunda categoría de países (Bolivia, El Salvador, Guatemala, Honduras, Panamá y República Dominicana) distribuye una parte del total de los fondos previo a las elecciones y otra después de los comicios. En algunos casos, se establece la distribución fundamentalmente después de la elección, no obstante existe la posibilidad de que los partidos reciban un adelanto del total.

---

[40] X. NAVAS. "La financiación Electoral en América Latina. Subvenciones y Gastos". Op. cit. p.25.

En una tercera categoría se ubica Argentina, que cuenta con un sistema de subvención previa, la cual se le entrega a los partidos antes de los comicios y se calcula con base en la votación anterior[41]. Aquí cuando no se prevé un sistema especial para incluir a los nuevos o pequeños partidos, lo que sí ocurre en algunos países (Argentina y México), se corre el riesgo de poner en situación de desventaja a aquellas fuerzas políticas que participan por primera vez.

La cuarta categoría (Brasil y México) es aquella en la que se establecen modalidades *ad hoc*. Así por ejemplo, en Brasil, el Tesoro Nacional entrega mensualmente los duodécimos del fondo partidario a la cuenta de los partidos en el Banco de Brasil. En México, el Código Federal de las Instituciones y Procedimientos Electorales no contiene provisión expresa sobre la distribución mensual del financiamiento público directo para la campaña electoral, como sí lo hace en el caso del financiamiento de gastos ordinarios de operación.

---

[41] La Ley No. 23.298, vigente hasta el 10 de octubre de 2002, no establecía expresamente el momento del desembolso, pero su espíritu era que debía efectivizarse con anterioridad al acto electoral (así lo reconocieron, por otra parte, los decretos reglamentarios). La Ley No. 25600 en cambio, dispone expresamente que el aporte "deberá hacerse efectivo dentro de los diez días hábiles siguientes a la fecha límite para la oficialización de candidaturas" (art.29), o sea, en forma previa a los comicios.

Cuadro 5

País	**Momento del desembolso del aporte público directo con fines electorales**				
	Previo	Posterior	Previo y posterior	Otros	Facilidades para nuevos partidos
Argentina	X	-	-	-	X
Bolivia	-	-	X	-	-
Brasil	-	-	-	X[42]	-
Colombia	-	X	-	-	-
Costa Rica	-	X	-	-	-
Chile	-	-	-	-	-
Ecuador	-	X	-	-	-
El Salvador	-	-	X	-	-
Guatemala	-	-	X	-	-
Honduras	-	-	X	-	-
México	-	-	-	X[43]	X
Nicaragua	-	X	-	-	-
Panamá	-	-	X	-	X
Paraguay	-	X	-	-	-
Perú	-	-	-	-	-
R. Dominicana	-	-	X	-	X
Uruguay	-	X[44]	-	-	-
Venezuela	-	-	-	-	-

---

[42] En Brasil, el Tesoro Nacional distribuye un doceavo del Fondo en el Banco de Brasil, mensualmente.

[43] En México, la legislación electoral no establece de forma expresa el momento de la distribución del financiamiento público para la campaña electoral, como sí lo hace en relación con los fondos para gastos ordinarios. Hasta la fecha, la práctica ha sido entregar los fondos correspondientes antes del mes de julio en que se celebra la elección.

[44] Habitualmente se realizan adelantos con antelación al acto electoral, a cuenta de lo que en el futuro podrían tener derecho a percibir. Si se trata de partidos grandes, para recibir estos adelantos hay que firmar como garantía. Si se trata de partidos pequeños, se exigen garantías inmobiliarias o de otro tipo para poder hacer efectivo el adelanto.

B.2. El financiamiento público indirecto

Como hemos planteado anteriormente, el financiamiento público a los partidos políticos en la región no se reduce a los subsidios en dinero, bonos o créditos. Existen diversos tipos de apoyo indirecto y de beneficios en especie a los cuales tienen derecho dichas agrupaciones partidarias.

En casi la totalidad de los países de América Latina se contempla el financiamiento indirecto como un apoyo estatal complementario mediante servicios, infraestructura, incentivos y apoyo en especie para las actividades partidarias. Por el carácter propio de las campañas políticas actuales, basadas fundamentalmente en el manejo de la imagen de los candidatos y en la difusión de los mensajes políticos por todos los rincones del país, así como por la importancia cada vez mayor de la televisión como factor determinante en la vinculación y comunicación de los candidatos con las comunidades, el apoyo más importante a señalar dentro del financiamiento público indirecto es el acceso gratuito de los partidos políticos a los medios de comunicación estatales o privados. El tema de los medios de comunicación lo desarrollaremos más adelante, por cuanto la trascendencia que estos juegan en la contienda electoral amerita un análisis particular. (Cuadro No.6)

Cuadro 6

País	Acceso gratuito a los medios Públicos y/o privados	Exención de impuestos	Incentivos para divulgación/ distribución de publicaciones	Uso de edificios públicos para actividades políticas	Motivación al voto	Transporte
Financiamiento público indirecto						
Argentina	X	X	-	X	-	-
Bolivia	X	-	-	-	X	-
Brasil	X	X	-	X	-	X
Colombia	X	-	X	-	X	-
Costa Rica	-	-	-	-	-	-
Chile	X	X	-	-	-	-
Ecuador	-	X	-	-	-	-
El Salvador	X[45]	-	-	-	X	X
Guatemala	X	-	X	-	-	-
Honduras	-	X	X	-	X	X
México	X	X	X	X	X	-
Nicaragua	-	X	-	-	-	-
Panamá	X	X	X	X	-	X
Paraguay	X	X	-	-	X	X
Perú	X	-	X	-	X	-
República Dominicana	X	-	-	-	-	-
Uruguay	X	-	-	-	-	-
Venezuela	-	-	-	-	-	-

El financiamiento público indirecto comprende además del acceso a los medios de comunicación, otros elementos fundamentales para el funcionamiento partidario y la contienda electoral, tales como:

- Beneficios tributarios

- Transporte

- Apoyo para la divulgación (imprenta, tarifas postales preferenciales o exención de las mismas, etc.)

- Subvenciones para grupos parlamentarios

---

[45] No existe para el caso de los medios privados.

- Incentivos para la participación electoral
- Otros (uso gratuito de inmuebles e infraestructura del Estado)

En América Latina, no existe un sólo patrón de financiamiento público indirecto. Una de las modalidades de apoyo estatal indirecto más importante en la región son los beneficios tributarios asignados a los partidos políticos (Argentina, Brasil, Chile, Ecuador, Honduras, México, Nicaragua, Panamá, y Paraguay). Dentro de ellos aparecen exoneraciones para la importación de vehículos, equipo para la campaña electoral o funcionamiento ordinario de los partidos; en otros se establecen exoneraciones a las asignaciones testamentarias, al patrimonio de los partidos o a las actividades económicas de dichas agrupaciones. En algunos países se prevén además, reducciones fiscales a las donaciones o aportes realizados a los partidos.

Existe también una tendencia al establecimiento de subvenciones para el transporte gratuito durante el proceso electoral. Este es el caso de Brasil, El Salvador (aunque no existe una norma al respecto), Honduras, Panamá y Paraguay. En algunos países existe la posibilidad de los partidos de hacer uso gratuito de los inmuebles del Estado para reuniones, convenciones, etc. (Argentina, Brasil, México y Panamá). Otra tendencia, aunque menos común que las anteriores, es el apoyo a la divulgación partidaria, posibilitando el envío postal preferencial o gratuito de la correspondencia durante la campaña electoral, o específicamente para la correspondencia dirigida a los Organos Electorales (Colombia, Guatemala, Honduras, México, Panamá y Perú).

C. El financiamiento privado

Existen cinco modalidades principales de financiamiento privado: a) membresías de los afiliados; b) donaciones individuales; c) donaciones de grupos de interés o instituciones económicas (empresas, corporaciones, asociaciones, sindicatos, unión de comerciantes); d) créditos; y e) actividades del partido que generan algún tipo de utilidad.

El término "contribución" puede referir a diferentes tipos de donación (o donante): i) una pequeña suma de dinero realizada por un individuo que apoya a determinado partido o candidato; y ii) una donación más grande realizada por individuos; por una corporación; o por un grupo de interés, lo cual podría abrir espacios para influir en la toma de decisiones o tener un mayor acceso a los decisores, y obtener favores específicos, tales como contratos públicos, licencias u otros. Esta diversidad de modalidades e intencionalidades tras los aportes, plantea la necesidad de establecer la diferencia entre contribuciones que son reflejo de una simple "participación en la financiación de los partidos", de aquellas que persiguen la "compra de acceso o influencia".[46] La introducción de límites y prohibiciones tiene como objetivo fundamental disminuir o eliminar éstas últimas.

C.1. Prohibiciones y límites a las contribuciones privadas

En América Latina, los niveles de corrupción ligados a la forma en que los partidos financian sus campañas electorales, así como los escándalos por la vinculación de las agrupaciones partidarias y candidatos con dinero proveniente de actividades ilícitas, particularmente del narcotráfico, han conducido en la región a la introducción de prohibiciones y límites a las contribuciones de carácter privado.

La mayor parte de los países de la región prevé dentro de sus legislaciones electorales algún tipo de prohibición a los aportes o contribuciones privadas a los partidos. De los 18 países estudiados, 13 de ellos contemplan prohibiciones diversas (Argentina, Bolivia, Brasil, Colombia, Costa Rica, Chile, Ecuador, Honduras, México, Nicaragua, Paraguay, República Dominicana y Venezuela). Por su parte El Salvador, Guatemala, Panamá, Perú y Uruguay no presentan ningún tipo de prohibición. (Cuadro No.7)

---

[46] K. NASSMACHER. "Comparing party and campaign finance in Western democracies". Op. cit. p 253.

Cuadro 7

País	Extranjeras	Organizaciones políticas o sociales	Personas jurídicas	Contratistas del Estado	Anónimas
Argentina	X	X	-	X	X
Bolivia	X	X	-	-	X
Brasil	X	X	-	X	X
Colombia	-	-	-	-	X
Costa Rica	X	-	-	-	-
Chile	X	-	-	-	-
Ecuador	X	-	-	X	X
El Salvador	-	-	-	-	-
Guatemala	-	-	-	-	-
Honduras	X	-	-	X	X
México	X	-	-	X	X
Nicaragua	-	-	-	X	X
Panamá	-	-	-	-	-
Paraguay	X	X	X	X	-
Perú	-	-	-	-	-
R. Dominicana	X	-	-	X[47]	-
Uruguay	-	-	-	-	-
Venezuela	X	-	-	X	X

Dentro de los 13 países con prohibiciones, se presentan varias tendencias. La mayoría de los países estudiados (11) establecen prohibiciones a donaciones originarias de gobiernos, instituciones o individuos extranjeros. Otra de las prohibiciones comunes (9 países) atañe a algún tipo de contribución de contratistas del estado (Argentina, Brasil, Ecuador, Honduras, México, Nicaragua, Paraguay, República Dominicana y Venezuela).

---

[47] Según el artículo 55 de la Ley Electoral, son terminantemente prohibidas las ayudas materiales de grupos económicos. Aunque la ley expresamente no dice que hay prohibición para contratistas del Estado, en la práctica se ha dado que tales contratistas pertenecen muchas a esos sectores que tienen prohibición, por lo cual quedan incluidos dentro de la prohibición. Fuente: Junta Central Electoral de República Dominicana.

Asimismo, nueve países prevén prohibiciones a las contribuciones anónimas exceptuando aquellas realizadas a través de colectas populares (Argentina, Bolivia, Brasil, Colombia, Ecuador, Honduras, México, Nicaragua y Venezuela). La incorporación de este tipo de prohibiciones es en parte resultado de la necesidad de responder a la presencia de fondos provenientes de actividades ilegales, fundamentalmente del narcotráfico, en la actividad político-partidaria de la región.

Paralelamente, y con el fin de evitar, por una parte, grandes desequilibrios o asimetrías entre las arcas de los partidos y de disminuir, por otra, la magnitud de las contribuciones "plutocráticas" y la consiguiente influencia de los "*fat cats*" o de instituciones y grupos de interés en las instituciones y políticas públicas, se evidencia en América Latina una tendencia hacia la introducción de límites y topes a las contribuciones privadas. (Cuadro No.8)

Cuadro 8

Límites a las contribuciones privadas		
País	Por origen	Por monto
Argentina	X	X
Bolivia	X	X
Brasil	X	X
Colombia	-	-
Costa Rica	X	X
Chile	X	X
Ecuador	X	-
El Salvador	-	-
Guatemala	-	-
Honduras	X	-
México	X	X
Nicaragua	X	-
Panamá	-	-
Paraguay	X	X
Perú	-	-
República Dominicana	X	-
Uruguay	-	-
Venezuela	X	-

Los límites por origen son muy comunes. Doce países establecen algún tipo de límite de esta naturaleza (Argentina, Bolivia, Brasil, Costa Rica, Chile, Ecuador, Honduras, México, Nicaragua, Paraguay, República Dominicana y Venezuela). Otros límites se orientan a poner un tope a las contribuciones individuales (Argentina[48], Bolivia, Brasil, Costa Rica, Chile, México y Paraguay).

Otros países contemplan límites a los aportes de los electores o simpatizantes de los partidos y candidatos (Brasil y México). Finalmente, se prevén topes a los aportes provenientes de los candidatos a elección popular, como es el caso de Colombia donde ningún candidato podrá sobrepasar el límite establecido por el Consejo Nacional Electoral.

De igual forma, en algunos países como Chile y México se contemplan además determinados requisitos para efectuar donaciones específicas. En Chile por ejemplo se establece que las donaciones que superen un monto determinado, deberán contar con una autorización judicial para poder efectuarse. En otros países, como es el caso de México, las contribuciones en dinero deberán realizarse mediante recibos foliados con los datos del donante, y las aportaciones en especie deberán efectuarse mediante un contrato de conformidad con las disposiciones legales.

---

[48] Con la nueva Ley No.25.600, vigente a partir del 10 de octubre de 2002, se establecen topes a las contribuciones privadas. Así, una persona jurídica no puede aportar, por año calendario, más del 1% del monto de los gastos permitidos al partido. Para las personas físicas el límite es de 0.5%. (Art.35) La ley No.23.298, no estableció topes a las contribuciones.

Cuadro 9

País	Límite al tamaño de las contribuciones	Tope máximo permitido
Límite a las contribuciones privadas		
Argentina	X	Personas jurídicas: no más del 1% del monto de los gastos permitidos por partido. Personas físicas: el límite es de 0.5%.
Bolivia	X	10% del presupuesto anual de la organización política (No se conoce presupuesto de los partidos oficialmente).
Brasil	X	De acuerdo a la Ley Electoral, personas físicas 10% de los rendimientos brutos del donante en el año pre-electoral. Las donaciones y contribuciones de personas jurídicas tienen un límite del 2% de la facturación bruta del año anterior a la elección. Sin límite de recursos propios del candidato. En la ley de partidos políticos, para personas físicas o jurídicas, cualquier límite de contribuciones en cualquier tiempo.
Colombia	X	El tope lo establece el Consejo Nacional Electoral.
Costa Rica	X	Contribuciones de personas físicas o jurídicas nacionales: 45 veces el salario mínimo mensual por año.
Chile	X	Autorización requerida para donaciones que excedan 30 Unidades Tributarias Mensuales (UTM).[49]
Ecuador	-	-
El Salvador	-	-
Guatemala	-	-
Honduras	-	-
México	X	El total de donaciones por parte de simpatizantes para un partido no debe exceder el 10% del monto total del financiamiento público otorgado a todos los partidos por concepto de gastos ordinarios. Las aportaciones de dinero provenientes de personas físicas o morales facultadas tendrán un límite actual equivalente al 0.05 del monto total del financiamiento público otorgado a todos los partidos para las actividades ordinarias permanentes.
Nicaragua	-	-
Panamá	-	-
Paraguay	X	5000 salarios mínimos diarios, ya sea de personas físicas o jurídicas.
Perú	-	-
República Dominicana	-	-
Uruguay	-	-
Venezuela	-	-

---

[49] Cada UTM (Marzo 2000) equivale a 26,573 pesos chilenos.

C.2. Algunas dificultades para la implementación de los límites y prohibiciones a las contribuciones privadas

A pesar de sus beneficios, la introducción de límites puede generar efectos colaterales que es preciso conocer con el fin de reflexionar acerca de las posibles medidas preventivas:[50]

- Las agrupaciones o individuos que poseen algún tipo de prohibición o límite para participar directamente en la financiación de los partidos, por lo general, tienden a buscar mecanismos para evadir esas barreras apoyando a los partidos y candidatos a través de algún tipo de financiación indirecta o de gastos independientes, los cuales son difíciles de detectar por los órganos de control o por los otros partidos.

- Los límites generalmente producen mecanismos y prácticas contables "patológicamente creativas" que permiten hacer dichos límites menos eficaces.

- Los límites dirigidos a disminuir la influencia de intereses específicos sobre las decisiones gubernamentales pueden conducir a incrementar la influencia de nuevos intereses a expensas de los otros, lo cual impide garantizar una mayor independencia de los poderes públicos en la definición e implementación de sus políticas.

Por todo ello, y si bien estamos de acuerdo con la introducción de límites a las contribuciones privadas, reconocemos empero la dificultad para poder llevar a cabo un control efectivo de las mismas en la práctica, pues en América Latina gran parte del dinero utilizado por los partidos y candidatos en las campañas electorales es hasta la fecha desconocido.

---

[50] L. SABATO. *Paying for elections. The Campaign Finance Thicket*, United States, The Twentieth Century Fund, 1991, pp. 22-23.

De ahí que sin descartar esta medida, y siguiendo la experiencia positiva lograda en otros países, seamos de la idea de que se debe dar una amplia publicidad a las mismas[51]. En efecto, la publicidad una vez requerida, genera obligatoriamente mecanismos que la refuerzan: por lo pronto cada contendiente está interesado en conocer cómo se financia su rival y atacar las irregularidades que este cometa. Además, el examen crítico por parte de los ciudadanos permite develar los trucos utilizados para violar y disimular las infracciones a los controles sobre el financiamiento. Obliga, asimismo, a la diversificación del financiamiento, transparenta el ejercicio de la influencia, favorece una participación más amplia de los ciudadanos, permite conocer y evaluar las intenciones económicas que están detrás de las fuerzas electorales, y fortalece la confianza de la ciudadanía en el sistema electoral democrático.

Vemos saludable asimismo, la tendencia también presente en varios países de la región, de prohibir los aportes de personas jurídicas, las contribuciones anónimas, así como todo tipo de contribuciones provenientes del extranjero. Cabe destacar respecto de éstas últimas, la prohibición incluso de aquellas orientadas a apoyar las actividades de formación/capacitación/educación de los partidos, ya que la experiencia comparada demuestra que éstas abren un portillo peligroso que obstaculiza el ejercicio de un control adecuado sobre el destino último de las mismas.[52] Es de notar, sin embargo, las dificultades para aplicar estas disposiciones en el contexto de la actual globalización.[53]

---

[51] Alemania es un buen ejemplo de los efectos positivos que se pueden alcanzar vía la publicidad.

[52] En Costa Rica el Tribunal Supremo Electoral ha venido advirtiendo acerca del peligro que entraña esta modalidad y aboga, consecuentemente, en favor de prohibir toda contribución externa aún en los casos que se tratare de financiar actividades de capacitación, por la dificultad que existe para evitar que estas contribuciones terminen desviándose hacia otros objetivos.

[53] H. NJAIM, Humberto. "El financiamiento de los partidos políticos y su repercusión sobre la ética de la administración pública". En *Etica y Administración Pública*. Caracas. CLAD. 1997, p. 85.

[53] H. DE LA CALLE. "Financiación de los partidos y las campañas electorales en Colombia". Op. cit. p. 16-17.

VI. El acceso de los partidos políticos a los medios de comunicación social

En cuanto al acceso de los partidos a los medios, cabe distinguir según se trate de la televisión, la radio o la prensa escrita. En el caso de la televisión, existen cinco modalidades principales: a) franja diaria y gratuita, como ocurre en Brasil y Chile; b) sistema mixto, donde existe un acceso público gratuito pero en el que predomina la modalidad de contratación publicitaria sin límite en los medios privados, tal como ocurre en Argentina; c) acceso plural y permanente, gratuito y / o pagado pero con límite tanto para fines electorales como para la divulgación de sus programas ideológicos y de sus puntos de vista en relación con los asuntos de interés nacional, tal como sucede en Colombia y México; d) acceso pagado sin topes, por ejemplo Guatemala y Honduras, y e) acceso pagado con topes máximos, como en Costa Rica, Ecuador y Bolivia.

La mayoría de los países confieren a los partidos espacios gratuitos en los medios de comunicación, sobre todo en la televisión pública y por lo general limitado al período de la campaña electoral. De los dieciocho países estudiados, en 13 de ellos el Estado ofrece acceso gratuito a los medios de comunicación estatales, privados o a ambos (Argentina, Bolivia, Brasil, Colombia, Chile, El Salvador, Guatemala, México, Panamá, Paraguay, Perú, República Dominicana y Uruguay), prevaleciendo empero el acceso gratuito a los medios estatales.

Brasil y Chile prohíben en la televisión la propaganda electoral comercial, garantizándoles a cambio a los partidos una franja diaria de publicidad gratuita durante la campaña electoral. En el resto de los países, existe acceso pagado a la televisión distinguiéndose dos grupos principales de regulaciones: con límite o sin límite. Por su parte, la radio tiene en la mayoría de los países un régimen similar al de la televisión. En cuanto a la prensa escrita, en todos los países se garantiza el acceso pagado a la misma, prevaleciendo la fórmula que autoriza la publicación de propaganda electoral sin límite.

La modalidad mayoritaria en la región, como ya se dijo, es la que otorga acceso gratuito a los medios de carácter estatal, fundamentalmente la radio y la televisión, seguida por aquella que brinda acceso gratuito a los medios de comunicación privados y públicos. Las otras dos categorías, la de los espacios adquiridos por el Estado y la que ofrece dentro del financiamiento público directo fondos para la propaganda en los medios son menos comunes.[54]

Otra de las tendencias en la región es a otorgar este tipo de financiamiento indirecto exclusivamente para fines de propaganda electoral, siendo Brasil, Colombia y México los únicos países donde la legislación electoral especifica que el acceso de los partidos a los medios de comunicación es de carácter permanente.

A. El método de distribución y las condiciones de legibilidad para el acceso gratuito a los medios de comunicación

Un tema importante a analizar es el método de distribución de los tiempos, espacios o frecuencias en los medios de comunicación, así como las condiciones de elegibilidad para recibir este tipo de beneficios.

No existe una tendencia uniforme respecto a estas dos cuestiones, y en algunos casos ni siquiera se especifica quiénes son los partidos, movimientos o candidatos elegibles o el método de reparto. En la mayor parte de países el método de distribución es por igual entre los partidos (Argentina, Bolivia, El Salvador, Guatemala, Panamá, Paraguay, Perú, República Dominicana, Uruguay); o se aplica un método combinado (Colombia[55], Chile y México). Aparte de estas dos categorías, está el caso de Brasil donde la distribución se rige por la fuerza electoral. (Cuadro No.10)

---

[54] México es uno de los casos donde el total del tiempo que le corresponde al Estado en las frecuencias de radio y canales de televisión se distribuye entre todos los partidos. Además, el Instituto Federal Electoral compra espacios a los medios de comunicación para ser distribuidos entre los partidos.

[55] En el caso de Colombia, nos referimos a los espacios de carácter permanente, de los cuales un 60% es distribuido de acuerdo con la representación en la Cámara de Representantes y el 40% restante, que si bien no se especifica en la legislación como será repartido, según, José Sarmiento, asesor del Consejo Nacional Electoral, se asume que éste es distribuido por igual.

Cuadro 10

País	Prohibición de propaganda pagada en los medios	Acceso gratuito a los medios	Fórmula de distribución de tiempos y espacios
Argentina	-	X	Por igual entre partidos, confederaciones o coaliciones con listas de candidatos reconocidas oficialmente.
Bolivia	-	X[56]	Por igual entre partidos o coaliciones y sus candidatos.
Brasil	X (a excepción de la prensa escrita)	X (radio y televisión)	Un tercio por igual entre todos los partidos con candidatos legalmente inscritos, 2/3 dividido proporcionalmente al número de representantes de cada partido ante la Cámara de Diputados.
Colombia	-	X	Una parte por igual y otra proporcional al número de escaños en el Congreso.
Costa Rica	-	-	-
Chile	X (cinematógrafos y altoparlantes fijos o móviles[57])	X	Elecciones presidenciales: por igual entre candidatos presidenciales; Elecciones parlamentarias: proporcional al número de votos en las elecciones anteriores. Existen provisiones especiales para los nuevos partidos
Ecuador	-	-	-
El Salvador	-	X[58]	Por igual entre partidos
Guatemala	-	X	Por igual entre partidos. Solo en la radio y televisión del Estado, para dar a conocer programa político (30 minutos semanales durante los procesos electorales).
Honduras	-	-	-

[56] Se refiere solamente al acceso a los medios del Estado.

[57] La disposición sobre los parlantes fijos o móviles no aplica en discursos o plazas públicas.

[58] No aplica a los medios de comunicación privados.

88

México	-	X	El 70% del tiempo en forma proporcional a la fuerza electoral y el 30% por igual entre los partidos con representación parlamentaria; y un 4% del total de los tiempos para los nuevos partidos.
Nicaragua	-	-	-
Panamá	-	X	Por igual entre partidos
Paraguay	-	X	Por igual entre partidos
Perú	-	X	Por igual entre partidos participantes en el proceso electoral
República Dominicana	-	X	Por igual entre partidos
Uruguay	-	X[59]	Por igual entre candidatos presidenciales de los partidos políticos con representación parlamentaria, al igual que aquellos partidos que en las elecciones internas hayan alcanzado un porcentaje igual al 3% de los habilitados para votar.
Venezuela	-	-	-

A pesar de que en varios países se distribuyen por igual los tiempos, espacios o frecuencias entre los partidos políticos, consideramos que es preciso analizar en dichos casos las condiciones de elegibilidad para la obtención de estos beneficios, con el fin de evitar conclusiones erróneas que aseguren que la distribución por igual es sinónimo de equidad en el acceso a los medios de comunicación social. En los casos en que se contempla la distribución por igual (ya sea del total o de determinada porción de los espacios, tiempos o frecuencias), es necesario hacerse la siguiente pregunta: ¿Quiénes participan de esta distribución igualitaria? O lo que es lo mismo, ¿Distribución por igual entre quiénes?.

En este sentido, hemos encontrado que en algunos casos se trata de una distribución por igual **con elegibilidad amplia:** es decir distribución por igual entre todos los partidos, alianzas

---

[59] Aplica en canales y radioemisoras pertenecientes al Sistema Oficial de Difusión Radiotelevisión y Espectáculos (SODRE).

electorales o candidaturas independientes (Argentina, Bolivia, Colombia, Chile[60] –para elecciones presidenciales–, El Salvador, Guatemala, Panamá, Paraguay, Perú, República Dominicana.).

Por otra parte, se encuentra la distribución por igual con **elegibilidad reducida:** reparto entre partidos con determinado porcentaje de votos o representación parlamentaria (Brasil –en cierta forma– y Uruguay) con lo cual se ven beneficiados los candidatos o partidos que hubieren participado en elecciones anteriores y obtenido algún representante en el parlamento.

El caso de México no puede ubicarse en ninguna de las dos categorías anteriores pues aunque una porción de los espacios promocionales adquiridos por el Instituto Federal Electoral es distribuida por igual entre partidos con representación parlamentaria, otro tipo de acceso gratuito a los medios brindado por el Estado, beneficia ampliamente a las fuerzas partidarias que no cuentan con escaños parlamentarios, produciéndose con ello un mayor equilibrio.

En síntesis, de los países en los que la legislación establece la distribución por igual, resultan ser más equitativos aquellos en los que rige la modalidad de **elegibilidad amplia**, que aquellos que tienen una distribución por igual fundamentada en la modalidad de **elegibilidad reducida**.

B. La difícil tarea de garantizar el acceso equitativo a los medios de comunicación

El tema de los medios de comunicación está ligado a dos principios democrático-electorales básicos como son la equidad y el derecho a la información. Por una parte, todos los partidos deben tener la oportunidad de presentar a través de los medios de comunicación a sus candidatos, plataformas y programas electorales a los ciudadanos. Por otra, los electores deben tener la posibilidad de informarse adecua-

---

[60] Pese a que en las elecciones presidenciales el método de distribución es equitativo entre todos los partidos, para las elecciones a Senadores y Diputados el criterio de asignación es de acuerdo a la fuerza electoral.

damente acerca de las opciones electorales y de sus propuestas, como una base mínima para realizar una "elección informada".[61]

En los hechos, el principio de equidad resulta difícil de garantizar. Son varias las causas que obstaculizan el acceso igualitario de las agrupaciones partidarias y sus candidatos a los medios de comunicación. Por un lado, los dueños y administradores de los medios de comunicación frecuentemente se encuentran vinculados con poderosos grupos económicos (y políticos). Aún en los medios de propiedad colectiva, es común que los que controlan las acciones tengan intereses específicos que promover o defender, que los llevan a privilegiar o brindar mayores espacios o tiempos a aquellos grupos políticos que, manifiesta o veladamente, representen dichos intereses.

En América Latina, las facilidades ofrecidas por el Estado para garantizar un mayor acceso a los medios han venido a contrarrestar en mayor o menor grado los efectos y desigualdades señalados. No obstante, cabe indicar que a pesar de la existencia de beneficios estatales en este sentido, aún existen profundas inequidades provocadas fundamentalmente por:

- El predominio en la región de una fórmula que combina el acceso gratuito a los medios, especialmente a los estatales, con una alternativa de contratación de los medios privados poco regulada y por lo general difícil de controlar. La contratación privada produce frecuentemente desequilibrios entre los diferentes partidos, en la medida en que son éstos y los candidatos que disponen de mayores recursos los que tienen más acceso a los espacios privados.

- El bajo "rating" que caracteriza por lo general a las televisoras y frecuencias del Estado, que obliga aún a los pequeños partidos a optar por la contratación de los medios de comunicación privados. Por ejemplo, en

---

[61] Ver al respecto, G. GOODWIN-GILL. *Elecciones libres y justas. Derecho Internacional y práctica, Unión Interparlamentaria.* Ginebra, 1994, pp. X-XIV.

el caso de Perú, el canal estatal (Canal 7) reunía en 1997 únicamente un 5% de la teleaudiencia, frente a los cuatro canales privados que concentraban entre todos el 81% de la teleaudiencia.[62]

- Los efectos de la revolución de las comunicaciones sobre el financiamiento de la política, en tanto el cambio acelerado de este tipo de tecnología deja desactualizadas determinadas disposiciones jurídicas que regulan el acceso de los partidos a los medios de comunicación. Si con la televisión por cable se generaron vacíos de regulación y dificultades para el control, la televisión satelital produce mayores nebulosas. El hecho de que la televisión satelital se produzca fuera de las fronteras nacionales, deja al Estado desprovisto de métodos de fiscalización oportunos en la medida en que no tiene potestades sobre el espacio en que operan estas empresas. Estos aspectos pueden incrementar la desigualdad, pues son los partidos con mayores recursos y contactos internacionales los que están en capacidad de incursionar en esta nueva modalidad para transmitir sus mensajes políticos.[63]

- Si bien en muchos países se establecen espacios gratuitos para los partidos, en pocos de ellos se contempla el apoyo a los costos de producción de la propaganda. El caso de El Salvador a este respecto es ilustrativo, pues prácticamente los partidos políticos no hacen uso de los espacios gratuitos en los medios estatales en tanto están desprovistos de apoyo para la producción de sus mensajes.[64] La tarea de producción requiere de altas sumas de dinero ya que en una época de *marketing* político como la actual, es necesaria la

---

[62] P. PLANAS. *Comunicación política y equidad electoral*. Lima, Universidad de Lima, Fondo de Desarrollo Editorial, 1998, p. 123.

[63] J. RIAL. *Medios de comunicación, partidos y elecciones. Una relación a reconstruir*. Lima, Paper, Febrero 1999.

[64] F. ULLOA. Ex-Magistrado del Tribunal Supremo Electoral de El Salvador. Entrevista. San José, Costa Rica, 25 de noviembre de 1999.

asistencia y apoyo de profesionales en publicidad, imagen y mercadeo si se quiere en realidad competir por la atención de la teleaudiencia.

- El tratamiento de la noticia en programas políticos y noticiarios es en algunos casos parcializado a favor o en contra de determinados partidos o candidatos. Es común en la región que no se establezcan diferencias entre los editoriales y comentarios y la información brindada. Aunque la cobertura de la noticia implica por lo general, y de manera inevitable connotaciones subjetivas…"un medio de comunicación de propiedad privada, al apostar por un candidato o por determinada fuerza política, puede tratar la información y orientar la política de sus noticiarios de manera deliberadamente parcial (…) con evidentes consecuencias sobre el derecho de información de los ciudadanos y sobre la mínima esfera de equidad que requieren unas elecciones libres y justas".[65]

- Los mensajes y cadenas nacionales emitidas por el gobierno de turno, transmitiendo los logros y resultados concretos de las políticas de la administración y la finalización e inauguración de obras, pueden generar ventajas en el marco de la campaña electoral a favor del partido oficial y en detrimento de los partidos de oposición.

En síntesis, la relación de los medios de comunicación (en particular la televisión) con el financiamiento de la política es una relación de carácter complejo y hasta contradictorio. Por un lado, los medios juegan un papel central en la fiscalización de la conducta de los funcionarios públicos y de los políticos, pero por el otro, los medios electrónicos, en especial la televisión, son la causa principal –en la época actual de la "videocracia" y del homo videns[66]–

---

[65] P. PLANAS. *Comunicación política y equidad electoral*. Op. cit. p. 128.
[66] G. SARTORI. *El Homo Videns. La sociedad teledirigida*. México, Taurus, 1999, p.159.

por la que los partidos necesitan grandes sumas de dinero para llevar a cabo sus campañas electorales.

En efecto, los partidos han tenido que incrementar sustancialmente sus presupuestos en la medida en que las campañas se han ido transformando cada vez más en campañas televisadas. Ello lleva a que los partidos, presionados por conseguir grandes sumas de dinero, incurran en actos ilegales, como lo testimonia el caso de Italia, donde la corrupción comenzó a acrecentarse claramente a partir de fines de 1970 y principios de 1980, época que coincidió con el hecho de que las campañas se fueron concentrando más y más en la televisión, mientras que la propiedad de las televisoras se concentró cada vez en menos manos. De ahí la importancia de fortalecer la tendencia actual dirigida a controlar los "disparadores del gasto electoral", en especial las medidas destinadas a: (i) reducir la duración de las campañas[67] (ii) poner límites a los gastos que se puedan hacer en los medios; (iii) facilitar vía recursos públicos un acceso equitativo de todos los partidos a los medios de comunicación (tanto públicos como privados); (iv) propiciar un manejo profesional, pluralista y objetivo en el tratamiento de las noticias políticas y electorales; y (v) tratar de impedir la concentración de la propiedad de los medios en pocas manos.[68]

---

[67] El objetivo de reducción del tiempo de campaña tropieza, sin embargo, con múltiples dificultades. Están, por una parte, las resistencias que oponen candidatos interesados en posicionar su imagen con suficiente antelación como para lograr ventajas iniciales contra sus adversarios e, incluso, presionar a sus propios partidos. Pero, además, se hace cada vez más arduo diferenciar los períodos electorales de los no electorales debido a las múltiples elecciones que el mismo desarrollo democrático demanda y establece, y porque al período electoral propiamente dicho hay que sumarle las campañas internas de las organizaciones políticas, que de internas sólo tienen el nombre pues se desarrollan con toda publicidad y como un elemento más de la campaña externa. Se requiere, por lo tanto, el desarrollo de criterios claros en esta materia por parte de los organismos de control.

[68] D. ZOVATTO. "La Financiación de la Política y su Impacto en la Etica de la Administración Pública en Latinoamérica". Op. cit. p. 20. Una versión corregida de este artículo puede ser consultada en La Revista del CLAD. Reforma y Democracia. Nº10. Febrero de 1998, pp. 45-82.

VII. Mecanismos e instituciones de control

A. La rendición de cuentas de los partidos políticos

A.1. Informes y balances

Casi todos los países de este estudio (17 del total de 18), comprenden dentro de sus legislaciones la obligación de rendir cuentas. El único país que no cuenta con este tipo de procedimiento es Uruguay.

Si bien la rendición de cuentas se encuentra, en algunos países, vinculada específicamente al financiamiento público, es decir, a responder por el buen manejo y destino de los fondos provenientes del Estado, en América Latina existe una tendencia al establecimiento de procedimientos que comprenden tanto la rendición de cuentas relativa a las subvenciones públicas como a los ingresos de carácter privado y a los movimientos financieros de los partidos realizados sobre la base de tales contribuciones.

Guatemala y Panamá son los países en los que la rendición de cuentas está ligada estrictamente a la financiación pública. En el primer caso, los partidos están obligados a rendir cuentas fundamentalmente acerca de los gastos y destino de los fondos estatales. En el segundo, los partidos deben realizar una justificación de los gastos electorales con el fin de tener derecho a la subvención estatal post-electoral[69]. En los países restantes deben hacer públicos o someter a consideración del órgano de control los movimientos financieros realizados a partir de los fondos públicos y privados.

Las modalidades de rendición de cuentas son diversas. Ellas van desde comprobaciones de gastos (Costa Rica y Nicaragua); contabilidad de ingresos y egresos firmadas por contadores colegiados o no (Argentina, Brasil, Costa Rica, Ecuador, Honduras, Venezuela,); balances financieros; registros contables de ingresos, bienes y/o especies; (Bolivia y Paraguay); libros de ingresos y egresos, de

---

[69] El caso de Panamá no ha sido incluido en la categoría anterior puesto que en este país los partidos deben rendir exclusivamente cuentas de sus gastos.

Inventarios y de Balance (Chile); informes públicos de ingresos y egresos (Colombia); informes del origen, monto y empleo de toda modalidad de financiamiento (México); estados de patrimonio y cuentas de ingresos y egresos certificados por contador colegiado (Honduras y Venezuela); lista de donaciones privadas (Argentina, Brasil, Colombia, Costa Rica, Ecuador, México, Nicaragua y Paraguay); y balances y estados de resultados auditados por firma calificada, según Reglamento de Contratación de Firmas de Auditoría Independiente (Bolivia). (Cuadro No.11)

Cuadro 11

Países	Por partido	Por candidato	Por donante	Publicidad	Entes de control
Argentina	X	-	-	X	Jueces Federales con Jurisdicción Electoral
Bolivia	X	-	X	X	Órgano Electoral
Brasil	X	X	X		Órgano Electoral
Colombia	X	X (candidatos presiden- ciales y parlamen- tarios[70])	X	X	Órgano Electoral
Costa Rica	X	-	-	-	Órgano Electoral / Contraloría General
Chile	X	-	-	X	Órgano Electoral
Ecuador	X	-	-	X	Órgano Electoral
El Salvador	X	-	-	-	Contraloría General
Guatemala	X	-	-	-	Órgano Electoral
Honduras	X	X (candidatos independie ntes)	-	-	Órgano Electoral
México	X	-	-	X	Órgano Electoral
Nicaragua	X	-	-	X	Órgano Electoral/ Contraloría General/Ministerio de Hacienda y Crédito
Panamá	X	-	-	-	Órgano Electoral / Contraloría General
Paraguay	X	X	-	-	Órgano Electoral
Perú	X	-	-	X	Órgano Electoral
República Dominicana	X	-	-	-	Órgano Electoral/ Contraloría General
Uruguay	-	-	-	-	No existe
Venezuela	X	X	-	-	Órgano Electoral

[70] Incluye a candidatos independientes.

En todos los casos, la tarea de la rendición de cuentas recae fundamentalmente en los partidos políticos, siendo pocos los países en los que la legislación electoral involucra a los candidatos o donantes en este procedimiento. Únicamente en tres países se especifica la rendición de cuentas directa de los donantes (Bolivia, Brasil y Colombia). En el caso de Bolivia, se establece que las donaciones realizadas por empresas privadas nacionales deben constar en la contabilidad de la propia empresa. En el caso de Brasil las donaciones de personas físicas o jurídicas deben ser efectuadas, mediante depósitos bancarios, directamente a la cuenta del fondo partidario y las donaciones en recursos financieros deben obligatoriamente ser efectuadas por cheque cruzado a nombre del partido político o por depósito bancario directamente a la cuenta del partido político. Esta documentación aparecerá dentro de los informes contables que los partidos presentan ante la justicia electoral, que determinará a su vez si las donaciones no han excedido los límites previamente establecidos (2% de la facturación bruta del año anterior a la elección). Por su parte, en el caso de Colombia, las donaciones efectuadas por personas jurídicas deben contar con una autorización de la mitad más uno de los miembros de la Junta Directiva, Junta de Socios o de Accionistas, dejando constancia de ello en el acta respectiva.

Además, en muy pocos países se contempla la rendición de cuentas por parte del candidato (Brasil, Colombia, Honduras y Venezuela). En el caso de Brasil, el procedimiento de rendición de cuentas se dirige a los candidatos de los partidos políticos que compiten por cargos del Ejecutivo, del Senado Federal y de diputados generales, estatales o distritales. Sin embargo dicha rendición se lleva a cabo ante los comités financieros de los mismos partidos y no ante órganos de control externos, mediante la presentación de extractos de sus cuentas bancarias y relaciones de cheques. En Colombia y Honduras por su parte, la legislación se refiere a la rendición de cuentas de los candidatos de los partidos (en el primer país) y de los candidatos independientes (en el segundo país). En el caso paraguayo la rendición de cuentas de los candidatos se efectúa ante los tribunales electorales partidarios.

La rendición de cuentas es una de las armas más efectivas para controlar los movimientos financieros de los partidos y candidatos y para evitar –o al menos reducir– los excesos en el financiamiento de las campañas y la influencia de dineros ilícitos. No obstante, el "disclosure" muchas veces genera grandes cantidades de información que ni los órganos de control, los medios de comunicación, o los votantes son capaces de asimilar en un corto plazo. Larry Sabato –evocando al politólogo David Adamy– al referirse a los mecanismos de rendición de cuentas en Estados Unidos señala: "...las leyes que exigen revelar cuentas generan más información de la que puede ser manejada por los medios de comunicación o los electores. El volumen de los informes financieros recopilados por la Comisión Federal de Elecciones está generando una creciente presión...".[71]

Como señalamos anteriormente, en América Latina no es muy común que los funcionarios electos (o que hayan ya asumido su cargo) sean efectivamente sancionados o removidos de su puesto en caso de que la información obtenida mediante la rendición de cuentas demuestre algún tipo de transgresión a las normas que rigen el financiamiento de los partidos y de las campañas. Además del volumen de información que pueda generar la rendición de cuentas, en todos los países de la región los procedimientos de este tipo se llevan a cabo una vez realizadas las elecciones. Lo anterior hace imposible la detección de operaciones irregulares que puedan ser sancionadas no sólo judicialmente sino a través del voto popular.[72]

A.2. Publicidad

El control del financiamiento de los partidos en la región se reduce por lo general a la fiscalización realizada por las instituciones del Estado. En la mayor parte de países, los ciudadanos tienen

---

[71] L. SABATO. *Paying for elections, The Campaign Finance Thicket.* Op.Cit. p.61.

[72] Ver a este respecto: D. FERREIRA. "El control del financiamiento de la política". En *Escenarios Alternativos*, No 4. Invierno, 1998, p. 77.

poco conocimiento de la procedencia de las contribuciones otorgadas a los partidos y de la forma en que las fuerzas políticas manejan sus fondos.

Si bien en América Latina existe una tendencia hacia la apertura de la información a los ciudadanos a través de la publicación de los balances de los partidos, ésta es aún incipiente. En ocho de los 18 países estudiados existe algún tipo de disposición al respecto (Argentina, Bolivia, Colombia, Chile, Ecuador, México, Nicaragua, y Perú). No obstante, la publicación se limita en la mayoría de los casos a los Boletines, Gacetas o Diarios Oficiales, que recibe y lee una mínima parte de los ciudadanos.

La publicación en los diarios oficiales no produce mayores efectos en términos de control dado que la información de los ingresos y gastos de los partidos no llega todavía a la gran mayoría de la población. Por lo tanto, se impone en la región la necesidad de buscar nuevos mecanismos para que los partidos y candidatos hagan públicos y transparentes sus movimientos financieros, la forma en que administran sus recursos así como el origen o destino de los fondos con que los partidos y candidatos financian sus actividades. Informar a la población acerca de quiénes contribuyen con la causa electoral o permanente de los partidos resulta trascendental para verificar la coherencia del discurso de los candidatos y la sinceridad de la postura de los partidos en relación con determinados temas. Sólo con este tipo de información, los electores estarán en capacidad de emitir un "voto informado".[73] Ese es en síntesis el principal objetivo de la rendición de cuentas y su correspondiente publicación: "...posibilitar que cualquier persona pueda plantear sus inquietudes sobre el financiamiento político para el debate público, o para incitar a los partidos políticos y candidatos a que utilicen sus recursos sin generar controversias. El ciudadano elector está llamado a actuar como árbitro en casos de mal manejo financiero".[74]

---

[73] Ibid, p.73.
[74] K. NASSMACHER. "Comparing party and campaign finance in Western democracies". Op.cit.. p. 258.

B. Órganos de control

En general, la legislación electoral de todos los países de la región, con excepción de Uruguay, establece algún órgano encargado de la tarea del control o fiscalización del financiamiento de los partidos políticos y las campañas electorales. En la mayor parte de los casos (11) la labor de control y supervisión de los movimientos económicos de los partidos recae sobre los órganos electorales (Bolivia, Brasil, Colombia, Chile, Ecuador, Guatemala, Honduras, México, Paraguay, Perú, y Venezuela). En una segunda categoría, se ubican los países en los que se asigna esta tarea a la Contraloría de la República (El Salvador[75]). En una tercera categoría tanto la institución electoral como la Contraloría General de la República se responsabilizan por dicha labor (Costa Rica, Panamá y República Dominicana). Finalmente, están los casos de Argentina y Nicaragua que no pueden ubicarse en las clasificaciones anteriores, ya que mientras en Argentina la tarea de supervisión es llevada a cabo por los Jueces Federales con Competencia Electoral, en Nicaragua esta labor es efectuada por una combinación de diferentes órganos: la Contraloría General, el Órgano Electoral y el Ministerio de Hacienda y Crédito.[76] (Cuadro No.12)

---

[75] En El Salvador la legislación asigna a la Corte de Cuentas la revisión de la liquidación de cuentas de los partidos, en la práctica la tarea es efectuada por el Ministerio de Hacienda.

[76] Seis meses antes de cada elección se creará la Procuraduría Específica Electoral, que también fiscalizará el financiamiento de los partidos políticos en Nicaragua.

Cuadro 12

Órganos de control	
País	**Entes de Control**
Argentina	Jueces Federales con Jurisdicción Electoral
Bolivia	Órgano Electoral
Brasil	Órgano Electoral
Colombia	Órgano Electoral
Costa Rica	Órgano Electoral /Contraloría General
Chile	Órgano Electoral
Ecuador	Órgano Electoral
El Salvador	Contraloría General
Guatemala	Órgano Electoral
Honduras	Órgano Electoral
México	Órgano Electoral
Nicaragua	Contraloría General, Órgano Electoral, Ministerio de Hacienda y Crédito
Panamá	Órgano Electoral/Contraloría General
Paraguay	Órgano Electoral
Perú	Órgano Electoral
R. Dominicana	Órgano Electoral/Contraloría General
Uruguay	No existe
Venezuela	Órgano Electoral

Asimismo, en algunos de los países estudiados existen instancias de control a lo interno de los partidos políticos. De los 18 países, diez cuentan con esta modalidad de control, cuyas tareas difieren entre unos y otros pero al fin y al cabo se involucran en los procedimientos de fiscalización o rendición de cuentas (Argentina, Bolivia, Brasil, Colombia, Chile, Ecuador, Guatemala, México, Paraguay y Venezuela). Las funciones de estas instancias van desde la administración de los recursos partidarios, el control del manejo de las cuentas, la aprobación de los balances o contabilidades partidarias, la auditoría interna y hasta la rendición de cuentas o presentación de informes a los órganos de control externos.

Contar con una autoridad independiente y profesional capaz de controlar eficazmente el uso del dinero en la política es clave para fortalecer la necesaria transparencia en materia de financiación política. Por ello apoyamos la tendencia prevaleciente en nuestra región de adjudicar esta responsabilidad a órganos electorales. Sin embargo vale la pena hacer dos advertencias. La primera, la importancia de fortalecer las competencias y los recursos –económicos, técnicos, humanos– de estos órganos, en especial las facultades para la revisión de los informes que deben presentar los partidos, a la vez que sus capacidades para investigar el origen y destino de los recursos financieros de las organizaciones políticas. La segunda, la posibilidad de contemplar otro tipo de órganos de control en aquellos países donde la integración de los organismos electorales esté excesivamente partidizada.

Otra tendencia vigente en un considerable número de países de la región pasa por el fortalecimiento de los procedimientos y mecanismos de supervisión, con el objetivo de lograr un control idóneo tanto de los ingresos financieros como del uso de estos recursos por parte de los partidos. A título de ejemplo, queremos destacar las principales medidas adoptadas por la reforma mexicana de 1996, a saber: (i) hacer de la fiscalización de los partidos políticos una actividad permanente y no coyuntural; (ii) regular la obligación de los partidos de presentar informes tanto acerca de sus ingresos como de sus gastos; (iii) establecer la obligación de llevar a cabo verdaderas auditorías en materia de verificación y control de los recursos financieros, con todo el rigor técnico que ello exige y no limitarlas a simples exámenes superficiales y complacientes como suele ocurrir en un considerable número de países. Según José Woldenberg, Presidente del Instituto Federal Electoral (IFE) de México, la autoridad electoral debe poner mayor énfasis en la fiscalización de los gastos sin menospreciar tampoco la búsqueda de fórmulas apropiadas para supervisar los ingresos partidistas. Y es que la autoridad electoral generalmente tiene al alcance mayores mecanismos para seguir el rastro de los gastos (en radio, televisión, prensa, propaganda diversa). Es precisamente a través de la fiscalización de gastos que se ha podido conocer el porcentaje de las inversiones partidarias en los medios de comunicación en cada campaña electoral. Por medio de esta fiscalización se sabe que mientras en 1994 los partidos canalizaron el 25 % de sus finanzas al pago de espacios en los medios de comunicación; en 1997 este porcentaje representó un 50% del total de sus fondos. Además, para las elecciones del 2000, el IFE realizó un monitoreo de radio y televisión a escala nacional, con el objeto de contabilizar el tiempo que cada partido compró en las diferentes cadenas. Paralelamente, los concesionarios –a través de los partidos– están obligados a proporcionar las facturas que les expiden a cada agrupación política para poder así contrastar la información. Todo lo anterior hace posible conocer con más detalle el gasto en que se incurre y aproximarse a las cantidades reales invertidas en el marco de la campaña.[77] Finalmente importa destacar que para el logro de estos objetivos es importante ayudar a que los partidos cuenten con un sistema contable uniforme, cabiendo señalar en este sentido, como ejemplos valiosos, los lineamientos del IFE a los partidos mexicanos o los de la Comisión Estatal de Elecciones de Puerto Rico para las organizaciones partidistas de este último país.

Otras reformas actualmente en proceso de discusión incluyen modificaciones adicionales a las arriba señaladas, pero siempre dentro de la tendencia de fortalecer los mecanismos de fiscalización. En este sentido cabe mencionar las siguientes: (i) la conveniencia de lograr homogeneizar los procesos y regularizar la periodicidad de presentación de los informes; (ii) hacer de las auditorías un ejercicio permanente y no coyuntural, ya que lo conveniente es que las mismas ayuden a evitar problemas y no se limiten tan sólo a constatar hechos ilícitos que ya han tenido lugar. Deben ser, en la medida de lo posible, intervenciones preventivas y no simples autopsias de lo ilícito; (iii) dar la mayor publicidad posible a los resultados de las auditorías así como a los informes presentados por los partidos, los cuales deben quedar disponibles para ser consultados por los propios partidos, por los medios de comunicación, por la ciudadanía, etc. En este sentido, algunos expertos proponen que los informes de los partidos sean auditados y dados a conocer antes de las elecciones y no como hasta ahora varios meses después, cuando su incidencia, en caso de violaciones a la ley electoral, queda muy limitada por el paso del tiempo; (iv) mejorar la calidad de los registros de aportantes, haciéndolos más claros; y (v) estable-

---

[77] J. WOLDENBERG. Entrevista citada. México, 23 de marzo 2000.

cer al interior de los partidos los "Consejos de Control Etico", el manejo de los recursos a través del sistema financiero y no mediante transacciones en efectivo, así como la figura del "Mandatario Unico Financiero" como responsable exclusivo del manejo de los dineros del partido.[78]

VIII. Régimen de sanciones

La mayoría de los países estudiados cuenta con un régimen de sanciones aplicables a aquellos que contravengan las regulaciones sobre financiamiento de los partidos y las campañas electorales. No obstante, y como señalamos con anterioridad, el establecimiento formal de las sanciones no ha ido acompañado en la región de una verdadera aplicación de las mismas. Entre las razones de esta falta de aplicación de las penas podemos citar la debilidad institucional y técnica de los organismos encargados de hacer cumplir las disposiciones en esta materia, la falta de independencia de determinados órganos electorales y judiciales respecto del gobierno o de los partidos políticos, así como la corrupción y las prácticas del soborno a funcionarios de dichas instituciones.

El análisis de las sanciones estipuladas en los países de la región, muestra la existencia de dos categorías predominantes. Por una parte, las sanciones pecuniarias o multas y por otra –aunque en menor medida– penas tales como la eliminación del registro partidario y la reducción o suspensión de los fondos estatales.

En muy pocos casos se prevé el impedimento para asumir el cargo público a aquellos candidatos electos que se les compruebe haber transgredido las disposiciones sobre esta materia. Aún menos frecuente es el caso de sanciones tales como la remoción de los funcionarios electos una vez que hayan asumido el poder.

---

[78] H. DE LA CALLE "Financiación de los partidos y las campañas electorales en Colombia". Op. Cit.. pp.16-17.

Existen a la fecha tres países que no prevén sanciones por transgresión a las disposiciones legales relacionadas específicamente con el tema del financiamiento. Específicamente El Salvador, Perú y Uruguay no estipulan sanción alguna a las violaciones de este tipo.

Como mencionamos con anterioridad, se evidencia en la región una tendencia a la introducción dentro del régimen de sanciones de medidas más rigurosas contra los detractores de la ley electoral o de partidos, como es la privación de libertad en diversos grados. De los 15 países que prevén algún tipo de sanción vinculada al financiamiento de la política, cuatro de ellos estipulan la privación de libertad dentro de sus regulaciones (Costa Rica, México, Paraguay y Venezuela). No obstante, aunque compartimos la idea del endurecimiento de las penas, especialmente a través de la introducción de sanciones de tipo penal, resulta imperante el fortalecimiento de las instancias encargadas de hacerlas valer, de lo contrario la impunidad de aquellos que reciben u otorgan dinero para las campañas al margen de la ley seguirá amenazando la transparencia y la equidad que deben garantizarse en todo proceso electoral democrático.

Una observación final en torno al tema de las sanciones es que en América Latina las penas han sido introducidas fundamentalmente para ser aplicadas a los partidos políticos (responsables legales, tesoreros, etc.). Aunque existe actualmente una tendencia a la definición de sanciones aplicables a los candidatos y/o a los donantes (Argentina, Brasil, Colombia, Costa Rica, Ecuador, Honduras, México, Nicaragua, Paraguay y Venezuela), queda mucho por hacer en el resto de la región. Esta tarea de incrementar la responsabilidad de los candidatos y donantes ante la ley es de suma importancia, sobre todo si recordamos que gran parte de las contribuciones privadas se dirigen directamente a los candidatos o a sus más cercanos colaboradores, sin ser muchas veces reportada a las tesorerías u órganos de control de la estructura partidaria.

En suma, sin un sistema eficaz de sanciones que comprenda no sólo las tradicionales multas, sino también sanciones que afecten la libertad individual, las normas sobre financiamiento de campañas electorales no pasarán de ser un conjunto de buenos propósitos. De ahí la importancia de introducir la figura del financiamiento ilícito como delito autónomo, así como los respectivos procedimientos administrativos y judiciales para sancionarlo. Estamos a favor de una estrategia mixta en esta materia (mezcla de "zanahoria y garrote"), con el fin de combinar, por un lado, los incentivos adecuados que faciliten el acatamiento voluntario de los partidos y de los candidatos a la normativa electoral pero, por el otro lado, complementado con un riguroso régimen de sanciones en caso de irrespeto a la legislación electoral.[79]

IX. Balance y recomendaciones

A. Consideraciones generales

Lo analizado hasta aquí evidencia claramente que el problema de la financiación política es una realidad compleja e innegable, y que no existen soluciones mágicas a las cuales recurrir. De ahí, precisamente, la importancia de que todo intento de reforma electoral en materia de financiación tenga brújula para no perder su norte.

En efecto, la premisa de que en materia electoral no existen verdades absolutas o soluciones ideales cobra aún mayor fuerza en el ámbito de la financiación por dos razones principales. Una, la estrecha vinculación del tema tanto con las características específi-

---

[79] Sugerimos así en relación con este punto, y siguiendo la tendencia del Derecho Electoral Comparado, endurecer las sanciones, incorporando, por un lado, aquellas que impongan la inelegibilidad por un tiempo determinado del candidato infractor o incluso la anulación de la elección o revocatoria del cargo si éste ya hubiera resultado electo, en caso de comprobarse la infracción, y, por el otro, nuevos tipos penales en esta materia. Ver en este sentido los proyectos de reforma de Guatemala y Colombia entre otros. Ver asimismo el régimen de sanciones en Francia. En el caso de Venezuela, se prevé de dos a tres años de prisión al candidato que reciba contribuciones anónimas y si el dinero proviene de actividades ilícitas las penas se elevan al doble.

cas del sistema político en general, como con las del sistema de partidos en particular. Dos, la relación indisoluble que el tema presenta con los valores de la cultura política, lo que puede llevar a que una misma solución sea evaluada de manera totalmente contradictoria en contextos diferentes. Así por ejemplo, mientras en los países escandinavos la publicación de los gastos electorales y de las fuentes de financiamiento es percibida como una violación al principio fundamental del secreto de voto, en otros países (Alemania y Canadá), por el contrario, son vistos como una garantía de la transparencia de la vida política y del derecho de la ciudadanía a estar debidamente informada.[80]

Otras tres consideraciones son pertinentes en relación con este tema. La primera de ellas radica en destacar la importancia de examinar el sistema de financiamiento no sólo en función de los objetivos buscados por el esfuerzo reformador y en relación con los efectos deseados sobre el sistema político y el de partidos, sino también respecto del grado de eficacia de las normas como de los efectos no deseados o perversos, evitando caer en el error de llevar a cabo evaluaciones en abstracto y basadas en modelos ideales. La segunda pasa por la necesidad de insistir que toda reforma al sistema de financiación no sea analizada de manera aislada sino como parte integral de la reforma político-electoral en su conjunto. Ello por cuanto sus consecuencias afectan aspectos de gran importancia tales como la contienda interpartidista, las condiciones de la competencia, el sistema de partidos y, consecuentemente la propia credibilidad y legitimidad de la democracia misma. Como bien expresa Giovanni Sartori "Más que ningún otro factor es la competencia entre partidos con recursos equilibrados (políticos, humanos, económicos) la que genera democracia".[81] La tercera y última consideración consiste en comprender la verdadera naturaleza de esta problemática como la experiencia comparada lo enseña: un tema condenado a la sucesión

---

[80] F. GONZALEZ ROURA; D. NOHLEN, Dieter; y D. ZOVATTO. *Análisis del Sistema Electoral Mexicano. Informe de un Grupo de Expertos*. Op.cit. p. 36.

[81] R. BECERRA; P. SALAZAR y J. WOLDENBERG. *La reforma electoral de 1997: una descripción general*. Capítulo 3. Las Nuevas Condiciones de la Competencia. México, Fondo de Cultura Económica, pp. 103-124.

de distintas reformas legales, que den respuesta al estado y concreta evolución de las necesidades en un momento y en un país dado. De ahí la importancia de tener en cuenta su carácter fluctuante y coyuntural, pues la adopción de una solución suele engendrar efectos perniciosos que deben ser nuevamente corregidos mediante una nueva reforma legal. No en vano en Alemania, país que viene prestando a este tema atención destacada en los últimos 50 años, se le denomina la "legislación interminable".[82]

Por otro lado, toda reforma en torno a este tema debe tener como norte lograr mayores y mejores niveles de transparencia tanto en materia de ingresos como de gastos de los partidos. En efecto, el tema de la transparencia y la publicidad son aspectos claves en la lucha contra la corrupción política. En principio esta demanda pareciera deseable preferiblemente para las grandes contribuciones pero no para las pequeñas, ello por cuanto a mayor nivel de contribución existiría mayor riesgo de dependencia y mayor peligro de corrupción, de ahí la necesidad de una mayor transparencia y publicidad.

Si bien deseable, empero, cabe preguntarse cuán realista es esta demanda de transparencia en materia de financiamiento político. En principio pareciera serlo poco dada la enorme complejidad que ella encierra. Un primer ejemplo de esta complejidad pasa por la dificultad de poder probar aquellas contribuciones ilícitas (sea en dinero, en bienes o en servicios) que provienen de personas, incluidos ciertos funcionarios públicos, o bien, de empresas vinculadas al Estado. La ilegalidad en estos casos se produce como consecuencia del abuso en el ejercicio de un cargo o mandato público para fines personales o de un partido, con el objetivo de aprovechar su situación para recaudar fondos o bien al poner a disposición de su partido o candidato medios y/o bienes estatales en especial durante las campañas electorales. Como bien apunta Angel Álvarez refiriéndose al caso venezolano "como ha sido sistemáticamente debatido y denunciado en el país, el sector público central y descentralizado es y ha sido históricamente una fuente permanente de financia-

---

[82] S. GONZÁLEZ-VARAS. *La financiación de los partidos políticos.* Op. cit. p. 203.

miento ilegal de los partidos, de los candidatos, e incluso de los gastos personales de los dirigentes partidistas".[83]

Por su parte, otras medidas tales como exigir que si un diputado recibe dinero deba declararlo, ayudan en principio a ejercer un mayor control. Sin embargo, el problema es que terceros no participantes en la contienda electoral pueden hacer campaña en favor de temas muy cercanos a ciertos candidatos o partidos sin darle dinero directamente a éstos, pero sí beneficiándoles mediante un apoyo indirecto. Otra manera de brindar este apoyo indirecto pasa por darle dinero a las fundaciones de los partidos, y aquí es donde el tema se complica, ya que si bien es posible limitar estos mecanismos o vías indirectas de financiamiento que impiden una total transparencia de las fuentes de dinero que ingresan a la política, ello podría constituir una violación del derecho a la libertad de expresión.

Por lo tanto el dilema es obvio. Si la ley quiere ser efectiva en materia de transparencia debe ser general y poder ser aplicada a todos y no únicamente a los partidos políticos o a los candidatos, ya que de lo contrario existen caminos alternos e indirectos para escapar al control. De ahí la importancia de no limitarse a pensar únicamente en mecanismos jurídicos o caer en el problema de la sobre-regulación, que dificulta la comprensión de las normas y favorece más bien la impunidad. No será sólo mediante regulaciones como podrá erradicarse la desviación patológica del financiamiento y sus nefastas consecuencias para la ética en la administración pública, sin perjuicio de reconocer que un mejor marco legal puede traer consecuencias positivas en materia de transparencia y rendición de cuentas.

En efecto, el fortalecimiento de los mecanismos regulatorios y de la capacidad de los órganos de supervisión y fiscalización, si bien fundamental, sólo cubre una parte del problema, ya que muchas veces el financiamiento y los compromisos no llegan a los

---

[83] A. ÁLVAREZ. "Los partidos políticos, su financiación y la democracia". En *La reforma de los Partidos Políticos. Financiamiento y Democracia*, Caracas, Konrad Adenauer Stiftung, 1995.

partidos quedando más bien a nivel del candidato y de un reducido número de sus colaboradores más cercanos. Esta observación cobra una importancia especial en el caso de Latinoamérica donde la contienda política suele basarse más en las personalidades de los candidatos que en la de los partidos, especialmente ahora con la crisis de imagen y credibilidad que vienen sufriendo las organizaciones partidistas y el surgimiento de liderazgos regionales en virtud del proceso de descentralización, todo lo cual suele traer como efecto que las transacciones entre donante y beneficiario adquieran un carácter aún más secreto. De ahí que muchas veces los principales dirigentes o miembros del partido no estén enterados de las contribuciones privadas (muchas de ellas de dudoso origen y de elevado monto) sino tan sólo el candidato y su entorno, conformado muchas veces por contribuyentes privados y/o personas extrañas al partido.

Por ello, la instauración de un sistema de financiamiento transparente y sujeto a control debe responder a las particularidades y necesidades propias de cada país y fundamentarse en una estrategia holística y bien articulada. Dicho sistema debe ser producto de una combinación de marcos legales efectivos, con un fortalecimiento organizacional y técnico de las instituciones de control, y la actitud vigilante de la sociedad civil y de los medios de comunicación comprometidos con el control y la sanción de los abusos. Como ya se señaló, en la mayoría de los países de América Latina, la regulación de la financiación de la política es bastante deficiente y por ello la capacidad institucional de los entes responsables de hacer cumplir las normas, así como el involucramiento de la ciudadanía y de los medios de comunicación es todavía incipiente.

Para decirlo en palabras de De la Calle "…no basta con recorrer el camino de las reformas legales. Hay mucho de entorno cultural y de pedagogía pública involucrada en el tema de la financiación política".[84] En efecto, en la mayoría de los países de nuestra región hasta fecha muy reciente, el contexto cultural en

---

[84] H. DE LA CALLE. "Financiamiento a Partidos Políticos y Campañas Electorales. El caso colombiano". Op.Cit.. p. 25.

relación con la legislación sobre control financiero de las campañas electorales era bastante permisivo, como consecuencia de la poca importancia que la ciudadanía prestaba a la violación de la ley electoral en este ámbito. Esta situación ha comenzado a cambiar, producto del creciente hartazgo de la gente con los escándalos de corrupción política, pudiendo constatarse a la fecha una actitud distinta de parte de la opinión pública la cual demanda mayor transparencia y "*accountability*" en relación con este tema. Lo anterior debe ser aprovechado para sensibilizar a la opinión pública, a los medios de comunicación masiva, a las ONG's (*vedurías ciudadanas*), etc., en relación con el importante papel que éstos están llamados a jugar, no sólo en la tarea de seguimiento de cuánto se gasta, cómo se gasta, quién lo financia, etc., sino además en la vigilancia sobre quiénes y bajo qué procedimientos se otorga la contratación de obras y servicios del Estado.

B. Conclusión

De 1978 –inicio de la transición democrática en América Latina– a la fecha se han producido avances importantes en materia de financiamiento de la política en nuestra región. No obstante, esta evolución, resta aún mucho camino por recorrer. En este sentido, es preciso señalar que éste es un tema dinámico, en constante desarrollo y que por tanto está forzado a la sucesión de distintas reformas legales que se ajusten a las necesidades concretas de un país determinado en un momento dado. En efecto, las reformas en este campo suelen tener por lo general un carácter coyuntural y los avances se van logrando mediante aproximaciones sucesivas y no de una sola vez.

Un balance de la situación actual, en el nivel regional, muestra como principales características las siguientes:

En lo formal, un sistema predominantemente mixto y sin una tendencia clara a favor o en contra del financiamiento público. Esta característica se complementa con una proclividad a acentuar los límites legales a las contribuciones privadas (prohibición en cuanto al origen de ciertas contribuciones y montos máximos permitidos). Estos rasgos formales contrastan empero con la percepción generalizada de que las donaciones privadas, en la casi totalidad de los países de la región, superan ampliamente a los fondos públicos; presunción que se ve reforzada por los frecuentes escándalos de corrupción, financiamiento ilegal, narcodinero, etc.

Este lado oscuro del financiamiento de la política viene propiciando reformas tendentes a lograr mayores niveles de transparencia y rendición de cuentas, proceso que lamentablemente no está avanzando ni al ritmo ni con la profundidad necesarias.

Debido a la combinación de múltiples factores (regulación inadecuada, ineficacia de los órganos de control y del régimen de sanciones), prácticas políticas hasta ahora favorables a la transgresión, el financiamiento público más que sustitutivo del privado, ha funcionado hasta ahora como aditamento del mismo. Por ello, y pese a su importancia, el impacto a la fecha ha sido limitado, variando de país en país.

Se constata igualmente una tendencia clara en pro del establecimiento de topes a los gastos y al acortamiento de las campañas, con resultados disímiles en los diferentes países. Esta tendencia se ve acompañada de una reorientación en el uso de los recursos públicos, destinados al fortalecimiento de los partidos políticos, mediante el apoyo a actividades de investigación y capacitación.

Mientras ciertos temas presentan una adecuada regulación, otros en cambio (por ejemplo el acceso equitativo a los medios de comunicación, especialmente a la televisión), están subregulados o no regulados del todo. Esta es una de las grandes lagunas que existen hoy a nivel regional, a excepción de unos pocos países (Brasil, Chile, México), ya que en tiempos de la videopolítica es precisamente en la televisión donde se juega la suerte de las campañas y, por ende, donde se hacen las mayores erogaciones de dinero (en muchos países entre el 40% y el 70% del total de los gastos).

Pero el verdadero talón de Aquiles del sistema actual y de la gran mayoría de las reformas recientes, pasa por no dotar a los marcos regulatorios de los órganos y mecanismos de control y seguimiento, así como de un régimen de sanciones eficaz. En muchos casos, como ya se señaló, estos mecanismos suelen constituir "autopsias de lo ilícito", en otras palabras, actuando de manera extemporánea y sin impacto real respecto de los resultados del proceso electoral respectivo.

Finalmente, se observa un progresivo y alentador (aunque aún incipiente) papel de los medios de comunicación y de la sociedad civil en el seguimiento y fiscalización del origen y destino de los recursos manejados por los partidos políticos.

Dentro de este contexto, y basándonos en todo lo aquí analizado, somos de la opinión de que toda propuesta de reforma en materia de financiación política debiera girar, entre otros, en torno a los siguientes siete objetivos centrales, a saber: (i) reducir la influencia del dinero mediante la disminución de su impacto (acortar campañas[85], fijar topes a los gastos, imponer límites a las contribuciones individuales); (ii) mejorar el uso del financiamiento público invirtiéndolo en actividades más productivas para la democracia y no simplemente derrochándolo en propaganda y en campañas negativas; (iii) poner coto o al menos disminuir al máximo posible los actuales niveles de tráfico de influencia y corrupción política; (iv) fortalecer la publicidad y transparencia tanto respecto del origen como del uso del dinero; (v) promover condiciones más equitativas en la competencia electoral, especialmente en lo relativo al acceso a los medios de comunicación; (vi) fortalecer los órganos y mecanismos de control; y (vii) endurecer y volver eficaz el régimen de sanciones.

Pero, obviamente, las reformas legales e institucionales serán poco efectivas si las mismas no son acompañadas del necesario cambio en la manera de hacer política, es decir, en la actitud, los

---

[85] Vale la pena mencionar que uno de los efectos "perversos" que el acortamiento de las campañas puede generar es que los candidatos pueden ver reducidas las oportunidades para visitar las diversas áreas del país en este período, lo cual puede incidir en un aumento de los gastos para difundir su mensaje en todo el territorio posiblemente a través de una mayor inversión en los medios de comunicación. J. WOLDENBERG. Entrevista citada, 23 de marzo 2000, México.

valores y el comportamiento mismo de los políticos, para dejar de lado, de una vez por todas, el modelo de "políticos de negocio". De ahí, precisamente, la importancia de que se imponga la obligación de rendir cuentas a los funcionarios electos, por cuanto creemos que es este un instrumento de la mayor importancia no sólo para combatir la corrupción, sino, además, para ejercer un mayor control –institucional, interpartidario y de la opinión pública– sobre los funcionarios electos y los políticos.

En suma, nuestra época demanda un reacercamiento de la acción política a la ética, una nueva convergencia entre ética y política y, en el cumplimiento de este objetivo vital para la salud y el futuro de la democracia en nuestra región, la financiación de la política juega un papel central.

Bibliografía

ALCÁNTARA, M. y MONTERO, J. R. (1992). *La legislación electoral de Ibe-roamérica. Un análisis comparado, trabajo de investigación presentado en el I Seminario sobre Organización y Ejecución de Procesos Electora-les.* Madrid: Ministerio del Interior de España y Agencia de Coopera-ción Española.

ALCOCER, J. (1993). "Introducción y La regulación del financiamiento y de los gastos de los partidos políticos: un tema complejo". En Alcocer, J. (comp.) *Dinero y partidos.* México, pp. 15-25.

ÁLVAREZ, A. (1995). "Los partidos políticos, su financiación y la democracia". En *La reforma de los partidos políticos. Financiamiento y democracia.* Ca-racas: Honrad Adenauer Stiftung.

CERDAS, R. (1993). *El desencanto democrático. Crisis de partidos y transición democrática en Centroamérica y Panamá.* San José: REI, capítulo IX, pp. 157 y ss.

DE LA CALLE, H. (1998). "Financiación de los partidos y las campañas electorales en Colombia". En Del Castillo, P. y Zovatto, D. (1998), pp. 101-146.

DEL CASTILLO, P. (1987). "Objetivos para una reforma de la legislación sobre financiación de los partidos políticos". En *La financiación de los partidos políticos.* Cuadernos y Debates, núm. 42. Centro de Estudios Constitu-cionales, pp. 53-64.

DEL CASTILLO, P. y ZOVATTO, D. (eds.) (1998). *La financiación de la política en Iberoamérica.* San José: Instituto Interamericano de Derechos Huma-nos-Centro de Asesoría y Promoción Electoral (IIDH/CAPEL).

FERREIRA, D. (1998). "El control del financiamiento de la política". En *Escena-rios alternativos,* núm. 4, Invierno, p. 77.

GAMARRA, E. "An excerpt from: The Art of Narcofunding. Hemisphere". En *El Nuevo Herald,* http://lacc.fiu.edu/hemisphere/col7num2/index.html, p. 1-3.

GIDLUND, G. (1991). "Public Investments in Swedish Democracy, Gambling with Gains ans Losses". En Wiberg, M. (ed.) *The Public Purse and Political Parties. Public Financing of Political Parties in Nordic Countries.* The Finish Political Science Association.

GONZÁLEZ-ROURA, F., NOHLEN, D. y ZOVATTO, D. (1997). *Análisis del sistema electoral mexicano. Informe de un grupo de expertos.* México: OSP; PNUD; IFE; TE.

GONZÁLEZ-VARAS, S. (1995). *La financiación de los partidos políticos.* Madrid: Dykinson.

GOODWIN-GILL, G. (1994). *Elecciones libres y justas. Derecho Internacional y práctica. Unión Interparlamentaria.* Ginebra.

GRUENBERG, C. (2000). *Monitoring The Financing of Political Campaigns from the Civil Society.* Buenos Aires, Argentina: Poder Ciudadano; Transparencia.

INSTITUTO FEDERAL ELECTORAL DE MÉXICO (1994). *Regulaciones sobre el financiamiento público y privado de los partidos políticos. Estudio comparado de 17 países latinoamericanos.* México, D. F.: IFE.

INTERNATIONAL IDEA (1996). *Democracy Forum.* Estocolmo, chaper 5, pp. 39-43.

_____ (1997). Voter Turnout from 1945 to 1997: A Global Report on Political Participation. Estocolmo.

NASSMACHER, K. H. (1992). "Comparing Party and Campaign Finance in Western Democracies". En Gunlicks, A. B. (ed.) *Campaign and Party Finance in North America and Western Europe.* San Francisco; Oxford: Wesview Press; Inc. Boulder, núm. 10.

NAVAS, X. (1998). "La financiación electoral en América Latina. Subvenciones y gastos". En Nohlen D., Picado S. y Zovatto, D. (comps.) *Tratado de Derecho Electoral Comparado de América Latina.* México: Instituto Interamericano de Derechos Humanos; Universidad de Heidelberg; Tribunal Electoral del Poder Judicial de la Federación; Instituto Federal Electoral; Fondo de Cultura Económica, pp. 454-488.

NJAIM, H. (1997). "El financiamiento de los partidos políticos y su repercusión sobre la ética de la administración pública". En *Ética y administración pública.* Caracas: CLAD, p. 85.

_____ (1998). "Una parte de la historia. El financiamiento de la política (partidos políticos, campañas electorales y otros aspectos) en Venezuela". En Del Castillo, P. y Zovatto, D. (1998).

NOHLEN, D. (1999). *Sistema de gobierno, sistema electoral y sistema de partidos políticos. Opciones institucionales a la luz del enfoque histórico-empírico.* México: Tribunal Electoral del Poder Judicial de la Federación; Instituto Federal Electoral; Fundación Friedrich Naumann.

PERELLI, C. y ZOVATTO, D. (1995). "Partidos políticos, liderazgos y consolidación democrática en América Latina". En Perelli, C., Picado, S. y Zovatto, D. (eds.) *Partidos y clase política en América Latina en los 90.* San José: IIDH/CAPEL, pp. XIX-XXI.

PERELLI, C. (1995). "La personalización de la política. Nuevos caudillos, outsiders, política mediática y política informal". En Perelli, C., Picado, S. y Zovatto, D. (eds.) *Partidos y clase política en América Latina en los 90*. San José: IIDH/CAPEL, pp. XIX-XXI.

PINTO-DUSCHINSKY, M. (1985). *How Can the Influence of Money in Politics Be Assessed?*, Paper presentado en el XII COngreso Mundial de IPSA, París.

PLANAS, P. (1998). *Comunicación política y equidad electoral*. Lima: Universidad de Lima, Fondo de Desarrollo Editorial.

RIAL, J. (1999). *Medios de comunicación, partidos y elecciones. Una relación a reconstruir*. Lima: Paper, febrero.

SABATO, L. (1991). *Paying for Elections. The Campaign Finance Thicket*. United States: The Twentieth Century Fund.

SARTORI, G. (1999). *El Homo Videns. La sociedad teledirigida*. México: Taurus.

SUBERO, C. *Financiamiento de campañas electorales, el pecado original*. Venezuela: Elecciones 98. financiamiento. http://elecciones.eud.com/fiancia.htm.

UNDP (1990). *Human Development Report*. New York: Oxford University Press.

_____ (1999). *Informe sobre desarrollo humano*. New York: Ediciones Mundi-Prensa.

ZOVATTO, D. (1998). "La financiación de la política y su impacto en la ética de la administración publica en Latinoamérica". En *Reforma y democracia*, revista del CLAD, núm. 10, pp. 45-82.

_____ (1996). "La política bajo sospecha". En *La nación*, San José, Costa Rica, 3 de abril, p. 15.

Financiamiento de la política en Argentina

Introducción

La relación dinero/política ocupa un lugar relevante en la agenda pública argentina de la última década. Ante cada campaña electoral, o ante cada caso de corrupción que se conoce, se reaviva la preocupación por la falta de transparencia y la ineficiencia de los controles sobre el origen y destino de los fondos que manejan los partidos políticos y los candidatos para solventar la actividad política.

El problema del financiamiento de la política no es patrimonio exclusivo de Argentina. Por el contrario, afecta a las más dispares sociedades, sin reparar en su nivel de desarrollo económico, cultural o político, ni en las características de las regulaciones legales que se aplican. La "compra" de influencia y de acceso a las instancias de toma de decisión o la obtención de favores a cambio de financiamiento, o los casos de corrupción que involucran el enriquecimiento ilícito de los funcionarios no se corrigen ni evitan con sólo cambiar algunas leyes.

La búsqueda de razonabilidad en los costos de campaña así como de transparencia y honestidad en el manejo económico financiero de los partidos no depende sólo de las normas que se dicten. Los sucesivos escándalos con relación a los aportes a los partidos han demostrado que cuanto más sofisticadas y estrictas son

---

* Directora del Centro de Estudios para Políticas Públicas Aplicadas –CEPPA–, Buenos Aires (Argentina).

las normas, más rebuscados y peligrosos para la democracia son los métodos inventados para violarlas.

Si bien las normas que regulan el financiamiento de la política, cualquier sea su contenido, no pueden por sí solas garantizar transparencia y honestidad, pueden sí actuar como incentivos para la conducta de los actores sociales y políticos involucrados. Desde el punto de vista de las leyes, el desafío consiste en imponer normas razonables y controles efectivos. Desde el punto de vista de los organismos de control, el reto consiste en aplicar esos controles adecuadamente. Desde el punto de vista de los dirigentes políticos y de los financistas el problema es mucho más arduo y profundo: consiste en la obligación de actuar con honestidad. Finalmente, corresponde a la ciudadanía una actitud atenta y militante en pro del control y sanción de cualquier abuso. Sin el compromiso ético de los actores políticos, las mejores normas no impedirán el secreto, la malversación, la corrupción, ni el desgaste del principio de representación política y su reemplazo por la colonización de las instituciones por los grupos económicos.

1. El sistema de financiamiento en la actualidad

La reforma constitucional de 1994 reconoció a los partidos políticos como "instituciones fundamentales del sistema democrático" (art. 38). Este reconocimiento de la importancia de los partidos para la democracia tiene un sentido de protección y garantía que se completa con el establecimiento de ciertas reglas especiales sobre la legislación en materia de partidos. En efecto, el Poder Ejecutivo no podrá dictar decretos de necesidad y urgencia en materia de régimen de partidos políticos (art. 99 inc. 3), bajo pena de nulidad absoluta e insanable. Asimismo la Constitución prevé que "los proyectos de ley que modifiquen el régimen... de partidos políticos deberán ser aprobados por mayoría absoluta de los miembros de las Cámaras" (Este es el perdido artículo 68 bis, incorporado por ley 24.430 como segundo párrafo del artículo 77 de la Constitución).

El nuevo artículo constitucionaliza la obligación del Estado de contribuir al financiamiento de los partidos políticos, tanto para su funcionamiento como para la capacitación de los dirigentes. El fundamento del aporte público se vincula con el carácter de los partidos políticos como instituciones fundamentales de la democracia y con el objetivo de lograr cierta base de igualdad en la competencia entre los partidos. En busca del objetivo de transparentar las finanzas partidarias se exige a los partidos dar publicidad al origen y destino de sus fondos. La eficacia de esta medida dependerá de los mecanismos que la ley arbitre para su aplicación y control .

El financiamiento de los partidos políticos en Argentina está regulado, en la actualidad, por la ley 23.298 y una serie de decretos del Poder Ejecutivo, entre los que se destaca el Decreto 2089/92 que sustituyó el sistema de franquicias indirectas por un aporte en dinero. La Ley Orgánica de los Partidos Políticos adopta un sistema mixto de aportes privados y públicos. Asimismo contiene una serie de normas destinadas a regular los mecanismos de control al que los partidos deberán someterse y las sanciones para los casos de incumplimiento. ¿Cuáles son los lineamientos generales del sistema?.

a) Los aportes privados

Las cuotas de afiliados no representan, en general, una fuente importante de ingresos para los partidos. Los dos grandes partidos nacionales –el Partido Justicialista y la Unión Cívica Radical– no prevén la obligación de aportes por parte de sus afiliados. Sí están previstos los aportes de los Legisladores y otros funcionarios electivos del partido; en algunos distritos la obligación de aportar incluye a otros funcionarios políticos no electivos como ministros, secretarios o directores.

La ley no establece limitaciones en cuanto al monto de las donaciones que pueden recibir los partidos. Se prohiben las donaciones anónimas, salvo en el caso de las colectas públicas. Sin embargo se autoriza a los donantes a imponer que sus nombres no sean revelados, lo cual no exime a los partidos de la obligación de conservar la documentación correspondiente, por el plazo de 3 años (art. 41, inc. a).

Esta norma es un ejemplo paradigmático del "doble discurso normativo" argentino: la afirmación inicial de un principio general tajante y aparentemente inflexible, seguido de la enumeración de tantas y tales excepciones que, en la práctica, desdibujan completamente el principio, alterando el sentido y alcance real de la norma. En efecto, el mencionado artículo dispone que "Los partidos no podrán aceptar o recibir directa o indirectamente ... contribuciones o donaciones anónimas, salvo las colectas populares. Los donantes podrán imponer cargo de que sus nombres no se divulguen, pero los partidos deberán conservar la documentación que acredita fehacientemente el origen de la donación por tres años". La posibilidad legal de aducir que el dinero provino de colectas públicas y el derecho de los donantes de imponer el secreto sobre el origen de los fondos transforma en letra muerta la prohibición de las donaciones anónimas. Ello quedó demostrado en la última campaña presidencial cuando los candidatos de las dos fuerzas mayoritarias, a pesar de haber asumido el compromiso de blanquear el origen de los fondos de campaña, se negaron a informar el nombre de los donantes amparados en la salvedad del artículo 41 de la ley.

Los partidos no pueden aceptar contribuciones de (art. 41, inc. b, c, d):

1) gobiernos o entidades extranjeras;

2) entidades autárquicas o descentralizadas del Estado nacional o de las provincias;

3) empresas concesionarias de obras o servicios públicos;

4) entidades o empresas que exploten juegos de azar;

5) asociaciones sindicales, patronales o profesionales;

6) personas que hayan sido obligadas a efectuar la contribución por sus superiores jerárquicos o empleadores.

Las sanciones que prevé la ley para el caso de violación son severas, aunque han tenido muy escasa aplicación. En efecto, los partidos que reciban una contribución ilegal deberán abonar una multa igual a dos veces el valor de la donación. La empresa u organismo que haya efectuado la donación afrontará una multa igual a diez veces el monto donado. Además las personas que hayan intervenido en la maniobra serán pasibles de la sanción de inhabilitación para el ejercicio de los derechos políticos y de cargos públicos (art. 42).

b) Los aportes públicos

La Ley de Partidos Políticos creó el Fondo Partidario Permanente que se integra con recursos fundamentalmente provenientes del presupuesto nacional. Este Fondo se utiliza para entregar a los partidos políticos reconocidos los recursos económicos necesarios para el cumplimiento de sus funciones (art. 46). Conforme a la nueva disposición del artículo 38 de la Constitución, "el Estado contribuye al sostenimiento económico de sus actividades y de la capacitación de sus dirigentes". Queda zanjada así la discusión sobre si los aportes públicos deben dirigirse a financiar sólo las campañas electorales o si deben ser permanentes.

Los fondos públicos se asignan a los partidos a través de aportes y franquicias. Los primeros son financiamiento directo mediante la entrega de dinero; las franquicias son formas de financiamiento indirecto y consisten en la posibilidad de utilizar gratis, o a precio reducido, algunos servicios. Además de los fondos regulados por la Ley de Partidos Políticos, los partidos reciben fondos públicos del presupuesto del Congreso de la Nación, con destino a los respectivos bloques o grupos parlamentarios.

La Ley de Partidos Políticos establece un aporte con motivo de la campaña electoral (aporte por voto), consistente en una suma de dinero por cada voto obtenido en la última elección. La suma del aporte por voto es determinada anualmente en la Ley de Presupuesto; para la última elección presidencial, en 1999, el aporte fue de $ 3 por voto.

Además del aporte por voto, se prevén otras formas de financiamiento público de los partidos. El Decreto 2089/92 derogó el anterior sistema de aportes y franquicias que establecía aportes en dinero y aportes indirectos. Entre los primeros figuraban el aporte por afiliado al momento de constitución del partido y el aporte por boleta destinado a solventar los gastos de impresión de las boletas electorales. El régimen derogado establecía también una serie de franquicias o subsidios para la utilización de servicios, como por ejemplo, la franquicia telefónica, la exención del pago de servicios postales y telegráficos, la franquicia para pasajes aéreos, ferroviarios y terrestres y la asignación de espacios gratuitos en los medios de comunicación durante la campaña electoral. El sistema vigente es el siguiente.

El Ministerio del Interior, que es la autoridad de aplicación del sistema, recibe, para sí, el 20% de la partida presupuestaria asignada al Fondo Partidario Permanente (FPP) correspondiente a cada año. Luego de esta deducción, el Ministerio deduce otro 20% del total de la partida que se distribuye entre todos los partidos que tengan representación en el Congreso de la Nación y que hayan obtenido más del 2% de los votos válidos emitidos, en por lo menos una de las dos últimas elecciones a diputados nacionales. Estos fondos se reparten sobre la base de una suma fija e igual y están destinados a cubrir los gastos de administración del partido.

El resto de los fondos se reparte en función de la Unidad Elector (UE), a la que se llega a partir de la siguiente fórmula:

$$UE = \frac{FPP \text{ fijado en la Ley de Presupuesto} \quad - \quad 40\%}{\text{Votos válidos} + (N^{\underline{o}} \text{ Legisladores x } 50.000)}$$
$$\text{Nacionales}$$

Cada partido político reconocido recibe anualmente tantas UE como votos hubiera obtenido en la última elección de diputados nacionales. Además, los partidos que tienen representación parlamentaria, reciben un aporte anual equivalente a 50.000 UE por cada una de sus bancas en el Congreso.

Los partidos pueden solicitar al Ministerio del Interior que, en lugar de entregarles los fondos en efectivo, se los acredite en las cuentas corrientes que tengan con empresas prestatarias de servicios (telefónicos, de transporte, postales, etc.). El decreto ordena que parte de los fondos recibidos por los partidos deberán destinarse al sostenimiento de los centros de investigación, formación y capacitación política.

Además de los aportes en dinero, el sistema prevé una franquicia especial para los partidos que oficialicen listas de candidatos para la elecciones, los que podrán utilizar sin cargo los espacios de radio y televisión que el Ministerio del Interior destine a la difusión de las plataformas y propuestas electorales. Los partidos podrán canjear estos espacios con las emisoras correspondientes por espacios de publicidad política partidaria.

A pesar de que, en las discusiones que precedieron a la aprobación del Decreto 2089/92, se sostuvo que el nuevo sistema apuntaba a eliminar todas las franquicias y aportes por un único aporte en dinero que los partidos administrarían según sus necesidades, en el transcurso de la campaña electoral de 1993, el Poder Ejecutivo restableció el aporte para la impresión de las boletas electorales. Asimismo se creó un aporte para la reunión de las respectivas convenciones partidarias. La norma que no determina la forma en que se asignará el aporte fija sí los máximos a otorgar en una suma de $ 50.000 para los partidos con representación parlamentaria y de $ 15.000 para los partidos que no tengan representación en el Congreso.

c) El control patrimonial

El artículo 38 de la Constitución Nacional impone a los partidos políticos la obligación de "dar publicidad al origen y destino de sus fondos y patrimonios". La norma apunta a garantizar un mínimo de transparencia en cuanto al manejo de los recursos económicos por parte de los partidos políticos. La eficacia de esta garantía dependerá de los órganos encargados del control y de los medios elegidos para hacer efectiva la publicidad. Los mecanismos vigentes en Argentina no satisfacen la exigencia constitucional.

Como vimos, el Ministerio del Interior es el encargado de administrar el Fondo Partidario Permanente y puede arbitrar los mecanismos de fiscalización que estime adecuados para comprobar el correcto uso de los aportes y franquicias provenientes de fondos públicos.

La ley dispone que la Justicia Nacional Electoral es la autoridad de control patrimonial de los partidos. Los partidos tienen obligación de llevar contabilidad detallada de los ingresos y gastos y presentar el correspondiente balance al término de cada ejercicio. Además, 60 días después de cada elección deben presentar el balance correspondiente a los ingresos y gastos relacionados con la campaña. Si hubiera observaciones sobre la documentación presentada el juez resolverá el caso y aplicará las sanciones correspondientes. Si no hay objeciones, el juez archivará los documentos presentados por el partido (arts. 47 y 48).

En cuanto a la publicidad de las finanzas partidarias, la ley sólo dispone la publicación de los estados anuales, tanto a nivel nacional como distrital, por un día en el Boletín Oficial (art. 48). Esta vía de publicidad es notablemente insuficiente para dar a conocer a la ciudadanía el manejo económico-financiero de los partidos. En efecto, el Boletín Oficial es una medio de escasa circulación y sólo garantiza una publicidad formal pero no efectiva.

La realidad ha demostrado que los mecanismos de control no han sido eficaces ni para detectar presuntas irregularidades en los aportes privados, ni para lograr una verdadera transparencia en cuanto a los ingresos y gastos de los partidos políticos. Las falencias del sistema derivan, en parte del órgano de publicación elegido: el Boletín Oficial, que –como dijimos– no es un órgano de difusión masiva. Por otra parte, la ausencia de normas o reglas sobre el contenido de lo que se ha de publicar da lugar a que no siempre la información publicada satisfaga la exigencia de transparencia.

2. Algunas claves para la reforma

A pesar de los múltiples proyectos de ley presentados en el Congreso de la Nación, y a pesar de las declaraciones y los discursos de los dirigentes de todos los partidos, no ha existido hasta el presente una real voluntad política para introducir las reformas legales indispensables que actualicen una legislación que no responde a los estándares de transparencia que la sociedad parece reclamar.

A nuestro juicio el principal objetivo que debería perseguir la reforma del sistema de financiamiento de la política en Argentina es la búsqueda de transparencia. El desafío consiste en crear los medios para permitir a los ciudadanos saber quién o qué está detrás de cada partido o candidato, como modo de posibilitar el "voto informado" del ciudadano y generar incentivos para que los partidos se controlen recíprocamente y ajusten su conducta a los parámetros legales.

El secreto sobre la fuente de los recursos económicos de los partidos y candidatos y el misterio sobre la utilización de estos fondos representa un serio reto a los principios democráticos. En efecto, la falta de publicidad permite que ingresen recursos de dudosa legitimidad, o incluso ilegales, e impide al poder público y sobre todo a la ciudadanía un conocimiento efectivo de quién está detrás de cada partido o candidato. En este sentido, resulta indispensable que se prohiba el anonimato de las donaciones y que se evite la adopción de reglas que indirectamente implican el encubrimiento del origen real de los fondos.

La transparencia y el control sólo se logra si se investiga en todas las etapas e instancias del proceso del financiamiento de los partidos. Si se controlan los fondos de los partidos, pero los fondos y gastos de campaña se manejan por cuerda separada –por ejemplo, a través de fundaciones u otras entidades–, poco se avanzará en materia de publicidad y transparencia. La información requerida debe incluir muy especialmente los gastos de los partidos o candidatos. Tener información sobre lo efectivamente gastado es una vía indirecta de verificar la veracidad de los datos sobre ingresos. En materia de la información a recabar, nos parece esencial:

1) que el órgano encargado del control tenga capacidad –legal y técnica– para realizar estudios e investigaciones que le permitan contrastar la información que brindan los partidos. Esto es particularmente relevante en materia de investigación y medición de los gastos de los partidos especialmente en la campaña electoral;

2) que la información incluya a todos los actores relevantes en el proceso de financiamiento, es decir: partidos, candidatos, organismos públicos y, también, a las fundaciones políticas que, en casos como el argentino, son en ocasiones la vía para eludir los controles y restricciones legales que afectan a los partidos;

3) distinguir entre los requisitos de validez contable de un balance o estado de cuenta y la profundidad y detalle que exige la información destinada a hacer democráticamente transparente el flujo de fondos en la política;

4) que se exija la publicidad y difusión de una síntesis de las cuentas de campaña antes de la celebración del comicio, sin perjuicio de una rendición contable posterior.

El perfil de un órgano de control eficaz en materia de financiamiento de la política incluye, a nuestro juicio, las siguientes características: neutralidad política; especialización técnica e infraestructura adecuada. El cumplimiento de estos parámetros requeriría, en Argentina, la transferencia de las funciones que hoy ejerce en esa materia el Ministerio del Interior, a un órgano políticamente independiente –con representación de las organizaciones no gubernamentales dedicadas a la labor cívica–, técnicamente competente y especializado. Debería implementarse, asimismo, un sistema que garantice que las actuaciones de ese órgano de administración y fiscalización sean públicas y estén a disposición de los ciudadanos.

El repaso de los proyectos de reforma en estudio permite descubrir algunas coincidencias en aspectos esenciales que contribuirán a generar el consenso necesario para la sanción de las leyes pertinentes. Entre los puntos de coincidencia podemos señalar los siguientes:

a) Financiamiento público y privado

La mayoría de los proyectos en estudio establece alguna forma de sistema mixto en el que el financiamiento público –obligación constitucional del Estado, desde la reforma de 1994– se complementa con aportes privados. Algunos proyectos proponen que los fondos privados no se entreguen directamente a los partidos, sino que ingresen institucionalmente al Fondo Partidario Permanente para ser distribuidos proporcionalmente por el Ministerio del Interior.

Los aportes privados han sido históricamente la principal fuente de recursos de los partidos políticos. No se trata sólo de los aportes de militantes, a través de alguna cuota de afiliación, sino de las grandes sumas de origen privado necesarias para enfrentar los gastos de una campaña electoral. El sistema de financiamiento basado en fondos privados, sin limitación alguna, ha generado serias objeciones desde el punto de vista de los principios democráticos. En este sentido se ha sostenido que, a través de la donación de fondos para la campaña lo que se compra es influencia sobre futuros gobernantes, lo que haría que los electos fueran menos representantes del pueblo y más voceros de los intereses de quienes contribuyeron a solventar la campaña.

La idea de financiar a los partidos políticos con fondos públicos ha estado inspirada en la necesidad de democratizar las campañas electorales corrigiendo los desfasajes y problemas generados por el financiamiento privado. El financiamiento público busca garantizar un piso de igualdad en la competición electoral, evitando que las chances de los candidatos dependan exclusivamente de su capacidad de recaudación o de su fortuna. Los países que adoptan total o parcialmente el sistema de financiamiento público, lo hacen basados en algunas de las siguientes fuentes de justificación: a)

Limitar o eliminar la corrupción; b) obligar a los partidos a revelar la fuente de sus recursos para clarificar ante la ciudadanía qué tipo de intereses representan sus contribuyentes; c) reducir la ventaja política que representa el control de importantes recursos económicos, contribuyendo así a eliminar las disparidades entre los candidatos; d) reducir, limitar o controlar los costos de la política.

Pero el financiamiento público tiene también algunas desventajas. En efecto, si el grueso de los gastos de los partidos son solventados con fondos públicos, se produce una relación de dependencia con el Estado, una "estatización" de los partidos. Esta relación de dependencia, se hace políticamente más peligrosa para el libre juego de la democracia, cuando la administración de los fondos de financiamiento público está en manos del gobierno y no de un ente independiente.

b) Límites a la financiación privada

No es descabellado pensar que la independencia de un gobernante electo disminuye frente a una persona o una empresa que aportó grandes sumas de dinero a su campaña. La limitación en los montos de los aportes es la solución propuesta por la mayoría de los proyectos en estudio, para evitar la influencia de los grandes contribuyentes, extendiendo la base de aportantes de los partidos y los candidatos. Si bien parece loable evitar los grandes donativos que ponen en jaque la independencia de los candidatos, hay que tener en cuenta que los límites a la cuantía de los aportes no siempre han logrado el objetivo, sino que muchas veces han generado toda una red de aportes encubiertos. El tema central debe ser el logro de mayor transparencia. De nada sirve que los libros de los partidos consignen donaciones dentro de los límites fijados, si por fuera de la contabilidad se hacen donaciones tan cuantiosas como las que se quisieron evitar.

Además de las limitaciones a los montos a aportar, los aportes privados pueden estar limitados en función del sujeto aportante, especialmente si se trata de empresas concesionarias del Estado, asociaciones profesionales o sindicatos, empresas del sector público, o entidades extranjeras.

c) Límites a los gastos y duración de la campaña electoral

Frente a la escalada de los costos de campaña y en un afán por limitar la afluencia e influencia de fondos privados en la política y por favorecer la competitividad de las elecciones se ha propuesto el acortamiento del tiempo de campaña y el establecimiento de límites a los gastos de campaña.

La sola existencia de reglas que impongan límites a los gastos de campaña no garantiza la efectividad de su cumplimiento. Para que los límites sean respetados por los actores políticos deben darse, a nuestro juicio, dos condiciones: a) la razonabilidad económica de los límites en función de las necesidades de una campaña electoral y b) el consenso de las partes involucradas –candidatos y partidos– sobre la utilidad de estos límites.

Los límites de gasto son sólo aparentes si no comprenden a la totalidad de los fondos que se utilizarán. Por ejemplo, si se imponen límites a los gastos de los candidatos, pero no a lo que los partidos aportan a la campaña, los límites se transforman en ilusorios y parciales.

En cuanto a la duración de las campañas, los proyectos proponen campañas de 90 días para las elecciones presidenciales y de 60 días para las elecciones legislativas. El primer problema que generará este tipo de normas es la definición de qué va a entenderse por "campaña", sobre todo en el contexto de las nuevas técnicas de marketing político que se basan en la existencia de una "campaña permanente". Una opción propuesta es la de aplicar los límites temporales sólo la utilización de los medios masivos de comunicación, en especial la televisión. También esta opción generará controvertidas interpretaciones que deberán ser resueltas por la justicia electoral.

3. Reflexión final

En materia de financiamiento de la política, como en otros temas, existe la errónea creencia de que los problemas se solucionan con sólo dictar normas jurídicas. A nuestro juicio, las normas no pueden garantizar por su sola existencia que desaparezcan la corrupción y la compra de influencia, o que los funcionarios se conviertan en probos servidores públicos de la noche a la mañana. Prueba de ello son los escándalos y *affaires* relacionados con el financiamiento ilegal de campañas que se han producido en países con los más diversos y sofisticados sistemas legales en la materia.

Las normas jurídicas funcionan como incentivos para encauzar una relación inevitable y siempre problemática, pero el logro de una mayor transparencia y el respeto de los principios democráticos exige algo más que la sanción de normas; es un problema de cultura política, de valores. Es indispensable que, además del consenso político necesario para la sanción de las reformas legislativas, exista por parte de los dirigentes políticos un verdadero compromiso con el cumplimiento de las nuevas reglas de juego y que se refuerce la coherencia entre el discurso y la conducta. La ciudadanía también debe asumir, a su vez, un papel activo en la efectiva aplicación de las nuevas normas, a través de una actitud vigilante y comprometida y del ejercicio pleno de los derechos de control que las normas prevén. Sólo el compromiso de todos los actores involucrados generará el clima necesario para que la relación dinero/política se reencauce en el respeto de los principios democráticos.

Financiación pública y concentración de poder. El caso de los partidos políticos costarricenses

*Sergio Alfaro Salas**

El presente capítulo pretende explorar la siguiente pregunta: ¿determina el tipo de financiamiento el tipo de organización interna de un partido? El objetivo de éste trabajo será la creación y prueba de un método de análisis que permita observar de forma preliminar si el tipo de financiamiento predominante para un partido determina su estructura interna en lo que a concentración o difusión del poder se refiere. Ello se llevará a cabo con el caso de Costa Rica con la intención de probar el método, para, en un trabajo posterior, aplicarlo al resto de la región centroamericana y eventualmente al conjunto de América Latina.

Debe mencionarse que los partidos sometidos a estudio serán aquellos considerados como relevantes para el sistema (cuadro 1), calificados así en la investigación "Partidos Políticos en América Latina" PPAL (1999) realizada por el Instituto de Estudios de Iberoamérica y Portugal de la Universidad de Salamanca[1], que provee

---

* Universidad de Salamanca.

[1] La citada investigación consideró como partidos relevantes aquellos que cumplieran al menos con tres de los siguientes criterios: a. Haber obtenido representación en la Cámara de Diputados Nacional en las tres últimas elecciones legislativas; b. Haber superado la barrera del cinco por ciento en las tres últimas elecciones legislativas; c. Tener representación en todos los distritos electorales del país o que su representación en determinados distritos fuera significativa; d. Contar substantivamente en la dinámica del sistema político. En el caso costarricense el partido Fuerza Democrática no cumplía la norma exigi-

la mayoría de los datos primarios que utilizaremos, y en cuyo marco general pretende insertarse este estudio exploratorio.

Cuadro 1

Partidos políticos relevantes		
País	Partidos	Siglas
Costa Rica	Partido Liberación Nacional	PLN
	Partido Unidad Social Cristiana	PUSC
	Fuerza Democrática	FD
Fuente: Elaboración propia con datos de PPAL (1999)		

1. Introducción

Los partidos políticos son actores centrales del proceso de Gobierno representativo, sea en su forma parlamentaria o bien en su forma presidencialista. Asumida la importancia de esos actores, queda al descubierto la necesidad de estudiar sus comportamientos y su funcionamiento interno, todo ello con el fin de completar una ciencia como la dedicada al análisis de la política, que se ha preocupado principalmente por explicar los sistemas en que estos actores se desenvuelven, dejando en segundo plano la centralidad de los actores mismos y de los factores que determinan su funcionamiento interno.

Entre los muchos factores que pueden ser objeto de análisis[2] se encuentra uno fundamental, su financiamiento. Este factor se encuentra dentro de la dimensión de la autonomía de los partidos políticos frente a otras organizaciones sociales. Esta dimensión tiene gran importancia ya que puede explicar los comportamientos de los partidos en determinados momentos, respondernos el por qué de

---

da, pero se determinó por parte del equipo de investigación que el último criterio dicho, pesaba lo suficiente para incluirlo en la investigación.

[2] Al respecto Janda (1993) describe las dimensiones a estudiar en los partidos como organizaciones de forma que señala nueve dimensiones, cada una con sus factores determinantes, ellas son: La institucionalización, los temas que defiende, el apoyo social, la complejidad organizacional y de poder, la autonomía, la coherencia, el involucramiento de las personas, las tácticas y las estrategias, y por último su actividad de gobierno.

sus posiciones y eventualmente llegar inclusive a plantear sus posibles formas de respuesta ante coyunturas futuras.

La actividad financiera de éstas organizaciones se encuentra dentro de las "zonas protegidas" o de difícil acceso dentro del universo partidista, debido a que es información clave para determinar tanto su salud estratégica, con qué recursos pueden enfrentar las campañas políticas y su actividad cotidiana, como su salud moral, qué objetivos o políticas podría promover el partido y sus miembros a través de la instituciones estatales. Estos son flancos que no deben descuidarse en la competencia entre partidos, ya que pueden vulnerar seriamente el posicionamiento de la organización en el sistema político y sobre todo ante los votantes.

El tema en cuestión es tan importante que los Estados, y los partidos mismos hacia su interior, se han dedicado a la regulación de esta materia siendo más propensos a la restricción y al control que a la liberalización. Este impulso regulador forma parte de un proceso en el que cada vez el Estado invierte más fondos en la financiación de la actividad política en todas las áreas de su universo, proceso que va de la mano con el debido control de fondos públicos a que obliga una buena gestión de los presupuestos nacionales.

De forma paralela existe otro proceso, el crecimiento en las necesidades presupuestarias de los partidos. Estas necesidades se encuentran casi siempre por encima de las asignaciones presupuestarias y su crecimiento está, necesaria y proporcionalmente, relacionado con la relevancia electoral que implica la presencia permanente de la organización en medios de comunicación colectiva, con sus labores de formación y difusión internas, y con el mantenimiento de sus aparatos burocráticos. Dicha escasez de fondos ha llevado a los partidos a buscar fuentes de financiamiento que violan o rozan la legalidad establecida[3] y que pueden determinar de previo las políticas que un partido defienda en la arena legislativa o ejecutiva, o bien

---

[3] De esta práctica no se escapan ni los países desarrollados, por ejemplo el "Caso Filesa" de financiamiento ilegal del PSOE (España) en 1992, y recientemente (1999-2000) el caso de financiamiento ilegal del CDU (Alemania), caso de las "cajas negras", que llevó a la renuncia de Helmut Kohl a la presidencia honorífica de su partido y al suicidio de su encargado de finanzas.

promover el acceso de "capos" de mafias organizadas o de sus testaferros al entramado institucional del Estado[4].

El financiamiento público, por lo común, resulta insuficiente para cubrir el financiamiento de la campaña para todos los puestos de elección popular, ello significa que el partido, suponiendo que funcione racionalmente, concentrará esos fondos en el ámbito de elección (nacional, regional o local) que le resulte más ventajoso, dejando descubiertos los demás. Dicha asignación de recursos obligará a los candidatos de ámbitos de elección "descubiertos" o marginados, a buscar fondos para sus campañas, lo que podría significar compromisos personales con grupos económicos locales, en detrimento de la unidad de acción del partido. A causa de esto el partido deberá generar, en aras de esa unidad, una política de disciplina partidista más dura para controlar a los tránsfugas o bien a aquellos que se independicen o pretendan hacerlo una vez obtenido el cargo.

Pero la disciplina partidista puede ser también un sistema de control de dos vías, ya que con ella el partido también garantizaría, en caso de depender financieramente de grupos económicos fuertes, que la totalidad de su bloque de cargos electos defienda los intereses que esos grupos promuevan a través del partido; o bien, en el mejor de los escenarios, el partido financiado enteramente con fondos públicos y de sus militantes, podrá garantizar a sus votantes la defensa total de su programa de acción política.

Bartolini (1988: 238) señala al respecto:

"Si los candidatos soportan el mayor peso de los gastos electorales, los partidos se configuran como plutocracias de los candidatos; si, por el contrario, los fondos provienen de mecenas o de grupos industriales y económicos el

---

[4] Un par de ejemplos: Pablo Escobar, jefe del Cartel de Medellín, fue Diputado en Colombia; en Costa Rica el ex diputado Leonel Villalobos, recientemente condenado por narcotráfico, y Ricardo Alem, preso en Miami por el mismo delito, fueron pieza importante en aparato financiero del PLN en la campaña de 1986. Este último, una vez ganadas las elecciones, fue nombrado en un alto cargo del Banco Centroamericano de Integración Económica (BCIE).

partido se presenta como representante de intereses específicos; finalmente si la financiación se obtiene por medio del aparato del partido los candidatos dependerán de los funcionarios del partido."[5]

La literatura en la materia divide el financiamiento partidista en dos bloques, el financiamiento privado y el financiamiento estatal[6], pero se centran los estudios en las justificaciones filosóficas, y en las formas y consecuencias de cada uno de ellos, pero siempre en el ámbito del sistema político en general, dejando de lado la posible incidencia del financiamiento en general en la conformación y funcionamiento de la organización partidista como tal.

Panebianco (1982; 490) propone una hipótesis sobre los efectos de los tipos de financiación en la organización partidista, la cual, con ciertos ajustes, pretendemos verificar. El autor da por hecho que ambos tipos de financiación afectan el grado de participación e influencia de los afiliados en la organización partidista, y propone que la financiación pública tiene como efecto la concentración de poder, en tanto que la financiación privada promueve la fragmentación del poder.

Panebianco (1982; 490) cuando estudia el paso del partido de masas al partido "catch-all", descrito por Kirchheimer, señala que se produce un fenómeno de "...Fortalecimiento del poder organizativo de los líderes, que se apoyan ahora, para la financiación de la organización y para mantener sus lazos con el electorado, más en los grupos de interés que en los afiliados", además señala que "El papel de las cuotas de los afiliados como mecanismos de financiación de la organización, se reduce, no solo por la intervención de los grupos de interés, sino por el recurso a la financiación pública, cuya generalización no podía preverse aún a comienzos de los

---

[5] A lo anterior debe sumarse la posición de Katz y Mair (1995) que conciben a los partidos como agencias paraestatales que monopolizan, al estilo de un cártel comercial, un sector del nombramiento de los funcionarios, específicamente aquel que proviene de las elecciones populares, posición monopólica que refuerzan con el control y asignación del financiamiento público.

[6] Al respecto ver: Pilar del Castillo (1992).

años sesenta, cuando escribía Kirchheimer. Hay que hacer notar, sin embargo, que la financiación pública y la que se realiza desde los grupos de interés, aún confluyendo ambas en la reducción del peso organizativo de los afiliados, parecen tener efectos contrapuestos sobre la organización: mientras las financiación pública (...) tiene en la mayoría de los casos como efecto una "concentración del poder", es decir, pone en manos de los líderes del partido un conjunto de recursos monetarios superiores a los que están a disposición de sus adversarios internos, la financiación desde los grupos de interés actúa en la dirección opuesta. Es decir, tiene como resultado una "fragmentación" del poder organizativo: el patrocinio de sus propios candidatos en los distintos partidos por parte de los grupos de interés, así como las funciones de intermediación financiera desempeñadas por los políticos, ponen en manos de un número tendencialmente elevado los (sic.) líderes, recursos financieros convertibles en recursos políticos, utilizables en la competición interna."

Mendilow (1992) analiza este fenómeno en el caso de Israel ante la autorización del financiamiento público a los partidos, llegando a concluir que efectivamente se produjo el fenómeno de centralización del poder en los partidos cuando se implementó el financiamiento público, al ser éste conducido a través de las oficinas centrales del partido[7]. Aunque la situación de Costa Rica es diferente ya que el financiamiento estatal nace con el sistema de partidos en 1954, por lo que sería difícil buscar un cambio, pero lo que si permite buscar son las tendencias.

---

[7] Dice Mendilow: "Other consequences of PPF (*Public Party Funding*) were, however, unforseen. The internal structure of the parties was rendered more hierarchical by the subordination of branches to the central headquarters and top leadership. Concurrently, PPF reduced the significance of the rank-and-file, and diminished party dependance on membership dues and activities. It also changed the tactics of campaining by further stimulating reliance on mass communications media and professional public relations experts, Further, it helped create a "hooking effect": The less the parties rely on traditional financial sources and the more they depend on costly mass communications media, the more they become addicted to PPF, and the higer the ceiling they set" (1992: 112).

La investigación de éste tema es importante en el tanto que el modelo de análisis de Panebianco se fundamenta en la existencia de coaliciones dominantes en los partidos políticos las cuales establecen acuerdos internos que llevan a la estabilidad organizativa y a su institucionalización, de manera tal que cuando se genera una división de esa coalición dominante, o bien surgen grupos ajenos a la coalición que pugnan por entrar en ella, se producen condiciones potenciantes de inestabilidad que pueden debilitar la institucionalización del partido (1980). Así, la variación de las formas de financiamiento que permitieron, o estaban presentes, en el momento de generarse el pacto de estabilidad de la coalición dominante, puede alterar el comportamiento y el peso específico de las fuerzas que componen dicha coalición, o bien reforzar posiciones de sectores ajenos al pacto, provocando así una lucha de poder por su recomposición o renegociación, de acuerdo con las nuevas situaciones de poder generadas por la variación del financiamiento, trayendo consigo una posible inestabilidad generalizada en la estructura del partido[8]. Esta inestabilidad de la organización podría implicar también una ruptura de la misma, la cual, dependiendo de su magnitud podría alterar la composición y dinámica de un sistema de partidos.

Otro aspecto de importancia en el estudio de las repercusiones del financiamiento en la organización de los partidos se refleja en la promoción de la democracia interna en este tipo de organizaciones, ya que el alejamiento de las bases de los procesos de toma de decisiones, provocado por la incorporación de fuentes de financiación diferentes de las cuotas, implica una concentración del poder en grupos cada vez más reducidos, por lo que el control de los órganos internos con potestades de asignación de recursos se transforma en elemento esencial en la lucha por el

---

[8] El mismo Panebianco (1982) trata en su trabajo la tesis de la influencia del ambiente en el cambio de las organizaciones partidistas, en ello abundan Katz y Mair (1990) estudiando los factores que inciden en dicho cambio, entre los cuales, sorpresivamente no se estudia el tipo de financiamiento de los partidos. Y Mendilow (1992: 113) llega incluso a afirmar "PPF is capable of generating fundamental changes such as may lead to the restructuring of the entire party system".

poder interno en la organización, de forma tal que, en tanto no existan mecanismos de asignación equitativa de recursos financieros dentro de los partidos políticos, la tendencia a la oligarquización es muy difícil de combatir.

Mencionadas ya las implicaciones principales de la financiación de partidos políticos la hipótesis de trabajo se enunciará así: "Los partidos que más dependen del financiamiento público tienden de forma constante a la concentración de poder dentro de su organización, en tanto que aquellos cuya fuente de financiamiento principal proviene del sector privado, tienden a la dispersión del poder".

Para estudiar la relación de los tipos de financiamiento con la concentración de poder primero se debe determinar, partido por partido, el tipo de coalición que lo controla, si esta es fuerte y cohesionada o bien débil y desestructurada, con focos de poder variados y no centralizados. Una vez aclarado este punto podremos establecer la relación dicha, de forma tal que aquellos partidos que resulten tener una fuerte concentración de poder deben necesariamente sustentar la mayor parte de su financiamiento en el llamado de tipo público, en tanto que los que resulten ser controlados por múltiples focos de poder deben alimentarse de fondos provenientes de los privados o de sus propios candidatos. De esta forma podremos establecer si la hipótesis general de Panebianco, y la enunciada para el caso en estudio, se cumplen.

2. Metodología

Los datos a utilizar serán los recogidos por la Investigación sobre Partidos Políticos en América Latina (1999), por lo que son datos de fuentes primarias, básicamente entrevistas y documentos oficiales de los partidos.

Para poder establecer el nivel o grado de concentración de poder en un partido, que será la variable dependiente, se debe fabricar una valoración; la presente propuesta incluye 6 indicadores que, valorados cuantitativamente y asignados en categorías, proveerán un valor agregado que evidenciará el grado de concentración de poder en la organización estudiada.

Esta variable equipara, a efectos de interpretación, al valor "máxima concentración de poder", con la máxima unidad y control de la coalición dominante sobre el partido, de manera que un partido que se coloque en éste nivel se considerará como un partido con una coalición dominante unida y fuerte, de carácter casi autoritario; de la misma forma, se interpretará que el valor "máxima dispersión de poder" será equivalente con la mínima unidad y control de la coalición dominante sobre su partido, de manera que el partido que se coloque en éste extremo se considerará como un partido casi anómico, o bien ampliamente desestructurado.

Posteriormente, y con los pocos datos sobre el tema de que se dispone, se tratará de determinar qué tipo de financiamiento, variable independiente, es primordial en la financiación de los partidos. Luego se procederá a comparar estos datos con el resultado de la anterior calificación, de manera que permita verificar la hipótesis de trabajo.

3. Análisis de los datos

Construcción de la variable dependiente

En el cuadro 2 se observan los distintos indicadores que se utilizarán para formar la variable "grado de concentración de poder", para cada uno de ellos se estableció una hipótesis individual que pretende mostrar, de acuerdo a los datos, la tendencia de cada uno de estos indicadores en la siguiente escala:

Máxima Concentración	Mediana Concentración	Mixto	Mediana Dispersión	Máxima Dispersión

En el mismo cuadro se exponen los criterios utilizados para asignar valores a cada indicador en ésta escala, asignación que se puede observar en el cuadro 3, y que muestra las tendencias de los partidos estudiados en la anterior escala concentración-dispersión.

De acuerdo con los datos observados el PLN y el PUSC tendrían tendencias hacia la concentración de poder en tanto que FD tendería hacia la dispersión del poder. A pesar de parecer claros los resultados del cuadro 3 en cuanto a las tendencias descritas, se estudiará un poco más a fondo cada partido para determinar si efectivamente aquellos que, según los indicadores, muestran tendencia a la concentración de poder sufren realmente dicho fenómeno o si el análisis de los datos no se corresponde con la realidad. Para ello se contrastarán dichos indicadores con otra variable tomada en cuenta en la investigación (PPAL, 1999), la cual busca determinar los focos de poder que existen en cada partido de los estudiados.

En el caso del PLN (cuadro 4), se observa que la concentración de poder recae esencialmente en el Secretario General, los Expresidentes de la República y los Precandidatos presidenciales. Dentro de la organización, estos sujetos conforman un grupo que se reúne en un solo órgano del partido: el Directorio Político Nacional. En este caso, la concentración de poder en los órganos centrales del aparato partidista parece indudable, aunque, según las tesis de Panebianco (1982; 316), la solidez y estabilidad de ésta coalición dominante no estaría garantizada y la luchas de poder dentro de la misma, marcarían el día a día del partido político.

Cuadro 2

Criterios de asignación e hipótesis de los indicadores

Preguntas e indicadores	Hipótesis	Criterio de calificación
N°21 "Piense en el modo en que su partido designa a sus candidatos para las elecciones nacionales al Congreso e indique cuál de los siguientes procesos coinciden con el modo de nombrar a los candidatos que utiliza su partido." v113. "Los Líderes nacionales son los que nombran a los candidatos" Escala de Respuesta: "Casi nunca, a veces, muy a menudo".	A mayor intervención de los líderes nacinales en el nombramiento de candidatos, mayor concentración de poder en el partido.	En cuál de los tres se acumula más del 40% de respuestas, en caso de que no se supere, ubicación de la media en intervalos. Muy a menudo (2.33 a 3)= "Mediana Concentración" A Veces (1.67 a 2.33)= "Mixto" Casi Nunca (1 a 1.66)= "Mediana Dispersión"
N°22 "Si tuviese que caracterizar la organización interna de su partido, ¿Cuál de las siguientes descripciones coincidiría más con la práctica real interna de su partido?" v120. "Una organización muy integrada, gobernada por un fuerte núcleo de líderes, que controlan que las actividades locales del partido coincidan con la línea política nacional de la organización." Escala de respuesta: 1 a 5 donde 1= "Muy diferente alo que ocurre en mi partido" y 5 = "Muy similar a lo que ocurre en mi partido".	A mayor control de un fuerte grupo de líderes, mayor concentración de poder en el partido.	Ubicación de la media en intervalos: 4.6 a 5 = "Máxima Concentración", 3.6 a 4.5 = "Mediana Concentración", 2.6 a 3.5 = "Mixto", 1.6 a 2.5 = "Mediana Dispersión", y 1 a 1.5 = "Máxima Dispersión"
N°27 "En general, ¿qué factores determinan la elección de un candidato de su partido?" v155. "El candidato es apoyado por los líderes nacionalesdel partido" Escala de respuesta: 1 a 5, donde 1= "Nada Importante" y 5= "Muy Importante".	A mayor importancia del apoyo de líderes nacionales, mayor concentración de poder en el partido.	Ubicación de la media en intervalos: 4.6 a 5 = "Máxima Concentración", 3.6 a 4.5 = "Mediana Concentración", 2.6 a 3.5 = "Mixto", 1.6 a 2.5 = "Mediana Dispersión", y 1 a 1.5 = "Máxima Dispersión"
N°31 "Por favor, hablemos de los orígenes de su partido. Podría indicarme si cuando comenzó a organizarse hubo un centro geográfico que controló el desarrollo de las diferentes agrupaciones locales o si la organización nacional fue resultado de la unión de las agrupaciones locales." (v174) Escala de respuesta: 1= "Desde un Centro", 2 = "Unión de Organizaciones locales", 3 = "Ninguna", 4 = "Otra".	Si el partido se originó desde un centro, mayor concentración de poder en el partido.	Se tiene como válida la opción que obtenga más de un 50% de respuestas. Desde un centro= "Mediana Concentración" Unión de Agrupaciones locales= "Mediaa Dispersión"
N°33 "¿En su partido los órganos internos se vinculan entre sí principalmente a través de relaciones verticales u horizontales?" (v176) Escala de respuesta: 1 a 5 donde 1= "Privilegian las relaciones verticales" y 5= "Privilegian las relaciones horizontales".	A mayor verticalidad de la organización, mayor concentración de poder en el partido.	Ubicación de la media en intervalos: 1 a 1.5 = "Máxima Concentración", 1.6 a 2.5 = "Mediana Concentración", 2.6 a 3.5 = "Mixto", 3.6 a 4.5 = "Mediana Dispersión", y 4.6 a 5 = "Máxima Dispersión"
N°35 "Las bases de los partidos se quejan frecuentemente de la falta de participación en la toma de decisiones de los mismos ¿Cómo evaluaría usted el grado de democracia interna en su partido...?" (v178) Escala de respuesta: 1 a 5 donde 1= Muy bajo, 2= Bajo, 3= Medio, 4= Alto, 5= Muy Alto.	A menor democracia interna, mayor concentración de poder en el partido.	Ubicación de la media en intervalos: 1 a 1.5 = "Máxima Concentración", 1.6 a 2.5 = "Mediana Concentración", 2.6 a 3.5 = "Mixto", 3.6 a 4.5 = "Mediana Dispersión", y 4.6 a 5 "= "Máxima Dispersión"

Fuente: Elaboración propia con datos de PPAL (1999)

Cuadro 3

	PLN					PUSC					FD				
Indicadores	Máx. Conc.	Med. Conc.	Mixto	Med. Disp.	Máx. Disp.	Máx. Conc.	Med. Conc.	Mixto	Med. Disp.	Máx. Disp.	Máx. Conc.	Med. Conc.	Mixto	Med. Disp.	Máx. Disp.
v113. Los Líderes nacionales son los que nombran a los candidatos			X					X						X	
v120. Una organización muy integrada, gobernada por un fuerte núcleo de líderes...			X					X					X		
v155. El candidato es apoyado por los líderes nacionales del partido		X					X						X		
v174. El partido se originó desde un centro o como unión de organizaciones locales		X					X					X			
v176. Privilegian las relaciones horizontales o verticales		X						X						X	
v178. Grado de democracia interna.			X					X					X		
ABSOLUTO	0	3	2	0	0	0	1	4	0	0	0	1	3	2	0
RELATIVO	0	50.0	50.0	0	0	0	33.4	66.6	0	0	0	16.7	50.0	33.3	0
TENDENCIA	⟸					⟸					⟹				

Fuente: Elaboración Propia desde datos de PPAL (1999)

Cuadro 4

Órgano o cargo	Nombre	Menciones Acumulación de poder*	Menciones Consulta de decisiones+
Los que mandan en el PLN			
Asamblea Plenaria		1	0
Presidente del Partido	Sonia Picado Sotela	6	6
Secretario General del Partido	Rolando González Ulloa	12	11
Tesorero del Partido	Antonio Burgués Terán	6	1
Antiguo Presidente del Partido	Rolando Araya Monge	5	0
Prosecretario General (Sec. Suplente)	Samuel Fachler Grunspan	1	0
Candidato Electo	(No hay aún)	6	0
Presidente del Congreso o de la Asamblea Legislativa	(No hay en el PLN)	7	0
Jefe de Fracción Parlamentaria	(El que esté a cargo)	3	5
Diputados (En general)		1	0
Diputado de la zona (En general)		0	1
Expresidente de la República Militante del Partido	José María Figueres O. Oscar Arias Sánchez Luis Alberto Monge A.	11	4
Expresidente de la República	Oscar Arias Sánchez	0	1
Expresidente de la República	José María Figueres Olsen	0	1
Algunos Expresidentes	(no define cuáles)	1	0
Ex Candidato Presidencial	José Miguel Corrales B	1	0
Precandidatos	José Miguel Corrales B Rolando Araya Monge Antonio Alvarez D.	11	1
Precandidato de su preferencia	(no dijo)	0	1
Precandidato	Rolando Araya Monge	0	1
Jefe de campaña del Precandidato	(no dijo)	0	1
Exministro de la Presidencia (1986-1990)	Rodrigo Arias Sánchez	0	1
Ideólogos del partido (En general)		0	1

*Pregunta semicerrada realizada: "En toda organización unas pocas personas inevitablemente adquieren mucho poder. ¿Cuál de las personas enumeradas usted cree que pertenecen a ese pequeño grupo en su partido? "Presidente, Vicepresidente, Antiguo presidente, Expresidente de la República, militante del partido, Secretario General, Presidente del Congreso o Asamblea del Partido, Pro-Secretario General, Tesorero, Otro"
+Pregunta abierta Realizada: "En el caso de que tuviera que tomar una decisión importante relacionada con su partido, ¿con qué persona contactaría?"

Fuente: Elaboración propia con datos de PPAL (1999)

En el PUSC (cuadro 5), la concentración de poder es aún más clara que en el PLN, lo que refuerza la suma de indicadores que se presentó en el cuadro 3. En éste partido se observa un foco de poder principal centrado en el Expresidente Rafael Angel Calderón Fournier, seguido de lejos por los presidentes del partido y de la Asamblea Legislativa. Siendo así la concentración de poder diferente a la del PLN. Este último necesita de un órgano de representación de los intereses de cada uno de los que concentran el poder de forma individual, en tanto que el PUSC, al ser un partido con tendencia monocrática, no necesita concentrar poder en un órgano ya que éste se concentra en una persona lo que, según Panebianco (1982; 316), es a su vez un indicador de una fuerte estabilidad de su coalición dominante. A pesar de esto, en éste partido también hay otros focos de poder inferiores como es el Presidente del partido, quien, junto con otras figuras como los exprecandidatos a la presidencia y la Fracción Parlamentaria, están reunidos en el Comité Ejecutivo del partido, que es finalmente el rector de las políticas internas, fuertemente influidas por el liderazgo de Calderón Fournier.

Cuadro 5

Órgano o cargo	Nombre	Menciones acumulación de poder*	Menciones consulta de decisiones+
Los que mandan en el PUSC			
Asamblea General		0	1
Directorio político (en general)		0	2
Comité Ejecutivo (en general)		0	2
Presidente del Partido	Luis Manuel Chacón J.	5	3
Antiguo Presidente del Partido	Abel Pacheco de la E.	1	0
Vicepresidentes del Comité Ejecutivo Nacional (en general)		1	1
Secretario General del Partido	Carlos Palma Fernández	3	1
Prosecretario General (equivalente a Secretario Suplente)	Jeanina Muñoz de V.	1	0
Tesorero del Partido	Fernán Guardia G.	4	0
Diputados (en general)		0	1
Presidente del Congreso o de la Asamblea Legislativa	Carlos Vargas Pagán	5	0
Ex presidente de la República Militante del Partido (en general)		12	2
Expresidente de la República	Rafael Angel Calderón	0	7
Presidente de la República	Miguel Angel Rodríguez	3	3
Candidato Electo	(No hay aún)	1	0
Exprecandidatos	Luis Fishman Zonzinski Guillermo Madriz de M. José Hine García Juan José Trejos F.	1	0
Precandidatos	Luis Fixhman Zonzinski Rodolfo Méndez Mata Guillermo Madriz de M.	1	0
Ministros y Exministros Fuertes		1	0
Ministro de Obras Públicas y precandidato	Rodolfo Méndez Mata	0	1
Grupo local de base		0	1
Empresarios Individuales y Familias		1	0

*Pregunta Semicerrada Realizada: "En toda organización unas pocas personas inevitablemente adquieren mucho poder. ¿Cuál de las personas enumeradas usted cree que pertenecen a ese pequeño grupo en su partido? "Presidente, Vicepresidente, Antiguo presidente, Expresidente de la República, militante del partido, Secretario General, Presidente del Congreso o Asamblea del Partido, Pro-Secretario General, Tesorero, Otro (¿cuál?)"

+Pregunta Abierta Realizada: "En el caso de que tuviera que tomar una decisión importante relacionada con su partido, ¿con qué persona contactaría?"

Fuente: Elaboración propia con datos de PPAL (1999)

El fenómeno de Fuerza Democrática (cuadro 6) es diferente a los dos anteriores. Al ser un partido relativamente nuevo, que no ha logrado aún ganar la Presidencia de la República ni la Presidencia de la Asamblea Legislativa, la cabeza del partido se encuentra en la Fracción Parlamentaria (3 diputados) y el excandidato presidencial de 1998 que es a su vez Secretario General. Alrededor de éstas figuras gira toda la actividad partidista sin que exista un *primus inter pares*. Esa concentración de poder en un grupo reducido podría contradecir los datos de los indicadores presentados, pero si nos acercamos más a su organización se observa en ella una gran diversidad de fuerzas, sin un programa político concreto y cuyos grandes puntos de encuentro son: el antineoliberalismo y la lucha contra el bipartidismo. Estas fuerzas también están dispersas en un entramado institucional poco claro ya que la actividad real del partido no se corresponde con la estructuración formal del mismo, y el nivel de autonomía de los líderes locales es muy amplio, lo que impide implantar políticas partidistas efectivas a toda la organización. Esto último, en definitiva es lo que provoca la tendencia hacia la dispersión de poder observada en los indicadores.

Cuadro 6

Los que mandan en FD			
Órgano o Cargo	**Nombre**	**Menciones Acumulación de poder***	**Menciones Consulta de decisiones+**
Presidente del Partido y Diputado	José Manuel Núñez González	7	9
Secretario General, Excandidato Presidencial y Asesor Legislativo	Vladimir de la Cruz	8	1
Diputados (en general) (Conforman la Secretaría Ejecutiva)	José Manuel Núñez González José Merino del Río Célimo Guido Cruz	7	5
Tesorero y Regidor Municipal en San José	Rodolfo Montero Chaves	4	
Prosecretario General (Equivale a secretario suplente)	No Figura en Archivos TSE	4	
Diputado	José Merino del Río		2
Directorio Político Nacional		1	1
Comité Político			1
Directorio Ejecutivo		1	2
Líderes Regionales		2	1
Líderes de Base			1
Presidente de la Asamblea Legislativa	No tienen actualmente	1	
Personas de Pensamiento Crítico			1
Grupo de Allegados			1
Asesores de Fracción Municipal (en general)		1	
Familiares Cercanos			1
*Pregunta Semicerrada Realizada: "En toda organización unas pocas personas inevitablemente adquieren mucho poder. ¿Cuál de las personas enumeradas usted cree que pertenecen a ese pequeño grupo en su partido? "Presidente, Vicepresidente, Antiguo presidente, Expresidente de la República, militante del partido, Secretario General, Presidente del Congreso o Asamblea del Partido, Pro-Secretario General, Tesorero, Otro (¿cuál?)"			
+Pregunta Abierta Realizada: "En el caso de que tuviera que tomar una decisión importante relacionada con su partido, ¿con qué persona contactaría?"			
Fuente: Elaboración propia con datos de PPAL (1999)			

Vistos los datos de los partidos estudiados es posible afirmar que los partidos PLN y PUSC, pueden calificarse como partidos con tendencia a la concentración de poder dentro de su organización central y a su vez ser clasificados, a pesar de sus diferencias, como partidos de "mediana concentración de poder" en la escala concentración-dispersión propuesta. Por otro lado el partido FD es una organización que tiende a la dispersión o fragmentación del poder, lo que la calificaría como una organización de "mediana dispersión de poder", en la escala mencionada. A efectos de verificar la hipótesis de trabajo, ésta clasificación debería coincidir con la base del sustento presupuestario, de forma tal que los dos primeros partidos sustenten sus presupuestos esencialmente en fondos públicos, en tanto que la dependencia financiera de FD no debe depender directamente de los fondos públicos si no que estará ligada a tipos de financiamiento privado.

La variable independiente: Tipo de financiación.

Interesa ahora definir cuáles de los partidos dependen en mayor medida de la financiación pública y cuáles de la financiación privada. En éste caso se estudian tres partidos, dos de ellos considerados como "grandes" ya que son aquellos que compiten por la mayor proporción de cargos de elección popular, que a su vez obtienen la mayor cantidad de financiamiento público por el sistema proporcional de reparto de los fondos del Estado destinados a dicho fin y un tercer partido "emergente" el cual logró superar el umbral necesario para acceder al financiamiento público, sin que éste sea esencial para su organización.

El cuadro 7 muestra la clasificación de las fuentes de financiamiento hecha por los entrevistados para su propio partido, que indica las dos primeras fuentes de financiamiento de campañas políticas a juicio de éstos[9].

---

[9] Las actividades corrientes de los partidos políticos en épocas no electorales, éstas son de poca relevancia para nuestro estudio ya que sus aparatos

Cuadro 7

Partido	Primer lugar	Segundo lugar
Fuentes de financiamiento para las campañas políticas		
PLN	Fondos del Gobierno distribuidos a través del partido (**69.23%**)	Aportaciones de grupos de interés (46.15%)
	Aportaciones de los individuos (**23.08%**)	Aportaciones de los Individuos (30.77%)
PUSC	Fondos del Gobierno distribuidos a través del partido (75.0%)	Aportaciones de los Individuos (66.67%)
	No hay otro de importancia.	Fondos personales de los candidatos (16.67%)
FD	Fondos personales de los candidatos (46.15%)	Aportaciones de los Individuos (53.85%)
	Fondos del Gobierno distribuidos a través del partido (38.46%)	Fondos del Gobierno distribuidos a través del Partido (38.46%)
Se preguntó: "¿Cuál es la fuente más importante de recursos financieros para campañas políticas?"		
Fuente: Elaboración propia con datos de PPAL (1999)		

Es claro que los entrevistados del PLN y del PUSC consideran como fuente esencial de financiamiento de campañas políticas de su partido aquella que viene de los fondos públicos asignados al efecto, en tanto que los entrevistados de FD consideran como prioritarios los fondos privados. Si bien es cierto los fondos públicos, en principio, se transfieren directamente del Estado a los partidos políticos, en el caso de Costa Rica eso no se produce de dicha forma, sino que los partidos hacen una emisión de bonos que colocan en el mercado financiero y en el mercado privado, con el fin de obtener por adelantado los recursos y luego, posterior a la liquidación de gastos que deben presentar ante las autoridades, son satisfechos los bonos (Cerdas 1998).

---

permanentes tienen una política de funcionamiento de mínimos, lo que reduce sus gastos en éstas épocas, por ejemplo: el número de asalariados permanentes de los dos partidos "grandes" oscila entre las 8 y 15 personas llegando hasta las 800 en periodos electorales (Entrevistas con Rolando González Ulloa (01-10-99) y Luis Manuel Chacón (17-08-98 y 14-10-99). Por ello centraremos la atención en los datos expuestos sobre financiación de las campañas.

Esta forma de acceder a los fondos públicos implica una amplia movilización del partido, lo que no implica que los candidatos individuales se vean beneficiados por los fondos públicos que obtiene el partido. Los entrevistados consideran que los candidatos individuales consiguen sus propios fondos para sus campañas personales, como se observa en el cuadro 8, donde la tendencia de la media de los resultados expuestos es siempre en ése sentido.

Cuadro 8

Quien consigue los recursos para las campañas políticas	
Partido	Media / Desv. estándar
PLN	2.00 / 1.22
PUSC	2.33 / 0.98
FD	2.61 / 1.44
Se preguntó: "¿Quién se encarga en mayor medida en su partido de conseguir recursos financieros para campañas políticas?", La escala de la respuesta es de 1 a 5 donde 1= "Cada candidato individual obtiene los recursos para su campaña" y 5= "El partido obtiene los recursos para las campañas de sus candidatos".	
Fuente: Elaboración propia desde datos de PPAL (1999)	

Esta tendencia a la independencia económica de los candidatos, es un factor de posibles fragmentaciones de poder interno en la organización, cuya unidad puede rendirse ante la inclusión de individuos que gozan de altos grados de autonomía financiera, lo que a su vez puede generar faccionalismos marcados o bien escisiones de éstas facciones. Por ello los partidos, para mantener la unidad del poder interno, deben responder con medidas, formales o informales, que conduzcan hacia la disciplina de sus miembros evitando así los posibles problemas derivados de los candidatos "descubiertos" por la financiación del partido.

4. La relación financiamiento público-concentración de poder

Se sustenta ésta relación en la capacidad que tiene el aparato central del partido para controlar y asignar los recursos financieros que obtiene del Estado, utilizando sus potestades financieras como arma para controlar la organización. Como se desprende de las variables estudiadas, existe la tendencia a la centralización en los partidos que más dependen del financiamiento público, en tanto que en el caso del partido que menos depende de él se observa la tendencia contraria.

El interés de estudiar esta relación reside en su impacto final sobre el sistema de partidos y sobre las tendencias hacia la democratización interna de éstas organizaciones políticas.

Como ya se dijo, la tendencia a la financiación personal de las campañas de los candidatos individuales y no por medio de fondos públicos, puede implicar una dependencia de éstos ante grupos de poder locales, o bien implicar una tendencia a la independencia de ese candidato, situación controlable a través de la disciplina partidista obligatoria y de la capacidad de sanción que tenga la organización como tal ante los indisciplinados. En el caso costarricense se observa en los tres partidos estudiados una necesidad de los candidatos individuales de conseguir financiamiento para su propia campaña, debiendo de llenar el vacío que deja el partido al dedicar sus recursos financieros a las campañas nacionales y cubriendo solamente la propaganda general y del candidato presidencial. El PLN y el PUSC, para contrarrestar la posible indisciplina, crean mecanismos eficaces de disciplina interna para controlar a sus cargos electos y en general a sus militantes, ya sea por la vía del castigo disciplinario a través de sus Tribunales de Etica o bien a través del ostracismo político para los disidentes[10].

---

[10] Carey (1997) señala que las lealtades partidistas en Costa Rica dependen directamente de la capacidad de nombramiento y reparto de incentivos que tiene el candidato presidencial, en caso de salir electo, y que esto es lo que aglutina a los diputados alrededor suyo. El alejamiento de ese círculo de allega-

Pero otra posible consecuencia de ésta forma de financiamiento sería la escisión de grupos disconformes con la disciplina interna de partidos ya consolidados, lo que podría, de acuerdo con el tamaño de los grupos escindidos, alterar el mapa del sistema de partidos, ya que éstos grupos escindidos pretenderán seguir participando en política y probablemente lo hagan a través de nuevos partidos o de alianzas con partidos ya existentes.

La segunda incidencia se puede presentar en los procesos de democratización interna de los partidos políticos, éstos pretenden mitigar la tendencia a la oligarquización que padecen las organizaciones políticas (Michels 1915) y dar a las "bases" posibilidades reales de influencia en la toma de decisiones. Los esfuerzos normativos en ese sentido también pasan por la "democratización" de los fondos del partido. Dicho de otra manera, en tanto las coaliciones dominantes de los partidos mantengan bajo su control las potestades de administración, asignación y control de los recursos financieros del partido, la democratización interna tendrá un gran enemigo, sobre todo en la época actual donde el acceso a los medios de comunicación colectiva es fundamental pero depende directa y proporcionalmente de los recursos que se posean.

5. Consideraciones finales

Según los datos presentados nuestra hipótesis se cumple, los partidos que más dependen del financiamiento público tienden de forma constante a la concentración de poder dentro de sus organizaciones, en tanto que aquellos cuya fuente de financiamiento principal proviene del sector privado tienden a la dispersión del poder.

Esto sucede a pesar de que existen elementos que, al menos en principio, alteran la dinámica de concentración de poder y que tienden más bien hacia su dispersión, pero, como se dijo, los partidos que tienden a la concentración de poder desarrollan mecanis-

---

dos puede ser una forma de castigo aplicable contra un disidente, ya que las posibilidades de entrar en el reparto de incentivos se reduce al mínimo.

mos de defensa para no romper esa tendencia, mecanismos que desincentivan a los cargos electos, y a los militantes en general, a desviarse de manera radical de las líneas partidistas.

También consideramos que el modelo analítico aplicado es un modelo eficiente para resolver la hipótesis, pero que también debe tomar en cuenta otras características individuales de los partidos y del sistema político en que se desenvuelven, sobre todo en la pretensión final de utilizarlo para hacer análisis comparados entre diferentes países de la región centroamericana o bien de la totalidad de América Latina.

Es importante además tomar en consideración que el tipo de financiamiento no es una variable independiente aislada sino que interactúa con otros factores del sistema político que también explican las tendencias a la concentración o a la dispersión del poder en los partidos políticos.

Bibliografía

BARTOLINI, S. (1988). "Partidos políticos y sistemas de partidos". En Bartolini, S., Cotta, M., Morlino, L. Panebianco, A., y Pasquino, G. (1988). *Manual de ciencia política*. Madrid: Alianza Editorial.

BARTOLINI, S., COTTA, M., MORLINO, L. PANEBIANCO, A., y PASQUINO, G. (1988). *Manual de ciencia política*. Madrid: Alianza Editorial.

CAREY, J. M. (1997). "Strong Parties for a Limited Office: Presidentialism and Political Parties in Costa Rica". En Mainwaring, S. y Shugart, M. (eds.) *Presidentialism and Democracy in Latin America*. New York: Cambridge University Press.

CERDAS, R. (1998). "Financiación de partidos y campañas electorales en Costa Rica". En Del Castillo, P. y Zovatto, D. (eds.) (1998). *La financiación de la política en Iberoamérica*. San José: IIDH-CAPEL.

DEL CASTILLO, P. (1992). "Financiación de los partidos políticos: La reforma necesaria". En González Encinar, J. J. (coord.) *Derecho de partidos*. Madrid: Espasa Universidad.

JANDA, K. (1993). "Comparative Political Parties: Research and Theory". En Finifter, A. W. (ed.) (1993). *Political Science: The State of Discipline II*. Washington, D. C.: American Political Science Association.

KATZ, R. y MAIR, P. (1995). "Changing Models of Party Organizations and Party Democracy. The Emergence of Cartel Party". En *Party Politics,* Vol. 1:1, pp. 5-29.

_____ (1990). *Three Faces of Party Organization: Adaptation and Change*. Research Paper, presentado en el XII Congreso Mundial de Sociología, Madrid, del 9 al 13 de Julio de 1990.

MENDILOW, J. (1992). "Public Party Funding and Party Transformation in Multiparty Systems". En *Comparative Political Studies*, abril.

MICHELS, R. (1915). *Los partidos políticos. Un estudio sociológico de las tendencias oligárquicas de la democracia moderna*. Buenos Aires: Amorrortu Editores. (Edición de 1996).

PANEBIANCO, A. (1990). *Modelos de partido. Organización y poder en los partidos políticos*. Madrid: Alianza Editorial.

Entrevistas realizadas

Rolando González Ulloa, Secretario General del Partido Liberación Nacional. San José, 1° de octubre de 1999. En su despacho de la sede del PLN.

Luis Manuel Chacón, Presidente del Partido Unidad Social Cristiana. San José, 17 de agosto de 1998 y 14 de octubre de 1999. En su despacho de la sede del PUSC.

Bases de datos

Proyecto Partidos Políticos en América Latina (PPAL). (2000). *Costa Rica*. Salamanca: Universidad de Salamanca.

Partidos, campañas y democratización en el Cono Sur de Latinoamérica

Roberto Espíndola *

Introducción

Por primera vez en la historia de América Latina, prácticamente todas las sociedades al sur del Río Bravo están regidas por gobiernos electos y han sido afectadas por procesos de democratización. Estos últimos, a partir de la década de 1980-90, han dado una creciente importancia a la política de partidos y a los procesos electorales de América Latina. En algunos casos, esa prominencia ha sido también el fruto de campañas electorales caracterizadas por un alto nivel de contestación y por resultados inesperados, pero en general ha estado causalmente vinculada al papel protagónico que los partidos han tenido en términos de proveer tanto elementos de cambio como elementos de continuidad, combinando la estabilidad con la contestación democrática. En otros casos, las elecciones periódicas y la política de partidos no han sido suficientes para conducir a la estabilidad y a la gobernanza[1] democrática; en esos casos la diferencia clave parece ser la ausencia de partidos políticos con una organización bien definida y relativamente fuerte que permita una inter-

---

*Universidad de Bradford.

[1] Aunque en el pasado he usado la palabra gobernancia para referirme al concepto que en inglés es llamado *governance* y en francés *gouvernance*, acepto que es ahora más práctico usar gobernanza, que es término adoptado por los traductores de la Unión Europea. Ver Espíndola, Roberto 'Democracia y *gobernancia* en América Latina', *Situación*, Bilbao, June 1996, p. 158.

acción institucionalizada entre ellos y con respecto al estado y la sociedad civil.

En las contiendas electorales de años recientes se ha desplegado niveles de contestación rara vez vistos en las democracias post-industriales. Ha sido así como en Argentina, una campaña fiera logró desalojar a los peronistas del gobierno en 1999, al mismo tiempo que en Chile la coalición de centro-izquierda tuvo dificultades inesperadas para mantener su control del gobierno pero finalmente logró elegir a socialista como Presidente. Inicialmente a la izquierda también le fue bien en Uruguay, pero ese éxito fue cancelado en la segunda vuelta, cuando los partidos tradicionales reafirmaron su hegemonía. En cambio, en México los 71 años en el poder del Partido Revolucionario Institucional finalmente terminaron con la elección como Presidente del candidato de la oposición conservadora, Vicente Fox. Cualesquiera que fueran los resultados, lo que éstas contiendas tuvieron en común fue no sólo el nivel de contestación, sino que además el que tuvieran lugar en el contexto de sistemas de partidos caracterizados por su institucionalización y por su relativa estabilidad.

Hay, sin embargo, otros casos de sistemas políticos latinoamericanos que presentan características muy diferentes. Por ejemplo, elecciones recientes en Perú y en Venezuela han demostrado tanto la ausencia de una política de partidos institucionalizada como serios problemas que afectan la estabilidad democrática. Un caso semejante es el de Colombia, donde la presencia formal de estructuras partidarias no ha sido suficiente en un contexto en que gran parte del territorio nacional –y de la vida en sociedad– es controlada por narcotraficantes, grupos insurgentes y por fuerzas cuasi-autónomas del estado. Aunque la voluminosa literatura sobre democratización frecuentemente enfatiza el papel que cumplen las elecciones en la consolidación democrática, rara vez va más allá y trata de establecer cual es el efecto de los procesos electorales en sus principales protagonistas, los partidos políticos. Este capítulo intenta señalar que los procesos electorales cumplen un papel causal en el desarrollo de los partidos políticos.

1. Los partidos políticos del Cono Sur

En los debates sobre nuevas democracias y procesos de democratización mucho se ha escrito sobre los obstáculos institucionales que bloquean o frenan esos procesos, obstáculos que frecuentemente han sido descritos como legados o 'enclaves' autoritarios. Si bien la búsqueda de metáforas que permitan concretizar y simplificar un concepto abstracto no es nunca fácil, el concepto de 'enclave' no ha sido particularmente feliz, ya que al mismo tiempo que implica un encapsulamiento territorial del 'enclave', no apunta al efecto que tiene como obstáculo a procesos de democratización. De ahí que la imagen es más acertada si describimos esos obstáculos como 'amarres' autoritarios. Si bien esos amarres frenan el proceso, normalmente no logran impedir ciertos avances hacia la consolidación democrática, avances que se institucionalizan por medio de las anclas de las que nos habla Morlino[2]; entre la mayores anclas de la consolidación están los partidos políticos.

Se podría decir que la medida en que se ha dado una consolidación democrática de las sociedades latinoamericanas depende en gran parte del papel que han jugado los partidos políticos. Sin embargo, la literatura relativa a la democratización de América Latina rara vez va más allá de bosquejos descriptivos de partidos; la excepción ha sido el trabajo seminal de Mainwaring y Scully(1995) y Coppedge (1998) sobre sistemas de partidos. Mucho queda por hacer en términos de estudiar la organización de los partidos y sus relaciones con la sociedad civil y con el estado, pero una observación por preliminar que sea permite sugerir que los tipos de partidos que predominan en aquellos casos en que la democracia parece estar más consolidada (por ejemplo, en el Cono Sur) difieren de los partidos y grupos que caracterizan casos en los que aún no se produce una institucionalización democrática, como por ejemplo en Perú y Venezuela.

---

[2] Morlino, Leonardo *Democracy between Consolidation and Crisis* Oxford: Oxford University Press, 1998, pp. 34-35.

Analizado desde una perspectiva sistémica, se podría decir que los sistemas de partidos que se dan en Argentina, Chile, Uruguay y México son comparativamente estables. En los tres primeros, los partidos principales –y ciertamente los que están en el gobierno– tienen una historia que predata los períodos de dictadura militar y cuentan con la lealtad de importantes sectores sociales; en esos casos y desde el retorno a la democracia, gobernantes y legisladores han sido reemplazados (o reelectos) después de completar sus mandatos y por medio de elecciones realizadas a intervalos regulares. Pese a las particularidades del caso mexicano y a la ausencia de una dictadura militar, en México se dan características relativamente semejantes.

Con la excepción de Costa Rica y del Caribe anglófono, el resto de las sociedades latinoamericanas exhiben sistemas de partidos comparativamente inestables. Hasta en el caso de Brasil, se da un sistema menos estable que el de los países vecinos del Cono Sur, un sistema altamente fragmentado, caracterizado por una extrema volatilidad electoral y con partidos cuya organización es relativamente débil[3].

Tabla 1

¿Tiene Ud. confianza en los partidos políticos?												
	Argent.	Bolivia	Brasil	Co-lomb.	Chile	Ecua-dor	México	Parag.	Peru	Urug.	Venez.	Total Am Lat
NR	1	0	1	1	1	0	0	0	1	1	1	1
Mucha	2	1	2	2	3	2	5	4	2	8	9	4
Alguna	13	11	11	15	21	6	29	11	17	27	14	16
Poca	29	23	30	33	30	27	36	27	35	33	25	30
Nada	51	63	55	48	43	65	28	58	41	29	49	46
No sabe	4	2	1	1	2	0	2	0	4	2	2	3
Total	100	100	100	100	100	100	100	100	100	100	99	100
N	1200	1080	1000	1200	1183	1200	1166	602	1046	1200	1200	18038
Fuente: Latinobarómetro, 2000												

Una medición de confianza política proporcionada por *Latinobarómetro* confirma esa distinción entre sistemas estables e ines-

---

[3] Ver Mainwaring, Scott 'Brazil: weak parties, feckless democracy', en Scott Mainwaring y Timothy R. Scully (comps.) *Building Democratic Institutions: party systems in Latin America*, Standford: Stanford University Press, 1995, pp. 354-398.

tables (Tabla 1). Si definiéramos los sistemas de partidos de Argentina, Chile, México y Uruguay como estables, y los de Bolivia, Brasil, Colombia, Ecuador, Paraguay, Perú y Venezuela como inestables una hipótesis direccional que suponga un nivel más bajo de confianza política en los sistemas inestables resulta confirmada por el test de una sola cola de Kolmogorov-Smirnov (p<0.001) como lo muestra la Tabla 2.

Tabla 2

Comparación de confianza en los partidos en sistemas estables e inestables (test de una sola cola de Kolmogorov-Smirnov)		
	Estables	Inestables
Mucha	18 / 5%	22 / 3%
Alguna	90 / 23%	128 / 18%
Poca	128 / 33%	200 / 27%
Ninguna	151 / 39%	379 / 52%

2. Modelos y variables

En décadas recientes varios modelos han sido desarrollados para estudiar los partidos políticos y sus relaciones con la sociedad civil y con el estado, incluyendo el 'partido de masas' descrito por Neumann (1956), el partido atrapa-todos que Kirchheimer (1966) estudió en Europa occidental, el modelo de partido 'profesional-electoral' que Panebianco (1988) contrapuso al que denominó partido 'burocrático de masas', y el 'partido cartel' descrito por Katz y Mair (1995). Sin embargo, el debate inspirado por esos modelos se ha mantenido circunscrito a las democracias de Europa occidental, Estados Unidos, Canadá y Australia. Eso no debería ser obstáculo para que exploremos hasta que punto ese debate ayuda a explicar el desarrollo de los partidos latinoamericanos en el período post-autoritario. Poco se ha hecho en ese sentido hasta ahora, más allá de la presunción implícita en descripciones que caracterizan las campañas electorales de la década de los 1990 como 'americanizadas': si la campaña es 'americanizada' también lo deben ser los partidos, como protagonistas de la campaña.

Este capítulo intenta evaluar esa presunción enfocando el análisis en los partidos de aquellos sistemas que hemos caracterizado como estables, y en particular aquellos que han protagonizado las recientes campañas electorales del Cono Sur. A fin de explorar hasta qué punto dichos partidos han experimentado una transición desde una etapa en la que predominan las características del partido burocrático de masas hacia una con las características del modelo profesional-electoral, éste capítulo considerará tres grupos de factores causales, variables sistémicas, variables externas y la campaña electoral como variable independiente. Entendemos por variables sistémicas aquellas que preparan o condicionan al partido para un cambio, tales como el sistema electoral, la organización partidaria, los objetivos del partido, los sectores representados por el partido o de los cuales provienen sus miembros. Las variables externas son los *shocks* exógenos o experiencias que conducen a aquellos cambios que faciliten la adaptación del partido a nuevas circunstancias, tales como una derrota electoral, la pérdida del control del gobierno o del parlamento, una crisis nacional, la proscripción, etc.

En Argentina, los dos partidos que desde mediados del siglo pasado han sido los actores principales de la política han sido los peronistas o Partido Justicialista (PJ) y la Unión Cívica Radical (UCR). Ambos partidos desarrollaron las características que tipifican el modelo de partido atrapa-todos, en una sociedad en la que primero el populismo peronista y luego una serie de gobiernos militares hicieron difícil para los electores el ubicarse en una escala política. La Tabla 3 muestra como prácticamente la mitad de los encuestados en Argentina antes de las elecciones de 1999 se ubicaron justamente al centro del espectro político; la particularidad de éste resultado queda en claro si lo comparamos con el 30 por ciento de todos los encuestados en América Latina que escogieron esa posición .

Si bien es posible que muchos electores argentinos no tengan mayor dificultad en identificarse con el peronismo o el radicalismo, eso no implica necesariamente una identificación con una posición dentro de una escala política ya que ambos partidos son de una gran amplitud y tienen al nivel interno su propio espectro político. El carácter inclusivo de ambos partidos queda en claro al ver la proporción de los electores que se han identificado como sus miembros al inscribirse en el Servicio Electoral: 18 por ciento de los 21,5 millones de electores inscritos en 1993 declararon ser miembros del PJ, por comparación con 13,2 por ciento que registraron militancia UCR y 7,2 por ciento que dijeron ser miembros de otros partidos[4]. Si comparamos con Chile, nos encontramos que ningún partido chileno tiene una militancia que exceda 1,5 por ciento de los electores inscritos.

---

[4] Ver Jones, Mark P. 'Evaluating Argentina's democracy', en Scott Mainwaring and Matthew Soberg Shugart (comps.) *Presidentialism and Democracy in Latin America*, Cambridge: Cambridge University Press, 1997, pp. 273-274. Estos datos son de 1993, y como tales deben ser vistos con cierta cautela, ya que han sido frecuentemente criticados tanto por quienes alegan que la militancia partidaria ha declinado como por quienes dicen que en 1993 había un número considerable de electores que no estaban dispuestos a declarar militancia partidaria por miedo a un retorno de las dictaduras militares. Sin embargo, son todavía los datos usados para calcular la subvención estatal a los partidos políticos, lo que demuestra un grado de aceptación.

Tabla 3

Escala política (en porcentajes)				
	Argentina	**Chile**	**Uruguay**	**Latinoamérica**
Izquierda	4	9	3	8
1	1	2	3	4
2	2	6	5	4
3	3	10	8	6
4	5	10	7	6
5	49	39	24	30
6	6	7	10	7
7	6	6	12	7
8	8	6	12	8
9	3	2	5	4
Derecha	13	6	10	17
Total	100	100	100	100
N	951	955	1075	1493
Promedio	5.71	4.95	5.74	5.58
Pregunta: "En la política, la gente habla de 'izquierda' y de 'derecha'. En una escala en la que 0 es izquierda y 10 es derecha, dónde se ubicaría Ud?"				
Fuente: *Latinobarómetro*, 1998.				

Al comienzo de la década de los noventa tanto al PJ como la UCR comenzaban a mostrar las características de los partidos burocráticos de masas: ambos tenían una amplia base territorial con una organización que cubría todo el país y con filiales en cada pueblo, ambos tenían una burocracia centralizada, ambos trataban de representar un amplio rango de estratos sociales y ambos partidos eran dirigidos por líderes de grupos o facciones internas.

El Frente por un País Solidario (Frepaso) surgió a comienzos de los noventa como una tercera fuerza, y ya para la elección presidencial de 1995 su candidato lograba el segundo puesto, sólo sobrepasado por el Presidente Carlos Menem (quién postulaba a la reelección), fácilmente relegando al tercer lugar a una UCR aún debilitada por los recuerdos negativos de la problemática administración de Raúl Alfonsín (1983-89)

Frepaso fue, y sigue siendo, una coalición extremadamente diversa de los grupos defensores de los derechos humanos que surgieron de la lucha contra los gobiernos militares, grupos de la Nueva Izquierda, socialistas, ex-peronistas desilusionados del PJ, y católicos de izquierda.

Sin embargo, el éxito político de 1995 se esfumó rápidamente a medida que se recuperó la UCR y Frepaso se adaptó al papel de tercera fuerza electoral. En Argentina la izquierda sigue siendo percibida como una opción menos atractiva de lo que es el caso en otros países del Cono Sur o en el conjunto de América Latina; la Tabla 3 muestra que sólo 15 por ciento de los electores encuestados en 1998 se ubicaron en la izquierda o centro-izquierda, comparado con 37 por ciento en Chile, 26 por ciento en Uruguay y 28 por ciento de la muestra total encuestada en América Latina. Esto también fue demostrado en los resultados de 1999, cuando la fórmula de la Alianza (candidato UCR a Presidente y candidatos Frepaso a Vice-Presidente) ganó la contienda presidencial, pero en las elecciones parlamentarias y de gobernadores la UCR ganó seis gobernaciones, 20 escaños en el Senado y 86 en la Cámara de Diputados, comparado con el escaño senatorial y 38 de diputados obtenidos por Frepaso, cuyos candidatos no lograron ganar gobernación alguna.

Si comparamos esa situación con la chilena, nos encontramos con un caso muy diferente: elecciones parlamentarias bajo un sistema electoral binominal que premia a las dos primeras mayorías relativas han alentado la formación de dos coaliciones multipartidarias, al mismo tiempo que han impedido que cualquiera otra fuerza política logre el apoyo electoral necesario para competir[5]. Las elecciones presidenciales obviamente no presentan tales problemas, pero agregan el requerimiento de una segunda vuelta si el candidato triunfante en la primera vuelta no consigue la mayoría absoluta.

---

[5] Las circunscripciones parlamentarias –tanto para el Senado como para la Cámara de Diputados– eligen dos escaños, lo que de hecho fomenta la formación de alianzas electorales. Este sistema favorece la segunda mayoría relativa, ya que la fuerza que reciba la primera mayoría relativa tendría que obtener el doble de los votos recibidos por la segunda mayoría para poder obtener ambos escaños.

La elección presidencial de 1999 fue una contienda entre dos amplias coaliciones: la Concertación[6], la coalición de centro-izquierda que ha tenido en sus manos el gobierno desde 1990 y que agrupa al Partido Demócrata Cristiano (PDC), el Partido por la Democracia (PPD), el Partido Radical Social Demócrata ((PRSD), y al Partido Socialista (PS); y la Alianza por Chile, la coalición de la derecha formada por la Unión Democrática Independiente (UDI) y el grupo de centro-derecha Renovación Nacional (RN)[7]. Estos agrupaciones representan distintas perspectivas ideológicas, pero los partidos que las integran también muestran diferencias en su patrones organizacionales.

Los demócrata cristianos enfrentaron la vuelta a la política electoral fortalecidos por el papel protagónico que jugaron desde 1983 en las protestas contra la dictadura militar; a ese fortalecimiento se sumó el que fueran hombres de sus filas los elegidos en las primeras dos elecciones presidenciales post-Pinochet, Patricio Aylwin en 1989 y Eduardo Frei Ruiz-Tagle[8] en 1993. Aunque las características presidencialistas del sistema político chileno permitieron que tanto Aylwin como Frei Ruiz-Tagle pudieran gobernar con bastante independencia del PDC, el partido mantuvo durante esos períodos un papel central y cuasi-hegemónico dentro de la coalición de gobierno.

También el PS resurgió fortalecido del período de dictadura militar, habiendo logrado re-unificarse después de las múltiples divisiones que sufrió en los años siguientes al golpe de 1973 y habiendo incorporado a sus filas a otros grupos de izquierda tales como MAPU[9] e Izquierda Cristiana. Mantiene una relación de co-

---

[6] Su nombre completo y oficial es Concertación de Partidos por la Democracia, remontándose a sus orígenes como Concertación de Partidos por el No en el plebiscito de 1988. En la actualidad, es conocida simplemente como Concertación, y nos referiremos a ella bajo ese nombre.

[7] A la elección presidencial de 1999 se presentaron también cuatro grupos minoritarios, que iban desde la ultra-derecha pro-Pinochet hasta los ambientalistas y el Partido Comunista.

[8] Hijo del ex-Presidente Eduardo Frei Montalva (1964-1970).

[9] Movimiento de Acción Popular Unitaria, un partido formado en 1969 luego de una escisión del ala izquierda del PDC que se unieron a independientes de izquierda.

laboración y competencia con el PPD, un partido creado en 1987 para participar en el plebiscito sin comprometer el rechazo socialista de la constitución promulgada por el gobierno militar en 1980. Aunque originalmente creado como un partido instrumental permitiendo doble militancia PS-PPD, el PPD rápidamente desarrolló bases propias, apelando a los sectores de centro-izquierda menos ideológicamente comprometidos, y particularmente a aquellos cuya actividad política comenzó con las protestas anti-Pinochet del período 1983-89. Para las elecciones parlamentarias de 1997 ya no se permitía la doble militancia[10] y aunque PPD y PS mantienen relaciones cercanas tanto a nivel nacional como de base, ambos partidos también tienen frecuentes desavenencias ya sea debido a desacuerdos sobre políticas o como consecuencia de demandas clientelísticas o de la afirmación de sus distintas identidades.

El PRSD es fundamentalmente el sucesor del Partido Radical (PR), un partido tradicional creado a fines del siglo XIX en base a sectores de la pequeña burguesía urbana y que jugó un papel protagónico en la política chilena en el período 1940-60. Estrechamente vinculado a los sindicatos de cuello y corbata, la burocracia estatal y la masonería, el PR se opuso firmemente a la influencia de la iglesia católica en áreas tales como la educación pública y el derecho de familia. Durante la dictadura militar el PR también se dividió, apareciendo varios grupos que combinaban las tradiciones radicales con distintas manifestaciones social demócratas, pero las campañas de protesta de los años ochenta facilitaron su reunificación como PRSD.

Aunque tanto el PDC como el PS y PRSD provienen de los partidos de masas que existían antes de la dictadura pinochetista, su organización actual es en gran medida la que adquirieron al final de la década de los ochenta, cuando re-emergieron formalmente en la escena política durante las campañas del plebiscito de 1988 y de las elecciones de 1989. Los tres tienen una militancia de base y están organizados a nivel local en estructuras comunales o de barrio que

---

[10] La única excepción ha sido, y sigue siendo, el entonces candidato presidencial de ambos partidos, y actual Presidente, Ricardo Lagos.

juegan un papel activo en campañas electorales, esperan rendiciones de cuentas de sus concejales municipales, alcaldes y parlamentarios, y eligen delegados que las representan en instancias regionales y nacionales. Sus dirigencias nacionales responden a cuerpos colegiados que debaten las políticas partidarias y esas dirigencias tratan de comunicarse tanto con la militancia como con los amplios sectores del electorado que el partido intenta representar. En la práctica, la responsabilidad partidaria de representantes y dirigentes es limitada y la toma de decisiones es básicamente de arriba hacia abajo, pero los dirigentes tienen que recurrir al apoyo de las bases para dirimir las frecuentes disputas en que se enfrentan facciones internas.

Estos patrones organizacionales se ven en cierta medida facilitados, y hasta aún condicionados por el carácter mismo de la Concertación como coalición de gobierno, formada por partidos que, desde el nivel municipal al nacional, deben reclutar burócratas leales para manejar la administración pública y más bien defender que debatir las políticas del gobierno. Más de una década de estar en el gobierno ha llevado también al desarrollo de relaciones clientelísticas con la miembros de cada partido. Las reivindicaciones frecuentemente expresadas por el PS –y en menor medida por el PRSD– de representar estratos socio-económicos específicos fueron gradualmente abandonadas al comienzo de la década de los noventa y ya para la elección presidencial de 1999 todos los partidos de la Concertación enfatizaban tanto su inclusión como el amplio apoyo que supuestamente recibían sus políticas.

La Alianza por Chile[11] también fue formada al fin de la dictadura militar, por dos grupos que trataban de formar potencialmente una administración que continuara las políticas del régimen pinochetista, la agrupación de derecha y de tradición corporativista UDI y la más moderada RN. Estos dos partidos se han mantenido unidos como la fuerza principal de oposición al gobierno de centro-izquierda y han enfrentado todas las elecciones parlamentarias y

---

[11] Cuando primero apareció el pacto electoral de RN y la UDI, para las elecciones de 1989, fue originalmente denominado Democracia y Progreso, pero subsecuentemente pasó a llamarse Alianza por Chile. Para abreviar nos referiremos a ésta coalición como Alianza.

presidenciales en un pacto electoral, aunque constantemente compiten por hegemonía.

Aunque la UDI y RN tienen diferencias en términos de políticas y estilo, lo que más las ha diferenciado –además de las personalidades de sus dirigentes máximos– ha sido su posición con respecto al régimen pinochetista y a sus legados. La UDI es un partido populista de derecha, que hace profesión de un catolicismo doctrinario y promueve políticas neoliberales centradas en el mercado. Sus orígenes se remontan al gremialismo, un movimiento estudiantil de derecha que surgió fundamentalmente en la Universidad Católica de Santiago a fines de la década de los sesenta, y que luego de haberse opuesto tenazmente al gobierno del Presidente Salvador Allende apoyó al gobierno militar. Su dirigencia actual incluye a civiles que ocuparon puestos de gobierno durante la dictadura y como partido se orienta a representar los sectores que apoyaron al régimen pinochetista, tanto grupos de bajos ingresos (pequeños comerciantes, desempleados y trabajadores vinculados a la economía informal) como los grupos de altos ingresos que se beneficiaron de sus políticas. Ha defendido vigorosamente los legados de la dictadura militar, incluyendo aquellos elementos de la constitución de 1980 que dan a las fuerzas armadas un papel clave en la vida política, permitiéndoles constreñir la libertad de maniobra del gobierno[12].

Un enfoque más moderado es el de RN, un partido secular de centro-derecha que se orienta a representar a los estratos medios y al empresariado, evitando identificarse con las violaciones a los derechos humanos y otros abusos del régimen pinochetista, pero que al mismo tiempo promueve la continuación de las políticas económicas

---

[12] Particularmente la autonomía presupuestaria de las fuerzas armadas que se financian directamente de un 10 por ciento del ingreso estatal generado por las exportaciones de cobre; la inamovilidad de los comandantes en jefe de las fuerzas armadas y de los carabineros o policía uniformada; el papel de un Consejo de Seguridad Nacional en el cual esos comandantes en jefe pueden dejar en minoría al Presidente; y la presencia en el Senado de un número de senadores designados o institucionales (incluyendo hasta 2000 al mismo Pinochet) que han dado a la Alianza una mayoría pre-fabricada, impidiendo cualquier reforma constitucional.

que ese régimen aplico en sus últimos años. Su dirigencia has estado dispuesta a negociar reformas constitucionales, al igual que a discutir legislación sobre el aborto y sobre el divorcio.

Sin embargo, tanto RN como UDI tratan de competir con los democráta-cristianos: RN lo hace apelando al electorado que se identifica con el centro del espectro político, y UDI trata de disputarle al PDC el electorado católico. Pero no hay grandes diferencias ideológicas entre ambos partidos, y sus plataformas electorales se basan en reclamos de eficiencia y capacidad de gestión. Aunque ambos partidos tienen apoyo a nivel de base, no tienen una organización que comunique la dirigencia nacional con ese electorado.

Gradualmente, desde 1989 tanto RN como UDI han desarrollado varias de las características que tipifican al modelo que Panebianco identificó como el partido profesional electoral. Asesores profesionales juegan un papel central en las campañas electorales; los dirigentes nacionales de cada partido, sus representantes públicos controlan procesos de comunicación que se desarrollan casi exclusivamente a través de los medios de comunicación masiva, y en particular a través de la televisión. En su mayoría el financiamiento partidario proviene de grupos de interés, lo que significa que estos partidos no se confían en los fondos que sus militantes logren reunir o contribuir. La preocupación fundamental tanto de RN como de UDI es apelar a un electorado que ellos perciben como cada vez más fragmentado

Vínculos verticales de rendición de cuentas son prácticamente inexistentes, de modo que la dirigencia nacional está libre de cualquier tipo de control por parte de los militantes de base. La estructura partidaria consiste básicamente de una dirigencia nacional –compuesta más que nada de parlamentarios– que se concentra en expresar las posiciones acordadas entre ellos por medio de los medios de comunicación masiva y del congreso nacional. A nivel local, el contacto se centra en las campañas electorales y se basa en los vínculos de la dirigencia nacional con los parlamentarios y caudillos locales.

3. La campaña como variable independiente

Los trabajos que estudian campañas electorales desde una perspectiva comparativa hacen mencionan Latinoamérica sólo al pasar, concluyendo rápidamente que ha habido una 'americanización' de las campañas en las nuevas democracias al sur del río Bravo (Angell, Kinzo and Urbaneja, 1992; Farrell, 1996). No cabe duda que se ha podido observar un cambio significativo en las técnicas empleadas, pero está aún por demostrarse que ese cambio haya sido *tecnológico* como lo implica esa supuesta americanización de las campañas. Si aceptamos que la tecnología consiste de dos niveles, el de los instrumentos y el de la organización, el argumento central de éste capítulo es que los instrumentos ahora usados incluyen aquellos característicos de las campañas que llamamos profesionalizadas, y que otros han denominado post-modernas (Norris, 2000) o de tercera fase (Farrell y Webb, 2000). Sin embargo, ésos instrumentos son usados dentro de un contexto organizacional distinto al que se asocia con tales campañas en Europa Occidental, EE.UU. o Canadá.

Pese a que elecciones anteriores, y en particular las chilenas en 1997, habían mostrado una creciente apatía por parte del electorado, esa tendencia no se dio en las elecciones de 1999. En las elecciones parlamentarias de 1997 en Chile cerca del 18 por ciento de los inscritos en los registros electorales se abstuvieron de votar (pese a que el sufragio es obligatorio en Chile y la abstención es penada), o votaron en blanco o anularon su voto. Nada así pasó en las elecciones de 1999 en Argentina, Chile y Uruguay, y las campañas se caracterizaron por altos niveles de contestación y de participación[13].

En el caso de Chile, las dos coaliciones principales usaron distintos métodos para decidir quienes serían sus candidatos presidenciales: la Alianza decidió en una reunión de las dirigencias de sus dos partidos, UDI y RN, que el candidato sería el ex-secretario general de UDI y alcalde de un suburbio de clase alta de Santiago, Joaquín La-

---

[13] En Uruguay la tasa de participación electoral fue de 91,8 por ciento de los inscritos. Ver Espíndola, R 'No change in Uruguay: the 1999 presidential and parliamentary elections', *Electoral Studies,* 2001.

vín, en cambio Concertación optó una vez más por llevar a cabos elecciones primarias que dieron como ganador al pre-candidato del PS y PPD, Ricardo Lagos. Las primarias de mayo de 1999, sin embargo, tuvieron un efecto perverso en las filas de la Concertación, causando un profundo malestar en el PDC cuyo pre-candidato, Andrés Zaldívar, perdió por un amplio margen de 28,7 por ciento frente a 71,3 por ciento obtenido por Lagos; esto causó un sentimiento que frecuentemente se denominó de duelo entre los democrata-cristianos que por primera vez en la historia del PDC se veían enfrentados a apoyar a un candidato de fuera de sus filas, lo que retrasó considerablemente, hasta septiembre, su incorporación a la campaña.

Esto demuestra las dificultades derivadas del uso de elecciones primarias, en las que las estructuras partidarias son frecuentemente dejadas de lado, en la medida en que los medios de comunicación masiva son los principales intermediarios entre los pre-candidatos y los votantes, al igual que el principal foro para el debate público entre ellos (Patterson, 1994: 182-191). Un fenómeno semejante se dio en Uruguay, donde la coalición de centro-izquierda Encuentro Progresista-Frente Amplio sufrió fuertes divisiones en las primarias que elegían entre el senador centrista Danilo Astori, y el alcalde de Montevideo y líder de la izquierda, Tabaré Vázquez. Después de la victoria de este último en las primarias, en las que obtuvo 82,4 por ciento de los votos, la hostilidad generada por la contienda llevó a que Vázquez rehusara ofrecerle a Astori la candidatura a Vice-Presidente, prefiriendo como compañero de lista al dirigente democráta-cristiano Rodolfo Nin. Mientras tanto, el partido de gobierno, Partido Colorado, no tenía dificultad en usar ventajosamente las primarias, con fracciones rivales aunándose detrás del pre-candidato triunfante, Jorge Batlle, después de las primarias. Los casos de Chile y Uruguay muestran las diferencias entre primarias que tienen lugar al seno de un partido, donde fracciones internas no tienen dificultad en unirse para apoyar al candidato que gana la nominación partidaria, e igual proceso dentro de una coalición de partidos establecidos, cuyas diferencias ideológicas y rivalidades históricas son reavivadas por las primarias.

Las campañas de 1999 en Chile mal podrían considerarse 'americanizadas', ya que las dos coaliciones principales se disputaron arduamente el campo en el que tradicionalmente se ha medido el éxito de una campaña en Chile: la calle. Todas las técnicas que caracterizan una campaña profesionalizada en EE.UU. y en Europa Occidental fueron utlizadas y hasta los consultores políticos eran los mismos, pero el instrumento fundamental siguió siendo la capacidad de desplegar miles de activistas o de 'voluntarios', la capacidad de realizar masivas reuniones públicas y de cubrir cada muro, cada poste de alumbrado, y todo espacio público con afiches o simplemente con el nombre del candidato respectivo. Esos "gladiadores de base" que Putnam añora en las campañas estadounidenses (Putnam, 2000: 37) siguen siendo el instrumento primordial de las campañas del Cono Sur.

Los candidatos puede enfrentarse en debates cuidadosamente orquestados a través de los medios de comunicación masiva, pero nada ha reemplazado la atracción de la concentración, de la manifestación pública o el carnaval de las visitas de los candidatos a un barrio o villorrio. En esos casos la campaña se transforma literalmente en el único juego existente y adquiere una centralidad social que se demuestra hasta en la publicidad comercial que adopta temas o símbolos electorales. De más está decir que esto se aplica particularmente al caso de Chile, la única sociedad latinoamericana que no celebra un carnaval anual, y dónde las actividades de las campañas electorales son para la población la experiencia más cercana a una fiesta callejera que pueden experimentar.

Analizando las campañas de las dos coaliciones principales en Chile y en términos de la dicotomía entre estrategias profesionalizadas y aquellas que privilegian los recursos humanos, no cabe duda que la Alianza se inclinó por una campaña profesionalizada. Su campaña fue altamente personalizada, manejada por consultores políticos, haciendo uso extenso de mercadeo telefónico, *websites*, encuestas de opinión y *focus groups*, al mismo tiempo que logrando controlar la cobertura de sus actividades por parte de la prensa. Pero sería un error describir esa campaña como exclusivamente profesionalizada. La Alianza había aprendido de elecciones anteriores, en las que la Concertación había controlado la calle. Esta vez la Alianza le disputó la calle a la centro-izquierda, y al no tener militantes y activistas que poder movilizar lo hizo con un gran número de 'voluntarios' pagados que acompañaban al candidato en sus constantes giras por las provincias, o estaban en cada cruce urbano importante agitando las banderas azules de la Alianza y distribuyendo panfletos a los conductores y transeúntes, mientras otros 'voluntarios' realizaban tareas de seguridad cuidando la propaganda pintada en muros o temporalmente colocada a orillas de las calles más transitadas. El solicitar votos puerta a puerta, una actividad tradicional de la Concertación, fue también emulada por 'voluntarios'[14] que visitaban barrios de bajos ingresos, yendo puerta a puerta para ofrecer "un regalo de Lavín", o regalando camisetas al equipo de fútbol local.

Por su parte, la campaña de la Concertación enfatizaba el solicitar votos puerta a puerta, las caravanas de vehículos, y plazas ciudadanas, o reuniones de barrio que combinaban bandas de música carnavalesca (batucadas), escenarios para que los vecinos mostraran sus cualidades artísticas, juegos para los niños, competencias de ajedrez, y los servicios gratuitos de los militantes y simpatizantes locales de la Concertación, que iban desde consejos legales, médicos y de asistencia social, hasta peluquería y quiromancia. En otras palabras, la Concertación desplegaba su infantería.

Aún cuando la campaña de Lavín fue ciertamente la más profesionalizada y la que hizo uso más efectivo del mercadeo político, los dos candidatos principales hicieron amplio uso de consultores, expertos y asesores externos, franjas televisivas, *focus groups* y todos los instrumentos del mercadeo político. En cuanto a la propaganda televisiva, la legislación chilena la limita a dos franjas diarias transmitidas gratuitamente por todos los canales de televisión.

---

[14] Estos 'voluntarios' eran generalmente jóvenes desempleados. Aquellos que entrevistamos en varios cruces de Santiago decían recibir el equivalente de diez dólares (EEUU) diarios más una merienda por vestir las camisetas azules de la Alianza, agitar las banderas, distribuir panfletos a los conductores de automóvil, y en general lucir alegres y limpios. En Concepción, estudiantes de izquierda confesaban con una mezcla de picardía e incomodidad que suplementaban sus ingresos 'cuidando' de noche la propaganda callejera de la Alianza.

En el caso argentino no hay tal restricción, y las técnicas del mercadeo político fueron usadas extensamente durante las campañas presidencial, provincial y parlamentaria de 1999. Los dos principales candidatos a la presidencia eran Eduardo Duhalde, representado al gobernante PJ, y Fernando de la Rúa, el candidato de la Alianza por la Justicia, el Trabajo y la Educación (Alianza para abreviar), la coalición de centro-izquierda formada por la UCR y Frepaso.

Tanto el candidato del gobierno como el de la oposición desplegaron campañas altamente profesionalizadas. Al igual que en el caso chileno, el énfasis en el mercadeo político se dio de la mano de la retención de las reuniones públicas masivas y de las giras provinciales de los candidatos como instrumentos de campaña. Sin embargo, las estrategias basadas en el despliegue de recursos humanos fueron más usadas por los partidos que tenían una red territorial a través del país, ésto es los peronistas y la UCR, más que Frepaso, cuya fuerza fundamental radica en grupos urbanos principalmente de intelectuales y de sectores de la clase media profesional.

Esas técnicas fueron reforzadas por consultores políticos de prestigio internacional; De la Rúa contrató los servicios de Dick Morris, mientras que Duhalde se hizo asesorar por James Carville y luego por un vasto equipo dirigido por el brasileño Duda Mendonça. Sin embargo —y al igual que en Chile— fue el candidato de oposición el que hizo uso más efectivo del mercadeo político y quién condujo la campaña más profesionalizada; además de Morris, la Alianza tenía un extenso equipo de expertos en mercadeo político y de especialistas en imagen de primer nivel.

Hasta cierto punto, las campañas chilenas mostraron un uso semejante de consultores externos y de expertos locales. A Lavín lo asesoró el consultor Bruno Haring, normalmente basado en Puerto Rico, y su comando incluyó a algunos de los mejores expertos locales en estudios de opinión. La Concertación, por su parte, tenía acceso a varios consultores externos incluyendo a Jacques Séguéla[15], Éric Flimon y a varios asesores vinculados a la Democracia Cristiana alemana; ésto, sin embargo, era de un valor limitado, ya

---

[15] Ver Séguéla, Jacques *Le vertigue des urnes*, Paris, Flammarion, 2000.

que el consejo de los consultores franceses rara vez coincidió con el de sus colegas alemanes.

En ambos países las campañas costaron vastas sumas de dinero; al igual que en la mayor parte de Latinoamérica, ni en Chile ni en Argentina hay legislación que regule el gasto electoral o que requiera alguna forma de transparencia en su financiamiento. Hubo, sin embargo, diferencias sustanciales en los recursos de que disponían tanto partidos como candidatos. En Argentina, el estado provee financiamiento de campaña para los partidos, en base a los votos obtenidos en las elecciones previas; así fue como en 1999 la Alianza recibió US$23,3 millones del estado y el PJ obtuvo US$18.5 millones, pero fuentes vinculadas a ambos comandos coincidieron en que esos fondos sólo cubrieron una pequeña proporción de sus costos efectivos[16]. En Argentina, los medios de comunicación masiva también estuvieron bien divididos, con los dos principales consorcios periodísticos apoyando a distintos candidatos. En el caso chileno, no hubo tal paridad. Lavín, el candidato de la derecha, tuvo acceso a un financiamiento masivo y a un apoyo prácticamente total de la prensa escrita, contando con el apoyo de los principales consorcios de prensa. Semanas antes de la primera vuelta electoral, periódicos locales no fueron desmentidos cuando afirmaron que la campaña de Lavín tenía un costo de US$52 millones; después de la segunda vuelta, analistas locales estimaban que el costo total había llegado cerca de US$120 millones. El costo de la campaña de Lagos, por otra parte, se sabía que iba a ser mucho más modesto y originalmente se proyectaba que no pasaría de US$9 millones, pero un dirigente de la Concertación posteriormente estimó que habría llegado a US$40 millones[17].

---

[16] *La Nación*, 8 de septiembre de 1999.
[17] Esa fue la suma mencionada por el entonces líder de los diputados del PS, Francisco Encina, en un seminario en la Universidad de Salamanca, 1-2 de junio del 2000.

4. Impacto de las nuevas técnicas

Las campañas electorales de 1999 en el Cono Sur demostraron una creciente profesionalización de las técnicas empleadas. Algo semejante se podía observar en otros casos en América Latina, donde técnicas postmodernas tuvieron un papel tan o más importante en las elecciones del 2000 en México, Perú y Venezuela. Una diferencia importante, sin embargo, fue que en el Cono Sur las técnicas profesionalizadas fueron usadas en estrecha combinación con técnicas que privilegiaban el uso de recursos humanos, a tal punto que en Chile la coalición de derecha, al no tener una infantería propia, contrató una. Si bien no cabe duda de que la disponibilidad y el uso de las técnicas profesionalizadas afecta a los partidos políticos, también es cierto que tanto la organización partidaria como la relación del partido con la sociedad civil pueden moderar ese efecto.

En términos de organización y de su papel societal, los partidos latinoamericanos que han surgido o re-emergido desde los años ochenta muestran características típicas del modelo profesional-electoral, pero en varios casos eso ha sido acompañado por una re-afirmación de los elementos tradicionales del partido de masa o del partido atrapa-todo. En particular en los sistemas políticos comparativamente más estables del Cono Sur, los partidos de centro y de centro-izquierda (UCR en Argentina, PDC, PPD y PS en Chile, Frente Amplio en Uruguay) had adoptado algunos de las técnicas postmodernas e intensivas de capital a la hora de hacer campaña electoral, pero al mismo tiempo han mantenido fuertes elementos de organización territorial y de campaña basada en recursos humanos.

Por sí sóla la presencia de técnicas postmodernas de mercadeo político no demuestra una profesionalización de las campañas. Eso quedó demostrado en los casos de Argentina y Chile en 1999, cuando las principales coaliciones hicieron uso extenso de mercadeo político, pero en el contexto de campañas que fueron muy diferentes en términos de dirección, procesos de toma de decisiones y del uso de expertos, diferencia que fue particularmente notoria entre los partidos de gobierno y los de oposición.

En Chile, los partidos de oposición que formaban la Alianza adoptaron un bajo perfil durante la campaña y no participaron abiertamente en su dirección. Sus dirigentes nacionales no aparecían en el escenario junto a Lavín y hasta sus sedes nacionales no mostraban signos visibles de actividad electoral. La campaña y el candidato se distanciaron de los partidos de la Alianza, reafirmando de ese modo la imagen apolítica de Lavín.

Algo semejante se dio en cuanto al proceso de toma de decisiones, que en el caso de la Alianza tuvo claras características tecnocráticas, quedando en mano de jóvenes profesionales y sin ningún vínculo formal con las estructuras de los partidos. Pero detrás de éstos jóvenes tecnócratas, caracterizados por su cercanía al candidato, estaba el equipo profesional dirigido por Bruno Haring, con una extensa experiencia de campañas electorales en EE.UU. Eso significaba que el consejo de los expertos era oído y prontamente implementado, ya que no tenía que competir con estructuras partidarias, o ser procesado a través de ellas. coincidencia

Paradójicamente, una situación un tanto semejante se desarrolló en Argentina, en la campaña de la coalición opositora de centro-izquierda, que casualmente también se llamaba Alianza. La situación, por cierto, no era la misma, ya que los votantes argentinos también elegían gobernadores provinciales y miembros del Congreso federal, un proceso en el que jugaban un papel clave las estructuras partidarias a nivel local. Pero a nivel de la campaña presidencial, la dirección estaba directamente en manos del candidato, Fernando De la Rúa, quién se hacía asesorar por Dick Morris y un equipo considerable de consultores. Al igual que en el caso de Lavín al otro lado de los Andes, la mayor parte del proceso de toma de decisiones no estaba en manos de los partidos si no que de un grupo de jóvenes tecnocrátas, que en el caso argentino estaban dirigidos por el hijo del candidato, Antonio De la Rúa, y eran conocidos como el 'grupo sushi'[18].

La campaña de centro-izquierda en Chile, por el contrario, dejó la toma de decisiones totalmente en las manos de los dirigentes

---

[18] Supuestamente debido a su preferencia por esa comida japonesa.

de los partidos de la Concertación; el candidato sólo intervenía para dirimir las frecuentes disputas que surgían entre ellos. La dirección formal de la campaña estaba en manos de connotados personeros demócrata-cristianos, pero el manejo de hecho estaba bajo el control de dirigentes del PS y del PPD cercanos al candidato presidencial, Ricardo Lagos. Este comando tenía acceso a la información y los análisis provenientes de varios *think-tanks* que proveían pronósticos diarios de conflictos potenciales que pudieran afectar al gobierno y por ende a la campaña, junto a análisis de las campañas rivales, y los resultados de encuestas de opinión y *focus groups*.

Pero las decisiones estratégicas eran tomadas por un comité político representando a los partidos de la Concertación. Dentro de ese contexto, el consejo de expertos externos tenía un papel marginal. Eso quedó claramente demostrado en las quejas vitriólicas de Jacques Séguéla, quién sintió que si consejo había sido ignorado y describió a miembros del comando de la campaña como "Judas", "consultor de pacotilla", "imbuído de sí mismo", "a sueldo de los grandes grupos de prensa", "consejeros de fortuna que profitan de los problemas del momento"[19]. Obviamente después de haber asesorado a Mitterrand y a Jospin en France, a Barak en Israel, a Kwasniewski en Polonia y a varios otros, a Séguéla claramente le molestó el sentirse marginado en Chile por cuadros políticos.

Situaciones semejantes surgieron en la campaña del partido de gobierno en Argentina, donde la situación era particularmente negativa debido al conflicto áspero y abierto entre el candidato peronista, Eduardo Duhalde, y el Presidente Carlos Menem, quién, después de haberse opuesto a la candidatura de Duhalde, se concentraba exclusivamente en preparar su propio retorno en 2003. La campaña, en consecuencia, más que dirigida por un equipo político, estaba dividida entre dos de ellos[20]. El consultor político James Carville había impresionado a Duhalde con su trabajo en la campaña para la re-elección del Presidente Clinton en EE.UU., y cuan-

---

[19] Séguéla, Jacques, *op. cit.*, pp. 56-57.

[20] Menem habría demostrado su desdén por Duhalde diciéndole a sus subordinados: "Dénle lo que quiera, de todos modos va a perder", *La Nación*, 7 de septiembre de 1999.

do fue contratado para asesorar a Duhalde trató de convencer al candidato de la necesidad de conducir la campaña independientemente de las estructuras de un PJ dominado por Menem. Pero a poco andar, Carville se sintió incapaz de continuar en una campaña que se desarrollaba en dos frentes y se fue en agosto de 1999, diciendo que el candidato estaba prestando oídos a "demasiadas campanas al mismo tiempo"[21].

Sin embargo, es la comparación entre las campañas de centro-izquierda en Chile y en Argentina lo que muestra más claramente los distintos efectos que el uso de las técnicas profesionalizadas puede tener en los partidos políticos y los gobiernos de las nuevas democracias. En Chile, el control que los partidos de la Concertación ejercieron sobre la campaña los llevó a fortalecerse en ese proceso[22] y han ejercido una influencia considerable en el gobierno de Lagos. Pese al carácter presidencialista del sistema político chileno, los ministros de gobierno aceptan un cierto grado de disciplina partidaria, o al menos rinden cuentas a sus partidos cuando las políticas del gobierno se apartan de las del partido. El caso argentino es fundamentalmente distinto. El Presidente De la Rúa gobierna con el apoyo del 'grupo sushi' que dirigió su campaña y a los meses de ser elegido perdió a su Vice-Presidente, y dirigente máximo de Frepaso, quién se fue del gobierno. Ya en marzo del 2001 De la Rúa había adoptado políticas y un gabinete que ignoraron hasta a su propio partido, la UCR, y le había entregado la conducción económica del país a Domingo Cavallo, el candidato presidencial postulado en 1999 por el grupo de centro-derecha Acción por la República.

---

[21] *Clarín*, 17 de agosto de 1999.
[22] Se podría alegar que cuando la segunda vuelta electoral tuvo lugar en enero del 2000, el PDC estaba claramente más débil que un año antes, en enero de 1999, antes de las primarias y cuando había un Presidente de sus filas en el palacio de gobierno, pero esa caída fue a causa de perder las primarias y no de la campaña. Después de las primarias de abril de 1999, las encuestas de opinión mostraron una baja sustancial en el apoyo al PDC, pero esa caída se redujo a medida que la campaña se aproximó a las vueltas electorales de diciembre de 1999 y enero del 2000.

5. Variables externas

Los partidos han reaccionado de maneras distintas tanto a la disponibilidad de nuevas técnicas de mercadeo político, como a los cambios en las técnicas de campaña adoptadas por sus contrincantes. Los casos de las nuevas democracias del Cono Sur sugieren que esas reacciones distintas han estado hasta cierto punto ligadas a factores internos, tales como la ideología y la historia de cada partido, pero un factor decisivo han sido los eventos o *shocks* externos que han afectado a partidos específicos o al sistema de partidos. Varios eventos pueden ser identificados como tales variables externas: 1) la proscripción impuesta por dictaduras militares; 2) las crisis económicas; 3) el apoyo externo a la democratización; 4) la derrota electoral y la pérdida del gobierno.

Proscripción durante períodos de dictadura. Las dictaduras militares que asolaron a Latinoamérica durante las décadas de los setenta y ochenta llegaron hasta proscribir algunos partidos políticos, imponiendo en todo caso severas restricciones en todos ellos; en cualquier caso, las dictaduras significaron largos períodos sin elecciones libres. En el Cono Sur, esto fue acompañado por una fortísima represión que incluyó el arresto y la ejecución de militantes de izquierda y de activistas vinculados a la defensa de los derechos humanos, y la confiscación o burda apropiación de propiedades de los partidos proscritos, junto al desmantelamiento de sus actividades, redes y vida institucional.

Los partidos lograron sobrevivir tales golpes ya sea sumergiéndose en la clandestinidad o simplemente adoptando diferentes tipos de hibernación, pero largos períodos de socialización por parte de las autoridades militares –acompañados, en el caso de Argentina, por un conflicto bélico y una derrota– tuvieron un profundo efecto intergeneracional. Las generaciones que crecieron bajo las dictaduras militares no tuvieron experiencia de elecciones y de actividad partidaria, al mismo tiempo que fueron socializados en la desconfianza de los políticos. Aunque esas mismas generaciones luego tuvieron un papel instrumental en jornadas de protesta que marcaron el fin de las dictaduras militares, encuestas de opinión recientes indican que el grupo generacional de 25 a 40 años de edad muestra una mayor tendencia a desconfiar de los partidos que aquellas generaciones anteriores que tuvieron la experiencia de la vida política de las décadas de los sesenta y setenta, o que las generaciones más jóvenes que han crecido bajo gobiernos democráticos.

Cuando los partidos re-emergieron de aquellos períodos de dictadura e hibernación, tuvieron que reajustarse a nuevas circunstancias. En la mayor parte de los casos, y particularmente en la izquierda y centro-izquierda, eso llevó a abandonar el modelo del partido de masas y cualquiera pretensión de representar sectores sociales específicos. En vez de ese modelo, adoptaron los patrones organizacionales del partido atrapa-todos, con un mensaje inclusivo dirigido a amplios sectores del electorado. También tuvieron que adaptarse a cambios generacionales, ya que a menudo sus dirigencias eran aún una continuación lo menos parcial de las que tenían antes de los períodos de dictadura; como Hite ha demostrado, los actuales dirigentes de los partidos de centro izquierda ya lo eran a comienzo de los setenta[23].

Las dictaduras castrenses no sólo afectaron a la izquierda y centro-izquierda, también terminaron con los tradicionales partidos de derecha, los que no pudieron sobrevivir el conflicto entre sus tradiciones parlamentarias y los brutales regímenes instalados para defender los mismos valores e intereses de clase que la derecha decía representar.

Particularmente en el caso de Chile, eso llevó a la formación de nuevas organizaciones y partidos políticos, inicialmente con el propósito de dar cauce al apoyo al gobierno militar, y luego con el objetivo de defender sus políticas económicas.

Crisis económica. La primera administración civil elegida en Argentina después de la dictadura militar, el gobierno presidido por el líder de la UCR Raúl Alfonsín, se desmoronó ignominiosamen-

---

[23] Hite, Katherine *When the Romance Ended: leaders of the Chilean Left, 1968-1998*, Nueva York: Columbia University Press, 2000.

te en 1989, incapaz de controlar una masiva crisis económica y una inflación galopante, teniendo que anticipar la entrega de la Presidencia al recién electo Carlos Menem. Aunque la mayor parte de las causas de la crisis estaban fuera del control de Alfonsín, estando básicamente vinculadas a la economía global y a las políticas de la dictadura militar (incluyendo su costoso intento de invadir y retener las islas Malvinas), éste fracaso por parte de un gobierno civil en su gestión económica tuvo un efecto substancial en las opiniones de los electores.

Tabla 4

Confianza en los partidos políticos (en porcentajes)				
	Argentina	Chile	Uruguay	Latinoamérica
NR	1	1	0	2
Mucha	3	3	6	4
Alguna	14	21	28	17
Poca	30	35	35	34
Nada	51	38	28	41
DK	1	1	2	2
Total	100	100	100	100
N	1264	1200	1199	17091
Fuente: *Latinobarómetro*, 1998				

Como muestra la Tabla 4, mientras un sector de la población electoral no confía en los partidos, a la altura de 1999 esa falta de confianza fue particularmente notoria en Argentina, donde la mayoría de quienes respondieron la encuesta de Latinobarómetro tenían menos confianza en los partidos que lo que era el caso en Chile, Uruguay y en el resto de Latinoamérica, donde la mayor parte de los encuestados expresaron algún grado de confianza en ellos.

Esto facilitó la fundación de nuevos grupos, tanto en la izquierda (Frepaso) como en la centro-derecha (Acción para la República). Pero también causó cambios significativos dentro de la UCR, los que añadidos a la derrota electoral de 1995, contribuyeron a la adopción de una campaña profesionalizada en 1999.

Apoyo externo a la democratización. A comienzos de la década de los ochenta, gobiernos, agencias gubernamentales y fundaciones privadas de Europa Occidental y de Norte América empezaron a tomar un papel activo en la promoción de un retorno a la democracia en Latinoamérica, consecuentemente auspiciando el fin de las dictaduras militares. En EE.UU., el gobierno lanzó en 1982 el Programa Democracia que al año siguiente se transformó en la Fundación Nacional para la Democracia (*National Endowment for Democracy*) como institución independiente financiada con fondos federales, con presupuestos anuales que en el período 1983-88 iban desde los US$15 millones hasta los US$21 millones; de esos presupuestos, los programas dirigidos a Latinoamérica recibieron entre US$4 millones y US$6 millones al año[24].

Eso se puede comparar con los US$23 millones que una sola fundación alemana, la Fundación Konrad Adenauer, gastó en 1989 en sus programas para Latinoamérica y el Caribe[25].

Sólo en algunos casos excepcionales esos actores externos llegaron a proveer apoyo financiero directamente a partidos políticos o a sus dirigentes. Parte del apoyo, principalmente el proveniente de fundaciones privadas, se orientó a financiar programas y centros de investigación a fin de proveer empleo a académicos y dirigentes políticos a quienes las autoridades militares habían expulsado de sus trabajos. Pero buena parte de la ayuda externa consistió tanto en el entrenamiento de cuadros políticos y de organizadores de campañas, como en los servicios que consultores políticos y expertos electorales de los países donantes prestaban como asesores de campaña.

Tanto programas de formación en el extranjero como la provisión de asesores externos eran formas obvias de transferencia tecnológica, ya que ese entrenamiento y asesoramiento refle-

---

[24] Carothers, Thomas 'The resurgence of US political development assistance to Latin America in the 1980s' en Laurence Whitehead (comp.) *The International Dimensions of Democratization*, Oxford: Oxford University Press, 1996, pp. 128-136.

[25] Pinto-Duschinsky, Michael 'International political finance: the Konrad Adenauer foundation and Latin America' en Laurence Whitehead, *op.cit.*, p.250.

jaban los patrones organizacionales y niveles técnicos existentes en el país donante. De ese modo las técnicas profesionalizadas de campaña usadas en Europa Occidental y en los EE.UU. en la década de los ochenta fueron transferidas a partidos políticos que emergían de largos períodos de represión autoritaria, a medida que se reorganizaban como partidos atrapa-todos. No es sorprendente, en consecuencia que el resultado haya sido una combinación de las campañas tradicionales (o 'pre-modernas' para usar la terminología de Pippa Norris) que los partidos usaban en los años sesenta y setenta, antes de su hibernación forzada, con las técnicas modernas derivadas tanto del mercadeo usada en la actividad comercial local, como de las campañas profesionalizadas que prevalecían en países donantes.

Derrotas electorales y la pérdida del gobierno. Ya hace unos veinte años desde que Panebianco observó, discutiendo los cambios experimentados por la Democracia Cristiana alemana en los años setenta, que "la pérdida del poder central fue el principal catalizador del cambio"[26]. No cabe duda de que éste ha sido un factor importante en la profesionalización de las campañas y por ende de partidos del Cono Sur, como lo han demostrado la UCR en Argentina y la UDI y RN en Chile; al igual que prolongados períodos en el gobierno ha reforzado la retención de estructuras organizacionales y campañas modernas y pre-modernas tanto en los partidos de la Concertación chilena (en el gobierno desde 1990) como en el PJ argentino (1989-1999).

Para los nuevos partidos de derecha que surgen de una dictadura como la UDI y RN, la adopción de campañas profesionalizadas fue un paso natural a tomar. La mayoría de sus dirigentes surgieron a la vida política durante la dictadura de Pinochet, frecuentemente como tecnócratas civiles, de orientación neo-liberal (ocasionalmente, de tendencia corporativa), que apoyaron la dicta-

---

[26] Panebianco, Angelo *Political Parties: Organisation and Power*, Cambridge: Cambridge University Press, 1988, p. 258. El texto original fue publicado en 1982, titulado *Modelli di partito: organizzazione e potere nei partiti politici*.

dura y ocuparon cargos de gobierno; excepcionalmente, unos pocos venían de los partidos políticos que existían en 1973.

Con respecto a esa mayoría, variables preparatorias importantes fueron tanto su formación profesional (generalmente en economía, ingeniería o estudios de negocios) como su experiencia comercial que los llevaron a confiar principalmente en técnicas de mercado, y en segundo lugar en sus experiencias electorales que hasta 1989 consistían en aplicar esas técnicas para promover los argumentos del gobierno militar en los plebiscitos de 1980 y de 1988.

Los partidos mismos se formaron durante los años ochenta y, no teniendo que hacer frente a elecciones hasta 1989, cuando tuvieron que hacerlo naturalmente presentaron características típicas del modelo profesional-electoral. Su dirigencia está muy personalizada, formada por figuras de alto perfil público, dirigentes que utilizan los medios de comunicación masiva para relacionarse con el partido y con el sector del electorado cuya opinión dicen representar. Desde la perspectiva organizacional, los partidos tiene una estructura vertical débil, confiando al nivel local en caudillos y notables más que en una militancia de base; su financiamiento proviene de grupos de interés, firmas comerciales y simpatizantes adinerados en un sistema político en el que no hay control o límite a las donaciones políticas.

Aunque tanto UDI como RN exhiben esas características, eso no significa que su conversión a las campañas profesionalizadas sea total. Derrotas electorales han llevado a ambos partidos a modificar sus técnicas de campaña, adoptado versiones comercializadas de las técnicas que hacen uso intensivo de recursos humanos para poder competir con los partidos gobernantes de centro-izquierda.

Un caso en el que derrotas electorales y la pérdida del gobierno llevó a una adopción de campañas profesionalizadas, sin que eso implicara una profesionalización del partido, ha sido él de la UCR en Argentina. Luego de no haber logrado controlar la hiperinflación en 1989 y de haber experimentado una masiva derrota a manos del peronismo en las elecciones de ese año, la UCR volvió a perder significativamente en las elecciones presidenciales de

1995, obteniendo sólo 17 por ciento de los votos por comparación con el 49.9 por ciento logrado por el Presidente Carlos Menem, candidato peronista a la reelección[27]. Después de la derrota de 1995, la UCR incorporó a varios modernizadores a su dirigencia y eficientemente adaptó elementos de su campañas a un modelo profesionalizado. Cuando tuvo que hacer frente a las elecciones presidenciales, provinciales y parlamentarias de 1999, la profesionalización de la campaña era evidente, pero eso se reflejó particularmente en el comando de la campaña presidencial, y no en la misma medida en las campañas para gobernadores provinciales y parlamentarios en las que muchas de las técnicas tradicionales continuaron siendo usadas con efectividad. Como ya hemos indicado, la campaña presidencial fue manejada por personal tecnocrático y profesional que respondían directamente al candidato presidencial –y en menor medida al candidato a Vice-Presidente–, sobre los cuales ni la UCR ni su aliado Frepaso tenían mayor control. Una vez que el candidato de la UCR, Fernando De la Rúa, fue elegido Presidente, varios miembros de ese comando pasaron a puestos de gobierno, lo que evitó que una potencial transferencia tecnológica que afectara mayormente la organización y el estilo partidario.

6. Conclusión

Las campañas de 1999 en Argentina y Chile demostraron una profesionalización creciente y significativa, gran parte de la cual había sido introducida como consecuencia de *shocks* o events exógenos. Si consideramos los principales partidos políticos, todos ellos usaron técnicas de mercadeo político que incluían el uso de *websites*, *direct mailing* y bancos telefónicos, formando políticas, estrategias y hasta la imagen de los candidatos bajo la guía de *focus groups* y encuestas de opinión. Sin embargo, todos ellos también combinaron tales técnicas con técnicas tradicionales basadas en el uso intensivo de recursos humanos.

---

[27] La visión derrotista que por entonces predominaba en la UCR se puede ejemplificar con el hecho de que dirigentes del partido se referían a su candidato presidencial como "candidato para perder".

La profesionalización de las campañas ha tenido un efecto substancial en aquellos partidos que se adaptaron a una organización profesional-electoral, y cuyas campañas fueron dirigidas por profesionales. Otros, sin embargo, adoptaron algunas de las técnicas pero mantuvieron las campañas bajo control político, manteniendo sus características de partidos burocráticos de masas. Las campañas de 1999 en Argentina y Chile también demostraron que la profesionalización no es un proceso unilinear: si bien todos los partidos la adoptaron en medidas distintas y a distintos niveles de proximidad con respecto a su dirigencia, algunas de las campañas más profesionalizadas se vieron obligadas a adoptar técnicas que privilegiaban el uso de recursos humanos, o a buscar una alternativa comercial a éstas.

Las experiencias de Argentina y Chile sugieren que dónde ha habido una combinación de técnicas profesionalizadas y técnicas tradicionales, y al mismo tiempo los partidos gobernantes han mantenido sus características territoriales y de partidos burocráticos de masas, el papel de los partidos como anclas de la consolidación democrática se ha fortalecido. Por en contrario, en otros casos latinoamericanos dónde eso no ha ocurrido y el éxito electoral se ha basado casi exclusivamente en técnicas profesionalizadas, el papel de los partidos se ha debilitado; en esos casos, las nuevas democracias de Latinoamérica parecen estar arrastrando sus anclas.

Bibliografía

ANGELL, GIL KINZO, A. M. D. y URBANEJA, D. (1992). "Latin America". En Butler, D. y Ranney, A. (comps.) *Electioneering: a Comparative Study of Continuity and Change*. Oxford: Clarendon.

ESPÍNDOLA, R. (comp.) (1996). *Problems of Democracy in Latin America*. Estocolmo: Universidad de Estocolmo.

FARRELL, D. (1996). "Campaign Strategies and Tactics". En Leduc, L., Niemi, R. y Norris, P. (comps.) (1996) *Comparing Democracies*. London: Sage, pp. 160-183.

FARRELL, D. y Webb, P. (2000). "Political Parties as Campaign Organizations", en Russeli, D. y Wattenberg, M. (comps.) *Comparing Democracies: Elections and Voting in Global Perspective*. Thousand Oaks, CA: Sage.

HITE, K. (2000). *When the Romance Ended: Leaders of the Chilean Left, 1968-1998*. New York: Columbia University Press.

KATZ, R. y MAIR, P. (1995). "Changing Models of Party Organizations and Party Democracy. The Emergence of Cartel Party". En *Party Politics*, Vol. 1:1, pp. 5-28.

KIRCHHEIMER, O. (1966). "The Transformation of West European Party Systems". En LaPalombara, J. y Weiner, M. (comps.) *Political Parties and Political Development*. Princeton: Princeton University Press, pp. 177-200.

LEDUC, L., NIEMI, R. Y NORRIS, P. (comps.) (1996). *Comparing Democracies*. London: Sage.

MAINWARING, S. y SCULLY, T. R. (comps.) (1995) *Building Democratic Institutions: Party Systems in Latin America*. Stanford: Stanford University Press.

MAINWARING, S. y SHUGART, M. S. (comps.) (1997). *Presidentialism and Democracy in Latin America*. Cambridge: Cambridge University Press.

MORLINO, L. (1998). *Democracy Between Consolidation and Crisis*. Oxford: Oxford University Press.

NEUMANN, S. (1956). "Towards a Comparative Study of Political Parties". En Neumann, S. (comp.) *Modern Political Parties*. Chicago: University of Chicago Press, pp. 393-421.

NORRIS, P. (2000). *A Virtuous Circle*. New York: Cambridge University Press.

PANEBIANCO, A. (1988). *Political Parties: Organization and Power*. Cambridge: Cambridge University Press.

PATTERSON, T. E. (1994). *Out of Order*, New York: Vintage.

PUTNAM, R. D. (2000). *Le Vertige des Urnes*. París : Flammarion.

SWANSON, D. L. y MANCINI, P. (comps.) (1996). *Politics, Media and Modern Democracy*. Westport: Praeger.

WHITEHEAD, L. (comp.) (1996). *International Dimensions of Democracy*. London: Oxford University Press.

Parte II

La institucionalización de los partidos

Polarización en el Chile post-autoritario. Elites partidistas[1]

Leticia Ruiz*

Introducción

El año 2000 empezó para los chilenos con la segunda vuelta de las elecciones presidenciales, las terceras desde la reinstalación de la democracia en 1989. Por primera vez desde 1970 Chile ha elegido un presidente socialista y por primera vez desde la transición a la democracia, la coalición de partidos de derecha, tradicionalmente identificada con el legado de Pinochet, ha obtenido un apoyo similar al de la coalición ganadora. La estrecha victoria del socialista Ricardo Lagos, líder de la coalición de centro-izquierda, es la evidencia final de una larga serie de cambios en el sistema de partidos chileno[2].

Este capítulo aporta nueva evidencia empírica al debate sobre las transformaciones en el sistema de partidos post-autoritario chileno durante los diez años transcurridos desde la transición a la democracia. En concreto, la atención se centrará en la evolución de la polarización durante los años noventa en Chile, así como en el análisis de los principales determinantes de la misma.

---

* Universidad de Salamanca

[1] Este artículo constituye una versión reformada de la tesis de Master presentada en la *Universidad de Carolina del Norte* en Chapel Hill en Mayo del 2000 y dirigida por el Dr. Jonathan Hartlyn.

[2] Ricardo Lagos, candidato de la *Concertación*, ganó con un 51.3% de los votos (3.675.255 votos) frente a un 48.69% (3.486.696 votos) obtenidos por Joaquín Lavín, candidato de la *Alianza*.

Hasta 1970 Chile gozaba de un status de singularidad en la región latinoamericana: una de las democracias de América Latina más estables y de mayor duración, con un sistema de partidos que ha sido tradicionalmente caracterizado como el más europeo de la región (Dix 1989)[3] y donde, a pesar de la fuerza de la derecha chilena, la izquierda por primera vez gana una elección presidencial que lleva en 1970 a Allende a convertirse en presidente de la república apoyado por una coalición minoritaria, *Unidad Popular*. Durante este gobierno, Chile vivió un proceso de creciente polarización y aumento de la competición centrífuga entre los partidos que acabaría el 11 de septiembre de 1973 con un golpe de estado. La interrupción y sustitución de la larga tradición democrática por dieciséis años de ley militar ha tenido un importante impacto en el régimen democrático que ha surgido posteriormente.

El proceso de democratización que comenzó con el referéndum de 1988 (al que siguieron las elecciones presidenciales y al congreso) permitió el retorno de los partidos políticos a la arena política que habían sido prohibidos o desmantelados. Estas citas electorales confirmaron la habilidad de los partidos para organizarse en coaliciones como estrategia de adaptación al sistema electoral diseñado por el régimen de Pinochet. A su vez estos procesos electorales demostraron que una mayoría de chilenos apoyaba a la coalición de partidos que representaba la oposición al régimen autoritario, la *Concertación de Partidos Por la Democracia* (CPPD).

Diez años después se combinan los cambios con las continuidades en el sistema de partidos chileno. Una continuidad central es la persistencia de una lógica bicoalicional. A pesar de que históricamente las coaliciones multipartidistas han sido cruciales para gobernar en Chile, éstas tenían un carácter más transitorio y menos sólido que las actuales (Siavelis 2000, 134; Carey 1998). Otras continuidades son la permanencia de la CPPD en el gobierno

---

[3] Cuatro rasgos justifican esta caracterización: su alto grado de institucionalización; la existencia de un espectro ideológico completo en el que el electorado estaba dividido en tres tercios; el gran parecido en el contenido de la estructura de clivajes chileno con la de otros países europeos; y la naturaleza altamente inclusiva y representativa de su lógica partidista (Yocelevky 1996).

por tercer período consecutivo; la persistencia del clivaje religioso y el de clase como importantes fuerzas estructuradoras de la competencia partidista; y el mantenimiento del apoyo a los polos izquierda y derecha a lo largo de los noventa –tanto en términos de voto como en términos de identificación ideológica del electorado–.

Tabla 1

Distribución ideológica del electorado (1970-1999) (%)			
Año	izquierda/ centro izquierda	centro	derecha/ centro-derecha	independiente/ NS-NC
1970	26.0	24.2	26.6	23.2
1973	42.9	26.8	21.9	8.4
1986	28.0	41.2	16.6	28.0
1990	26.8	28.2	14.3	32.7
1991	24.2	23.2	13.4	39.1
1992	30.7	23.2	22.8	23.2
1993	34.8	20.1	25.6	17.1
1994	28.0	17.0	28.0	26.0
1995	25.0	16.0	25.0	34.0
1996	23.0	23.5	27.0	37.0
1997	21.0	10.0	22.0	47.0
1998	26.0	10.0	23.0	43.0
1999	27.0	10.0	26.0	37.0
Fuente: Adaptado de Siavelis 2000 y algunos datos añadidos de las encuestas del CEP			

En el lado de los cambios destaca el progresivo declive en el número de personas que se identifican con el centro, junto con el declive en el apoyo electoral del partido que tradicionalmente ocupaba este centro ideológico (PDC) y la consecuente reducción de su importancia dentro de la coalición de centro-izquierda. Otros cambios importantes se refieren a la expansión del sector apolítico, el aumento de la desconfiaza de la sociedad hacia los partidos políticos (Munck y Bosworth 1998; Meseguer 1999); la redefinición programática de ciertos partidos políticos y la creación de otros nuevos; la formación de consensos partidistas en algunas áreas; y los primeros signos de la disminución en la importancia del clivaje autoritarismo/democracia que surge tras la transición a la democracia.

197

El grado de cambio y de continuidad en el sistema de partidos que queda evidenciado en estos procesos, así como su evolución durante los noventa, ha generado una gran cantidad de discusión. Dependiendo de las dimensiones que se analicen y de su atribuido impacto sobre el sistema de partidos, algunos autores ponen el acento en los cambios (Barrett 1998) y otros destacan las continuidades (Baño 1989; Coppedge 1998b). Además, el carácter interrelacionado de cambios y continuidades dificulta aún más la fotografía[4]. Ahora bien, si hay áreas grises en la descripción, aún más existen en la explicación de la evolución de los diferentes aspectos del sistema de partidos chileno a lo largo de los noventa.

El presente capítulo tiene un doble objetivo: la descripción de la evolución de la polarización en la década de los noventa y la clarificación de los principales factores que han determinado la pauta de polarización seguida en Chile. El trabajo pretende demostrar que al nivel de las élites se ha producido un movimiento de la izquierda hacia el centro del espectro político en cuestiones de tipo socio-económico y que continua la distancia en temas de religión y valores, así como en temas relacionados con el legado autoritario. En estas páginas se defiende que, más que el tipo de centro (programático o posicional) afectando a la polarización, los cambios en el centro son un reflejo de los cambios en las otras opciones ideológicas (izquierda y derecha). En segundo lugar, respecto a los factores que explican la evolución de la polarización programática, se plantea que la evolución de la polarización ha estado influida por los efectos continuados de la experiencia de aprendizaje anterior (Munck y Bosworth 1998; Lasagna 1999), el marco institucional heredado del régimen autoritario (con un papel preeminente del sistema electoral) (Rabkin 1996) y dinámicas socio-económicas. La combinación de estos tres aspectos ha moldeado, en gran medida, las estrategias de la élite, su distancia

---

[4] Dos muestras de esta interrelación son la existencia del mismo número de partidos que antes del golpe, si bien estos partidos han experimentado amplias transformaciones y el hecho de que los clivajes de religión y de clase mantienen una gran capacidad estructuradora, pero ha surgido un nuevo clivaje autoritarismo/democracia.

en los diferentes temas y en último término la evolución de la polarización a lo largo de los noventa[5].

El siguiente apartado analiza el estudio de la polarización del sistema de partidos chileno. El tercer apartado se centra en la evolución de la polarización en el sistema de partidos post-autoritario. El cuarto apartado explica el modo en que factores institucionales, aspectos socio-económicos y la experiencia autoritaria se han interrelacionado con las estrategias de los partidos determinando la pauta seguida por la polarización. Finalmente se dedicará un apartado a conclusiones.

Parte de los datos que aquí se utilizan provienen de cuestionarios a diputados chilenos[6]. Además, este trabajo analiza los programas de los partidos políticos para la elección presidencial del 2000 y basa algunos argumentos, o los complementa, con resultados electorales, sondeos de opinión e información publicada en los diarios chilenos.

---

[5] Este argumento está parcialmente basado en las explicaciones del descenso de la polarización entre 1973 y 1990, pero también entronca con la idea de que la pauta seguida por la polarización y, de una forma más general, las transformaciones acaecidas en el sistema de partidos chileno, no se pueden explicar por un simple factor, como el sistema electoral o la experiencia autoritaria.

[6] Investigación de "Élites Parlamentarias en América Latina", dirigida por el Dr. Manuel Alcántara Sáez y financiada por CICYT (Ref. SEC95/0845). En el marco de este proyecto se pasaron en 1994 y en 1998 los dichos cuestionarios a una muestra representativa de diputados de los cinco partidos más importantes en la Cámara de Diputados (PDC, RN, UDI, PPD y PS). Entre otras cuestiones los diputados respondieron a preguntas relacionados con cuestiones político-institucionales, con aspectos socio-económicos y de religión-valores.

1. El estudio de la polarización del sistema de partidos chileno

La polarización es una de las dimensiones que más polémica genera en la literatura en torno al sistema de partidos post-autoritario, tanto en lo que se refiere a la descripción de la pauta que ha seguido, como a la explicación de la misma. Existe un consenso en la literatura respecto al menor grado de polarización del sistema de partidos que emerge en 1990 comparado con el anterior al régimen de Pinochet (Valenzuela, 1999; Valenzuela y Scully, 1997; Valenzuela, 1995; Munck y Bosworth 1998) que Sartori caracteriza como *pluralismo polarizado extremo* (Sartori 1976)[7]. Sin embargo, no existe una consideración sistemática de las razones para este alto nivel de polarización. Algunas de las variables que se utilizan para dar cuenta de éste son el sistema electoral, el tipo de presidencialismo (Shugart y Carey 1992), el estilo maximalista de interacción de las élites, la emergencia de un partido de centro rígido e ideologizado (Scully 1992), y aspectos socio-económicos (como la recesión económica y la nacionalización de algunas industrias que se llevó a cabo durante el período de Allende y que tanto conflicto entre partidos generó).

Con respecto a la evolución de la polarización durante los noventa, los disensos en la literatura se refieren tanto a la magnitud y naturaleza de los cambios como a la explicación de esta dinámica. Hay quien mantiene que se han alcanzado consensos en importantes áreas de la política y que ello es una evidencia del descenso en la polarización del sistema de partidos de los noventa (Barrett 1998; Agüero 1998; Scully 1995). Igualmente, análisis de sondeos de opinión pública diagnostican pautas de moderación en la arena política chilena a partir de la identificación de tendencias de convergencia (Hinzpeter y Lehman 1999). A una conclusión parecida

---

[7] Sartori caracteriza este sistema como dominado por partidos antisistema, oposiciones bilaterales (dos oposiciones mutuamente excluyentes), el centro métrico del sistema ocupado por un partido, una gran distancia ideológica, dominio de las fuerzas centrífugas sobre las centrípetas y una oposición irresponsable (Sartori 1976).

llega Rabkin al hablar de los efectos estabilizantes del sistema electoral pinochetista y su contribución a la aparición de una competencia centrípeta (Rabkin 1996). Este argumento es similar al de Rehren que caracteriza la evolución del sistema de partidos desde un *multipartidismo centrífugo* hacia un *coalicionismo centrípeto* (Rehren 1997, 3).

En contraste, otros autores apuntan algunas evidencias que indicarían que la polarización ha aumentado en la última década o que, cuando menos, ponen en tela de juicio la afirmación de que ésta ha continuado disminuyendo a lo largo de los noventa. Los argumentos de Siavelis sobre la fuerza de factores como el número e importancia cultural de los partidos políticos, la naturaleza de los sistemas electorales para elecciones de ámbito local y municipal, así como la sostenida importancia de los clivajes ideológicas demuestran la necesidad de cautela a la hora de argumentar un descenso de la fragmentación partidista y una tendencia hacia la competencia centrípeta (Siavelis 1997a). Valenzuela concluye algo similar al analizar los efectos del presidencialismo en Chile y afirma que es probable que dicha forma de gobierno exacerbe el conflicto (Valenzuela 1994).

Parte de estos desacuerdos en torno al grado y dirección de la polarización durante los noventa se deben a diferencias en su conceptualización. Sanni y Sartori definen "polarización como distancia entre los polos" (Sanni y Sartori 1983). Estos polos no tienen que ser necesariamente izquierda y derecha, aunque para estos autores ese es el mejor modo de operacionalizar el concepto. Una definición complementaria es la de polarización como "dispersión del voto del centro relativo del sistema de partidos" (Coppedge 1998a). En otras palabras, "los sistemas de partidos polarizados son aquellos que tienden a una distribución bimodal del voto en el espectro izquierda-derecha" (Coppedge 1998b). Esta definición introduce la idea del centro como importante en la comprensión de la polarización. Tal y como Scully señala, la existencia de un centro ha sido interpretada alternativamente como una evidencia de un sistema de partidos polarizado (por ejemplo en la caracterización de Sartori del sistema de partidos de 1973), o como signo de un sistema de partidos moderado, puesto que la competición no queda reducida a una lógica bipolar (Duverger 1954). En respuesta a estos argumentos enfrentados Scully afirma que no es la existencia del centro, sino más bien la naturaleza de éste –programático o posicional– el aspecto central para comprender el nivel de polarización. Cuanto más programático sea el centro más probable es que el sistema de partidos esté polarizado; cuanto más posicional el centro (es decir, menos ideológico y más flexible) más fácil es llegar a acuerdos y que la polarización descienda[8].

Los diferentes niveles en que opera la polarización (élites o masas) es otra de las fuentes del desacuerdo en la evaluación de la polarización en el sistema de partidos post-autoritario.

Pero además hay desacuerdos en la literatura derivados de la dimensión de la política que se examine: ideológica o pragmática. Esta distinción hecha por Sanni y Sartori (Sanni y Sartori 1983, 309) es detallada por Mair quien señala que la *política ideológica* se refiere al ámbito de la identificación y por lo tanto alude a identidades centrales y hasta cierto punto abstractas. Alternativamente, la *política pragmática* se refiere al ámbito de la competición, contiene por tanto temas, programas y políticas concretas (Mair 1997, 23). La polarización tiene lugar en ambas dimensiones y opera a su vez a nivel de élite y de electorado. En estas páginas se mostrará que el nivel programático de la política es más propenso que el nivel ideológico a experimentar reformulaciones. El segundo tiende a variar menos a lo largo del tiempo.

Dentro del campo pragmático de la política, hay otra fuente de desacuerdo en la literatura sobre evolución de la polarización en los noventa en Chile. Las conclusiones sobre polarización programática dependen de los temas que se consideren. El conti-

---

[8] Además de estas acepciones, el término polarización también se ha empleado para caracterizar el tipo de competición partidista (centrífuga o centrípeta) y la habilidad para llegar a acuerdos dentro del sistema político. Los argumentos referidos al empeoramiento o mejora institucional del conflicto están más cerca de esta acepción de polarización. No obstante, este significado de polarización está más relacionado con la búsqueda de aspectos que llevan a una situación de polarización más que a la descripción de la misma.

nuum izquierda-derecha ha estado tradicionalmente dominado por el clivaje de clase. Por lo tanto, es comprensible que la tendencia hacia la convergencia en temas socio-económicos haya sido frecuentemente interpretada como una evidencia de descenso en la polarización del conjunto del sistema. Esta interpretación, sin embargo, ignora que existen otros temas que estructuran la competición partidista y que también pueden ser trasladados al continuum izquierda-derecha (léase los temas contenidos en el clivaje religión-valores y en el clivaje autoritarismo/democracia que dominaba los significados de la izquierda y la derecha después de la transición a la democracia).

El concepto de polarización que se utiliza en este trabajo la concibe como distancia de la izquierda y la derecha respecto del centro relativo y también se beneficia de la distinción entre polarización ideológica y programática. Estas páginas están principalmente orientadas a la dimensión programática de la polarización, pero reconocen la existencia de vínculos entre ambas dimensiones. Se asume que la competición partidista está más determinada por la distancia entre plataformas electorales y las posturas de los partidos que por las identidades que la gente mantiene. Por su parte, el nivel de análisis de la polarización será el de las élites ya que, a pesar del ya destacado carácter inclusivo del sistema de partidos chileno, en comparación con otros sistemas de partidos de la región, las élites retienen un impacto mayor y más directo que el electorado sobre las dinámicas partidistas.

Así se analizará el modo en que los partidos chilenos, que ocupan posiciones diferentes a lo largo del continuum izquierda-derecha, difieren (se alejan del centro) y convergen (se acercan al centro) en la dimensión programática. Desde esta conceptualización, la existencia e importancia relativa del centro depende de la distancia entre los polos. A más distancia entre los polos, más probabilidad de que un centro programático exista y viceversa.

2. Evolución de la polarización en el sistema de partidos chileno (1990-1999)

Hay tres grupos de temas que en la actualidad estructuran el grueso de la competencia partidista en Chile y que históricamente se han alternado como clivajes más salientes. Los temas religiosos fueron la principal línea de división en los primero días de Chile como República independiente. Posteriormente fueron sustituidos por el conflicto de clase como principal eje divisor hasta el golpe de 1973. Desde que finalizó el régimen militar, los temas relacionados con el legado Pinochet han sido el eje principal de la competición partidista. La distancia entre los partidos en estos tres grupos de temas es lo que aquí se llama polarización en la dimensión pragmática de la política[9].

2.1. Cuestiones de religión-valores

Las disputas religiosas han dominado la política chilena durante varias décadas del siglo XIX. Incluso después de su sustitución por cuestiones de clase como nueva división saliente, los temas religiosos y, de una forma más general, los relacionados con valores, todavía juegan un importante rol en la estructuración de la competición partidista en Chile (Valenzuela 1995). Los dos temas más emblemáticos del clivaje religión/valores en la política contemporánea son aborto y divorcio.

Con respecto al aborto, los datos de la Tabla 2 muestran que el PDC está más cerca de las posturas de RN y de UDI (todos ellos casi de forma unánime están en contra del aborto) que de las posturas de sus compañeros de coalición (se pueden encontrar algunos diputados a favor de la libre elección entre las filas del PPD y PS).

---

[9] Otros aspectos que se han ido incluyendo en la política partidista chilena son aspectos relacionados con el medioambiente y los reclamos indígenas (de los Mapuches). Estas cuestiones no tienen una importancia saliente en comparación con los tres grupos de temas que se analizan aquí. Es pronto para afirmar que existen signos de una nueva línea de división en la competición partidista chilena.

Estas posturas han evolucionado a lo largo de esta década. El número de diputados en el PS y PDC a favor del aborto ha aumentado. Al mismo tiempo, a pesar de que existen diferentes opciones de respuesta en 1994 y en 1998, lo que hace problemática la comparación, parece claro que los diputados del PPD en 1998 están más cerca de las posturas del PDC, RN y UDI que en 1994. Además, estos cuatro partidos han radicalizado sus posturas en contra del aborto. Sin embargo, hay excepciones dentro de estos partidos: diputados que están más cerca de las posiciones de los diputados del PS. Los diputados de la UDI son los más homogéneos, tanto en 1994 (*en contra de la legalización del aborto*) como en 1998 (*totalmente en contra de la liberalización del aborto*).

Tabla 2

Opinión respecto del aborto entre los diputados chilenos, 1994 y 1998 (%)				
	Concertación de Partidos Por la Democracia			Alianza por Chile	
Opinión Aborto	PS 1994	PPD 1994	PDC 1994	RN 1994	UDI 1994
A favor	7.1	9.1	0	0	0
Sólo en los casos regulados por ley	85.7	72.7	20	22.7	0
En contra	7.1	18.2	80	77.3	100
TOTAL (N)	(12)	(12)	(29)	(22)	(12)
Opinión Aborto	PS 1998	PPD 1998	PDC 1998	RN 1998	UDI 1998
Totalmente a favor	12.5	0	3.4	0	0
Debería haber una liberalización	50	33.3	6.9	0	5.9
Debería haber una limitación	12.5	16.7	0	0	0
Totalmente en contra	25	41.7	89.7	88.2	94.1
Sin respuesta	0	8.3	0	11.8	0
TOTAL (N)	(8)	(12)	(29)	(17)	(17)
Pregunta: ¿Cuál es su opinión sobre el aborto?					
Fuente: PELA					

Los programas de los partidos no reflejan las divisiones intrapartidistas. RN, UDI y PDC mantienen una postura de rechazo al aborto, pero es sorprendente que también el PS y el PPD lo hagan: Ninguno de estos dos partidos defienden cambios en la legislación en esta cuestión. Consecuentemente, tanto la *Alianza* como la *Concertación* excluyen la liberalización del aborto de sus programas electorales.

Con respecto al divorcio, las opiniones de los partidos presentan menos distancia que en el tema del aborto (Tabla 3). Las élites del PS y del PPD son más pro-divorcio, mientras que el PDC y RN están algo menos a favor de cambios en la ley de divorcio. En contraste, las posiciones de la UDI hacia el divorcio son unánimes. Por otra parte, la evolución de las opiniones en este tema es inversa a la seguida en las opiniones con respecto del aborto: entre 1994 y 1998 tuvo lugar un notable aumento de los diputados que estaban a favor del divorcio. Además de los ya favorables al divorcio, PS y PPD, algunos miembros de RN y especialmente del PDC están ahora a favor. Dentro de la UDI, a pesar del descenso en la oposición al divorcio, un gran número de diputados todavía muestra actitudes en contra de éste. Desde una perspectiva coalicional, el PDC no está tan lejos de sus compañeros de coalición en esta cuestión como lo está en el aborto.

Los programas de los partidos reflejan, hasta cierto punto, lo sugerido por los datos de élites. Desde el PS y el PPD se defiende la legalización del divorcio. En concreto uno de los objetivos del PS es apoyar la *Ley de Divorcio vincular* (programa del PS para las elecciones presidenciales del 2000). Por el contrario, los programas del PDC, RN y UDI estaban en contra de esto. En el tema del divorcio, las opiniones de los diputados correlacionan con las de sus partidos políticos. Ahora bien, en el programa electoral de la *Concertación*, debido a desacuerdos interpartidistas, la postura del PDC (contraria al divorcio) es la oficial.

Tabla 3

Opinión respecto del divorcio entre los diputados chilenos, 1994 y 1998 (%)				
	Concertación de Partidos por la Democracia			Alianza por Chile	
Opinión Divorcio	PS 1994	PPD 1994	PDC 1994	RN 1994	UDI 1994
A favor	42.9	54.5	13.3	4.5	0
Sólo en los casos regulados por ley	50	45.5	60	59.1	0
En contra	7.1	0	23.3	36.4	100
Sin respuesta	0	0	3.3	0	0
TOTAL (N)	(12)	(12)	(29)	(22)	(12)
Opinión Divorcio	PS 1998	PPD 1998	PDC 1998	RN 1998	UDI 1998
A favor	100	100	58.6	29.4	17.6
Debería haber una liberalización	0	0	17.2	41.2	11.8
Debería haber una limitación	0	0	3.4	0	5.9
En contra	0	0	13.8	23.5	64.7
Sin respuesta	0	0	6.9	5.9	0
TOTAL (N)	(8)	(12)	(29)	(17)	(17)
Pregunta: ¿Cual es su opinión con respecto del divorcio?					
Fuente: PELA					

Las diferencias dentro de la *Concertación* y entre coaliciones se manifiestan también en cuestiones como la censura y los valores que los medios de comunicación y el sistema educativo debieran promover y la posibilidad de campañas de educación sexual en colegios y en televisión (*Programa JOCAS*) (Fuentes 1998a). Especialmente destacada es la postura de la UDI a favor de la censura y la postura del PS de oposición a éste (Programas de la UDI y del PS para las elecciones del 2000).

La presencia de la Iglesia Católica en política genera desacuerdo entre los partidos. Los datos sugieren que el PPD y el PS son los menos favorables a la presencia de los valores cristianos en política (Tabla 4). Ello es coherente con la tradición secular de los partidos de izquierda. En el otro lado del espectro ideológico, la secularización de la política ha sido importante tanto para la UDI como para RN, desde que se fundaron estos partidos. La RN tiene un perfil secular y la UDI mantiene que la sociedad debe ajustarse al orden moral que es la base de los valores cristianos de la civilización occidental. Este apoyo a la iglesia desde la derecha es recíproco: la iglesia se alinea con la derecha política en la oposición a la política del actual gobierno en áreas como la educación sexual. Esto es interesante dado el rol democrático que la iglesia chilena ha jugado durante el proceso de democratización[10].

Tabla 4

Grado de preferencia respecto a la presencia de valores cristianos en política entre los diputados chilenos, 1998 (%)					
	Concertación de Partidos Por la Democracia			Alianza por Chile	
Preferencia (1998)	PS 1998	PPD 1998	PDC 1998	RN 1998	UDI 1998
Valores cristianos (1)	0	0	27.6	11.8	56.3
(2)	0	8.3	31	23.5	6.3
(3)	50	41.7	34.5	41.2	31.3
(4)	12.5	16.7	0	11.8	6.3
Principios seculares (5)	37.5	33.3	6.9	11.8	0
Media	3.88	3.75	2.28	2.88	1.88
TOTAL (N)	(8)	(12)	(29)	(17)	(16)
Pregunta: ¿Está usted más a favor de la presencia de valores cristianos o de principios seculares en política? Use una escala donde "1" es fuerte preferencia de valores cristianos y "5" es fuerte preferencia de valores seculares en política.					
Fuente: PELA					

[10] Tal y como Haas afirma, en relación a la agenda social en Chile, "irónicamente, la Iglesia Católica encuentra sus mayores apoyos entre aquellos elementos políticos que eran más claramente defensores de la dictadura y que son ahora más ambiguos con respecto de las virtudes del proceso democrático" (Haas 1999).

Hay importantes diferencias entre los partidos en temas de religión y valores. La polarización en los noventa en torno a cuestiones de religión y valores no ha disminuido tanto como algunos autores sugieren. El aborto, en menor medida el divorcio, la secularización y la censura, son algunos temas en torno a los que los partidos tienen diferencias. Parece claro que hay más diferencias dentro de la *Concertación* en estos temas que dentro de la *Alianza*. Además, la postura del PDC en estos temas es destacada: es la fuente principal de los desacuerdos dentro de la *Concertación* y sus posturas, más cercanas a la derecha, son las que se han venido imponiendo dentro de la coalición de centro-izquierda.

2.2 Temas socio-económicos

La Tabla 5 muestra las diferencias partidistas en la habilidad atribuida por los diputados al Estado en la resolución de conflictos. La Tabla 6 presenta el grado preferido de intervención estatal en el mercado. Los partidos situados en la izquierda del espectro político han dejado a un lado su deseo de una economía regulada por el estado, pero continúan atribuyéndole más habilidad para afectar la economía que los partidos de derecha. RN y UDI, por otra parte, favorecen la economía de mercado como el mejor mecanismo regulador de la economía. En estos temas las opiniones en el interior del PDC están más cerca de sus compañeros de coalición que del RN y la UDI.

Un grado similar de diferencias se refleja en las percepciones de los diputados de la necesidad de intervención estatal en la economía de la Tabla 7, a pesar de que la existencia de sólo dos alternativas de respuesta hace que las respuestas sean más radicales que en las Tablas 5 y 6.

Tabla 5

Habilidad del Estado en la resolución de problemas, opinión de los diputados chilenos, 1994 (%)				
	Concertación de Partidos Por la Democracia			Alianza por Chile	
Habilidad del Estado (1994)	PS 1994	PPD 1994	PDC 1994	RN 1994	UDI 1994
La mayoría de los problemas	14.3	0	6.7	0	0
Bastantes de los problemas	42.9	63.6	30	13.6	10
Algunos de los problemas	35.7	36.4	60	59.1	50
Muy pocos de los problemas	7.1	0	3.3	27.3	40
TOTAL (N)	(12)	(12)	(29)	(22)	(12)

Pregunta: En su opinión, ¿puede el estado resolver la mayoría de los problemas, bastantes de los problemas, algunos de los problemas, muy pocos de los problemas de nuestra sociedad?

Fuente: PELA

Tabla 6

Grado de regulación estatal de la economía preferido por los diputados chilenos, 1998 (%)				
	Concertación de Partidos Por la Democracia			Alianza por Chile	
Intervención (1998)	PS 1998	PPD 1998	PDC 1998	RN 1998	UDI 1998
Estado (1)	0	0	0	0	0
(2)	12.5	8.3	13.8	0	0
(3)	75	83.3	55.2	17.6	5.9
(4)	12.5	8.3	24.1	58.8	35.3
Mercado (5)	0	0	3.4	23.5	58.8
No contesta	0	0	3.4	0	0
Media	3.00	3.00	3.18	4.06	4.53
TOTAL (N)	(8)	(12)	(29)	(17)	(17)

Pregunta: ¿Está usted más a favor de una economía regulada por el estado o por el mercado? Utilice una escala donde "1" significa máxima presencia del estado en la economía y "5" significa máxima regulación a través del mercado.

Fuente: PELA

Tabla 7

Necesidad de intervención estatal en la economía, opiniones de los diputados chilenos, 1998 (%)				
Concertación de Partidos Por la Democracia			Alianza por Chile	
PS 1998	PPD 1998	PDC 1998	RN 1998	UDI 1998
La intervención del estado del estado en la vida socio-económica es el único modo de reducir las desigualdades sociales.				
Acuerdo	87.5	100	79.3	29.4	0
Desacuerdo	12.5	0	20.7	64.7	100
No Responde	0	0	0	5.9	0
El Estado debería intervenir lo menos posible en la sociedad y dejar en manos del sector privado la atención de las demandas de los ciudadanos.				
Acuerdo	12.5	25	31	94.1	94.1
Desacuerdo	75.0	75	69	5.9	5.9
TOTAL (N)	(8)	(12)	(29)	(17)	(17)
Pregunta: ¿Cuál es su grado de acuerdo con las siguientes afirmaciones?				
Fuente: PELA				

Dentro de este clivaje hay también aspectos de tipo pragmático. La Tabla 8 muestra las respuestas de los diputados en materia de política fiscal. Los datos sugieren que RN, UDI y PPD están más divididos en esta cuestión que el PDC y el PS. Por el contrario, en el tema de privatizaciones las posturas de los partidos han convergido notablemente a lo largo de los años noventa (Tabla 9). La primera mitad de la Tabla 9 muestra que los partidos de centro-izquierda (PDC, PPD y PS) estaban en 1998 más dispuestos que en 1994 a privatizar aquellas industrias con bajos beneficios. La segunda mitad de la tabla demuestra que el número de miembros de UDI y RN dispuestos a privatizar todos los servicios públicos ha descendido entre 1994 y 1998.

Tabla 8

Opiniones de los diputados chilenos en torno a política fiscal, 1994 y 1998 (%)										
	Concertación de Partidos Por la Democracia						Alianza por Chile			
	PS		PPD		PDC		RN		UDI	
Evaluación	1994	1998	1994	1998	1994	1998	1994	1998	1994	1998
Impuestos Directos	81.8	100	81.8	66.7	66.7	82.8	27.3	17.6	30	6.3
Impuestos indirectos	18.2	0	18.2	25	26.7	10.3	68.2	47.1	70	18.8
No Contesta	0	0	0	8.3	6.7	6.9	4.5	35.3	0	75
TOTAL (N)	(12)	(8)	(12)	(12)	(29)	(29)	(22)	(17)	(12)	(16)

Pregunta: En caso de que fuera necesario incrementar los impuestos, ¿cree usted que se debería hacer mediante impuestos directos o indirectos?

Fuente: PELA

212

Tabla 9

Actitudes hacia la privatización entre diputados chilenos, 1994 y 1998 (%)

Privatización de empresas del estado

Privatizaría:	Concertación de Partidos Por la Democracia						Alianza por Chile			
	PS		PPD		PDC		RN		UDI	
	1994	1998	1994	1998	1994	1998	1994	1998	1994	1998
Todas	0	0	0	0	3.3	3.4	50	41.2	70	56.3
Sólo las de bajos beneficios	21.4	50	9.1	41.7	36.7	24.1	0	11.8	10	0
Sólo las que no son clave para el desarrollo del país	28.6	25	45.5	58.3	46.7	37.9	36.4	47.1	20	43.8
Dejaría la situación actual	28.6	12.5	27.3	0	10	13.8	4.5	0	0	0
No Answer	21.4	12.5	18.2	0	3.3	20.6	9.1	0	0	0
TOTAL (N)	(12)	(8)	(12)	(12)	(29)	(29)	(22)	(17)	(12)	(17)

Privatización de servicios públicos

Privatizaría:	Concertación de Partidos Por la Democracia						Alianza por Chile			
	PS		PPD		PDC		RN		UDI	
	1994	1998	1994	1998	1994	1998	1994	1998	1994	1998
Todos	0	12.5	0	0	0	3.4	50	41.2	70	56.3
Sólo los de bajos rendimientos	14.3	25	9.1	41.7	30	24.1	0	11.8	10	0
Sólo los de bajo impacto en la población	21.4	0	45.5	58.3	36.7	37.9	36.4	47.1	20	43.8
Dejaría la situación actual	42.9	50	27.3	0	16.7	13.8	4.5	0	0	0
Sin respuesta	21.4	12.5	18.2	0	16.7	20.6	9.1	0	0	0
TOTAL (N)	(12)	(8)	(12)	(12)	(29)	(29)	(22)	(17)	(12)	(16)

Pregunta: ¿Cuál de las siguientes afirmaciones refleja mejor su actitud hacia la privatización de las empresas y de los servicios públicos?

Fuente: PELA

213

Estos datos muestran que persisten diferencias entre partidos en lo que respecta a lo económico pero éstas son menores que en el sistema de partidos pre-autoritario. La evolución del PS y las posturas del PPD evidencian el movimiento de la izquierda hacia el centro en la última década.

Una revisión de los programas de los partidos para las últimas elecciones presidenciales muestra que hay puntos de convergencia entre las dos coaliciones en los cuatro temas socio-económicos que han dominado la arena de discusión. La Tabla 10 presenta un resumen de las políticas propuestas por los dos candidatos presidenciales en materia de salud, educación, reforma laboral y seguridad. Las diferencias entre los partidos son más pequeñas que en la época de Pinochet, pero todavía hay diferencias de grado. Por ejemplo, el PS demanda con más énfasis que otros partidos una reforma laboral más comprehensiva, así como financiación estatal para salud y para educación. En contraste, la UDI y RN se muestran más recelosos a hacer cambios sustanciales en la legislación laboral y prefieren un mayor rol del sector privado en salud y educación

Tabla 10

Temas	Alianza	Concertación
Propuestas de las dos coaliciones en cuatro cuestiones socio-económicas		
Salud	–adopción gradual de un sistema que permita a los usuarios elegir el servicio que prefieran (público o privado) –descentralización del sistema de salud –creación de un seguro de emergencia por el cual la solvencia económica no tenga que ser probada antes de la intervención (*cheque en garantía*)	–posibilidad de elegir entre atención sanitaria pública o privada. –dotar de autonomía a los 26 centros de salud para su gestión y elaboración de planes. –eliminación de la necesidad de demostrar la solvencia económica antes de cualquier intervención (*cheque en garantía*)
Educación	–financiación para familias de bajos ingresos cuyos niños reunan los criterios establecidos. –sistema de préstamos para aquellos que acudan a la universidad.	–educación gratuita para niños menores de seis años. –programa completo de becas para aquellos que acudan a la universidad.
Legislación laboral	–libertad de elección individual para afiliarse o no a un sindicato –reconocimiento de la negociación colectiva como un derecho de los trabajadores.	–ampliación de los derechos sindicales a todos los sectores –defensa de la negociación colectiva –elevación del salario mínimo y del seguro de desempleo.
Seguridad	–aumento de la vigilancia policial. –cumplimiento de las sentencias –programas de rehabilitación de toxicómanos, especialmente destinados a los jóvenes.	–un sistema judicial y penitencial más rápido y eficiente –aumento de la eficiencia policial. –apoyo activo a las iniciativas de las comunidades. –programas de prevención de consumo de drogas.

Fuente: Programas electorales para las elecciones presidenciales de 1999/2000; *La Tercera*, 9 enero, 2000

Junto a estas evidencias, el índice de unidad partidista y coalicional, calculado por Carey a partir del comportamiento de voto de los partidos en el Congreso, muestra que la *Concertación* y la *Alianza* presentan niveles altos de cohesión coalicional en temas económicos y algo menores de cohesión (aunque también altos) en temas sociales (este índice recoge estas cuestiones junto con temas militares). Al mismo tiempo, el índice muestra más cohesión en temas socio-económicos dentro de la coalición de centro izquierda que la coalición de derecha (Carey 1998).

3.3 Temas de autoritarismo/democracia

Con la vuelta a la democracia, una serie de temas relacionados con la era anterior emergieron y dividieron a los partidos políticos.

–*temas históricos y de cultura política.* La interpretación del pasado autoritario es un elemento de polarización en el sistema de partidos dentro de estos temas. Los partidos de centro e izquierda rechazan de forma unánime la experiencia autoritaria, mientras que dentro de la derecha hay diferencias en este punto. Según Barrett, el tema fundamental que divide a la UDI y RN son sus posturas respecto al régimen militar y sus "logros" (Barrett 1998). La RN ha hecho el esfuerzo de desmarcarse del régimen de Pinochet, de presentarse a sí misma como el nuevo partido democrático, mientras que UDI defiende el golpe de 1973 y afirma que los años de autoritarismo fueron positivos y necesarios para el país.

La evaluación de la actuación militar entre 1973 y 1990 que hacen los diputados proporciona algunas pistas sobre el tema de la interpretación del pasado. Como muestra la Tabla 11, las posturas de los diputados se dividen en dos grupos. La RN y UDI evaluan el rol de las Fuerzas Armadas durante el período autoritario como *positivo* o *muy positivo*. Sin embargo, PDC, PPD y PS recuerdan este período como *negativo* o *muy negativo*. Esta división entre partidos coincide con la composición de las dos coaliciones.

Tabla 11

Evaluación del rol de las Fuerzas Armadas durante el régimen de Pinochet, opiniones de los diputados chilenos, 1994 y 1998 (%)

| | Concertación de Partidos Por la Democracia | | | | | | Alianza por Chile | | | |
| | PS | | PPD | | PDC | | RN | | UDI | |
Evaluación	1994	1998	1994	1998	1994	1998	1994	1998	1994	1998
Muy negativa (1)	78.6	100	90.9	83.3	73.3	79.3	0	0	0	0
(2)	7.1	0	0	8.3	10	10.3	0	0	0	0
(3)	7.1	0	9.1	8.3	10	6.9	4.5	17.6	0	0
(4)	0	0	0	0	3.3	0	36.4	35.3	30	76.5
Muy positiva (5)	7.1	0	0	0	3.3	3.4	59.1	47.1	70	23.5
Media	1.50	1.00	1.18	1.25	1.53	1.37	4.55	4.29	4.70	4.23
TOTAL (N)	(12)	(8)	(12)	(12)	(29)	(29)	(22)	(17)	(12)	(17)

Pregunta: En una escala de 1-5, ¿dónde situaría el papel de las Fuerzas Armadas durante el régimen de Pinochet?

Fuente: PELA

217

Relacionado con la memoria e interpretación del pasado, las posiciones de los partidos respecto a las violaciones de los derechos humanos por el régimen de Pinochet evidencian también la polarización existente. No sólo ha habido diferencias entre coaliciones, sino también en el interior de las mismas. La *Concertación* representa a las víctimas de Pinochet y está comprometida con la superación de los enclaves autoritarios, pero al mismo tiempo es la coalición de gobierno, comprometida con un programa de modernización y democratización social que requiere estabilidad y gobernabilidad. Esto sitúa a la *Concertación* en una difícil tesitura. El PS y el PPD han sido más maximalistas en la solución del problema de lo que lo ha sido el PDC que se muestra más esquivo. Por su parte, algunos miembros de RN son más sensibles al tema mientras que otros adoptan la estrategia de la UDI de ignorar el problema (Garretón 1996, 48).

El tipo de cultura política también polariza y da forma a las etiquetas partidistas. Los partidos chilenos difieren en sus modelos de democracia. La Tabla 12 muestra las actitudes de los diputados hacia los partidos políticos. Las élites parlamentarias de la *Concertación* consideran que los partidos son centrales para el sistema político, mientras que RN y UDI atribuyen una centralidad menor a éstos. RN y UDI exhiben los porcentajes más bajos de diputados que asignan gran centralidad a los partidos, y lo que es más, en sus filas algunos están en fuerte desacuerdo con la idea de que los partidos políticos son importantes para la democracia.

Tabla 12

Necesidades de partidos políticos para la democracia, opiniones de los diputados chilenos 1994 y 1998 (%)

| Evaluación | Concertación de Partidos Por la Democracia | | | | | | Alianza por Chile | | | |
| | PS | | PPD | | PDC | | RN | | UDI | |
	1994	1998	1994	1998	1994	1998	1994	1998	1994	1998
Muy de acuerdo (1)	85.7	75	72.7	70	96.7	89.7	63.6	41.2	70	41.2
De acuerdo (2)	7.1	25	27.3	10	3.3	6.9	22.7	23.5	30	23.5
En desacuerdo (3)	7.1	0	0	20	0	0	13.6	17.6	0	5.9
Muy en desacuerdo (4)	0	0	0	0	0	3.4	0	17.6	0	29.4
TOTAL (N)	(12)	(8)	(12)	(12)	(29)	(29)	(22)	(17)	(12)	(17)

Pregunta: ¿Cuál es su grado de acuerdo con la afirmación "sin partidos políticos la democracia no puede existir"?

Fuente: PELA

Otro aspecto de la cultura política que muestra la distancia entre los partidos es su grado de tolerancia a las diferentes ideologías (Tabla 13). El PS y el PPD, y en menor medida el PDC, son altamente tolerantes respecto a la legalización de todos los partidos políticos; RN y UDI, por el contrario, muestran un grado de tolerancia medio en este punto.

Tabla 13

Actitudes de los diputados chilenos hacia la legislación de los partidos políticos 1994 y 1998 (%)										
	Concertación de Partidos Por la Democracia						Alianza por Chile			
	PS		PPD		PDC		RN		UDI	
Afirmación	1994	1998	1994	1998	1994	1998	1994	1998	1994	1998
Todos los partidos deberían estar legalizados	78.6	100	81.8	91.7	80	58.6	45.5	47.1	20	35.3
Todos los partidos deberían estar legalizados excepto aquellos que son claramente antidemocráticos	21.4	0	18.2	8.3	20	41.4	54.5	47.1	80	64.7
Hay un serio riesgo de inestabilidad para el sistema si se legalizan todos los partidos	0	0	0	0	0	0	0	5.9	0	0
TOTAL (N)	(12)	(8)	(12)	(12)	(29)	(29)	(22)	(17)	(12)	(17)

Pregunta: ¿Con cual de las siguientes afirmaciones está más de acuerdo?

Fuente: PELA

En general, PDC, PPD y PS muestran un nivel más alto de confianza en un modelo democrático que incluya a los partidos políticos, las elecciones y la participación ciudadana como elementos centrales. Como muestra la Tabla 14, la UDI y RN justifican la existencia de gobiernos autoritarios bajo condiciones de inestabilidad política y económica. Un análisis más detallado del perfil de estos nueve diputados de RN y UDI que muestran un perfil marcadamente autoritario muestra que, excepto el diputado de la UDI, el resto están altamente educados (siete tienen títulos universitarios y uno tiene estudios de post-grado). Excepto un diputado de RN, todos han estado en política al menos desde 1989, uno empezó en 1971 y uno en 1969. Todos excepto uno estaban por tanto en política durante la transición a la democracia, pero parece que esta experiencia no afectó de forma positiva a su visión de la democracia.

Tabla 14

Evaluación de los diputados respecto de la democracia, 1998 (%)					
	Concertación de Partidos Por la Democracia			Alianza por Chile	
Evaluación (1998)	PPD (1998)	PS (1998)	PDC (1998)	RN (1998)	UDI (1998)
La democracia es siempre la mejor forma de gobierno	100	100	100	64.7	64.7
Algunas veces un gobierno autoritario es mejor que uno democrático	0	0	0	29.4	23.5
No sabe	0	0	0	0	0
No contesta	0	0	0	5.9	11.8
TOTAL (N)	(12)	(8)	(29)	(17)	(17)
Pregunta: ¿Con cuál de las siguientes afirmaciones está usted más de acuerdo?					
Fuente: PELA					

–*cuestiones político-institucionales*. Dentro de la dimensión política del clivaje autoritarismo/democracia, hay varios aspectos que se debaten en la competición partidista y que polarizan al sistema. El primero de ellos es el rol de las Fuerzas Armadas en el Chile actual. Los partidos de la derecha evalúan de forma más positiva que el PS y el PPD (Tabla 15).

Tabla 15

Evaluación	Concertación de Partidos Por la Democracia						Alianza por Chile			
	PS		PPD		PDC		RN		UDI	
	1994	1998	1994	1998	1994	1998	1994	1998	1994	1998
Muy negativa (1)	0	0	0	0	0	3.6	0	0	0	0
(2)	35.7	75	18.2	66.6	13.3	53.6	0	0	0	0
(3)	35.7	25	54.5	33.4	43.3	14.3	4.5	17.6	0	5.9
(4)	14.3	0	27.3	0	36.7	28.6	13.6	11.8	30	23.5
Muy positiva (5)	14.3	0	0	0	6.7	0	81.8	70.6	70	70.6
Media	3.07	2.25	3.09	2.33	3.37	2.67	4.77	4.52	4.7	4.64
No responde	0	0	0	0	0	0	0	0	0	0
TOTAL (N)	(12)	(8)	(12)	(12)	(29)	(29)	(22)	(17)	(12)	(17)

Pregunta: En una escala de 1-5, ¿dónde situaría el rol de las Fuerzas Armadas en el Chile actual?

Fuente: PELA

Además, cada partido sostiene una visión diferente del rol más adecuado para los militares y del grado de autonomía constitucional que deberían ostentar. Fuentes afirma que esta discusión continuada causa desacuerdos dentro de las coaliciones y dentro de los partidos de cada coalición (Fuentes 1999a). En general, los partidos de la *Concertación* abogan por la subordinación de las Fuerzas Armadas y por el control civil. Ahora bien PDC y PPD están a favor de la participación de los militares en el desarrollo del país, mientras que el PS lo rechaza. Por su parte desde la *Alianza* se defiende la autonomía de los militares. Pero también aquí hay desacuerdos intracoalicionales. La RN parece que favorece la neutralidad política más que la autonomía de la institución (Programa de RN) (Fuentes 1999b).

Existen acuerdos dentro de la *Concertación* respecto a la eliminación de una parte del Artículo 90 de la Constitución que asigna a las Fuerzas Armadas el rol de garantes del orden institucional de la República. La *Concertación* señala que ese rol debería ser detentado por los órganos del estado, así como por los ciudadanos (Programa de la *Concertación* para las elecciones presidenciales del 2000). En contraste, la UDI defiende dicho rol (Programa de la UDI).

En términos generales, el tema de los militares crea conflicto dentro de las dos coaliciones. Sin embargo, de acuerdo al comportamiento de los partidos en el Congreso, la *Alianza* parece estar más dividida que la *Concertación* en este tema, siendo RN es el partido claramente más dividido (Carey 1998).

Hay otras cuestiones institucionales que causan polarización entre los partidos. La cuestión más destacada es la reforma electoral defendida por la coalición de centro-izquierda. El programa electoral de la *Concertación* para el 2000 sugiere que el actual sistema electoral debería ser sustituido por un sistema proporcional corregido. La segunda cuestión institucional que polariza a los partidos es la eliminación de los senadores vitalicios que la Constitución de 1980 establece. En tercer lugar, la *Concertación* reclama un aumento del poder del legislativo, proponiendo así la modificación de determinados atributos del ejecutivo. Esto es coherente con el argumento de Carey. Según su índice de unidad, los partidos de la

Concertación muestran niveles más altos de acuerdo al votar cuestiones relacionadas con reformas del gobierno. Los partidos de la *Alianza* está mucho más divididos en lo que se refiere a arreglos político-institucionales (Carey 1998).

Existe un acuerdo entre los partidos de las dos coaliciones respecto a la necesidad de descentralización. Sin embargo, el significado de descentralización varía entre las coaliciones. La *Concertación* propone una profunda descentralización de la estructura organizativa del estado (Programa de la *Concertación* para las Elecciones del 2000). Por el contrario, RN y UDI hablan de descentralización mediante la transferencia de poderes al individuo para así evitar la concentración de poder por parte del estado (Programa UDI), así ni el estado ni ninguna organización social invadiría la libertad personal (Programa RN).

Los temas relacionados con el pasado autoritario y el presente democrático dividen a los partidos. Existen dos bloques cuya composición coincide con la composición partidista de las dos coaliciones. Los partidos de la derecha muestran algunas actitudes y concepciones de la democracia que son antidemocráticas, especialmente dentro de la UDI. La RN, sin embargo, se perfila como el partido más democrático de la derecha. En estas cuestiones el grado de disenso dentro de la coalición de derecha es mayor que en la de centro-izquierda.

3.4. Polarización en el ámbito programático e ideológico

En este trabajo se viene asumiendo que el análisis de la polarización programática o pragmática, proporciona una imagen más exacta del grado de polarización de un sistema de partidos de lo que lo haría un análisis a nivel de política ideológica[11]. Sin embar-

---

[11] Distingo entre ideología y posturas con respecto a los diferentes temas. Ideología incluye las posiciones en los diferentes temas, pero también comprende otros aspectos. Hilte lo define como "aquel conjunto más o menos articulado de visiones de la sociedad que un individuo ostenta, un tipo de programa que incluye las compresnsiones individuales de democracia, lideraz-

go, una evaluación comprehensiva de la polarización se debe ocupar de la dimensión ideológica de la política. Los partidos no sólo se diferencian por sus posturas en los diferentes temas, sino también porque representan diferentes culturas políticas. Estas culturas se refieren a aspectos racionales, como son los programas, pero también tocan aspectos irracionales.

La existencia de identidades afecta al nivel programático. "Las tendencias políticas persisten porque son parte del producto de la memoria colectiva respecto de las divisiones políticas del pasado que han moldeado una y otra vez al sistema de partidos" (Universidad de Miami 2000). Por otra parte, Hilte afirma que "las experiencias políticas traumáticas tienen la habilidad de impulsar identidades políticas centrales" (Hilte 1996, 323). Las identidades de los partidos tras 1990 han estado mediadas por la experiencia autoritaria. El centro, y especialmente la derecha, fue perseguido y ha construido parte de su identidad en el Chile post-autoritario basándose en esta experiencia. Quizá por ello es difícil encontrar descenso en la distancia ideológica entre los partidos. Lo que es más, los partidos de izquierda se han movido aún más hacia la izquierda. Así los diputados en 1994 se distribuían entre 2.93 y 6.80, mientras que en 1998 el intervalo ha aumentado: entre 2.50 a 8.18. En otras palabras, la distancia entre los polos ha pasado a ser de 3.87 a 5.68 en una escala todo ello de 1 a 10. En segundo lugar, esto indica que el movimiento de los partidos de derecha ha sido mayor que el pequeño movimiento de la izquierda. Ello implica que la media de estas ubicaciones se ha movido hacia la derecha.

Además del aumento en la distancia ideológica entre los polos, otro rasgo sorprendente es que no hay una convergencia hacia el centro (Tabla 16). Por ejemplo los cambios ideológicos no reflejan dinámicas como la reformulación programática del PS, al contrario en el ámbito ideológico el partido parece haberse movido aún más hacia la izquierda.

---

go, participación, justicia social, roles de los partidos y de los líderes partidistas y de "lo posible" en cualquier sociedad". Ver en Hilte 1996.

A pesar de lo sugerente de los datos, un test de diferencia de medias entre 1994 y 1998 muestra que estas diferencias no son significativas[12], por tanto no hay evidencia suficiente para inferir de estas diferencias en la muestra un pauta general de aumento de la polarización ideológica de los diputados chilenos a lo largo de los noventa. Además, hay un factor contextual que puede estar desviando los resultados. El cuestionario de 1998 coincidió parcialmente con la detención de Pinochet y ello puede explicar el aparente mayor nivel de polarización entre 1994 y 1998. Como Valenzuela y Scully mantienen, "las tendencias políticas se recrean a lo largo del tiempo por el impacto diferencial que nuevos eventos políticos tienen sobre ellas" (Valenzuela y Scully 1997: 524). Una tercera nota de cautela al interpretar las ubicaciones ideológicas es la señalada por Carey. Este autor sostiene que un análisis más sofisticado del comportamiento de voto de los legisladores sugiere que las ubicaciones partidistas respecto a políticas sociales y económicas no son completamente fiables si se resumen en el universo ideológico (Carey 1998, 16). En otras palabras, se alude al problema de resumir en una sola dimensión –izquierda-derecha– una realidad multidimensional como es el juego político.

---

[12] No son significativas con un 95.0% de confianza.

Tabla 16

Medidas de ubicación ideológica de los diputados chilenos en una escala izquierda-derecha 1994 y 1998 (%)

Media de ubicación del diputado de:	Concertación de Partidos por la Democracia								Alianza por Chile			
	PS		PPD		PDC		RN		UDI	
	1994	1998	1994	1998	1994	1998	1994	1998	1994	1998
Uno mismo	3.21	2.50	3.60	4.09	4.50	4.52	6.59	6.71	6.40	7.94
Su partido	2.93	2.50	4.36	4.00	4.40	4.83	6.36	6.76	6.80	8.18
su partido por otros diputados	2.53	2.47	4.19	3.71	4.85	4.62	7.83	7.85	9.13	9.58
Media de las tres medias	2.89	2.49	4.05	3.6	4.58	4.6	6.92	7.10	7.44	8.56

Fuente: PELA

227

A pesar de todo ello, se pueden extraer dos ideas de estos datos. Primero, si los eventos políticos, como la detención de Pinochet, pueden acentuar las diferencias entre partidos, entonces existe una arena mucha más conflictiva de la sugerida por algunos autores como Barrett, Rabkin o Rehren. Segundo, los datos indican que las identidades se construyen a partir de diferentes temas y a lo largo del tiempo. En otras palabras, los partidos usan diferentes temas para construir su identidad a lo largo de los años. En 1998 por ejemplo los diputados puede que estuvieran más imbuidos en temas de autoritarismo/democracia. La memoria del pasado autoritario que había vuelto con fuerza a la arena partidista podría haber incrementado las diferencias entre las autoimágenes de los partidos. Ello explica el movimiento de la izquierda aún más hacia la izquierda en este ámbito de la política ideológica.

3.5. Polarización de elites y polarización del electorado

La asunción del principio de estas páginas respecto al mayor impacto de las elites sobre la polarización del sistema de partidos no significa que el electorado no tenga ningún efecto sobre la dinámica partidista. La polarización del electorado importa, al menos como mecanismo de presión sobre los partidos políticos. A pesar de que no existen datos que permitan una comparación sistemática de la polarización de la elite y la del electorado a escala programática, los datos de opinión pública parecen apoyar la tesis del electorado como actor menos polarizado que la elite. En primer lugar, los sondeos de opinión muestran importantes coincidencias en las posturas de aquellos que se identifican con la izquierda y los que se identifican con la derecha en aspectos políticos y económicos clave para el *momentum* del país (por ejemplo cuáles son los problemas prioritarios a resolver o la evaluación del gobierno de Frei) (Hinzpeter y Lehman 1999). En segundo lugar, estos sondeos sugieren una reducción de la importancia del clivaje Pinochet puesto que aspectos como las violaciones de los derechos humanos no tienen ya tanta centralidad en la lista de cuestiones pendientes o urgentes.

Algunas dinámicas explican la mayor polarización de las elites. En primer lugar las elites tienden a hacer distinciones más precisas entre izquierda, centro y derecha. La mayor familiaridad con esos conceptos hace que sus juicios tiendan a ser más sofisticados (Sanni y Sartori 1983). En segundo lugar, los esfuerzos de las elites partidistas por diferenciar sus partidos con respecto de los otros partidos contribuye al mayor grado de polarización de las elites. Esta tendencia se ve acentuada si la tesis de Downs según la cual en sistemas multipartidistas, los esfuerzos de los políticos por diferenciar el contenido de su partido es mayor que en sistemas bipartidistas, es cierta (Downs 1957). En tercer lugar, el nivel más bajo de polarización del electorado se debe a la tendencia de despolitización en Chile, de la que las elites están obviamente excluidas.

4. Hacia una explicación de la polarización en el sistema de partidos chileno (1990-1999)

Lo que se ha defendido en el apartado anterior respecto a la pauta de polarización se puede resumir de la siguiente manera:

- se ha alcanzado consenso en torno a ciertas áreas de la política, principalmente en temas socio-económicos. Por su parte, persiste la distancia entre los partidos en temas de religión y moral, así como en temas relacionados con el clivaje autoritarismo/democracia.

- la distancia más pequeña entre coaliciones se produce en los temas incluídos dentro del clivaje socio-económico y la distancia mayor se produce con los temas comprendidos en el clivaje autoritarismo/democracia.

- la polarización tiene lugar no sólo entre coaliciones, sino que también hay distancia en el interior de las mismas. Los temas que más dividen a la Alianza son los relacionados con el clivaje autoritarismo/democracia. Para la Concertación los temas con mayor efecto polarizador son los relacionados con religión-valores.

- el sistema de partidos se ha movido hacia la derecha. Los programas del PS y del PPD han sido redefinidos y tiene un perfil democrático más de centro, y el ala derecha del PDC ha aumentado su fuerza moviendo a todo el partido hacia la derecha.

- existen razones empíricas y teóricas que justifican el argumento de que la polarización a nivel de élites es mayor que a nivel de electorado.

En este apartado se analizarán los factores que determinan esta pauta de polarización. Intentaré mostrar que los tres grupos de factores que han afectado la estrategia de las élites han sido: los cambios socio-económicos, el marco institucional (incluyendo el sistema electoral y la forma de gobierno) y la experiencia autoritaria. Además, el carácter transversal de la estructura de clivajes y el diferente grado de negociabilidad de los mismos han intervenido también en la evolución de la polarización a lo largo de los noventa.

4.1. Experiencia autoritaria

Dos son los modos en que el período autoritario ha afectado a la polarización. Por un lado, la memoria del período militar ha dividido al sistema de partidos en dos coaliciones, cada una de ellas unidas por una experiencia durante el régimen anterior y por una visión compartida del mismo. Ello ha contribuido al descenso de la polarización entre los partidos de cada una de las dos coaliciones y al aumento de la polarización entre las dos coaliciones.

El segundo efecto del período autoritario sobre la polarización proviene del aprendizaje de las élites. La experiencia de las élites, junto con el modo de transición, ha contribuido al aumento de la convergencia en algunas cuestiones de tipo socio-económico y, de una manera más incierta, al consenso en temas relacionados con la democracia. Hay dos aspectos a tener en cuenta dentro de esta pauta general de moderación tal y como los datos de élites muestran: los partidos de derecha no muestran un perfil democrático muy claro y además, como se intenta mostrar en estas páginas, la convergencia en temas socio-económicos ha sido casi exclusivamente producto de un movimiento de la izquierda hacia el centro.

En general se puede decir que la experiencia autoritaria ha sido una fuerza moderadora durante los noventa debido a su interacción con otros factores. El marco institucional de Chile retiene parte de sus enclaves autoritarios que impiden que los partidos del centro-izquierda defiendan estrategias maximalistas como la reforma de la Constitución de 1980. Además, el éxito económico de Chile, debido en parte al modelo neoliberal implementado bajo el período Pinochet, ha hecho imposible un ataque frontal a todos los elementos de dicho período. Gracias a esta interacción de factores, los efectos polarizadores del período autoritario se han visto atenuados durante los años noventa.

4.2 El marco institucional: sistema electoral y forma de gobierno

Como en el caso de la memoria histórica del período autoritario, el sistema electoral heredado del período anterior ha tenido simultáneamente efectos de aumento y de reducción de la polarización. Por un lado, promueve un sistema coalicional que ha llevado a una lógica bipolar, con el consecuente aumento de la competencia entre coaliciones. Los datos de élites y análisis como el de Carey en torno al comportamiento de voto del congreso chileno confirman la existencia de agudas divisiones entre las coaliciones. Estas divisiones son el resultado de su pertenencia a coaliciones más que a diferencias ideológicas entre éstas (Carey 1998). Por otro lado, el sistema electoral contribuye a la reducción de la polarización. Los partidos políticos necesitan seguir una estrategia coalicional con el fin de obtener el poder, por lo tanto, deben llegar a acuerdos con sus compañeros de coalición. Además, las coaliciones son importantes instrumentos de constreñimiento del comportamiento de voto de los legisladores.

Estos dos efectos de las coaliciones explican parte de las diferencias que hemos observado entre las opiniones de los diputados y los programas oficiales de los partidos y de las coaliciones. Carey mantiene que las negociaciones en torno a las nominaciones y las políticas a seguir son fuente constante de tensión en el interior de las coaliciones (Carey 1998). Sin embargo, estas tensiones se van resolviendo y se llega a situaciones de compromiso y cohesión entre coaliciones.

En general, el sistema electoral y sus incentivos para la formación de coaliciones esconden algunas de las divisiones reales entre los partidos que se evidencian al analizar los programas de los partidos políticos de forma individual. Por ejemplo, las divisiones dentro de la *Concertación* en temas de religión y valores han disminuido durante los noventa con la adopción de instancias de consenso que han estado más cerca de las posiciones de la *Alianza* que si los partidos de la *Concertación* hubieran competido individualmente.

Otro aspecto institucional que ha de ser considerado por sus efectos sobre la polarización partidista es el fuerte presidencialismo adoptado en la Constitución de 1980. Siavelis afirma que sus rasgos son altamente conducentes al conflicto político. El gran poder del presidente y el mínimo rol de la legislativa desincentivan la colaboración interpartidista y entre ejecutivo y legislativo, llevando todo ello a aumentos de la polarización. Sin embargo, debido a aspectos contextuales estas potencialidades derivadas del diseño institucional no han sido totalmente desveladas. Por lo tanto, para el caso de la polarización en el sistema de partidos post-autoritario, el sistema electoral se perfila como el aspecto institucional con un impacto más claro sobre la pauta seguida por la polarización (Siavelis 2000).

Además del sistema electoral y de la existencia de senadores designados, en el Chile actual persisten otros enclaves autoritarios, como la presencia directa e indirecta, regulada constitucionalmente, de las Fuerzas Armadas en algunos órganos del aparato estatal. Estos enclaves han impedido transformaciones radicales y además son objetos polarizantes que se inscriben dentro del clivaje autoritarismo/democracia.

4.3 Transformaciones socio-económicas

Las transformaciones en la estructura social y económica chilena resultantes de las políticas neoliberales de Pinochet condujeron a los partidos de izquierda a reformular sus propuestas socio-económicas.

Los positivos resultados económicos del régimen de Pinochet han situado a la derecha en una posición privilegiada ya que sus políticas socio-económicas para el desarrollo del país se han visto legitimadas. "El éxito económico de los últimos años de pinochetismo impulsó la confianza entre los neoliberales y la consiguiente regeneración de las fuerzas políticas de la derecha" (Mainwaring y Scully, 1995, 469). Como consecuencia de esto, la derecha no ha tenido ningún tipo de interés en reformular su programa económico puesto que ha visto incrementado progresivamente su apoyo electoral.

El cambio socio-económico y los positivos resultados económicos demuestran que la convergencia en temas socio-económicos ha sido el resultado de un movimiento de la izquierda y del centro hacia la derecha: en casi ningún área es la derecha la que se ha movido hacia el centro. No obstante, existe el peligro de sobredimensionar el grado de acuerdo en los temas socio-económicos entre la izquierda y la derecha. En el análisis de los programas de los partidos hay que tener en cuenta que están muy influidos por estrategias electorales. Como muestran los datos de élites y las plataformas electorales, persisten diferencias entre la izquierda y la derecha en toda la temática de intervención del estado en la economía. Esta diferencia se confirma con el comportamiento de voto de los legisladores. Por ejemplo, a pesar del aparente consenso en los programas de los partidos políticos, en materia laboral los legisladores han sido incapaces de ponerse de acuerdo en un paquete de reformas.

Debido al tradicional dominio del contenido económico de los significados de izquierda y derecha, el movimiento de la izquierda chilena hacia posiciones más de derecha en temas socio-económicos ha tendido a ser interpretado como un movimiento generalizado del conjunto del sistema de partidos hacia la derecha. Sin embargo, tal y como se ha señalado anteriormente, hay otros temas que estructuran la competición partidista y que han de ser considerados a la hora de hacer un juicio sobre el aumento o descenso de la distancia entre los polos izquierda y derecha.

4.4. Grado de negociabilidad de los temas

La diferente naturaleza de los temas que dominan la competición partidista también ayuda a explicar por qué existe convergencia en unos temas pero no en otros. Lipset y Rokkan señalan que los temas insertos dentro del clivaje religión-valores son más difíciles de negociar puesto que tocan creencias irracionales y profundamente inscritas en la identidad de uno mismo, mientras que en las cuestiones económicas, los acuerdos son más fáciles de alcanzarse (Lipset y Rokkan 1967). Esta idea parece que explica el porqué en el caso chileno la reducción de la polarización ha tenido lugar de forma frecuente en lo referido a aspectos socio-económicos y no en temas relacionados con el clivaje religión-valores. También explica el motivo por el que, puesto que el clivaje autoritarismo/democracia también toca creencias profundamente asentadas, la naturaleza de este clivaje también impide el consenso. Sin embargo, no está muy claro si el argumento de Lipset y Rokkan "viaja" a para cualquier país en cualquier momento histórico. Por ejemplo, parte del conflicto en el Chile preautoritario se basaba en la existencia de tres proyectos socio-económicos muy diferentes, defendidos cada uno de ellos por la derecha, el centro y la izquierda que gobernaba en ese momento. A pesar del caracter a priori más negociable de temas socioéconómicos, las diferencias al respecto contribuyeron notablemente al quiebre democrático y, lo que es más, el consenso sólo se ha alcanzado tras diecisiete años de autoritarismo.

4.5. Naturaleza transversal de la disposición de los clivajes

Las opiniones y políticas defendidas por los partidos se estructuran de tal manera que, dependiendo del tema, los partidos que ostentan posiciones enfrentadas varían. En otras palabaras, la opinión del partido A en un *tema x* es parecida a la opinión del partido B en ese *tema x* y opuesta a la del partido C en ese mismo tema, mientras que en el *tema y*, la opinión de A se opone a la de B y es similar a la de C. Esta estructura de clivajes impide un aumento de la polarización en el conjunto del sistema de partidos puesto que los conflictos entre partidos se combinan con acuerdos en otros temas.

A pesar de la naturaleza transversal de los clivajes chilenos, hay también superposiciones entre las opiniones de los partidos en temas socio-económicos y relacionados con el clivaje autoritarismo/democracia. El origen de estas superposiciones reside en el hecho de que las violaciones de derechos humanos, aspecto central del clivaje autoritarismo/democracia, se dirigieron a los oponentes ideológicos de los militares: aquellos que en cuestiones como el bienestar y el rol del estado habían defendido opiniones muy diferentes (especialmente los socialistas que había nacionalizado industrias y habían intentado un programa de redistribución de la tierra durante el período 1970-1973).

La proximidad y la distancia entre los partidos varía dependiendo del tema. La Tabla 17 ilustra en términos generales la pauta de polarización. La existencia de intercruzamientos en algunos temas neutraliza, hasta cierto punto, los enfrentamientos interpartidistas, disminuyendo así los niveles de polarización a los que se llegaría si la confrontación se produjera de una manera acumulativa. Este equilibrio de fuerzas está mediatizado por las posiciones del PDC. Las posturas del PDC en temas religiosos, son marcadamente diferentes de las de los partidos que están más cerca a este partido en temas socio-económicos y en temas insertos dentro del clivaje autoritarismo/democratico. Ello impide un esquema partidista de tres clivajes superpuestos en que cada uno de los polos estuviera ocupado por los mismos partidos en los tres clivajes. Por el contrario, lo que ocurre es que hay una importante superposición entre temas socio-económicos y las posturas en temas socio-económicos. Así pues el clivaje religión-valores toma la forma de un clivaje transversal. Desde una perspectiva coalicional se puede decir que en temas religiosos, las divisiones no coinciden con la composición de las coaliciones: el PDC está más cerca de la Alianza que de sus compañeros de coalición.

Tabla 17

Pauta general de proximidad/ distancia partidista por clivajes		
Temas de religión-valores	*Temas socio-económicos*	Autoritarismo/democracia
UDI		UDI
RN	UDI	
PDC	RN	RN
	PDC	
	PPD	**PDC**
PPD	PS	
PS		PPD
		PS
Fuente: Elaboración propia		

Desde un punto de vista empírico, dado que el PDC neutraliza la polarización, el centro se perfila como elemento crítico para comprender la polarización en Chile. Desde un punto de vista teórico, una gran parte de la discusión sobre polarización se centra en el impacto del centro sobre ésta. Por lo tanto razones empíricas y metodológicas apuntan que una caída en el apoyo electoral e ideológico del centro es uno de los procesos centrales para explicar la pauta seguida por la polarización en Chile.

El descenso que ha tenido lugar en el apoyo al centro y el movimiento hacia la derecha es, en gran medida, el resultado de los movimientos de otros partidos, principalmente de los partidos de izquierda. La izquierda se ha movido hacia el centro en algunos temas (socio-económicos, pero también en su aceptación de la democracia y de los partidos políticos, así como en el abandono de sus reivindicaciones marxistas), llevando con ello a un descenso en el apoyo al centro y un incentivo para el partido que ocupa este centro, el PDC, de moverse a la derecha buscando un espacio ideológico propio.

Si, tal y como se viene manteniendo, el movimiento del centro a la derecha es el resultado de ajustar el espacio de la competición partidista, se puede decir que las posiciones del centro son un reflejo de los cambios en otras opciones ideológicas (izquierda y derecha). En otras palabras, la naturaleza e importancia relativa del centro depende de la cantidad de distancia entre los polos izquierda y derecha: un descenso de las diferencias entre los polos izquierda y derecha reduce el espacio político, y el centro pierde su espacio político. Esto es contrario al argumento que propone Scully según el cual es el centro el que moldea el grado de polarización. Más bien, en este caso, la polarización ha moldeado al centro.

A pesar de que hay razones electorales que explican por qué la izquierda y la derecha se han movido hacia el centro, no toda la convergencia se explica en estos términos. Los datos sobre élites sugieren que ha descendido la distancia entre los polos del sistema de partidos, especialmente en temas socio-económicos.

Además de los vínculos con la polarización, el descenso en la importancia del centro tiene dos importantes consecuencias para la dinámica partidista chilena. Primero, los cambios dentro del PDC ponen de manifiesto el peso creciente que ha ido adquiriendo durante los noventa el ala derechista del partido y que han reducido la distancia ideológica entre éste y el principal partido moderado de la derecha, RN. La distancia no es tan amplia como para impedir la conformación de una coalición de centro-derecha (Siavelis 2000, 132). Segundo, el descenso en la importancia electoral del PDC implica una pérdida de la importancia relativa dentro de la *Concertación* y mejoraría la situación de dominio del PDC. En este sentido, "los líderes de la izquierda han manifestado que la estatura e importancia nacional de sus partidos ha sido ensombrecida por el dominio de los cristiano-demócratas durante los primeros diez años de democracia" (Siavelis 2000, 133).

5. Conclusiones

La descripción y explicación de la pauta que ha seguido la polarización durante los años noventa en Chile confirma la utilidad de una aproximación al sistema de partidos postautoritario en clave de interrelación entre cambios y continuidades. Algunas cuestiones continuan polarizando a los partidos mientras que en otras áreas han surgido acuerdos entre los mismos. La polarización en cuestiones religiosas-valores permanece, pero existe una tendencia hacia la reformulación y el consenso en temas socio-económicos. Los desacuerdos persisten en torno a los arreglos político-institucionales, en la interpretación de la experiencia autoritaria y en el perfil democrático de los partidos.

Los acuerdos/desacuerdos en estos temas han tenido lugar a tres niveles:

- polarización intercoalicional: existe menos polarización entre coaliciones en temas socio-económicos. La distancia entre coaliciones es mucho mayor en temas de religión-valores y en temas relaciones con el clivaje autoritarismo/democracia.

- polarización interpartidista: la polarización más alta entre partidos es en cuestiones religión-valores y la menor distancia entre partidos es en temas socio-económicos.

- distancia intracoalicional: los desacuerdos dentro de la Concertación en cuestiones de religión-valores son mayores que en el interior de la Alianza. Sin embargo, en lo referido a cuestiones autoritarismo/democracia, hay un desacuerdo mucho mayor dentro de la Alianza que dentro de la Concertación. La distancia es parecida dentro de las coaliciones con respecto a temas socio-económicos, a pesar de que la Concertación se muestra ligeramente más cohesionada.

Los incentivos coalicionales establecidos por el sistema electoral han permitido acuerdos formales dentro de las dos coaliciones lo que ha llevado a una pauta de moderación. Ahora bien, la aparente convergencia entre partidos, los programas de los partidos, así como las opiniones y actitudes de los diputados muestran un nivel de polarización mayor que si tomamos como unidad de análisis los programas o plataformas coalicionales.

La respuesta a la pregunta sobre la magnitud del movimiento desde los polos izquierda y derecha hacia el centro –y aportar luz con ello a la pregunta sobre el grado de descenso de la polarización– depende de los temas que se utilicen para definir los polos. Tradicionalmente los aspectos socio-económicos han dominado la definición de izquierda y derecha, por lo que el consenso producido en estos temas ha tendido a ser interpretado como un descenso en la polarización entre los partidos políticos. Es cierto que la izquierda ha adoptado posiciones de centro en aspectos relacionados con la democracia y los partidos políticos y ha dejado atrás sus reivindicaciones marxistas. Sin embargo, persisten importantes diferencias entre los partidos en temas de religión-valores, así como en temas relacionados con el pasado autoritario (incluida la cuestión del legado institucional, las violaciones de derechos humanos y el rol de las fuerzas armadas). La persistencia de diferencias en algunas cuestiones y la convergencia en otras ha llevado a la reformulación de los significados de izquierda y derecha. Debido a esta reformulación, los partidos han disminuido su distancia en algunas cuestiones y el centro ha perdido parte de su espacio político. La distancia entre los polos permanece, pero los significados de izquierda y derecha han cambiado.

La experiencia autoritaria, el sistema electoral y las transformaciones socio-económicas son poderosos factores para explicar la evolución de la polarización en Chile durante los años noventa. Sin embargo, hay dos aspectos adicionales que la literatura sobre polarización chilena ha ignorado y que deben ser considerados: grado de negociabilidad de los temas y naturaleza de la disposición de clivajes (transversales o superpuestos). Ambos aspectos han sido considerados en las aportaciones teóricas sobre polarización en otras aéras geográficas (Sanni y Sartori 1983; Lipset y Rokkan 1967) e iluminan la explicación de la polarización en el Chile post-autoritario. El análisis del grado de negociabilidad de los temas permite explicar las persistencia de polarización en cuestiones de religión-valores, así como en temas de autoritarismo/democracia, y el descenso de la polarización programática en temas socio-económicos. Por su parte, la disposición transversal de la estructura de clivajes da cuenta de la ausencia de aumentos en la polarización programática en Chile durante los noventa.

Estas páginas han intentado mostrar la necesidad de cautela con los argumentos que sostienen una disminución de la polarización programática al nivel de las élites en el Chile post-autoritario. Existe el peligro de sobredimensionar el grado de consenso entre partidos. Además, hay que tener en cuenta que la convergencia de los polos proviene en mayor medida de movimientos desde la izquierda que desde la derecha.

Finalmente, se pueden extraer dos implicaciones más. Primero, el grado de polarización en el actual sistema de partidos no es un problema *per se* para la democracia chilena, de igual modo que tampoco fue el único factor que explicaba la quiebra de la democracia en 1973. El problema surge de la interacción con aspectos institucionales. Si bien es cierto que el sistema electoral puede que continúe forzando pautas de cooperación debido a los incentivos para la formación de coaliciones. Sin embargo, el sistema presidencial no promueve colaboración partidista, al contrario, aumenta la polarización. En términos de futuro, es probable que una parte del contenido del clivaje autoritarismo/democracia desaparezca progresivamente a medida que los enclaves autoritarios sean borrados y por lo tanto, este clivaje dejaría de ser una de las líneas principales de división en la estructuración de la competencia partidista en Chile.

Segundo, el estudio de la distancia entre partidos referida a las diferentes cuestiones programáticas, demuestra que las categorías de izquierda-centro-derecha son capaces de capturar parte del contenido de las divisiones partidistas. A nivel general, las categorías de izquierda y derecha indican actitudes diferentes con respecto de la igualdad (Bobbio 1996). Esto se mantiene para un estudio detallado de las diferencias programáticas entre los partidos políticos, pero no es toda la historia. Por un lado, la naturaleza transversal de la estructura de clivajes en Chile hace inexacto una suma unidimensional de las interacciones de todo el espectro partidista. Para el caso chileno el clivaje religión-valores parece que no puede ser trasladado al continuum izquierda-derecha. Por otro lado, han tenido lugar importantes redefiniciones de estas categorías en muchos países, incluido Chile. Ello es especialmente cierto para la izquierda, mientras que el movimiento del centro ha sido debido al movimiento de la izquierda y no a reformulaciones iniciadas desde el propio centro. Cualquier argumento que afirme que estas categorías persisten debe ir acompañado de una reflexión sobre el cambio en los significados de las mismas.

Bibliografía

BAÑO, R. (1989). *Acerca del sistema de partidos probable*. Cuadernos de trabajo. Santiago: FLACSO-Chile.

BARRETT, P. S. (1998). "Redemocratization and the Transformation of the Chilean Party System". *Paper prepared for delivery at the 1998 Annual Meeting of the American Political Science Association*. Boston.

BOBBIO, N. (1996). *Left and Right. The Significance of a Political Distinction*. Chicago: University of Chicago Press.

CAREY, J. M. (1998). "Parties, Coalitions and the Chilean Congress in the 1990's". *Paper presented in the conference on Latin American Legislatures*. Ciudad de México.

CENTRO DE ESTUDIOS PÚBLICOS (1995). *Opinion Survey*. Santiago: Centro de Estudios Públicos.

_____ (1998). *Opinion Survey*. Santiago: Centro de Estudios Públicos.

COPPEDGE, M. (1998a). "The Evolution of Latin American Party Systems". En Mainwaring, S. y Valenzuela, A. (eds.) *Politics, Society and Democracy: Latin America*. Boulder: Westview, pp. 171-206.

_____ (1998b). "The Dinamic Diversity of Latin American Party Systems". *Party Politics*, 4(4): pp. 549-570.

DIX, R. (1989). "Cleavage Structures and Party Systems in Latin America". *Comparative Politics*, 22(1): pp. 23-37.

DOWNS, A. (1957). *An Economic Theory of Democracy*. New York: Harper Brothers Editions.

DUVERGER, M. (1954). *Political Parties*. New York: Wiley.

FUENTES, C. (1999a). "Partidos y coaliciones en el Chile de los 90. Entre pactos y proyectos". En Drake, P. y Jaksic, I. (eds.) *El modelo chileno: democracia y desarrollo en los noventa*. Santiago: LOM, pp. 191-222.

_____ (1999b). "Alter Pinochet: Civilian Unity, Political Institutions and the Military in Chile (1990-1998)". *Working Paper Series* 28. Duke-University of North Carolina Program in Latin American Studies.

HAAS, L. (1999). "The Catholic Church in Chile: New Political Alliances". En Smith, C. y Prokopy, J. (eds.) *Latin American Religion in Motion*. New York: Routledge.

HILTE, K. (1996). "The Formation and Transformation of Political Identity: Leaders of the Chilean Left, 1968-1990". *Journal of Latin American Studies* 28.

HINZPETER K., X. y LEHMANN S. B., C. (1999). "Polarización o moderación en Chile. Análisis en base a la última encuesta CEP". *Puntos de referencia* 218.

LIPSET, S. M. y ROKKAN, S. (1967). *Party Systems and Voter Alignments: Cross-National Perspectives.* New York: Free Press.

MAINWARING, S. y SCULLY, T. R. (eds.) (1992) *Building Democratic Institutions: Parties and Party Systems in Latin America.* Baltimore: Johns Hopkins University Press.

MAIR, P. (1997). *Party System Change.* Oxford: Oxford University Press.

MUNCK, G. L. y BOSWORTH, J. A. (1998). "Patterns of Representation and Competition: Parties and Democracy in Post Pinochet Chile". *Party Politics* 4(4): pp. 471-494.

RABKIN, R. (1996). "Redemocratization, Electoral Engineering and Party Strategies in Chile, 1989-1995". *Comparative Political Studies* 29: pp. 335-356.

REHREN, A. (1997). "La redemocratización de la política chilena: ¿hacia una democracia capitalista?" *Paper prepared for delivery at the 1997 Meeting of the Latin American Studies Association.* Guadalajara, México, abril, pp. 17-19.

ROBERTS, K. M. (1995). "From the Barricades to the Ballot Box: Redemocratization and Political Realignment in the Chilean Left". *Politics and Society.* 23(4), pp. 495-519.

SANI, G. y SARTORI, G. (1983). "Polarization, Fragmentation and Competition in Western Democracies". En Daadler, S. y Mair, P. (eds.) *Western European Party Systems.* Beverly Hills; Sage, pp. 307-340.

SARTORI, G. (1979). *Parties and Party Systems: A Framework for Analysis.* New York: Cambridge University Press.

SCULLY, T. (1995). "Reconstituting Party Politics in Chile". EN Mainwaring, S. y Scully, T. R. (eds.) Building Democratic Institutions. Party Systems in Latin America. California: Stanford University Press, pp. 100-137.

_____ (1992). *Rethinking the Center: Party Politics in Nineteenth and Twentieth Century Chile.* Stanford: Stanford University Press.

SHUGART , M. S. y CAREY, J. M. (1992). *Presidents and Assemblies. Constitutional Design and Electoral Dynamics.* New York: Cambridge University Press.

SIAVELIS, P. M. (2000). *The President and Congress in Post-authoritarian Chile. Institutional Constraints to Democratic Consolidation.* Pennsylvania State University Press.

_____ (1997a). "Continuity and Change in the Chilean Party System. On the Transformational Effects of Electoral Reform". En *Comparative Political Studies.* 30(6): pp. 651-674.

_____ (1997b). "Executive-legislative Relations in Post-Pinochet Chile". En Mainwaring, S. y Shugart, M. S. (eds.) *Presidentialism and Democracy in Latin America. A Preliminary Assessment.* Cambridge University Press, pp. 321-362.

UNIVERSIDAD DE MIAMI (2000). "Elections 2000 in Chile: The Final Results" *Update.* University of Miami, North-South Center.

VELENZUELA, A. (1999). "Chile: Origins and Consolidation of a Latin American Democracy". En Diamond, L., Hartlyn, J. et al. (eds.) *Democracy in Developing Countries. Latin America.* Boulder: Lynne Rienner Publishers, pp. 191-249.

_____ (1994). "Party Politics and the Crisis of Presidentialism in Chile". En Linz, J. J. y Valenzuela, A. (eds.) *The Failure of Presidential Democracy.* Baltimore: Johns Hopkins University Press, pp. 165-224.

VALENZUELA, S. J. (1995). "Orígenes y transformaciones del sistema de partidos en Chile". *Estudios públicos,* 58.

VALENZUELA, S. J. y SCULLY, T. R. (1997). "Electoral Choices and the Party System in Chile: Continuities and Changes at the Recovery of Democracy". *Comparative Politics* 29(4): pp. 511-27.

WOLTER, M. (1999). "Chile: Pinochet sigue marchando". *Nueva sociedad* 159. Venezuela, pp. 4-14.

YOCELEVKY, R. (1996). "Democratización y recomposición del sitema político en Chile". En Yocelevky, R. (coord.) *Experimentos con la democracia en América Latina.* México: Universidad Autónoma Metropolitana, pp. 125-146.

Bases de datos

Proyecto de Elites Parlamentarias Iberoamericanas (PELA) (1997). *Chile.* Salamanca y Madrid: Universidad de Salamanca y Centro de Investigaciones Sociológicas (CIS).

Los partidos obreros en transformación en América Latina: El Partido Justicialista argentino en perspectiva comparada*

*Steven Levitsky**

Introducción

El nuevo orden económico mundial no esta siendo amable con los partidos políticos obreros. Las cambiantes normas del mercado y la producción, el incremento de la movilidad del capital, y la caída del bloque soviético han reformado dramáticamente los parámetros en la política nacional. Tradicionales programas de izquierda han sido desacreditados así como políticas keynesianas y de sustitución de importaciones son ahora descartadas al ser consideradas populistas e inflacionarias. Al mismo tiempo, los cambios producidos a largo plazo en la estructura de clases han roto la coalición entre partidos obreros. La caída de la producción en masa y la expansión del sector terciario y el sector informal han debilitado las organizaciones obreras, limitando su capacidad para canalizar los votos, recursos y la paz social que una vez fue el centro del tradicional "intercambio" entre partidos y sindicatos (Howell y Daley 1992). Incluso, las debilitadas identidades de clase y la incrementada volatilidad electoral han desconchado las bases de los partidos[1] políticos

---

* Traducción por María de los Ángeles Huete García
**Universidad de Harvard

[1] Los partidos obreros cuyo núcleo de organización es el de los trabajadores organizados. Ese tipo de partidos dependen del apoyo de los sindicatos (en forma de recursos financieros o de organización así como la canalización de votos y orden social) para su éxito. Como contrapartida, ellos generalmente

tradicionales (Dalton et. al. 1984; Kitschelt 1994ª). Estos cambios sociales y económicos han creado un fuerte incentivo para los partidos de base obrera a la hora de replantearse sus programas, rearticular sus conexiones con las organizaciones obreras y fijar nuevas metas electorales (Howell y Daley 1992; Koelble 1992; Kitschelt 1994ª). Este tipo de cambios no son fáciles. A menudo las estrategias de adaptación van en contra de los programas tradicionales de los partidos y de los intereses de las circunscripciones que perciben. Como resultado, los líderes de los partidos a menudo son incapaces o no quieren llevarlas a cabo.

Los partidos de base obrera han respondido a los retos neoliberales en muchas formas con diferentes grados de éxito[2]. Algunos partidos o no se adaptaron (los partidos comunistas francés y chileno) o regresaron hacia la izquierda (el partido laborista inglés y el peruano APRA) los cuales generalmente un paso hacia el declive electoral. Otros (como los socialistas austríaco) fueron adaptándose lentamente y experimentaron un moderado declive electoral. En otros casos (como Acción Democrática en Venezuela) los líderes que asumieron reformas neoliberales pero fracasaron debido a la oposición al interior del partido. Finalmente, algunos partidos (como el partido laborista australiano y el partido socialista obrero español) se adaptaron rápidamente en los ochenta y fueron capaces de mantenerse en el poder durante un sustancial periodo de tiempo.

El partido (Peronista) justicialista (PJ) en Argentina es al caso claro de una adaptación exitosa. Muy cercanamente alienado a la Confederación General de Trabajadores (CGT), el peronismo se ha opuesto a las políticas económicas liberales desde su nacimiento en los años 40. Desde el inicio de los 80, el PJ comenzó una doble transformación . Primero, redefinió con la organización de trabajadores, desmantelando mecanismos tradicionales de participación sindical y reemplazando sus conexiones con las bases sindicales

---

ofrecen a los sindicatos influencia sobre el programa del partido así como sobre la elección del líder y de los candidatos.

[2] Trabajos comparados en cambios en partidos de base obrera incluyen los de Koelbe (1991,1992), Fox Piven (1992), Gillespie y Paterson (1993), Kitschelt (1994ª) y Merkel (1995).

con conexiones territoriales. Hacia le inicio de los 90, el presidente Carlos Menem desmanteló el modelo económico y de estado existente en la época de Perón e implementó una serie de políticas neoliberales que prácticamente contradecían el programa tradicional de partido. Esta doble adaptación fue acompañada de un gran éxito político: el PJ seis elecciones directas, incluyendo la reelección de Menem entre 1987 y 1995.

Dibujando un análisis del caso peronista, este artículo examina la capacidad de los partidos laboristas para adaptarse a los procesos contemporáneos de cambio social y económico. Este artículo construye teorías de participación y cambio de los partidos que han emergido en los recientes estudios acerca de los partidos en países avanzados. Además, usa el caso del PJ para redefinir la literatura, sugiriendo que la dimensión de la institucionalización formal, la cual a menudo es obviada en estudios de partidos europeos, puede ser crítica para explicar la capacidad de adaptación. El artículo afirma que la adaptación del PJ fue facilitada por la estructura de partido que combino una poderosa organización de masa con una pobre institucionalización de la jerarquía del liderazgo. Esta estructura produjo una singular combinación de la flexibilidad de la élite y la estabilidad de la base, permitiendo a los líderes del partido llevar a cabo estrategias de reforma sin sufrir sustanciales costes a corto plazo. Aunque una pobre estructura de partido no asegura que los líderes escogerán estrategia apropiadas, esta provee a los líderes de mayor espacio de maniobra en la búsqueda e implementación de estrategias alternativas, las cuales hacen la adaptación mas probable.

Este artículo se estructura de la siguiente forma. Primero, desarrolla una marco básico de análisis del cambio de partido, acercando el estudio de caso a la organización de partido. En ese sentido muestra cómo el caso del PJ puede ayudar a redefinir existentes teorías de organización de partido y adaptación, presentando el argumento de que bajos niveles de institucionalización pueden, bajo ciertas condiciones, facilitar la adaptación y supervivencia del partido. El artículo además aplica el marco al caso peronista, mostrando cómo bajos niveles de institucionalización facilitaron la adaptación del PJ en los ochenta y los noventa. Finalmente, el capítulo sitúa al PJ en una perspectiva comprada mediante el examen de la respuesta de otros cinco partidos populistas latinoamericanos en el reto neoliberal.

1. Explicando la adaptación de partidos de base obrera: Un marco de análisis

La exitosa adaptación de un partido puede ser entendida como un conjunto de cambios en estrategia y/o estructura , tomado como respuesta (o anticipación) a cambios en las condiciones que le rodean, que afectan a la capacidad del partido para lograr su "objetivo primordial" (Hamel y Janda 1994: 265). Aunque los objetivos de los partidos son muy distintos (Hamel y Janda 1994: 268-269), para partidos de base obrera, es razonable asumir que ganar las elecciones es el predominante. Para un partido, adaptarse de forma exitosa, debe ir acompañado de tres cosas. La primera, sus líderes deben elegir una respuesta adecuada. Los líderes no deberían fallar en sus respuestas hacia las condiciones que les rodean, responder demasiado despacio, o elegir estrategias erróneas. Las estrategias de adaptación a menudo encuentran resistencia por parte de los líderes activistas, los sindicalistas con importante peso en el proyecto tradicional del partido. Tercero, el partido debe mostrar las nuevas estrategias al electorado. No puede suceder una estrategia si no gana votos.

¿Cómo podemos explicar la adaptación de los partidos en el periodo contemporáneo? Las causas mas importantes tiene que ver con las condiciones externas (Panebianco 1988: 242-246; Katz y Mair 1992:9). El componente principal de estas condiciones externas es el contexto electoral. Porque ganar las elecciones es el objetivo principal de la mayoría de los partidos, sus estrategias tienden a estar fuertemente influenciadas por la estructura de preferencias de sus electores (Downs 1957; Schlesinger 1984). De esta forma, la derrota electoral a menudo sirve como un fuerte estímulo para un cambio de partido (Panebianco 1988: 243; Harmel y Svasand 1997: 317). Las estrategias de partido están además formadas por una natural competición entre partidos. Por ello, mientras la competición entre dos partidos provee de un incentivo para los partidos para converger en un mismo objetivo del voto medio (Downs 1957), en un contexto multipartidista los partidos pueden enfrentar incentivos para ajustar su respuesta para competir en su propio flanco (Kitschelt 1994ª: 128-130; Harmel y Svasand 1997).

Los partidos además deben responder a los cambios en el contexto económico. Las constricciones económicas a menudo limitan el grado en que los partidos de gobierno son capaces de conseguir votos mediante la maximización de estrategias, y en algunos casos, ellos introducen opciones en el programa que tiene poco que hacer con las inmediatas preferencias del electorado. En América Latina, por ejemplo, las crisis económicas han conducido a los partidos de gobierno en una variedad e países de adoptar políticas que van en contra de los programas con los que hicieron la campaña (Stokes 1997).

Los cambios en el contexto del partidos, sin embargo, no son suficientes para explicar la adaptación de los partidos. Mientras estudios que se centran en desafíos externos que ayudan a explicar por que los partidos de base obrera pueden necesitar adaptarse, ellos han explicado con dificultad la variación en respuestas entre partidos enfrentando condiciones similares[3]. Para encontrar las causas inmediatas de la adaptación de partidos, debemos ir al interior de los propios partidos. Algunos académicos han centrado su explicación en "las elecciones voluntarias de los líderes" (Rose y Mackie 1988: 557; Wilson 1994: 264), otros focalizan en los cambios en los líderes de partido como centro del cambio de partido (Panebianco 1988:242-244; Harmel y Janda 1994; Muller 1997). Analistas han introducido los factores del entorno y los líderes mediante la sugerencia que el pobre rendimiento del cambio en el

---

[3] De esta forma, Preworski y Sprague concluyen que las clases trabajadoras podrían llevar al declive del socialismo electoral (1986: 183-185) se ha probado demasiado pesimista, como estudios no han encontrado relación entre el declive de la clase trabajadora y el rendimiento de la social democracia en los países avanzados (Kitschelt 1994ª;Merkel 1995).

ambiente puede generar presión en los líderes para cambiar el curso (Koelble 1996:255) o incrementar la probabilidad de que viejos líderes puedan ser retirados (Panebianco 1988: 242-244; Harmel y Janda 1994; 266-268).

Sin embargo, el liderazgo y el cambio de liderazgo no han sido analizados aparte del contexto institucional y organizacional en el cual ocurren. Las organizaciones de partido influyen en las respuestas de los líderes a los cambios en el entorno, alentando algunas estrategias y desincentivando otras. Por ejemplo, algunas organizaciones de partido otorgan a los líderes un gran espacio de maniobra a la hora de llevar adelante sus estrategias, mientras otros limitan la velocidad y amplitud en la cual los líderes pueden imponer sus estrategias de cambio. De la misma forma, algunas estructuras de partido facilitan la rápida renovación de los líderes, mientras otros la inhiben.

Este artículo toma una aproximación organizacional al cambio de partido. No trata a los partidos como actores unitarios o "equipos" que actúan de forma coherente (Downs 1957; Schlesinger 1984). Incluso, en la tradición de Ostorgorski (1902), Michels (1911) y Panebianco (1988), trata a los partidos como un sistema complejo cuyas estrategias dependen de distribuciones internas de poder, reglas y procedimientos y beneficios y conflictos entre grupos internos[4]. Realizando un trabajo reciente acerca de organización de partido y cambio en las sociedades industriales avanzadas[5], el artículo considera la estructura de partido como una variable influyente que determina las respuestas de los líderes ante los cambios en el entorno. Asume que mientras los líderes buscan incrementar su poder político (o sus partidos) deben responder de forma efectiva a los cambios producido en el entorno, su elección de estrategias, de la misma forma que su capacidad para llevar a cabo aquellas estrategias, están formadas por sus organizaciones de partido y la competición entre diferentes grupos dentro de los parti-

---

[4] Otros ejemplos de la aproximación organizacional incluyen a Koelble (1991, 1992), Katz y Mair (1992, 1994, 1995), Lawson (1994) y Maor (1995).

[5] Por ejemplo, Panebianco (1988), Koelble(1991,1992), McAllister (1991) y Kitschelt (1994a)

dos. Este tipo de aproximación ha sido empleada en varios estudios recientes sobre comportamiento de los partidos en los países industriales avanzados, incluyendo trabajos sobre coaliciones (Strom 1990; Maor 1995) y respuestas a cambios en el ambiente electoral (Koelble 1991, 1992; Kitschelt 1994a).

2. Organización de partido, institucionalización y capacidad de adaptación

Un reciente trabajo acerca del cambio en el partido ha examinado las formas en las cuales las estructuras organizativas de los partidos afectan a su capacidad de respuesta a los cambios en el entorno[6]. Una idea que emerge de este trabajo es que existe un intercambio con respecto a la organización en masa y a la adaptación del partido. Por una parte, la organización de masa esta asociada a la estabilidad electoral. Aunque algunos partidos mantienen los "encasillados" enlaces con la clase trabajadora característicos de los partidos socialistas europeos del siglo pasado (Sartori 1968: 122-123), establecidos partidos de masa continúan disfrutando de una relativamente estables "electorados de pertenencia" (Panebianco 1988:267) , los cuales otorgan un colchón electoral durante periodos de crisis (Wolinetz 1988:310). Al mismo tiempo, las organizaciones de masa han sido asociadas con fenómenos que limitan la capacidad de innovación, incluyendo constringentes burocracias (Kitschelt 1994ª: 212-213: también Michels 1911/1962:187) y elaboran normas de responsabilidad de los líderes (Strom 1990:577-579). De esta forma, loa partidos de masa se ven como "falta de flexibilidad para adaptarse fácilmente a los nuevos desafíos" (Deschouwer 1994: 83; también Sjoblom 1983: 393-395; Wolinetz 1990: 229- 230; Kitzchelt 1994a: 216). La estabilidad-flexibilidad puede ser vista en la ampliamente usada distinción de Panebianco (1988: 262-267) entre "partidos de masa" y partidos "electorales-profesionales". Mientras los partidos de ma-

---

[6] Mirar Panebianco (1988), Koelble (1994a, 1994b), Kitschelt (1994a, 1994b), and Roberts (1998a).

sa, los cuales están caracterizados por unas organizaciones de masa y unas poderosas burocracias centrales, son vistas como relativamente estables pero comparativamente inflexibles (Kitschelt 1994a:216), los partidos profesionales electorales, los cuales carecen de este tipo de organizaciones, se prevén como mas flexibles pero menos electoralmente estables (Panebianco 1988: 272-274; Wolinetz 1988:310). Evidencias del caso Peronista no sugieren todavía que la estabilidad-flexibilidad sea vista como un paso como la literatura sugiere. La literatura dominante acerca de la organización de partido, la cual esta basada en su mayor parte en estudios acerca de partidos en las sociedades industriales avanzadas, asumen no siempre existen este tipo de casos en el exterior. Por ejemplo, el trabajo realizado acerca de la organización de partido y cambio, da por sentada la institucionalización formal[7]. En otras palabras, a menudo se asume que la estructura organizacional del partido, así como sus normas de comportamiento dentro de el, mas o menos se corresponden con las estructuras formales señaladas en sus estatutos. De esta forma las organizaciones de masa se presumen como burocráticas y las normas internas de los partidos se asumen como relativamente estables, bien definidas, y ampliamente conocidas y aceptadas por sus miembros[8]. Las organizaciones de partido todavía no podrían existir sin una burocracia central fuerte, estables caminos de carrera, o mecanismos institucionalizados de responsabilidad del liderazgo . Considerando el caso peronista, aunque el PJ es un partido de masa, su organización de masa es informal, mas que burocrática, y sus normas internas y sus procedimientos son fluidos, contestados y ampliamente manipulados. El PJ no esta solo en este aspecto. Estudios de caso acerca de partidos han demostrado ampliamente como el comportamiento y las normas organizacionales difieren de los estatutos formales del partido[9]. A pesar de la existencia de importantes trabajos acerca de

---

[7] Panebianco (1988) es una excepción.

[8] Este argumento ha sido inspirado por la crítica de O'Donnell (199&) a la literatura de los regímenes democráticos. Scott Mainwaring (1999:21- 25) hace un argumento similar con respecto a los sistemas de partido.

[9] Ver Apppleton (1994) acerca de partidos franceses, Morris- Jones (1966) y Weiner (1967) en el Congreso Indio, y Key (1949), Gosnell (1968), Rakove

partidos carismáticos (Panebianco 1988) y partidos de basa patronal (Key 1949; Banfield y Wilson 1963; Scott 1969), sin embargo, formas de organización informal y no institucionalizada han sido sistemáticamente incorporadas en la literatura existente acerca de la organización de partido y el cambio. Como podríamos ver, diferencias en el grado de institucionalización podrían tener importantes implicaciones para la capacidad de adaptación de los partidos[10]. Merece la pena tratar la institucionalización como una dimensión aparte en la cual os partidos pueden variar.

El concepto institucionalización ha sido aplicado a muy diferentes fenómenos en la literatura sobre organización política. Por ejemplo, institucionalización podría ser ampliada a organizaciones como un todo (Selnick 1957; Huntington 1968) o a las normas del juego dentro de las organizaciones (March y Olson 1984). En el caso anterior, es visto a menudo como un proceso por el cual la organización llega a ser "valorada por su propio beneficio" (Huntington 1968: 15). En casos posteriores, es a menudo conceptualizada como un proceso por el cual normas y procedimientos llegan a estar rutinizados (North 1990a: 3; O´Donnell 1994: 57-59). Aunque algunos académicos han introducido a menudo estas dos dimensiones en un solo concepto (Janda 1980: 19; Panebianco 1988: 53; 58-60; Mainwaring y Scully 1995: 4-5), no necesariamente varían juntos. Una organización podría ser "infundida con valor" y aun adolecen de reglas internas y procedimientos. Es discutible el caso del PJ. Esta ambigüedad conceptual que ha llevado a muy diversas valoraciones de los casos. Por ejemplo, el PJ ha sido caracterizado recientemente como "altamente institucionalizado" (Jones 1997: 272) y "débilmente institucionalizado" (McGuire 1997: 1). Diferentes conceptualizaciones han generado además argumentos opuestos acerca de la relación causal entre institucionalización y adaptación de partido. Mientras la institucionalización como infusión de valor se prevé para facilitar la adaptación organizacional (Huntington 1968: 15-17), institucionalización como rutinización es vista para inhibirla (Zucker 1977: 729; Krasner 1988: 74, 82).

(1975), y Guterbock (1980) acerca de los mecanismos en Estados Unidos.

[10] Panebianco (1988: 261) hace un argumento similar.

A la luz de esta ambigüedad, podría ser más útil conceptualizar la infusión de valor y la rutinización como un mismo fenómeno. En este artículo, me centro especialmente en la dimensión de rutinización de institucionalización. Rutinización es de esta forma definida como un proceso por el cual las normas y procedimientos son ampliamente conocidas, aceptadas y seguidas. Cuando las normas y procedimientos están rutinizados, se establecen las expectativas e intereses alrededor de ellos. En un contexto de alta rutinización, las normas y los procedimientos llegan a ser tan "obviados" que los actores cumplen con ellas sin evaluar constantemente los costes inmediatos y los beneficios con conformidad (Zucker 1977: 728; Jepperson 1991: 147).

La rutinización esta generalmente asociada con una mayor eficacia. Rutinas establecidas y obviadas reglas y procedimientos son cruciales para el funcionamiento directo de organizaciones complejas (Nelson y Wnter 1982: 74-110; March y Olsen 1989: 24). [11] Sin embargo, altos niveles de rutinización podrían ser un obstáculo en un contexto de crisis (Thompson 1967: 150; Nelson y Winter 1982: 126). Procesos de toma de decisiones rutinizados acercan diferentes opciones consideradas por los líderes en el corto plazo (Nelson y Winter 1982: 74-83; Zucker 1983: 5). Los actores tienden a ser mas lentos para cuestionar las estructuras y las estrategias, y cuando aparecen con estrategias adaptativas viables, reglas de decisión establecidas pueden limitar su capacidad de implementarlas. Desde una perspectiva basada en el interés, estructuras rutinizados llegan a estar limitadas por que los actores invierten en habilidades, aprenden estrategias y crean organizaciones que son apropiadas para las reglas del juego existentes (North 1990b: 364-365). Estas inversiones dan a los actores tanto una participación en la preservación de existentes acuerdos y una mayor capacidad de defenderlos, los cuales aumentan el coste de un cambio en la organización. De esta forma organizaciones altamente rutinizados tienden a ser "pegajosas", de esta forma no cambian tan rápida-

---

[11] Como North escribe, las instituciones "permiten emprender diariamente procesos de intercambio sin tener que pensar exactamente en términos de intercambio en cada punto e instancia" (1990a: 83).

mente para hacer hincapié en las preferencias y las distribuciones de poder (Krasner 1983: 357; Knight 1992: 150-151). Esto deja a este tipo de organizaciones vulnerables a los golpes externos, y la velocidad con la cual ellos pueden modificar sus estructuras y estrategias. En contraste, en un contexto de baja rutinización, más " esta vacante" en el corto plazo, y los actores tienen más espacio de maniobra para buscar y llevar a cabo estrategias de adaptación. Porque las normas y procedimientos no están reforzados por los sólidos o ampliamente obviados intereses, los actores tendrán menos dificultades para modificarlos cuando sirve para conseguir sus objetivos en el corto plazo. Como resultado, las estructuras y las estrategias serán menos "pegajosas" y los "intervalos" entre resultados institucionales y señaladas distribuciones de poder y preferencias pueden ser cerradas mas rápidamente.

Volviendo a los partidos políticos, la rutinización puede afectar a la velocidad y el grado en el cual los reformadores son capaces de modificar tanto la estructura del partido como la estrategia de partido en respuesta a los cambios en el entorno. La flexibilidad estructural refiere a la capacidad de los líderes de partido para modificar la organización del partido que son destinadas a dificultar su rendimiento. En partidos altamente rutinizados, aspectos del núcleo organización el han existido durante décadas, y son generalmente dificultados por tanto los vastos y ampliamente conocidos intereses del poder. Como resultado, los esfuerzos para cambiarlos encuentran amplia resistencia. Los cambios organizacionales en los partidos son generalmente lentos, arduos procesos en los cuales los reformadores deben superar la resistencia de un gran número de actores en el interior del partido con peso en mantener el status quo. En contraste, en partidos no rutinizados, los elementos de la estructura de partido tienden a ser más maleables. Flexibilidad estratégica refiere a la facilidad con la que un partido es capaz de cambiar su estrategia por ejemplo, su programa electoral en respuesta a los cambios en el entorno. La rutinización puede afectar a la flexibilidad estratégica del partido en dos dimensiones: (1) la renovación de los líderes, o la facilidad con la cual los viejos líderes pueden ser cambiados y los reformadores pueden ascender en la jerarquía del partido; (2) la autonomía estratégica, o el espacio de maniobra disponible para cambiar a los líderes del partido.

Atrincheramiento del liderazgo vs. Fluidez del liderazgo. Algunos académicos han afirmado que los cambios en la estrategia de los partidos son facilitados por un cambio previo en el liderazgo del partido o "coalición dominante" (Panebianco 1988:243; Harmel y Handa 1994: 266-267). Cuando las jerarquías del partido esta muy rutinizados, a menudo en forma de burocracias con carreras estables y titularidades estables, las renovaciones tienden a ser lentas. Los viejos líderes llegan a "atrincherarse" in la jerarquía de partido, y el reclutamiento interno y las carreras rechazan los movimientos reformistas e inculcan conformidad en los aspirantes a líder (Koelble 1991: 44-53; Kitschelt 1994b: 17-21; incluso Michels 1911/1962: 174-176). Los reformistas de esta forma tienden a esta "discriminados en un mar de convencionalismos de partido inquebrantables" (Kitschelt 1994b: 10), o los que Downs llama "conservadores". De esta forma, las jerarquías de partido burocratizadas a menudo toman la forma de 2oloigarquías", en los cuales los cambios de liderazgo ocurren "gradual y lentamente" y "nunca a través de un repentino, masivo y extensa inyección de sangre nueva" (Schonfeld 1981: 231). En partido que carecen de jerarquías burocratizadas, movimientos hacia dentro, arriba y afuera del liderazgo del partido son más fluidos. Los viejos líderes pueden ser cambiados de la jerarquía del partido con relativa facilidad, y la ausencia de estrictos filtros de reclutamiento y burocratización permiten a los reformadores ascender con rapidez. Esta fluidez deja a los partidos "altamente permeables a influencias e ideas exógenas" (Roberts 1994: 22).

Estrategias de coacción vs. Estrategias de autonomía. Los cambios estratégicos se son vistos para facilitar la autonomía del liderazgo (Panebianco 1988: 15; Kitschelt 1994a: 213-216). La relación entre rutinización y liderazgo es compleja. La rutinización puede ir acompañada de centralización de la autoridad (como es el caso de los partidos leninistas), las cuales ceden sustancial autonomía en la toma de decisiones (Kitschelt 1994a: 214; Roberts 1998a: 46-47). Mas a menudo, sin embargo, la rutinización está asociada con mas límites en la autonomía de los líderes (Panebianco 1988: 58; Harmel y Svasand 1993: 68). En muchos partidos muy rutinizados, rutinas establecidas u normas complejas "limitan drásticamente los márgenes de maniobra de los actores internos", como resultado, los partidos muy rutinizados tienden a responder "lenta y laboriosamente" a los cambios en el entorno (Panebianco 1988: 58; incluso Kitschelt 1994a: 213). En contraste, partidos de escasa rutinización tienden a estar asociados con mayores estrategias de autonomía. La ausencia de burocracias estables permite a los líderes del partido a tener en cuentas mas opciones estratégicas, y la ausencia de mecanismo estables de responsabilidad da a los líderes mayor espacio de maniobra para llevar a cabo sus estrategias (Harmel y Svasand 1993: 68).

En suma, los partidos menos rutinizados pueden preverse para demostrar mas estrategias de flexibilidad, en términos tanto de sus estructuras como de sus estrategias, que los mas rutinizados. Mientras los partidos altamente rutinizados se caracterizan por estructuras atrincheradas, y líderes coaccionado, los partidos poco rutinizados tienden a tener estructuras más fluidas, mayor tasa de cambio de los líderes y mayor autonomía d e los lideres. Mientras no hay garantía de que los partidos poco rutinizados adoptarán estrategias adecuadas en respuesta a los desafíos externos, la existencia de mayor cantidad de estrategias alternativas en ausencia de rutinas establecidas y normas de decisión crea la oportunidad para los líderes del partido para decidir e implementar estrategias creativas.

La figura 1 añade la dimensión formal de rutinización a la distinción de Panebianco entre partidos de masa burocrática y partidos profesionales electorales. El lado derecho de la figura corresponde al tipo de partidos rutinizados que predominan en la literatura europea. En la parte superior derecha, se pueden encontrar partidos rutinizados no de masa, los cuales corresponden a los partidos "electorales profesionales" de Panebianco. Estos partidos se esperan mas flexibles, pero menos estables electoralmente que los partidos burocráticos. En la parte izquierda de abajo, se encuentran partidos con enlaces formales rutinizados. Estos son los partidos de masa burocrática. Estos partidos se benefician de la estabilidad electoral pero tienden a ser estratégicamente inflexibles. La parte derecha de la figura 1 corresponde a partidos que carecen de una rutinización formal. En la parte superior derecha, se pueden encontrar los partidos de baja rutinización sin sustanciales enlaces con las masas. Esta categoría incluye, por ejemplo, los tipos de vehículos personalistas que funcionan en Perú, Filipinas y Rusia. Este tipo de partidos representan términos extremos de flexibilidad e inestabilidad. Aunque con adaptación alta, estos partidos con frecuencia se muestran efímeros. Finalmente, la parte inferior derecha corresponde a partidos de baja rutinización e informales con fuertes lazos con la masa. El PJ y seguramente el Congreso Nacional Africano y el Partido del Congreso Indio, podrían estar situados en esta categoría. Crucialmente, este tipo de partidos de masa informales y de baja rutinización pueden evitar el intercambio de flexibilidad sugerido por la literatura, mientras que se beneficia de la estabilidad electoral otorgada por las organizaciones de masa, ellos carecen de estrategias atrincheradas impuestas por la burocratización.

Figura 1

Una tipología de partidos basada en las dimensiones de organización de masas e institucionalización formal		
Organización	Institucionalización formal	
De masas	Baja	Alta
Baja	Partido personalista o "neopopulista"	Partido Electoral-Profesional
Alta	Partido Tradicional Populista	Partido Socialdemócrata

3. El caso del peronismo

Esta sección aplica las ideas señaladas anteriormente al caso del Peronismo contemporáneo. La sección argumenta que la organización del PJ es informal y poco rutinizada, la cual, aunque ineficiente y a veces caótica, provee al partido con cierto grado de flexibilidad estratégica que es más característica de partidos electorales profesionales que de partido burocráticos de masa. Además muestra como la estructura de partido facilito las respuestas programáticas y de coalición a la crisis que enfrentaron en los ochenta.

3.1. Un partido de masa no rutinizado

El PJ es un partido de masa, pero informalmente organizado y pobremente rutinizado. Es un partido en masa en tanto que mantiene una fuerte y organizada presencia entre las clases baja y trabajadora. En 1993 los miembros del PJ llegaron a los 3.85 millones (Jones 1997:274), y la ratio miembro- votante fue de 54.2 sobrepasando a los partidos socialdemócratas de después de la guerra de Austria, Alemana o Suecia (Bartolini y Mair 1990:234).[12] El PJ además posee una densa infraestructura de ramificaciones locales y mantiene vínculos extensos con sindicatos y un gran número de organizaciones comunales (Levitsky 1999: 83-90). Estos enlaces ayudan a reproducir lo que mantiene una subcultura e identidad poderosa, la cual dota al PJ de una base electoral relativamente estable[13]. A diferencia de los partidos de masa del norte de Europa, el PJ es no burocrático. Sus enlaces con la masa son en su mayoría enteramente informales, y las normas y procedimientos que gobiernan la vida interna del partido son contestados, rutinariamente burlados y repetidamente cambiados. Las raíces de su estructura se extienden en la historia peronista.

---

[12] Mientras el PJ contiene un nivel de compromiso más bajo que en los partidos de masa europeos (por ejemplo, los peronistas no pagan tasas regularmente), esta cantidad es alta.

[13] Para la extensión y naturaleza de la identidad peronista y la estabilidad de su núcleo electoral ver Ostiguy (1998).

El periodo formativo del peronismo (1945-55) la concepción de Panebianco (1988) lo aproxima a un partido carismático. Altamente dependiente del liderazgo personalista de Juan Perón

El original partido peronista fue reorganizado repetidamente desde arriba y de esta forma nunca desarrollo una estructura estable de normas y procedimientos. [14] El Peronismo permaneció no rutinizado durante 18 años que siguieron a la caída de Perón en 1955. Mientras la clase trabajadora sobrevivía a periodos de represión mediante la creación de una disciplina, organizaciones jerárquicas (Duverger 1954/1963: 49), el peronismo calló en un estado de descentralización y semianarquía. La no existencia de una estructura de autoridad y un grupo de normas y procedimientos unió a diferentes subgrupos. Aunque los sindicatos y jefes provinciales unieron esfuerzos para rutinizar el partido en los 60, estos proyectos fueron fracasados por Perón, en el exilio (McGuire 1997; Arias 1998). El resultado fueron una serie de intentos en los cuales ningún grupo pudo establecer las reglas del juego y varios proyectos institucionales coexistieron dentro de un ambiguamente definido movimiento. La muerte de Perón en 1974 llevo al PJ a un estado de conflicto violento interno, y el partido se mantuvo en un estado de anarquismo a través del periodo de dictadura entre 1976 y 1983.

El PJ de esta forma, emergió de la de la transición democrática desde 1984 en un estado de extrema fluidez interna. Aunque las reformas democratizadoras llevadas a cabo durante el periodo de renovación de 1987 a 1989 que trajo a partido un grado de orden institucional (Novaro y Palermo 1998: 47-52), este proceso de rutinización fue a lo más parcial. De esta forma, el PJ de después de la renovación continuó careciendo tanto de una burocracia central efectiva como de unas normas y procedimientos internos (Levitsky 1999: 91-120). Las normas internas del partido son vistas de forma instrumentales más que dadas por sentadas. Los estatutos del partido están en un "estado de infracción permanente"[15]. Las normas y pro-

---

[14] Para Análisis del inicial partido peronista, ver Ciria (1983), Little (1973), Pont (1984), Torre (1990) y Mackinnon (1995, 1998).

[15] Entrevista con Raúl Roa, tesorero de la rama del PJ en la Capital Federal, 12 de mayo de 1997.

cedimientos son repetidamente " modificados de acuerdo con las necesidades de los líderes del partido"[16] y frecuentemente, son circunscritas o simplemente ignoradas. Como un activista del PJ afirmaba "usan los estatutos del partido cuando son útiles. Cuando no lo son, no los usan"[17]. La ausencia relativa de una rutinización interna puede ser vista en tres áreas críticas: (1)la jerarquía de partido; (2) los cuerpos de liderazgo; (3) la unión partido-sindicato.

La Jerarquía de partido fluida: carreras y liderazgo/selección de candidatos

La jerarquía del PJ es fluida. El partido carece de filtros de reclutamiento, carreras estables, normas de seguridad. Los peronistas tradicionalmente llegan a las posiciones más altas sin subir por los escalones del partido. De esta forma, Isabel Perón y José María Vernet subieron a la presidencia del PJ(en 1974 y 1984, respectivamente) sin haber adquirido previamente la secretaría del partido, y Carlos Reutemann llegó a la vicepresidencia del partido (en 1995) solamente dos años después de haber ingresado en el partido. Los líderes pueden ser trasladados fácilmente de la jerarquía del partido. A pesar de el hecho de que los estatutos del partido estipulas periodos de cuatro años en los cuerpos nacionales de liderazgo, estos mandatos raramente son respetados. De hecho, los primeros cuatro presidentes elegidos después de 1983-Lorenzo Miguel, José María Vernet, Vicente Sandi y Antonio Cafiero-fueron forzados a descender después de sus mandatos.

Aunque la selección de líderes fue parcialmente democratizada por medio de la introducción de elecciones directas en 1987, ninguna vez durante los 90 fue ningún líder del PJ elegido mediante unas elecciones competitivas. Tanto en 1991 como en 1995, el líder del partido fue nombrado por un pequeño círculo de oficiales del gobierno y posteriormente "proclamado" por los

---

[16] Entrevista del autor con el diputado José López, 15 de septiembre de 1997.

[17] Entrevista del autor con Daniel Checker, 9 de septiembre de 1997.

partidos del congreso[18]. Un caso parecido puede ser observado a nivel provincial, como la mayoría de las ramas provinciales del PJ fracasaron a la hora de celebrar elecciones democráticas en 1997. De esta forma, el proceso de elección de los líderes permanece lejos de estar rutinizado. [19] de hecho, 25 años después de la muerte de Perón y más de una década después de la Renovación, el liderazgo del partido nunca ha cambiado mediante medidas institucionales. [20]La no rutinizada jerarquía del PJ generalmente da como resultado una sustancial fluidez del liderazgo. Los cambios de liderazgo frecuentemente conllevan "limpiezas de casa" virtuales, en las cuales la vieja guardia de los líderes es enteramente retirada del Consejo Nacional. En 1985, por ejemplo, más del 80 por ciento del Consejo Ejecutivo Nacional fue desplazado. Volviendo a los años entre 1983 y 1987 fue un total del 100 por cien. Aunque esta tasa disminuyó de alguna forma en los 90, permaneció alta. Entre 1991 y 1995, el consejo ejecutivo fue el 63 por ciento.[21]

Lo importante de estas limpiezas de casa el a amenaza de la limpieza de casa. Porque la jerarquía del partido carece de normas de ocupación y carreras rutinizadas y porque el estado, más que el partido, en el acceso a posiciones de poder y prestigio, la búsqueda peronista de preservar o avanzar en sus carreras permanecer en buenos términos con los líderes que sustentan la secretaría. De esta forma, mientras el conservadurismo puede ser una estrategia

---

[18] Entrevista del autor con el anterior presidente del partido Roberto García (23 de junio de 1997) y anterior ministro de interior Gustavo Béliz (21 de Julio de 1997) y José Luis Manzano (5 de diciembre de 1997).

[19] Como afirma un activista, "la democracia interna existe sólo cuando esta sirve a los intereses de los líderes del partido. Cuando no sirve a sus intereses, no hay democracia interna" (entrevista del autor el 19 de mayo de 1997)

[20] El liderazgo del partido fue ingerido por Isabel Perón en 1974, tomado de hecho, por el "62"- coalición ortodoxa en 1983, tomada por los renovadores a través de la creación de un liderazgo paralelo en 1987, y destruida por Menem mediante la resignación en 1990.

[21] En este estudio de los partidos franceses en los 60 y 70, Schonfeld (1981:223-225) encontró la media del 19 por ciento del partido comunista, el 38 por ciento de los socialistas, y el 34 por ciento de los gaulistas.

racional en el contexto burocrático (Downs 1967: 96-100), a excepción de facciones internas que sustentan (o están a punto de sustentar) poder es atribuible una estrategia más racional para la orientación de las carreras de los peronistas. Por esta razón, los cambios en el poder interno en el PJ están tradicionalmente acompañados de un proceso "bandwagoning" en el cual los líderes de niveles medios y altos defect, en masse, a ganar facciones.[22] Más que "burocracias atrincheradas" los viejos líderes de partido se convierten en conversos.

*Los cuerpos de líderes débiles: la ausencia
de una autoridad asumida*

El cuerpo formal de líderes del PJ está también pobremente rutinizado. Aunque el Congreso Nacional y el Consejo Nacional son formalmente las máximas autoridades del partido, nunca han sido asumidos cono el último centro de decisión. En los años 70, este cuerpo fue ampliamente ignorado por los peronistas, quienes lo vieron como un subordinado tanto a Perón como al ambiguamente definido "movimiento". Tan tarde como en 1984 dos estructuras paralelas compitieron con el Consejo Nacional: el Consejo Federal el cual había, mediante los gobernadores del PJ hecho un esfuerzo para tomar el liderazgo del partido y un Consejo Superior, "el cual fue creado por la anterior presidenta Isabel Perón (ahora viviendo en Madrid) y reclamó estar "por encima de todos los órganos del partido" en la jerarquía del partido.[23] Aunque estas estructuras en competencia desaparecieron después de mediados de los 80, los peronistas continuaron sin tomar seriamente al Consejo Nacional y otros órganos del partido como estructuras de autoridad independiente. Como un líder del partido afirmaba "otros partidos no pueden hacer nada si no hablan de ello con el consejo del partido. Nosotros no prestamos ninguna atención al consejo de partido"[24]. La autoridad "Real" en

---

[22] Gretchen Helmke (1999) hace un argumento similar con respecto al comportamiento de las cortes supremas de justicia.

[23] *Clarin*, 25 mayo, 1984, p. 8;10 agosto, 1984, p.10.

[24] Entrevista del autor con Mario Scalisi, 8 de mayo, 1997.

el PJ tiende a caer en las manos de quienes detentan la oficina pública quienes controlan el acceso a los recursos del estado. De esta forma, cuando el PJ ocupa la presidencia "el gobierno conduce el partido"[25]. En consecuencia, se ha desarrollado la no existencia d e normas de exigencia de responsabilidades a los líderes del partido. En la ausencia de líderes efectivos que les junten en una forma estable, líderes secundarios enfrentan problemas de coordinación a la hora de cuestionar decisiones tomadas por la autoridad del partido.

Caen en una **"hub-and-spokes"** relación con los líderes de la secretaría del partido[26]. La cual les deja en una vulnerable cooptación y de esta forma fortalece una mayor autonomía presidencial.

La unión entre un partido poco rutinizado y un sindicato

La tercera área de la baja rutinización es la unión entre le partido y el sindicato. La mayoría de los partidos laboristas poseen una relativa bien institucionalizada unión con los sindicatos. Estos lazos pueden incluir sindicatos unidos en el liderazgo del partido, votos unidos del sindicato en el Congreso del partido, o una variedad de normas informales de consulta. En el PJ, sin embargo, las normas y procedimientos que regulan la participación de los sindicatos nunca fueron rutinizadas. Aunque los sindicatos jugaron un papel fundamental en la subida al poder de Perón y fue crítico en la supervivencia del movimiento durante su periodo de proscripción, los esfuerzos por rutinizar la unión entre los sindicatos y el partido, como el partido laborista en los 40 y el proyecto de Augusto Vandor en los 60, fueron frustrados por Perón (McGuire 1997). Y mientras los sindicatos ganaron una posición hegemónica en el partido después de la muerte de Perón en 1974, esta influencia fue de hecho producto del poder de organización y movilización de los sindicatos, y los líderes laboristas hicieron un esfuerzo bien peque-

---

[25] Entrevista del autor con Hurlingham mayor Juan José Alvarez el 18 de mayo de 1997.

[26] Acerca del efecto de la dinámica de hub-and-spokes, ver Knoke (1990: 11-12) y Ansell y Fish (1999).

ño para establecer las normas del juego de la participación de los sindicatos (Mcguire 1997: 166-169).

Como resultado, la unión entre el PJ y los sindicatos permaneció informal, poco definida, y contestada durante los 90. Por ejemplo, a pesar de que las "62 organizaciones" (o "62") funcionaron de manera informal como representantes en el liderazgo peronista en los 60 y 70, [27] su status como "brazo político del peronismo" nunca apareció en los estatutos del partido, y la no existencia de normas y procedimientos (formales o informales) emergió rodeando sus actividades y suposición en la cúpula del partido (McGuire 1997:99). Similarmente, el sistema corporatista por el cual los sindicatos tradicionalmente participaron en el proceso de selección de líderes y candidatos, conocido como el sistema de tercio, que tampoco fue rutinizado. Enraizado en la tradición movimentista del peronismo, en la cual ramas políticas laboristas y de mujeres asumieron la tercera parte de las candidaturas y lo puestos de liderazgo en el partido. El tercio nunca se formalizó en los Estatutos del partido ni rigurosamente respaldado. Aunque el sistema estaba nominalmente unido en los años 60 y 70, siempre fue cuestionado in varios sectores del peronismo y fue tradicionalmente ignorado en las provincias de la periferia. De esta forma, su permanencia nunca fue producto de su taken-for-grantedness (concesiones), pero fue explícitamente respaldada o negociada por los sindicatos poderosos.

Una consecuencia de la estructura no institucionalizada del PJ es su ineficiencia e incluso su caos interno. En ausencia de normas de decisión estables, el PJ sufre con frecuencia crisis institucionales, incluyendo contradicciones a los congresos del partido, competencia en las peticiones a la autoridad y conflictos acerca de las normas y procedimientos. Estos conflictos a menudo producen **schims** y no es extraño para uno o más partidos peronistas competir en las mismas elecciones locales o provinciales. En consecuen-

---

[27] Originalmente una alianza temporal de 62 sindicatos buscando el control del congreso de CGT de 1957, los "62" eventualmente llegaron a ser conocidos como "el brazo político del laborismo peronista". Para más detalles historia de los "62", ver McGuire (1997).

cia, los líderes del partidos deben dedicar una sustancial cantidad de tiempo y energía en dirigir las actividades de otros, resolver conflictos internos y crear normas y procedimientos *ad hoc*. Aunque la baja rutinización además provee al PJ de un alto grado de flexibilidad, los peronistas son capaces de modificar rápidamente tanto la estructura del partido como la estrategia de respuesta a los cambios en el ambiente. En las páginas que siguen, demuestro cómo esta flexibilidad facilitó la capacidad de hacer coaliciones y su adaptación programática en los años 80 y 90.

3.2. Crisis en el entorno y cambio en el partido: la adaptación dual del PJ

El peronismo enfrentó un severo desafío en el entorno en los años 80. El PJ emprendió en 1983 una transición democrática como un partido laborista. Los sindicatos, los cuales apoyaron el movimiento dictatorial entre 1976 y 1983, sirvieron como el primer lazo de unión entre el PJ y las clases urbanas y obreras, facilitando organización al partidos y recursos financieros. Los jefes de los sindicatos, dominaban la toma de decisión del partido representando al PJ en las negociaciones con los militares e imponiendo la presidencia del partido (ticket) (Cordeu et. Al. 1985: 27-30). A finales de 1983, los líderes del "62" Lorenzo Miguel (de los trabajadores del metal) y Diego Ibáñez (de los trabajadores del aceite) fueron elegidos presidente del partido y presidente del bloque legislativo respectivamente. En realidad, el PJ continuó unido a un programa populista que incluía la defensa de un modelo de economía de estado y políticas de redistribución económica, fuerte apoyo al trabajo organizado y una llamada a la renegociación de la deuda externa (Bittel 1983; Partido Justicialista 1983).

El laborismo del PJ estaba pobremente unido con el contexto electoral y socioeconómico de mediados de los 80. Para algunos, las bases de las políticas de argentina habían cambiado sustancialmente. La liberalización del mercado llevada a cabo por el gobierno militar y la crisis económica de principios de los 80 diezmaron el sector indus-

trial, debilitando los sindicatos industriales y transformando radical-
mente la clase obrera argentina. La clase obrera industrial disminuyó
en mas de un tercio (Smith 1990: 30), mientras que los sectores de
venta al por menos, servicios e informal se expandieron considerablemente (palomino 1987; Tokman 1996). Estos cambios en la estructura social amenazaron las bases sociales y electorales del PJ en
dos formas. Primero, porque el PJ permaneció fuertemente unido a
los lazos con los sindicatos, el declive de los sindicatos industriales
amenazó con erosionar su presencia social y organizacional en la
clase trabajadora y clase baja. Los votantes de la clase de *cuello blanco* emergente y de los sectores informales tenía muy poco contacto
son los sindicatos industriales, lo cual significaba que la influencia –en
términos tanto de campañas electorales como de socialización política a largo plazo– que las bases organizadas de los sindicatos podían
ejercer sobre ellos era limitada. Segundo, las identidades e intereses
de los votantes de los sectores informales y de cuello blanco se dife-
renciaban sustancialmente de los de la clase de cuellos azul. De esta
forma, los trabajadores de estos sectores industriales –particularmente
trabajadores de cuello blanco– se convirtieron en un electorado independiente en los años 80. El fracaso del PJ para captar estos votos
fue la causa mayor de la inesperada caída en 1983 en la elección
presidencial (Catterberg 1991: 81- 82; Waisbord 1995: 30- 32).

La dinámica de competición de partido además otorgó un
incentivo para perseguir los votos de la clase media. El sistema de
partidos argentina de después de 1983 era una sistema predominantemente bipartidista en el cual el peronismo representaba a
la clase trabajadora y la clase baja y la Unión Cívica Radical
(URC) –junto con algunos pequeños partidos socialistas y partidos
conservadores– representaba a los grupos de clase media y alta
(Ostiguy 1998). Dado que ningún partido supuso una amenaza a la
base de clase baja del peronismo, los esfuerzos del peronismo por
capturar votantes de clase media pudieron predecirse con costes
relativamente bajos en términos de fallos en su propio flanco.

El PJ incluso enfrentó un mayor desafío en el terreno económico. El colapso del estatismo argentino, el modelo o orientado al interior, junto con la presión fiscal generada por la crisis de

la deuda, dejó a la economía en un estancamiento y un estado inflacionario. Los intentos del gobierno de Alfonsín (1983-1989) para resolver la crisis económica por medio de ajustes hetero-doxos fracasaron. Para 1989, la economía había caído en una espiral de recesión e hiperinflación. Cuando el presidente Me-nem tomó la presidencia en 1989, el Producto Interno Bruto había descendido a los niveles de 1974 y la inflación se mantuvo cercana al 200 por ciento al año.

Estos cambios en el entorno crearon un incentivo para los líderes del PJ para adaptarse tanto en sus coaliciones como en sus programas. En cuanto a las coaliciones, manteniendo el apoyo entre los sectores informales urbanos en crecimiento requirieron al PJ disminuir sus lazos con los sindicatos y con los territorios. Al mismo tiempo, capturando un porción del cre-ciente electorado independiente supuso que al partido reducir los llamados tradicionales del peronismo a favor de una base multiclasista y una estrategia de atrápalo todo. Estos cambios deberían necesariamente conllevar una reducción de la influen-cia de los sindicatos. En el aspecto programático, las nuevas constricciones económicas podían limitar el grado en el cual el gobierno peronista podía perseguir políticas de redistribución. Sin embargo, dado que el PJ estuvo en la oposición entre 1983 y 1989 no fue forzado a   reconciliar su plataforma con sus rea-lidades hasta que Menem fue elegido presidente en 1989.
Adaptación en las coaliciones:

La desindicalización del peronismo urbano

El PJ persiguió un cambio en sus coaliciones después de 1983. En menos de una década, el peronismo urbano se transformó de un partido laborista a un partido predominantemente de patrocinio (patronazgo) en el cual los líderes de los sindicatos tenían una in-fluencia relativamente pequeña. Esta rápida y profunda desindicali-zación fue producto de la unión de naturaleza no rutinizada con los sindicatos. Aunque los sindicatos dominaban el PJ en 1983, los mecanismos tradicionales de participación como el "62" y el tercio, no fueron ni formalizados en los estatutos del partido ni ampliamente asumidos. Incluso, fueron forzados explícitamente por sindicatos poderosos (Levitsky 1999:166). En consecuencia, estos mecanismos fueron altamente vulnerables a los cambios en la distribución del poder y las preferencias en el partido.

Este cambio ocurrido después de 1983, los políticos que previamente dependían de los recursos de los sindicatos consiguieron acceso al estado. Aunque el PJ perdió la presidencia en 1983, ganó 12 de los 22 gobernadores, cientos de mayorazgos y alcaldías. En tanto que los peronistas lograron posicionarse en gobiernos locales y provinciales sustituyeron los recursos de los sindicatos por los del estado, construyendo unos marcos de apoyo basados en el patrocinio (patronazgo) al margen de los sindicatos. Estos marcos facilitaron las bases organizativas para la Renovación, una coalición heterogénea de jóvenes políticos urbanos, sindicatos reformistas, y jefes provinciales que desafiaban la posición a las posiciones privilegiadas. Eventualmente ganaron control en 1987.

El proceso de renovación no solo desplazó a la vieja guardia de los sindicatos del liderazgo del PJ además desmanteló el mecanismo de participación tradicional del laborismo.

Las "62 organizaciones" perdieron su status informal en la representación de los trabajadores en el PJ cuando los renovadores optaron por oponerse a ello como una institución. A principios de 1985, los renovadores rechazaron organizar el monopolio de la representación tradicional de los trabajadores del "62" y comenzaron a plantear el "grupo 25" (o "25") como una facción alternativa. Después de la elección, el "25" abrió una fundación de investigación, lanzando un periódico, y estableciendo organizaciones regionales alrededor del país. En 1988 y 1989, los aliados sindicalistas de Carlos Menem crearon dos ramas laboristas mas: la mesa redonda del trabajo de Menem para presidente y la Mesa de Enlace Sindical. Hacia 1989, el "62" había pasado de la "rama laborista" del PJ a ser una de varias facciones laborismo del peronismo y hacia principios de 1990 el cuerpo dirigente llegó a estar "sin nombre" y "nadie le prestaba atención".[28] Ninguna organización sustituyó al "62" como la representación del laborismo peronista, y como resultado, los sindicatos se quedaron sin un cuerpo informal de representantes dentro del partido.

El desafío de la renovación incluso destruyó los últimos vestigios de legitimidad más allá del *tercio* sindical. Viendo el tercio como un mecanismo para mantener la hegemonía de la representación del trabajo, los renovadores pidieron al partido " actuar mas allá del absurdo porcentaje del trabajo" (Bárbaro 1985:151) en los espacios que impedían "la libre decisión de los miembros". [29] Aunque los líderes ortodoxos de los sindicatos usaron su influencia sobre el liderazgo nacional del partido para asegurar la ratificación oficial del tercio en 1986, [30] las ramas renovadoras de Córdoba, Mendoza, y otras provincias ignoraron las ordenas a poner en práctica por parte del Consejo Nacional. Hacia 1987, la idea de que los sindicalistas tenían en derecho de nombrar candidatos había sido totalmente desacreditada.

Después de que los renovadores ganaron el control nacional del partido a finales de 1987, lo hicieron fuera con las (ahora debilitadas) prácticas informales de participación laborista que habían sido estructuradas.

El congreso de partido de noviembre de 1987 eliminó formalmente al tercio mediante el establecimiento de un sistema directo de elecciones de líderes y candidatos. Incluso no fue creado ningún cuerpo para reemplazar al "62" como represtación laborista en el liderazgo del partido. En consecuencia, el laborismo se quedó sin ningún mecanismo (formal o informal) de participación en el partido[31]. La eliminación del "62" y el tercio con un régimen elec-

---

[28] Entrevista del autor con el anterior secretario general de la CGT Oscar Lescano, 27 de Octubre de 1997.

[29] José Manuel de la Sota, Clarín, 11 de Julio de 1986.p.12.

[30] Aunque 17 de los 110 puestos en el Consejo Nacional fueron reservados para sindicalistas, no fue creado ningún procedimiento para elegir los representantes, como resultado, el poder de los representantes sindicales cayó en las manos de los líderes del partido quienes juntaron los *slates* del liderazgo.

[31] Clarín, 19 de marzo de 1986, p.7, 2 de abril de 1986, p.3; 11 de julio de 1986, p.12; 6 de octubre de 1986, p.10.

toral sacó el poder de los sindicatos y aquellos que controlaban la mayoría de los votos. A nivel local, el poder cayó en manos de los mediadores vecinales y los políticos que organizaban estos mediadores en redes basadas en el patrocinio (patronazgo). Estas redes de patrocinio (patronazgo) desplazaron a los sindicatos como el lazo de unión primario ente el partido y su base urbana y hacia 1990 se habían consolidado como poderosas máquinas urbanas. Al mismo tiempo, el laborismo peronista fragmentado, careciendo de una organización política colectiva, comenzó a negociar alianzas individuales con jefes del partido. Esta fragmentación redujo su nivel de trato *bis a bis* con los líderes. De acuerdo con el anterior secretario general de la CGT Saúl Ubaldini:

> Nosotros participamos solo si los gobernantes nos dicen que podemos hacerlo... El "62". El tercio desapareció. Y lógicamente con su desaparición nadie se va a preocupar por nosotros... Hoy al laborismo no tiene poder para decir "queremos imponer algunos candidatos" . Publicamos un comunicado antes de que se diseñaran las listas de candidatos, pero ninguno de los gobernantes nos hizo caso.[32]

Como resultado de estos cambios, la representación laborista en el partido disminuyó precipitadamente. Como muestra la tabla 1, la representación sindical en el Consejo Ejecutivo Nacional cayó desde más de un tercio (37.5 por ciento) en 1983 a un octavo (12.5 por ciento) en 1995, no había sindicalistas en los puestos más altos del ejecutivo. La representación sindicalista en las listas parlamentarias incluso disminuyó. La tabla 2 muestra este declive en los cinco distritos urbanos mas grandes. Teniendo en cuenta que en 1983 la cantidad es inflada debido al hecho de que todos los escaños de diputados fueron ocupados en ese año (al contrario de las lecciones posteriores), se puede ver que disminuyó en cada uno de los distritos. La tabla 3 muestra el declive general en la representación sindical en la cámara de diputados. El número de sindicalistas disminuyó en-

---

[32] Entrevista del autor, 3 de octubre de 1997.

tre 1985 y 1995, a pesar de el hecho de que el tamaño del PJ aumentó en cerca de un 30 por ciento. Mientras los sindicalistas habían constituido mas de un cuarto del PJ a mediados de los 80, en 1997 representaban menos de la quinta parte.

Tablas 1-3:
La erosión de la representación sindical
en el liderazgo del PJ, 1983-1997

Tabla 1

Los sindicatos en el Consejo Nacional del PJ			
	1983	1990	1995
Ejecutiva del Partido[a]	Presidente actuante	Primer vicepresidente	Ninguno
Equipo Ejecutivo[b] (Porcentaje del total)	37.5	25.0	12.5
Todo el Consejo Nacional (Porcentaje del total)	30.8	15.5	15.5

Tabla 2

Miembros de sindicatos de trabajadores del PJ elegidos para la Cámara de Diputados en cinco de los mayores distritos industrializados, 1983-1997								
Distritos	1983	1985	1987	1989	1991	1993	1995	1997
Federal Capital	3	1	1	2	1	1	0	0
Buenos Aires	10	3	6	4	4	3	2	2
Córdoba	1	1	0	1	0	0	0	0
Mendoza	1	0	1	0	0	0	0	0
Santa Fe	4	2	1	2	0	0	0	0
Total	19	7	9	9	5	4	2	2

[a]Incluye la presidencia del partido y las vicepresidencias.
[b]Incluye la ejecutiva y las secretarías del partido. El equipo ejecutivo tuvo ocho miembros en 1983, 24 miembros en 1990 y 32 miembros en 1995.

272

Tabla 3

Número total de los sindicalistas del PJ en la Cámara de Diputados, 1983-97								
Año	1983	1985	1987	1989	1991	1993	1995	1997
Número sindicalistas	29	28	22	24	18	10	6	5
Total de del tamaño del Bloque del PJ	111	101	105	120	120	128	130	119
Porcentaje de sindicalistas	26.1	27.7	21.0	20.0	15.0	7.8	4.6	4.2
Fuente: Gutierrez (1998a: 41-44) y del autor el propio cálculo.								

La influencia de los sindicatos sobre la estrategia del partido también decayó. Entre 1983 y 1988, la influencia del laborismo en el PJ fue tal que regresó a las posiciones de la CGT en la mayoría de los asuntos y en cada una de las 13 huelgas generales. Hacia 1989, sin embargo, los líderes del partido habían logrado una sustancial autonomía de los sindicatos. Los líderes del laborismo reclamaban que "no se les había dado un sitio en la mesa" en el desarrollo del programa económico de Menem[33] y el periódico Clarín describió a laborismo como "apenas un espectador" en el partido durante principios de los 90.[34] En noviembre de 1992, el PJ dio un paso inesperado en oposición a la huelga general de la CGT.[35] Aunque el laborismo continuo alienado con el PJ a lo largo de los 90, los líderes sindicales reclamaban que el partido estaba "más cercanamente alineado a los empresarios que con la CGT".[36]

Después de 1983 la desindicalización hizo que el PJ capaz de configurar su base coalicional en línea con los cambios en la estructura social producida por la desindustrialización. La creciente autonomía de los líderes del partido facilitó los esfuerzos de los

---

[33] Entrevista del autor con el secretario general de la CGT Rodolfo Daer, 2 de octubre de 1997.

[34] Clarin, 28 de septiembre de 1991, p.14

[35] Clarin, 5 de noviembre de 1992, p.11.

[36] Entrevista del autor con el líder de los trabajadores de un hospital Carlos West Ocampo, 13 de octubre de 1997.

líderes de la renovación para ampliar la campaña electoral. De esta forma, la renovación del PJ rápidamente abandonó la orientación peronista hacia el interior a favor de una basada en los media, estrategia atrápalo todo y más democrática, un perfil socialmente progresista. Al mismo tiempo, la consolidación del patronazgo, las organizaciones territoriales al PJ a mantener su base entre las clases urbanas pobres. Las redes de patronazgo peronistas se consolidaron el las zonas urbanas pobres en los 90, facilitando el acceso al empleo, los servicios vecinales, y necesidades básicas como comida, medicina para población que había estado marginada tanto por la economía formal como por el estado (Auyero 1997; Levitsky 1999: 262-272). Aunque el impacto electoral de estas actividades es complicado de medir, hay pocas dudas acerca de que las conexiones territoriales son mas efectivas en áreas caracterizadas por población desocupada y un amplio sector informal que las conexiones de los sindicatos.

La adaptación programática: el giro neoliberal

La adaptación programática del PJ durante la presidencia de Menem es bien conocida. Aunque elegido en una plataforma populista, el gobierno de Menem respondió a la crisis de hiperinflación de 1989 con un cambio radical sensacional. Llevando a cabo reformas a favor de una reforma "todo o nada" (Palermo y Torre 1992; Palermo 1994; 322), Menem llevó a cabo una reforma radical en el programa que, de acuerdo con un índice de economía global, fue el segundo más rápido del mundo entre 1990 y 1995 (Gwartney et. al. 1996).[37] La pieza central del programa de reformas fue el Plan de Convertibilidad, el cual transformó el banco central en una moneda extranjera haciendo el peso argentino libremente convertible en dólar Aunque el Plan de Convertibilidad tuvo éxito en terminar con la inflación y restaurar el crecimiento de la economía, el desempleo aumentó desde un 8.1 por ciento en 1989 a un 18.4 por ciento en 1995.

---

[37] Para el análisis de las reformas de Menem, ver Canitrot (1994), Corrles (1996), Gerchunoff y Torre (1996) y Palermo y Navarro (1996).

Las huelgas ante la reforma fue la forma de castigarles políticamente. Lejos de dar marcha atrás en su programa, Menem las reforzó, haciendo uso repetido de dramáticos gestos públicos para poner de relieve su conversión.

De esta forma, el gobierno se alineó abiertamente con los enemigos tradicionales del peronismo como la Multinacional Bunge y Born y el ala derecha de la Unión de Centro Democrático. Asimismo, no solo se abandonó la política exterior nacionalista sino que se enviaron tropas de aire con los Estados Unidos a la guerra del Golfo e incluso se habló de "relaciones carnales" con Estados Unidos.[38]Mientras estos gestos políticos podrían haber sido críticos para esta creciente "brecha de credibilidad" que el gobierno peronista enfrentó con respecto a los inversores nacionales y extranjeros y terratenientes (Gerchunoff y Torre 1996: 736; Palermo y Novarro 1996: 135-139), fueron difíciles de asimilar por muchos líderes y cuadros del PJ.

Muchos líderes no compartían con Menem la radical estrategia neo-liberal. El presidente del partido Antonio Cafiero y otros líderes preferían una aproximación más moderada (Levitsky 1999: 216-217) y de acuerdo con el anterior líder José Luis Manzano, "muy pocos" legisladores del PJ estaban de acuerdo con el inicial proyecto de reforma.[39] De hecho, encuestas destinadas a líderes locales y nacionales del partido realizadas por el autor en 1997 encontraron que menos de un cuarto se identificaban con el modelo neoliberal (Levitsky 1999: 219-226). Sin embargo, Menem enfrentó sorprendentemente un pequeña resistencia dentro del partido. A pesar de el hecho de que el Pj fue controlado por la facción renovadora del centro-izquierda en 1989, el partido no hizo un esfuerzo serio para modificar el programa de Menem. El Consejo Nacional nunca se opuso públicamente al presidente Menem. Incluso, la mayor parte del programa, incluido el marco principal de privatización y la reforma del estado (1989), el Plan de Convertibilidad (1991), y la privatización del petróleo y las pensiones (1993) fueron· aprobadas en el

---

[38] Ministro de exterior Guido Di Tella, recogido en Clarín, 9 de noviembre de 1991, p.7.

[39] Entrevista del autor, 5 de diciembre de 1997.

Congreso con un apoyo casi unánime por parte del grupo legislativo del PJ (Corrales 1996: 265-270).

Hay además dos razones por las cuales las dudas acerca de los desafíos al programa de Menem. Un factor fue la crisis de hiper-inflación de 1989, la cual convenció a muchos peronistas de que no había otra alternativa viable a las reformas ortodoxas (Palermo y Torre 1992; Palermo y Navarro 1996: 217). Aunque durante la crisis de hiperinflación fue indudable crítica al éxito de Menem, la crisis no es suficiente para explicar la cooperación del PJ. Como firmó Javier Corrales (1996: 135-136) se pueden encontrar muchos casos de no cooperación con reformas en medianas o serias crisis. Incluso, el éxito de Menem en el desarrollo e imple-mentación de una estrategia neoliberal radical fue también pro-ducto de la estructura del partido. Aunque muchos peronistas criticaron la estrategia de Menem, el PJ de organizo con pocos incentivos y pocas oportunidades para desafiarlo. La organización del PJ apoyo la autonomía estratégica de Menem en tres formas: (1) la ausencia de puestos llevó a un proceso de "bangwago-ning", en el cual los último líderes no-menemistas del partido desertaron del Menemismo; (2) la debilidad del cuerpo de líderes del partido permitió a Menem primero ignorar el liderazgo formal del partido y después llenarlo con oficiales del gobierno; (3) en ausencia de puntos de unión horizontales, líderes de carácter secundario cayeron en una relación de hub-and-spokes con Me-nem, el cual dinamitó las crisis internas para apoyar coaliciones en el interior del partido.

Amontonamiento y colapso de la facción renovadora. La po-sición *bis a bis* de Menem con el partido fue reforzada por el pro-ceso de "amontonamiento" entre 1988 y 1989. A mediados de 1988 dos tercio del Consejo Nacional y 68 de los 103 del bloque legislativo del PJ pertenecían a la facción renovadora de centro-izquierda.[40] Aunque la cúpula de los líderes renovadores como el presidente Antonio Cafiero, [41] el vicepresidente José María Vernet y

---

[40] Clarín, 14 julio, 1988, p.2, 15; 29 julio, 1988,p.7.
[41] Cafiero formo parte de la base de poder como gobernados de Bue-nos Aires pero lo perdió cuando expiró su periodo en 1991.

Roberto García, el presidente del bloque legislativo José Luis Manzano, el líder de la capital federal Carlos Grosso, y el líder de Córdoba José Manuel De la Sota carecían de una estructura de apoyo y en consecuencia necesitaban el apoyo de Menem para mantener sus posiciones en el partido. Inmediatamente después de la nominación de Menem, estos líderes vieron amenazadas sus posiciones por los seguidores de Menem quienes pedían una "limpieza" de la jerarquía del partido.[42]Dado que había un claro precedente acerca de la sustitución de líderes del partido, estas llamadas fueron una amenaza creíble. La victoria de Menem dinamitó el proceso de "amontonamiento" a largo plazo, de tal forma que algunos renovadores pasaron a formar parte del menemismo. A muchos se les dieron puestos en el gobierno, mientras que otros, incluido el líder Manzano, el futuro líder Jorge Matzkin, y el jefe del comité de presupuesto Oscar Lamberto, llegaron a ser el núcleo de una nueva facción dominante en la legislatura.[43] Otros, como Roberto García, fueron también capaces de preservar suposiciones en el liderazgo del partido. Conocidos como "neo-menemistas", estos desertores trajeron un realineamiento dentro del partido, otorgando a Menem una amplia base de apoyo dentro del partido. Aunque el líder de la renovación José Manuel De la Sota intentó mantener una facción no-menemista en 1989,[44] Cafiero y otros renovadores se opusieron al proyecto, y como resultado, la renovación cayó.

La debilidad del liderazgo del partido. La autonomía estratégica de Menem fue ampliamente reforzada por la naturaleza poco rutinizada de los cuerpos de liderazgo del PJ. Dado que los órganos del partido carecían de una autoridad independiente sustancial, críticas críticos internos fueron incapaces de usarlo

---

[42] Los menemistas visitaron a Cafiero, Manzano y otros líderes de partido para dimitir (a pesar de que sus periodos no terminaban hasta 1991), declarando que "la guillotina está lista y las cabezas elegidas" (Clarín, 11 julio, 1988, p.2-3; 14 julio, 1988, p.14-15; 17 julio, 1988,p.14).

[43] Sobre todo, la deserción de aproximadamente 30 renovadores creó una coalición menemista- neo-menemista que existió entre 60 y 80 de los 130 diputados.

[44] Clarín, 4 mayo, 1989, p.10- 11;5 marzo, 1989, p.10; 15 marzo, 1989, p.16.

como vehículos eficaces para cuestionar, modificar o erosionar la estrategia neoliberal. De esta forma, a pesar de que el liderazgo del partido continuaba en las manos de no menemistas como Cafiero (presidente) y Vernet (vice presidente) durante el primer año de presidencia de Menem, estos líderes no tuvieron ni autoridad ni medios institucionales con los cuales exigir responsabilidades a Menem. El Consejo Nacional jugó un papel importante en el proceso de selección del gabinete[45] o en el desarrollo de el programa inicial. De hecho, Cafiero se opuso a la decisión de Menem de nombrar a Bunge y Born director y ministro de economía pero fue ignorado. [46] En 1990, el periódico Clarín observó que la influencia del Consejo Nacional en el gobierno era "en su mayoría nula" y que Menem disfrutaba de "autonomía absoluta" con respecto a los líderes.[47] Los comunicados del Consejo Nacional llamando a una "economía de mercado mixta" e "igualdad social traída por la acción del estado"[48] fueron desoídas. De acuerdo con Cafiero, el Consejo Nacional no tenía "ningún papel" en la conformación de políticas:

> Nos reuníamos todas las semanas, y manteníamos minutos y otras cosas... Pero la influencia sobre el gobierno? No. Sacamos reportajes y declaraciones, pero estas declaraciones fueron directamente supeditadas a lo que estaba haciendo el gobierno. Por lo tanto fuimos ignorados... (Menem) no consultó a nadie... No había forma de hacerle ver la existencia de otra autoridad a su lado. [49]

En agosto de 1990, Cafiero y Vernet renunciaron (un año y medio antes de que terminaran sus periodos) y fueron reemplazados por Menem y su hermano Eduardo. La "menemización" del

---

[45] De hecho, los líderes del partido se quejaban de que habían aprendido de las afirmaciones del gobierno en los periódicos (Clarín, 1989, p.83; 17 de Julio de 1989, p.7).

[46] Entrevista del autor con el anterior presidente del partido Antonio Cafiero, 3 de octubre de 1997.

[47] Clarín, 24 de junio de 1990, p.13 y 8 de abril de 1990, p.13.

[48] Clarin, 14 julio,1990,p.6.

[49] Entrevista del autor, 3 de octubre de 1997.

Consejo Nacional cerró la brecha entre las autoridades formales del PJ y el balance real en el poder del partido. Aunque Menem estaba libre de la presidencia del partido, el Consejo Nacional crecientemente fue cayendo bajo el control del gobierno. Entre 1990 y 1993, cuando la presidencia del partido fue ocupada por Roberto García, el Consejo Nacional fue ampliamente dirigido por el ministro de la presidencia Eduardo Bounza y el ministro del interior José Luis Manzano.[50]

De acuerdo con García,

> Hubo tres fases en mi presidencia. En la primera fase, diseñé los comunicados del partido y conseguí el apoyo del gobierno antes de firmarlos. En la segunda fase, me mandaba los comunicados y yo los revisaba y los firmaba. En la tercera fase, yo leía los comunicados del partido en los periódicos.[51]

Después de la renuncia de García en 1993, todo los miembros de la cúpula del partido fueron oficiales de gobierno nacionales o gobernadores. Como resultado, el Consejo Nacional funcionaba como un "apéndice del gobierno",[52] con la mayor parte de las decisiones del partido tomadas " en la casa de gobierno". [53] El liderazgo del partido tenía muy poca influencia sobre la conformación de políticas y los líderes del partido se quejaban de " saber de las iniciativas del partidos en los periódicos". [54]

Después de 1990 el liderazgo del partido funcionaba mas como un vocero del gobierno que como canal de demandas del

---

[50] Bauza, Manzano, y otros oficiales de gobierno organizados en el congreso de marzo de 1991 que actualizaron el programa del PJ y designaron las estrategias de partido para la elecciones de 1991 y las elecciones al senado de 1992 (Clarín, 13 de marzo de 1991, p.4 y entrevista del autor con José Luis Manzano, 5 de diciembre de 1997).

[51] Entrevista del autor, 23 de junio de 1997.

[52] Entrevista del autor con el líder de la CGT y miembro del Consejo Nacional Carlos West Ocampo, 13 de octubre de 1997.

[53] Entrevista del autor con el senador José Luis Gioja, 18 de septiembre de 1997.

[54] Orlando Britos, recogida en Clarín, 24 de enero de 1992, p.9.

partido. A pesar del hecho de que el Plan de Convertibilidad generó duras críticas en el interior[55] del partido en 1991, el congreso del partido su "apoyo incondicional" para el plan económico,[56] a principios de 1992, el Consejo Nacional lanzó una campaña pública en defensa del plan.[57]El Consejo Nacional además estuvo la lado del gobierno en sus conflictos con ,os trabajadores, oponiéndose públicamente a las huelgas generales en 1992 y 1996. Las posiciones de partido y gobierno no fueron diferentes durante el segundo periodo de Menem. El Consejo Nacional actuó como un cuerpo de apoyo, ofreciendo apoyo incondicional para la agenda de Menem.[58]

Un relación hub and spokes: el fracaso de los desafíos internos. La estrategia autónoma de Menem fue reforzada por su capacidad de mantener una relación de hub and spokes con líderes secundarios del partido. Los críticos de Menem enfrentaron un problema de acción colectiva. Estando ellos unidos, los líderes secundarios tenían que haber forzado a Menem a moderar su reforma, para su posición colectiva podría haber infringido costas políticos altos en el presidente. Sin embargo, sin reglas estables de responsabilidad o una burocracia central efectiva para unirlos de forma horizontal, líderes secundarios cayeron en una relación de hub-and-spokes con Menem. Esta dinámica permitió a Menem jugar "chicken" con las críticas individuales (Palermo y Navarro 1996: 323). Dado que Menem podía ocasionar mucho más daño en líderes individuales que ellos, por ellos mismos, podían infringirle a él, las críticas repetidamente fracasaron, eligiendo la estrategia de no confrontación. Como afirmaba un líder del partido,

> "Como todo el mundo te dirá ' Yo me rendí como otros
> se rindieron. Que quieres que haga, conseguirlo solo?...
> La gente estaba amenazada de tener lo que tenía. Por ello
> negociaron individualmente[59]".

---

[55] Clarín, 14 de febrero de 1991, p.4.
[56] La vos del Interior, 21 de septiembre de 1991, p. 4a.
[57] Clarin, 9 de enero de 1992, p.6; 22 de enero de 1992, p.4.
[58] Clarin, 3 de diciembre de 1995, p.22.
[59] Entrevista del autor con Gustavo Morato, 13 de junio de 1997. De acuerdo con otro líder del PJ, "Si Menem nos llama mañana y nos dice, cállate

Esfuerzos para conseguir una coalición de oposición fracasaron repetidamente entre 1989 y 1997. Por ejemplo, en 1989 y 1990, el programa neoliberal fue desafiado por facciones internas, incluido el "Grupo de ocho" de centro izquierda, el Grupo Parlamentario Federal mas moderado, y la militancia peronista del gobernador de Catamarca Ramon Saadi. Aunque estas facciones en determinados momentos representaban una mayoría en el Consejo Nacional y en el bloque legislativo, [60] repetidamente fracasaron en llegar a formar una única coalición. En junio de 1990, por ejemplo, el esfuerzo de Saadi por destituir a Manzano como líder mayoritario fracasó cuando los miembros del grupo parlamentario federal pactaron con los neo-menemistas.[61] Cinco meses después, un esfuerzo por construir una coalición entre la militancia peronista, el grupo parlamentario federal y los aliados del vicepresidente Eduardo Duhalde fracasaron cuando los duhaltistas establecieron un pacto con Manzano. [62] Hacia finales de 1990, el movimiento de oposición interna Había colapsado y Saadi, el Grupo de Ocho, y otros disidentes fueron marginados. De acuerdo son el líder del antiguo Grupo de Ocho, Carlos "Chacho" Alvarez, " En privado, el 90 por ciento (de los líderes del PJ) criticaban a Menem de arriba abajo... pero en público no decían nada. Todos ellos fueron cooptados"[63]

Las coaliciones no menemistas también fracasaron en *take hold* durante el periodo desde 1991 a 1995. Aunque el éxito del Plan de Convertibilidad debilitó opositores internos en 1991 y 1992, hacia principios de 1993, los críticos de Menem comenzaron a hablar de "nueva Renovación" (De la Sota) y "corriente post-menemista" (Cafiero).[64] Incluso, líderes del partido como Duhalde y el senador por Mendoza José Octavio Bordón comenzaron a distan-

---

y conseguirás esto, todo el mundo va a aceptar esto porque por uno mismo no es lo suficientemente fuerte para resistir" /Palermo y Novaro 1996: 221).

[60] Clarín, 1 de marzo de 1990, p.10; 9 de marzo de 1990, p.2;3 de junio de 1990, p.6.

[61] Clarín, 9 de junio de 1990,p.7.

[62] Clarín, 27 de noviembre, 1990,p.10; 29 de noviembre,1990,p.13.

[63] Entrevista del autor, 29 julio, 1997.

[64] Clarín, 24 junio, 1993,p.4.;Página/12, 11 mayo, 1993, p.7.

ciarse de Menem posicionándose para la nominación presidencial de 1995. A mediados de 1993, el proyecto "post-menemista" de Bordón parecía tener el apoyo de Cafiero, De la Sota y otros líderes clave del partido.[65] De acuerdo con uno de los antiguos líderes, una coalición así habría "cambiado el equilibrio de poder en el Peronismo, forzando a Menem a enfrentar una oposición real".[66] Sin embargo, el proyecto bordonista pronto fracasó. Después de noviembre de 1993 el pacto Olivos aseguró el camino hacia la reforma constitucional permitiendo la elección de Menem, pocos líderes del partido se opusieron al presidente. En consecuencia, Duhalde se realineó con Menem y Cafiero, De la Sota y otros ex renovadores abandonaron a Bordón, aislándole dentro del partido.

Los esfuerzos para construir coaliciones no-menemistas también fracasaron durante el segundo periodo de Menem. Aunque surgieron algunas facciones no menemistas después de 1995, incluyendo una confederación de líderes de provincias del norte denominada "Gran Norte", la corriente de centro izquierda, y el movimiento de Base de Buenos Aires de Duhalde, no hubo éxito. Aun que los defensores de Duhalde en la Cámara de Diputados ejercieron un veto virtual después de 1995, la mayoría de los jefes provinciales rechazaron repetidamente entrar en la coalición de Duhalde. De hecho, incluso después de que Duhalde se asegurara la nominación presidencial de 1999, la oposición de Menem desanimó a muchos de los líderes del partido de trabajar activamente con él.

De esta forma, a pesar de la existencia de una disidencia interna sustancial, ninguna facción del PJ fue capaz de construir una coalición de oposición interna en el periodo entre 1989 y 1999. En ausencia de pertenencia segura o enlaces horizontales seguros, este tipo de esfuerzos para construir coaliciones fue repetidamente dinamitada por deserciones. Como resultado, la estrategia neoliberal de Menem nunca fue seriamente desafiada desde dentro.

---

[65] Página 12, 23 marzo, 1993,p.12; Clarín, 9 mayo, 1993, p.16, 11 mayo, 1993, p.11; 13 mayo, 1993, p.6.
[66] Entrevista del autor, 28 noviembre, 1997.

En resumen, la adaptación rápida del PJ fue facilitada por su estructura organizacional. En el aspecto coalicional, la naturaleza poco rutinizada de la unión entre el partido y los sindicatos facilitó el rápido desmantelamiento de los mecanismos tradicionales de participación del trabajo a finales de los 80, los cuales permitieron la transformación del PJ de un partido del trabajo a un partido eminentemente basado en el patronazgo. En el aspecto programático, la fluida jerarquía y débil liderazgo reforzó la estrategia autónoma de Menem el cual llevó a cabo toda una serie de reformas neoliberales radicales. Aunque muchos líderes y activistas del PJ habrían preferido una reforma más gradual y limitada, carecían de un mecanismo efectivo con el cual desafiar a Menem.

El PJ disfrutó de un éxito electoral sustancial en los 90, ganando seis elecciones nacionales directas, cuatro después del giro neoliberal de Menem entre 1987 y 1995. Este rendimiento electoral, el cual de comparó favorablemente con otros partido populistas de la región, tuvo dos fuentes. La primera fue el rendimiento económico del gobierno de Menem, el cual permitió el PJ ganan un importante espacio de electorado independiente y conservador entre 1991 y 1995 (Gervasoni 1997, 1998). La segunda fue la subcultura y la identidad de las bases del PJ, las cuales ayudaron a mantener el apoyo de mucho peronistas tradicionales quienes fueron ambiguos o incluso se opusieron a las reformas de Menem. El apoyo del PJ entre las clases trabajadores y clases bajas se mantuvo estable en los 90 (Ostiguy 1998). Las encuestas ponen de manifiesto que muchos de estos votantes fueron altamente críticos a las políticas neoliberales del gobierno de Menem y sin embargo continuaron votando el peronismo (Ostiguy 1998: 464-466). [67] La estabilidad electoral fue la mejor en distritos en los cuales la organización del PJ era la más fuerte (Levitsky 1999: 272-279), lo

---

[67] De acuerdo con las encuestas llevadas a cabo por Hugo Haime y asociados (abril de 1994) y el Centro de Estudios Unión Para la Nueva Mayoría (junio de 1995) entre el 40 y el 60 por ciento de los votantes de describían como neutrales, o en oposición a, al programa económico del gobierno (datos facilitados al autor por Hugo Haime y Asociados y el Centro de Estudios Unión Para la Nueva Mayoría).

cual sugiere que la organización en masa del PJ contribuyó a su capacidad de mantener su electorado tradicional en los 90. De esta forma, tanto la adaptación del PJ y su organización de masa contribuyó a su éxito electoral en los 90. Por otra parte, el PJ fracasó para adaptarse suficientemente a la crisis de hiperinflación, podría haber seguido al APRA peruano. Por otra parte, de no ser por su poderosa organización de masa y su subcultura, el PJ el apoyo tradicional de las clases baja y trabajadora habría sido más tenue.

3.3 El caso peronista en perspectiva comparada

La siguiente sección sitúa al PJ en perspectiva comparada mediante el estudio de otros cinco casos de partido populistas que han sobrevivido, discutidos en el libro de Collier (1991) Conformando la arena política (1991): la Acción Democrática (AD) venezolana, el PRI mexicano, los partidos socialistas y comunistas chilenos, y el aprista (APRA) peruano.[68]

Dado que cantidad de importantes variables (tales como el grado de crisis económica, normas electorales, competición en el sistema de partidos y el tiempo de reforma) no pueden ser adecuadamente controladas por nuestra habilidad para diseñar conclusiones definitivas de esta comparación. Sin embargo, la comparación señala la relación entre rutinización y capacidad de adaptación en otros casos, y sugiere otros factores que podrían formar parte de otro modelo mas general de participación del trabajo.

Acción Democrática en Venezuela

El caso de AD presenta quizá la comparación mas clara en tanto que es un partido de masa, de base laborista y con similares constreñimientos macro económicos a finales de los 80 (Corrales 1996: 118-122). Sin embargo, AD estaba mucho mas rutinizado que el PJ.

---

[68] Aunque permanece, el partido brasileño del trabajo (PBT) fue efectivamente destruido después del golpe de 1994.

Su jerarquía burocratizada limitó renovarse al liderazgo, como un núcleo de líderes de vieja guardia (conocido como cogollo) que se limitó a si mismo en la jerarquía y usó su "control férreo sobre promociones internas y nominaciones" para bloquear la entrada de sabia nueva (Corrales 1997: 98; incluso Martz 1992: 120; Coppedge 1994: 49). La fuerza de la burocracia del partido es tal que el partido no experimenta *"bandwagoninig" toward office-holding leaders*. De hecho, opositores internos a presidentes de AD son frecuentemente mas numerosos que sus aliados (Coppedge 1994: 122-128).Incluso, el Comité Ejecutivo Nacional de AD (CEN) esta altamente rutinizado y posee autoridad sustancial. El CEN domina la promoción interna así como la elección de candidatos, controla la agenda legislativa, y disfruta de una autoridad considerable sobre los ejecutivos de AD (Martz 1992: 112; Coppedge 1994: 11, 20-21, 66-67). Finalmente, los sindicatos mantienen una "presencia institucional dentro del partido" a través de la representación de los trabajadores (Burgess 1998: 259-260), el cual tiene una representación mista, claras normas de funcionamiento, y representación automática en los cuerpos de liderazgo del partido (Martz 1966: 157-167; Coppedge 1988: 169-170; Ellner 1993: 79).

AD se adaptó lentamente y de forma indefectible a los desafíos externos de los 80. En el aspecto coalicional, estableció mecanismos de participación de los sindicatos que se mantuvieron intactos, y la influencia del trabajo se incrementó en el curso de la década (Coppedge 1988: 170; Ellner 1989: 98-104; 108-109). La representación laborista se mantuvo como actor principal del partido durante la presidencia de Carlos Andrés Pérez, usando su influencia para bloquear las reformas en el mercado en la legislatura (Burgess 1998: 290-292). AD incluso fracasó para adaptarse programáticamente. Entre 1984 y 1988, el gobierno heterodoxo "de pacto social estratégico" de Lusinchi resultó en un ajustamiento limitado y reformas mas liberalizadoras (McCoy 1986; Coppedge 1994: 81-83). Aunque Pérez intentó un programa ampliamente neoliberal en 1989, buena parte de él fue fracasado por AD. El CEN rehusó a dotar de libertad a Pérez (Corrales 1997: 97), y controló las iniciativas del bloque legislativo (Corrales 1996: 97). Después de que la facción anti Péres ganara control en el CEN en 1991 (Corrales 1997: 97), AD "comenzó a comportarse como la oposición principal del partido", forzando eventualmente a Pérez a abandonar buena parte de su programa de reformas (Corrales 1996: 204, 251-258). El fracaso de AD para adaptarse se puso de manifiesto en los años 90. La unión con el laborismo limitó la capacidad de AD para acercarse la los movimientos urbanos de protesta emergentes (Ellner 1993: 89, 1999: 82). Incluso, el rendimiento electoral del partido cayó precipitadamente. Después de ganar el 53 por ciento de los votos en 1988, AD cayó al 23 por ciento en 1993 y en 1998, el partido cayó de tal forma que perdió su candidato a la presidencia.

El PRI mexicano

El caso mexicano difiere de los demás en tanto que la adaptación del PRI comenzó en el contexto de un gobierno autoritario. Esto altera la naturaleza del desafío en el cual limita (al menos inicialmente) el grado de competición que el partido enfrentó y significó que el PRI se enfrentó a un desafío adicional de adaptación a un contexto crecientemente competitivo.

Sin embargo, como un partido de base laborista con un amplio compromiso con un modelo económico, el PRI enfrentó uj comparable conjunto de desafío coalicionales y programáticos (Collier 1992). Como el PJ, el PRI mantuvo una organización de masa relativamente fuerte pero ampliamente informal (Craig y Cornelius 1995: 259-260). A pesar de imagen "institucionalizada", la estructura interna del PRI no está rutinizada como AD o la mayoría de los partidos europeos. Por ejemplo, el partido tiene una jerarquía fluida. Las sucesivas presidencias generan la transformación significativa del os líderes, los cuales dejan abierto al partido a corrientes reformistas. Sin embargo, algunos aspectos de la estructura interna del PRI, incluida su unión al laborismo, están mas rutinizados que los del PJ. El sistema corporativo, el representación en los cuerpo de liderazgo y el acceso a las candidaturas legislativas del trabajo, la agricultura y los sectores "populares" ha existido desde 1938 (Garrido 1984: 239-251; Middlebrook 1995: 92-94, 101-104), sobreviviendo al intento de reemplazarlo por un sistema de elecciones primarias en los 60 (Burgess 1998: 105). Finalmente, una característica clave del PRI es el nivel de autonomía de su liderazgo. Los presidentes del PRI disfrutan de un sustancial espacio de maniobra en el desarrollo e implementación tanto de políticas de gobierno como estrategias de partido (Burgess 2000).

El PRI se adaptó con relativo éxito en los 80 y 90. El proceso de liberalización económica de México, el cual comenzó bajo la presidencia de Miguel de la Madrid a mediados de los 80 y fue acelerado con Carlos Salinas, conllevó una reorientación programática por parte del PRI (Collier 1992, 1999). Estos cambios fueron facilitados por la entrada de un gran grupo de tecnócratas en el gobierno y el liderazgo del PRI, así como mediante la concentración del poder en la presidencia. Los cambios en el aspecto coalicional fueron menos amplios. Los reformadores del PRI debían desmantelar el sistema de sector y transformar al PRI en un partido con mayor base de clase media "partido de los ciudadanos" (Cornelius et. al. 1989: 27-29; Collier 1992: 144-145), pero estos esfuerzos encontraron una oposición interna muy dura. Aunque el congreso de partido de 1990 reforzó la organización territorial del partido a expensas del trabjo, los sindicatos bloquearon el desmantelamiento del sistema de sector (Graig y Cornelius 1995: 282; Middlebrook 1995: 305). Muchas de las reformas de 1990fueron rechazadas en sucesivos congresos, y hacia 1994, los "contornos básicos" de la unión entre laborismo y partido habían sido restaurados (Burgess 1998: 151, 153). De esta forma, el PRI pudo tener crédito para llevar a cabo las reformas económicas, el partido ha sido "apenas exitoso a la hora de consolidar una base de clase media o de sectores informales" (Collier 1999: 234).

Aunque el rendimiento electoral del PRI frustró de alguna forma en el curso de los 80 y 90, sin embargo fue capaz de manejar las críticas con las victorias electorales de 1991, 1994 y 1997. Las victorias fueron particularmente amplias dado que tuvieron lugar en un contexto de creciente competición electoral. De esta forma se puede decir que el partido ha sido relativamente exitoso en su adaptación a los cambios políticos y socioeconómicos en los 80 y 90.

Los partidos comunistas y socialistas chilenos

El caso chileno difiere de los otros cuatro países en tanto que el modelo neoliberal había sido consolidado a la hora de la transición democrática de 1989, lo cual significó que la izquierda chilena no enfrentó tener que llevar a cabo un doloroso ajuste. Sin embargo, como argumenta Roberts (1994, 1998a), los legados de la dictadura de Pinochet, incluido el declive de la clase trabajadora y los sindicatos y el reforzamiento del modelo neoliberal, presentaron al PCCh, al PSCh y al Partido por la democracia (PPD) [69] con un serie de difíciles desafíos programáticos y coalicionales.

Los partidos chilenos de izquierda, siguieron estrategias diferentes en respuesta a estos desafíos, estar respuestas pueden ser atribuidas en parte a diferencias en la estructura organizacional. Por una parte, el PCCh es un "partido altamente institucionalizado" (Roberts 1994:25) con una "burocracia bien desarrollada" (Roberts 1998ª:47) que es "capaz de imponer una serie de sanciones... en militantes que violan la disciplina" (Roberts 1994: 20). La estructura rígida del PCCh limitó su capacidad de innovación en los 80, por esto "frustró las ideas innovadoras que salieron desde fuentes externas mientras que reprimió la emergencia de este tipo de ideas de dentro del propio partido" (Roberts 1994:27; 1998ª:47-50). En consecuencia, el partido mantuvo un programa marxista e hizo poco esfuerzo por atraer un electorado más grande (Roberts 1994:16-18; McCarthy 1997). El resultado fue una marginación política y un declive electoral (Roberts 1998ª:134-135,159).

El PSCh y el PPD están menos rutinizados que el PCCh. El PSCh tiene "una organización de partido amplia" y "normas de disciplina laxas" (Roberts 1998ª:48), lo cual hace de este "un partido muy abierto, dinámico y flexible" (Roberts 1994:22).

---

[69] El PPD fue creado por el PSCh en 1987 para hacer campaña en contra de Pinochet en el plebiscito de 1988. Se mantuvo esta forma como un distintivo, pero alineado cercanamente, en el periodo democrático posterior a 1988.

A diferencia del PCCh, el PSCh llevó a cabo una amplia renovación ideológica en los 80, abandonando el marxismo a favor de un programa social demócrata (Roberts 1994). El partido incluso aflojó sus ataduras con al laborismo organizado a favor de una "estrategia atrápalo todo" (McCarthy 1997; Roberts 1998b:10). El proceso de adaptación fue incluso más pronunciado en el PPD. Un partido nuevo "con una organización de base pequeña" (Roberts 1998b:10), el PPD "no tiene legados institucionales, tradiciones, rituales u otros anclajes con el pasado que limiten su libertad de movimiento" (Plumb 1998:101). Esto le capacitó para abandonar rápidamente su jerarquía socialista a favor de un electorado de clase media, orientado a determinados problemas e incluso postmaterialista (Plumb 1998:95-99; Roberts 1998b:10). El PSCh y el PPD han sido relativamente exitosos en la arena electoral. Su 24% combinado en 1993 y 1997 fue más de dos veces el voto socialista entre 1957 y 1973. En el aspecto coalicional el partido se centró más en el creciente sector informal que en el laborismo organizado, implementando una serie de ambiciosos programas de creación de empleo enfocados a éste sector (Monge 1989: 144-145; Graham 1992:169-199).

Aunque estas reformas reportaron sustanciales éxitos al APRA en el corto plazo, finalmente resultaron desastrosos. Las estrategias económicas de García generaron una profunda crisis fiscal, aislaron al gobierno tanto del sector privado como de las agencias internacionales; Además hundieron al país eventualmente en una crisis de hiperinflación (Pastor y Wise 1992). Aunque el APRA inicialmente logró un apoyo masivo entre la clase pobre urbana, los enlaces clientelistas que estableció el partido a través de sus programas sociales, resultaron ser efímeros (Monge 1989: 144-146; Graham 1992: 181-199). En los años 80, cuando los recursos se agotaron como resultado del empobrecimiento económico, el apoyo de la clase pobre urbana se evaporó (Graham 1992: 198; Cameron 1994: 48-52) la suerte electoral del APRA desapareció.

Comparación de los casos

Estos casos sugieren una serie de conclusiones tentativas.

En primer lugar, proveen de mayor evidencia que un menor nivel de rutinización limita la flexibilidad estratégica. Los partidos más rutinizados considerados en este artículo, AD y PCCh, han tenido las mayores dificultades para adaptarse a los procesos contemporáneos de cambio socioeconómico, mientras los que están organizados de forma más flexible como el PJ. PSCh y PPD se adaptaron rápida y ostensiblemente a estos cambios.

En segundo término, la comparación pone claramente de manifiesto que la baja rutinización no es sólo fuente de estrategias de flexibilidad. Los casos del APRA y el PRI sugieren que los liderazgos centralizados (incluso en los partidos realmente bien rutinizados) facilitan la estrategia del cambio. Este razonamiento está asentado entre los estudio recientes acerca de partidos de base trabajadora de Europa (Kitchelt 1994a.).

Finalmente, como pone de manifiesto el caso del APRA, la estrategia de flexibilidad no es garantía de que elegirán sus estrategias de forma adecuada. De hecho, líderes autónomos podrían elegir estrategias que resultaran altamente destructivas para sus partidos.

En resumen, aunque este pequeño sondeo de seis casos no nos permite establecer conclusiones definitivas acerca de la capacidad de adaptación de los partidos de base trabajadora, podrá dotarnos de una base para comparaciones amplias y sistemáticas. [70]

4. Conclusión

Este capítulo ha tratado de explicar la adaptación exitosa a las oportunidades y limitaciones establecidas por el entorno electoral y económico en continuo cambio. Aunque algunos factores contribuyeron a este resultado, incluida la profunda crisis económica y el

---

[70] Burguess (2000) heca este esfuerzo.

liderazgo de Menem, he argumentado que la organización del partido peronista fue crítica a la hora de facilitar la adaptación. El capítulo también ha sugerido que los partidos con bajos niveles de rutinización interna, podrían estar más preparados que los bien rutinizados para adaptarse y sobrevivir en un contexto de cambios.

El capítulo ha mantenido, por otra parte, que la estructura de masas no rutinizada del PJ le dio una doble flexibilidad. Por un lado, la poderosa organización de masa del partido, permitió a los líderes reformistas reorientar la estrategia de partido a un coste relativamente bajo en términos de pérdidas electorales. Por otra parte, la pobremente rutinizada estructura de partido del PJ liberó a los líderes del partido de limitaciones asociadas con la burocratización . Aunque esta estructura de partido no garantizó en ninguna forma que los líderes del partido pudieran elegir estrategias apropiadas (aquí el liderazgo de Menem fue decisivo), sí les dio a los líderes mayor espacio de maniobra en la búsqueda e implementación de una estrategia de reforma radical.

El capítulo sugiereque deben llevarse a cabo estudios más sistemáticos de organizaciones de partido informales y no institucionalizadas. Como ha argumentado O´Donnell con respecto a los regímenes políticos (1996) y Mainwaring con respecto a los sistemas de partido, (1999:21), la literatura acerca de la organización de partido y cambio, a menudo da por sentada la institucionalización formal. Aunque, como ha mostrado este capítulo, podrían tener implicaciones importantes variaciones en esta dimensión para el comportamiento del partido. En este sentido, merece la pena sugerir que los casos cubiertos en estudios comparativos de partidos políticos son ampliados más sistemáticamente e incluyen casos latinoamericanos y no europeos. La mayoría de la literatura acerca de los partidos y los sistemas de partido asocia niveles más altos de institucionalización con (evaluados positivamente) resultados políticos de mayor estabilidad y representación más efectiva (Huntington 1968; Dix 1992; Mainwaring y Scully 1995; Mainwaring 1999). Mediante el establecimiento de expectativas y la ampliación de los horizontes temporales, la institucionalización trae un grado crítico de estabilidad a la política. En un contexto de crisis y cambios rápidos en el entorno, sin embargo, esta estabilidad, puede resultar costosa. Altos niveles de institucionalización pueden limitar la capacidad de elección de los actores y reducir los esfuerzos de encontrar respuestas creativas a la crisis. En contraste, niveles bajos de institucionalización, aunque generalmente ineficientes y a menudo caóticos, podrían facilitar mayores oportunidades de respuestas innovadoras a la crisis.

Como los edificios que se construyen para resistir los terremotos, un grado de flexibilidad en las normas y procedimientos dentro de las organizaciones podría ayudar a asegurar una adaptación y supervivencia en tiempos de crisis.

Bibliografía

ANSELL, C. K. Y FISH, M. S. (1999). "The Art of Being Indispensable: Noncharismatic Personalism in Contemporary Political Parties". *Comparative Political Studies* 32, núm. 3 (mayo): pp. 283-312.

APPLETON, A. (1994). "The Formal Rules Versus Informal Rules of French Political Parties". EN Lawson, K. (ed.) *How Political Parties Work: Perspectives Form Within.* Westport, CT: Praeger.

ARIAS, M. F. (1998). "From Rebellion to Rupture: Peronist Party Politics in Neuquen, 1961-1973". En Brennan, J. P. (ed.) *Peronism and Argentina.* Wilmington, Ed: Scholarly Resources, Inc.

AUYERO, J. (1997). "The Politics of Survival: Problem-Solving Networks and Political Culture among the Urban Poor in Contemporary Buenos Aires". Disertación para la obtención del título de doctor, Departamento de Ciencia Política, New School for Social Research.

BANFIELD, E. C. y WILSON, J. Q. (1963). *City Politics.* Cambridge: Harvard University Press.

BÁRBARO, J. (1985). "Peronismo y sindicalismo". *Unidos* 3, núm. 6 (agosto): 149-152.

BARTOLINI, S. y MAIR, P. (1990). *Identity, Competition and Electoral Availability.* Cambridge: Cambridge University Press.

BITTEL, D. (1983). *Qué es el peronismo.* Buenos Aires: Editorial Sudamericana.

BURGESS, K. (1998). "Alliances Under Stress: Economic Reform and Party-Union. Relations in Mexico, Spain and Venezuela". Disertación para la obtención del título de doctor, Departamento de Ciencia Política, Princeton University.

_____ (2000). "Reinventing Classic Populist Parties: Party Crisis and Change in Mexico, Bolivia, Venezuela and Peru". Trabajo discutido en el XXII Congreso de la Asociación de Estudios Latinoamericanos, Miami, Florida, 16-18 de marzo.

CAMERON, M. A. (1994). *Democracy and Authoritarianism in Peru: Political Coalitions and Social Change.* New York: St. Martin's Press.

CATTERBERG, E. (1991). *Argentina Confronts Politics: Political Culture and Public Opinion in the Argentine Transition to Democracy.* Boulder: Lynne Rienner.

CIRIA, A. (1983). *Política y cultura popular: La Argentina peronista, 1946-55.* Buenos Aires: Ediciones de la Flor.

COLLIER, R. B. (1992). *The Contradictory Alliance: State-Labor Relations and Regime Change in Mexico.* Berkeley: International and Area Studies.

COLLIER, R. B. (1999). "The Transformation of Labor-Based One-Partyism at the End of the 20th Century: The Case of Mexico". En Giliomee, H. y Simkins, C. (eds.) *The Awkward Embrace: One-Party Domination and Democracy.* Capetown: Tafelberg.

COLLIER, R. B. y COLLIER, D. (1991). *Shaping the Political Arena.* Princeton: Princeton University Press.

COPPEDGE, M. (1988). "La política interna de Acción Democrática durante la crisis económica". *Cuadernos del CENDES* 7: pp. 159-179.

_____ (1994). *Strong Parties and Lame Dicks: Presidential Partyarchy and Factionalism in Venezuela.* Stanford: Stanford University Press.

CORDEU, M., MERCADO, S. y SOSA, N. (1985). *Peronismo: la mayoría perdida.* Buenos Aires: Sudamericana-Planeta.

CORNELIUS, W. A., GENTLEMAN, J. y SMITH, P. H. (1989). "Overview: The Dynamics of Political Change in Mexico". En Cornelius, Gentleman y Smith (eds.) *Mexico's Alternative Political Futures.* San Diego: Center for U. S.-Mexican Studies.

CORRALES, J. (1996) "State-Ruling Party Relations in Argentina and Venezuela, 1989-1993: Neoliberalism Through Party Building". Trabajo presentado en la Conferencia "Economic Reform and Civil Society in Latin America". Harvard University, 12 abril 1996.

_____ (1997). "El presidente y su gente: Cooperación y conflicto entre los ámbitos técnicos y políticos en Venezuela, 1989-1993". *Nueva sociedad* (noviembre-diciembre): pp. 93-107.

CRAIG, A. L. y CORNELIUS, W. A. (1995). "Houses Divided: Parties and Political Reform in Mexico". EN Mainwaring, S. y Scully, T. R. (eds.) *Building Democratic Institutions: Party Systems in Latin America.* Stanford: Stanford University Press.

DALTON, R. J., FLANAGAN, S. C. y BECK, P. A. (1984). "Electoral Change in Advanced Industrial Democracies". En Dalton, R. J., Scott C. Flanagan y Beck, P. A. (eds.) *Electoral Change in Advanced Industrial Democracies: Realignment or Dealignment?* Princeton: Princeton University Press.

DESCHOUWER, K. (1994). "The Decline of Consociationalism and the Reluctant Modernization of Belgian Mass Parties". En Katz, R. S. y Mair, P. (eds.) *How Parties Organize: Change and Adaptation in Party Organizations in Western Democracies.* London: Sage Publications.

DIX, R. H. (1992). "Democratization and the Institutionalization of Latin American Political Parties". *Comparative Political Studies* 24, núm. 4 (enero): 488-511.

DOWNS, A. (1957). *An Economic Theory of Democracy*. New York: Harper and Row.

_____ (1967). *Inside Burocracy*. Boston: Little, Brown and Co.

DUVERGER, M. (1954/1963). *Political Parties. Their Organization and Activity in the Modern State*. New York: John Wiley and Sons.

ELLNER, S. (1989). "Organized Labor's Political Influence and Party Ties in Venezuela: Acción Democrática and its Labor Leadership". *Journal of Interamerican Studies and World Affairs* 31, núm. 4 (Invierno): pp. 91-129.

_____ (1993). *Organized Labor in Venezuela, 1958-1991: Behavior and Concerns in a Democratic Setting*. Wilmington, DE: Scholarly Resources, Inc.

_____ (1999). "Obstacles to the Consolidation of the Venezuelan Neighborhood Movement: Nacional and Local Cleavages". *Journal of Latin American Studies* 31: pp. 75-97.

FOX PIVEN, F. (ed.) (1992). *Labor Parties in Postindustrial Societies*. New York: Oxford University Press.

GARRIDO, L. J. (1984). *El partido de la revolución institucionalizada: la formación del nuevo estado en México (1928-1945)*. México, D. F.: Siglo Veintiuno.

GERCHUNOFF, P. y TORRE, J. C. (1996). "La política de liberación económica en la administración de Menem". *Desarrollo económico* 36, núm. 143 (octubre-diciembre): pp. 733-768.

GERVASONI, C. (1997). "La sustentabilidad electoral de los programas de estabilización y reforma estructural: los casos de Argentina y Perú": Trabajo discutido en el XX Congreso Internacional de la Asociación de Estudios Latinoamericanos. Guadalajara, México, 17-19 abril.

_____ (1998) "Estructura y evolución de las coaliciones electorales en la Argentina; 1989 y 1995". Manuscrito no publicado. Facultad de Derecho y Ciencias Sociales, Universidad Católica Argentina.

GILLESPIE, R. y PATERSON, W. E. (eds.) (1993). *Rethinking Social Democracy in Western Europe*. London: Frank Cass.

GOSNELL, H. F. (1968). *Machine Politics: Chicago Model*. Chicago: University of Chicago Press.

GRAHAM, C. (1990). "Peru's APRA Party in Power: Impossible Revolution, Relinquished Reform". *Journal of Interamerican Studies and World Affairs* 32, núm. 3 (Otoño): pp. 75-115.

_____ (1992). *Peru's APRA: Parties, Politics and the Elusive Quest for Democracy.* Boulder: Lynne Rienner.

GUTERBOCK, T. (1980). *Machine Politics in Transition: Party and Community in Chicago.* Chicago: University of Chicago Press.

GUTIÉRREZ, R. (1998). "Renovación, desindicalización y neoliberalización del peronismo". *Working paper,* Facultad de Ciencias Sociales, Universidad de Buenos Aires.

GWARTNEY, J., LAWSON, R. y BLOCK, W. (1996). *Economic Freedom of the World, 1975-1995.* Vancouver, British Columbia: The Fraser Institute.

HARMEL, R. y JANDA, K. (1994). "An Integrated Theory of Party Goals and Party Change". *Journal of Theoretical Politics* 6, núm. 3: pp. 259-287.

HARMEL, R. y SVASAND, L. (1997). "The Influence of New Parties on Old Parties' Platforms". *Party Politics* 3, núm. 3: pp. 315-340.

HELMKE, G. (1999). "Ruling Against the Rulers: Insecure Tenure Patterns and Judicial Independence in Argentina, 1976-1995". Chicago Center on Democracy, Working Paper, núm. 21 (March).

HOWELL, C. y DALEY, A. (1992). "The Transformation of Political Exchange". *International Journal of Political Economy* 22, núm. 4: pp. 3-16.

HUNTINGTON, S. P. (1968). *Political Order in Changing Societies.* New Haven: Yale University Press.

JANDA, K. (1980). *Political Parties: A Cross-National Survey.* New York: The Free Press.

JEPPERSON, R. (1991). "Institutions, Institutional Effects and Institutionalism". En Powell, W. W. y Dimaggio, P. J. (eds.) *The New Institutionalism in Organizational Analysis.* Chicago: University of Chicago Press.

JONES, M. (1997). "Evaluating Argentina's Presidential Democracy: 1983-1995". En Mainwaring, S. y Shugart, M. S. (eds.) *Presidentialism and Democracy in Latin America.* New York: Cambridge University Press.

KATZ, R. S. y MAIR, P. (eds.) (1992). *Party Organizations: A Handbook on Party Organizations in Western Democracies, 1960-1990.* London: Sage Publications.

_____ (eds.) (1994). *How Parties Organize: Change and Adaptation in Party Organizations in Western Democracies.* London: Sage Publications.

_____ (1995). "Changing Models of Party Democracy: The Emergence of the Cartel Party". *Party Politics* 1, núm. 1: pp. 5-28.

KEY, V. O. Jr. (1949/1984). *Southern Politics in State and Nation.* Knoxville: University of Tennessee Press.

KITSCHELT, H. (1994a). *The Transformation of European Social Democracy.* Cambridge: Cambridge University Press.

_____ (1994b). "Austrian and Swedish Social Democrats in Crisis: Party Strategy and Organization in Corporatist Regimes". *Comparative Political Studies* 24, núm. 1: pp. 3-35.

KNIGHT, J. (1992). *Institutions and Social Conflict.* New York: Cambridge University Press.

KNOKE, D. (1990). *Political Networks: The Structural Perspective.* New York: Cambridge University Press.

KOELBLE, T. (1991). *The Left Unraveled: Social Democracy and the New Left Challenge.* Durham: Duke University Press.

_____ (1992). "Social Democracy between Structure and Choice". *Comparative Politics* 24, núm. 3 (abril): pp. 359-372.

_____ (1996). "Economic Theories of Organization and the Politics of Institutional Design in Political Parties". *Party Politics* 2, núm. 2 (abril): pp. 251-263.

KRASNER, S. D. (1983). "Regimes and the Limits of Realism: Regimes as Autonomous Variables". En Krasner, S. D. (ed.) *International Regimes.* Ithaca, NY: Cornell University Press.

_____ (1988). "Sovereignty: An Institutional Perpective". *Comparative Political Studies* 21, núm. 1 (abril): pp. 66-94.

LAWSON, K. (ed.) (1994). *How Political Parties Work: Perspectives from Within.* Westport: Praeger.

LEVITSKY, S. (1999). "From Laborism to Liberalism: Institutionalization and Labor-Based Party Adaptation in Argentina (1983-1997)". Disertación para la obtención del título de doctor, Departamento de Ciencia Política, Universidad de Carolina en Berkeley.

LITTLE, W. (1973). "Party and State in Peronist Argentina, 1945-55". *Hispanic American Historical Review* 53, núm. 4 (noviembre): pp. 644-662.

MACKINNON, M. M. (1995). "Sobre los orígenes del partido peronista. Notas introductorias". En Ansaldi, W., Pucciarelli, A. y Villarreal, J. (eds.) *Representaciones inconclusas: las claves, los actores y los discursos de la memoria, 1912-1946.* Buenos Aires: Editorial Biblos.

_____ (1998). "Unity and Fragmentation: Trade Unionists and Politicians in the Early Years of the Peronist Party (1946-50)". Paper discutido en el XXI International Congress of the Latin American Studies Association. Chicago, 24-26 de septiembre.

MAINWARING, S. (1999). *Rethinking Party Systems in the Third Wave Democratization: The Case of Brazil*. Stanford: Stanford University Press.

MAINWARING, S. y SCULLY, T. R. (1995). "Introduction: Party Systems in Latin America". En Mainwaring, S. y Scully, T. R. (eds.) *Building Democratic Institutions: Party Systems in Latin America*. Stanford: Stanford University Press.

MAOR, M. (1995). "Intra-Party Determinants of Coalitional Bargaining". *Journal of Theoretical Politics* 7, núm.1: pp. 65-91.

MARCH, J. G. y OLSEN, J. (1984). "The New Institutionalism: Organizational Factor in Political Life". *The American Political Science Review* 78: pp. 734-749.

_____ (1989). *Rediscovering Institutions: The Organizational Basis of Politics*. New York: The Free Press.

MARTZ, J. D. (1966). *Acción Democrática: Evolution of a Modern Political Party in Venezuela*. Princeton: Princeton University Press.

_____ (1992). "Party Elites and Leadership in Colombia and Venezuela". *Journal of Latin American Studies* 24, núm. 1 (febrero): pp. 87-121.

MCALLISTER, I. (1991). "Party Adaptation and Factionalism Within the Australian Party System". *American Journal of Political Science* 35, núm. 1 (febrero): pp. 206-227.

MCCARTHY, M. A. (1997). "Center Left Parties in Chile: Party Labor Relations Under a Minimalist State". Paper presentado en el encuentro anual de la Asociación de Ciencia Política de Medio Oeste. Chicago, abril 10-12.

MCCOY, J. L. (1986). "The Politics of Adjustment: Labor and the Venezuelan Debt Crisis". *Journal of Interamerican Studies and World Affaires* 28, núm. 4 (Invierno): pp. 103-137.

MCGUIRE, J. (1997). *Peronism Without Peron: Unions, Parties and Democracy in Argentina*. Stanford: Stanford University Press.

MERKEL, W. (1995). *¿Final de la socialdemocracia? Recursos de poder y política de gobierno de los partidos socialdemócratas en Europa Occidental*. Valencia: Generalitat Valenciana.

MICHELS, R. (1911/1962). *Political Parties*. New York: The Free Press.

MIDDLEBROOK, K. (1995). *The Paradox of Revolution*. Baltimore: The Johns Hopkins University Press.

MONGE SALGADO, C. (1989). "La práctica política aprista como respuesta a la crisis de los 80". En Bonilla, H. y Drake, P. W. (eds.) *El APRA, de la ideología a la praxis*. Lima: Centro Latinoamericano de Historia Económica y Social.

MORRIS JONES, W. H. (1966). "Dominance and Dissent: Their Inter-relations in the Indian Party System". *Government and Opposition* 1: pp. 451-466.

MULLER, W. C. (1997). "Inside the Black Box: A Confrontation of Party Executive Behavior and Theories of Party Organizational Change". *Party Politics* 3, núm. 3: pp. 293-313.

NELSON, R. R. y WINTER, S. G. (1982). *An Evolutionary Theory of Economic Change*. Cambridge: Harvard University Press.

NORTH, D. C. (1990a). *Institutions, Institutional Change and Economic Performance*. New York: Cambridge University Press.

_____ (1990b). "A Transaction Cost Theory of Politics". *Journal of Theoretical Politics* 2, núm. 4: pp. 355-367.

NOVARO, M. y PALERMO, V. *Los caminos de la centroizquierda: Dilemas y desafíos del Frepaso y de la Alianza*. Buenos Aires: Losada.

O'DONNELL, G. (1994). "Delegative Democracy". *Journal of Democracy* 5, núm. 1: pp. 55-69.

_____ (1996). "Illusions About Consolidation". *Journal of Democracy* 7, núm. 2: pp. 34-51.

OSTIGUY, P. (1998). " Peronism and Anti-Peronism: Class-Cultural Cleavages and Political Identity in Argentina". Ph. D Dissertation. Department of Political Science, University of California al Berkeley.

OSTROGORSKI, M. (1902). *Democracy and the Organization of Political Parties*. New York: MacMillan.

PALERMO, V. (1994). "El menemismo, ¿perdura?" En Iturrieta, A. (ed.) *El pensamiento político argentino contemporáneo*. Buenos Aires: Editor Latinoamericano.

PALERMO, V. y NOVARO, M. (1996). *Política y poder en el gobierno de Menem*. Buenos Aires: Grupo Editorial Norma Ensayo.

PALERMO, V. y TORRE, J. C. (1992). "A la sombra de la hiperinflación: La política de reformas estructurales en Argentina". Paper no publicado. Santiago, Chile: CEPAL.

PALOMINO, H. (1987). *Cambios ocupacionales y sociales en Argentina, 1947-1985*. Buenos Aires: CISEA.

PANEBIANCO, A. (1988). *Political Parties: Organization and Power*. Cambridge: Cambridge University Press.

PARTIDO JUSTICIALISTA (1983). *Plataforma de gobierno*. Buenos Aires: El Cid.

PASTOR, M. y WISE, C. (1992). "Peruvian Economic Policy in the 1980's: From Orthodoxy to Heterodoxy and Back". *Latin American Research Review* 27, núm. 2: pp. 83-117.

PLUMB, D. (1998). "El Partido Por la Democracia: The Birth of Chile's Postmaterialist Catch-all Left". *Party Politics* 4, núm. 1: pp. 93-106.

PONT, S. E. (1984). *Partido Laborista: Estado y sindicatos.* Buenos Aires : CEAL.

PRZEWORSKI, A. y SPRAGUE, J. (1986). *Paper Stones: A History of Electoral Socialism.* Chicago: University of Chicago Press.

RAKOVE, M. R. (1975). *Don't Make No Waves, Don't Back No Losers. An Insider's Analysis of the Daley Machine.* Bloomington: Indiana University Press.

ROBERTS, K. (1994). "Renovation in the Revolution? Dicatatorship, Democracy and Political Change in the Chilean Left". *Kellog Institute Working Paper* 203. Notre Dame: The Helen Kellogg Institute for International Studies.

_____ (1998a). *Deepening Democracy? The Modern Left and Social Movements in Chile and Peru.* Stanford: Stanford University Press.

_____ (1998b). "The Chilean Party System and Social Cleavages in the Neoliberal Era". Paper prepared for delivery at the XXI International Congress of the Latin American Congress Association. Chicago, 24-26 de septiembre.

ROSE, R. y MACKIE, T. T. (1988). "Do Parties Persist or Fail? The Big Trade-off Facing Organizations". En Lawson, K. y Merkl, P. H. (eds.) *When Parties Fail: Emerging Alternative Organizations.* Princeton: Princeton University Press.

SANBORN, C. (1989). El APRA en un contexto de cambio, 1968-88". En Bonilla, H. y Drake, P. W. (eds.) *El APRA, de la ideología a la praxis.* Lima: Centro Latinoamericano de Historia Económico y Social.

SARTORI, G. (1968). "European Political Parties: The Case of Polarized Pluralism". En Dahl, R y Neubauer, D. E. (eds.) *Reading in Moder Political Analysis.* New York: Prentice Hall.

SCHLESINGER, J. A. (1984). "On the Theory of Party Organization". *The Journal of Politics* 46, núm. 2: pp. 369-400.

SCHONFELD, W. R. (1981). "Oligarchy and Leadership Stability: The French Communist, Socialist and Gaullist Parties". *American Journal of Political Science* 25, núm.2: pp. 215-240.

SCOTT, J. C. (1969). "Corruption, Machine Politics and Political Change". *American Political Science Review* 63: pp. 1142-1158.

SELZNICK, P (1957). *Leadership in Administration: A Sociological Interpretation*. New York: Harper and Row.

SJOBLOM, G. (1983). "Political Change and Political Accountability: A Propositional Inventory of Causes and Effects". En Daalder, H. y Mair, P. (eds.) *Western European Party Systems*. Beverly Hills: Sage.

SMITH, W. (1990). "Democracy, Distributional Conflicts and Macroeconomic Policymaking in Argentina, 1983-1989". *Journal of Inter-American Studies and World Affairs:* pp. 1-36.

STOKES, S. C. (1997). "Democratic Accountability and Policy Change. Economic Policy in Fujimori's Peru". *Comparative Politics* 29, núm. 2: pp. 209-226.

STROM, K. (1990). "A Behavioral Theory of Competitive Political Parties". *American Journal of Political Science* 34, núm. 2: pp. 565-598.

TANTELEÁN ARBULÚ, J. (1989). "Política económica del aprismo". En Bonilla,, H. y Drake, P. W. (eds.) *El APRA, de la ideología a la praxis*. Lima: Centro Latinoamericano de Historia Económico y Social.

THOMPSON, J. D. (1967). *Organizations in Action: Social Science Bases of Administrative Theory*. New York: McGraw-Hill Book Company.

TOKMAN, V. E. (1996). "La especificidad y generalidad del problema del empleo en el contexto de América Latina". En Beccaria, L. y López, N. (eds.) *Sin empleo: las características del desempleo y sus efectos en la sociedad argentina*. Buenos Aires: Losada.

TORRE, J. C. (1990). *La Vieja Guardia Sindical y Perú: Sobre los orígenes del peronismo*. Buenos Aires: Editorial Sudamericana.

WAISBORD, S. (1995). *El gran desfile. Campañas electorales y medios de comunicación en Argentina*. Buenos Aires: Sudamericana.

WEINER, M. (1967). *Party Building in a New Nation: The Indian National Congress*. Chicago: University of Chicago Press.

WILSON, F. (1994). "The Sources of Party Change: The Social Democratic Parties of Britain, France, Germany and Spain". En Lawson, K. (ed.) *How Political Parties Work: Perspectives from Within*. Westport: Praeger.

WOLINETZ, S. B. (ed.) (1988). *Parties and Party Systems in Liberal Democracies*. London: Routledge.

_____ (1990). "The Transformation of Western European Party Systems". En Mair, P. (ed.) *The West European Party System*. Oxford: Oxford University Press.

ZUCKER, L. G. (1977). "The Role of Institutionalization in Cultural Persistence". *American Sociological Review* 42: pp. 726-743.

_____ (1983). "Organizations and Institutions". EN Bacharach, S. B. (ed.) *Research in the Sociology og Organizations* (vol. 2). Greenwich: JAI Press.

Hacia una nueva alternativa de organización partidista: el caso uruguayo del Frente Amplio*

*Elena M. Barahona***

Introducción

En este capítulo se pretende analizar una nueva forma de organización partidista que se presenta como alternativa a las establecidas hasta el momento en Uruguay: se está haciendo referencia al caso de estudio del *Frente Amplio* [1] (FA) uruguayo. Una alineación política que se estructura internamente rompiendo la dinámica establecida por los partidos tradicionales, el *Partido Colorado* (PC) y *Partido Nacional* (PN) introduciéndose así en la competencia partidista como una nueva opción frente al electorado que ofrece un modo diferente de hacer política y de incorporar las demandas de la ciudadanía. De esta manera, se escoge el caso del FA como un partido que acomodándose a las reglas impuestas desde dentro del sistema, se articula de distinto modo al del resto de las fórmulas

---

* Este trabajo es un resultado parcial de una investigación posterior para la tesina de Maestría en Estudios Latinoamericanos del Insituto Interuniversitario de Iberoamérica y Portugal de la Universidad de Salamanca.

**Universidad de Salamanca

[1] Aunque mayoritariamente en este trabajo se optará por denominar a la izquierda uruguaya como FA al ser elemento dominante de la coalición y el principal elemento aglutinador y originario de la misma hay que tener en cuenta que ésta se presenta desde 1994 bajo el lema *Encuentro Progresista-Frente Amplio* (EP-FA) (englobando a su vez otras opciones políticas que proceden o bien de los partidos tradicionales o de escisiones del mismo FA en anteriores elecciones).

políticas tradicionales del país. Así, su estructuración en torno a una coalición de partidos y de fracciones posibilita la articulación en su seno de múltiples corrientes ideológicas que se presentan como una alternativa diferente y heterogénea frente al electorado. Una formulación que responde tanto a estímulos internos del sistema electoral como a variables externas (la llamada *lógica de frentes* que ha caracterizado tradicionalmente a movimientos de izquierda).

En este sentido, se parte de la hipótesis de que el FA uruguayo presenta un caso único de organización partidista ya que representando la articulación interna de uno de los partidos que conforman la izquierda latinoamericana sin haber tenido la necesidad de coaligarse con partidos tradicionales:

a)   se integra en el sistema partidista acomodándose a unas reglas internas (sistema electoral) que en principio le eran hostiles y que van a influir en su estructuración de manera diferente a la de los partidos tradicionales

b)   adoptando las estrategias organizativas que históricamente han caracterizado a los partidos de izquierdas: estrategia de *frentes*.

El estudio de la organización interna de un partido político, en este caso del Frente Amplio, incide básicamente en su nivel intrapartidista resultando imprescindible tanto para estudiar a los partidos individualmente como sistémica, ya que sin las reflexiones sobre sus unidades de base el estudio de aquellos resultaría incompleto. Así Sartori ya indicaba que:

> "cualquiera sea la disposición orgánica..., un partido es suma de individuos que forman constelaciones de grupos rivales....Y estas divisiones internas de los partidos, junto con el consiguiente grupo de interacciones, son en sí mismas una esfera distinta y crucial de interés" (Sartori, 1992: 96).

Esto se debe a que mientras en el nivel partidista, haciendo referencia así a la competencia electoral entre partidos, se establece la denominada *política visible*, en el nivel del subpartido entra en juego la denominada *política invisible*, política a la que se ha denominado *política pura* en el sentido de "política real" ya que informa de efectos que son difícilmente perceptibles para el observador[2]. El partido es en este sentido (desde dentro) un sistema (Sartori, 1992: 196). En consecuencia, como el comportamiento de las partes puede determinar el del partido, el examen del interior del mismo y de los efectos que en él se producen tendrá importantes implicaciones para el resto del sistema partidista.

Por lo tanto, el estudio que se presenta, analiza todos los problemas y las consecuencias que para la dinámica política ofrece una organización partidista que se estructura sobre la superación y la conjugación de incidencias institucionales e históricas. Así, el Frente Amplio se ha establecido internamente sobre una coalición especial de partidos y fracciones por influencias tanto internas al propio sistema configuradas por el sistema electoral uruguayo como por los factores externos al mismo y que han caracterizado las estrategias de ordenación partidista de la izquierda a nivel mundial, circunstancias que inciden tanto en su origen como en su evolución y desempeño final.

La razón de ser del desarrollo de una estrategia organizativa diferenciada a la del resto de partidos de Uruguay tras haberse integrado en un mismo sistema electoral y haber seguido la herencia orgánica de los partidos tradicionales de izquierda, será el objetivo de este trabajo.

---

[2] Así Sartori indica que "la esfera visible de la política se caracteriza, aunque en diversos grados, por un exceso de promesas, lo cual enfrenta al político con problemas graves y acrobáticos de salvamento de prestigio y de coherencia. Además, la política visible esta muy condicionada por las reacciones previstas del electorado. Pero la política invisible puede seguir adelante sin necesidad de rendir mucha pleitesía a esas preocupaciones. En segundo lugar, las leyes y las limitaciones jurídicas tiene un peso en la esfera visible de la política que se pierde cuando la política pasa a ser invisible" (Sartori, 1992: 131).

1. Su estrategia organizativa

1.1. Evolución y esquema interno

Una de las razones por las que Uruguay ha sido tradicionalmente señalado como un caso excepcional en relación al resto de América Latina, ha sido su asombrosa estabilidad, acompañada de la continuidad y la hegemonía de sus dos partidos tradicionales el PC y el PN en el arco de un régimen electoral con importantes garantías para el ejercicio del voto. Uruguay, a excepción de los golpes de Estado de 1934 y 1973, ha registrado una gran estabilidad política con el funcionamiento de un sistema bipartidista que hasta hace muy poco tiempo constituía más del 90 por ciento de las preferencias del electorado. La excepción del caso uruguayo la ha constituido su característica histórica de ser un sistema de gobierno presidencial y bipartidista con una especial dinámica de competencia e ingeniería constitucional que permitieron mantener estas particularidades, gracias al doble voto simultáneo y la ley de lemas. Sin embargo, todas estas circunstancias no inhibieron la aparición y consolidación de una tercera opción: el Frente Amplio.

El FA, defendido como la máxima construcción histórica de la izquierda uruguaya nació como un frente en el que colaboraban el *Partido Comunista uruguayo* (PCU), el *Partido Socialista* (PS) y figuras consideradas *progresistas* de los partidos tradicionales. El FA, fundado en 1971 desde el inicio marcó una estrategia diferenciada del resto de partidos, en una clara estrategia de oposición.

> "(...) somos la única fuerza verdaderamente *opositora de este régimen* y de los gobiernos que lo encarnan (...) los lemas tradicionales, unidos estrechamente para injuriarnos, son *una misma cosa* y responden a unos mismos intereses"[3].

---

[3] Citado en *Solamente el pueblo. Gral. Líber Seregni*. Editado por la Comisión de Propaganda del Frente Amplio, Montevideo, 1972.

Esta fuerza política en su fundación (el 5 de febrero de 1971) aglutinó tanto a las fuerzas de izquierda uruguaya (*Partido Demócrata Cristiano* –PDC–; el *Frente Izquierda de Liberación*; el PCU; el PS –*Izquierda Nacional* y *Movimiento Socialista*–; los *Grupos de Acción Unificadora*; el *Partido Obrero Revolucionario Trotkista*; el *Movimiento Revolucionario Oriental*) como a sectores de los partidos tradicionales (*Movimiento por el Gobierno del Pueblo* –Lista 99– proveniente del PC, el *Movimiento Blanco Popular y Progresista* y el *Movimiento Herrerista* –Lista 58– provenientes del PN) o a gran número de ciudadanos independientes[4].

La evolución de esta formación política ha dado lugar al desmembramiento y a la integración de nuevos grupos políticos. hasta dar lugar a la configuración que presenta en la actualidad. . Aunque el FA sigue siendo la fuerza política dominante, se integra desde 1994 en el lema *Encuentro Progresista*, agrupando a los siguientes grupos políticos:

a)   FA[5]: *Vertiente Artiguista* (VA); PS; *Corriente Popular* (CP); *Movimiento Socialista* (MS); PCU; *Frente Izquierda de Liberación* (FIdeL); *Asamblea Uruguay* (AU); *Movimiento Popular Frenteamplista* (MPF); *Partido Socialista de los Trabajadores* (PST); *Movimiento 20 de Mayo*;

---

[4] "Esto se puede reflejar en aquel momento fundacional, a través del Comité Ejecutivo provisorio de los ciudadanos que formularon el llamamiento del 7 de octubre de 1970" . Documento informativo del Frente Amplio (1998). Aunque Posteriormente se sumaron a la nueva fuerza la Agrupación Batllista Pregón "Julio César Grauert" –proveniente del Partido Colorado, el Partido Revolucionario de los Trabajadores y el recientemente creado Movimiento de Independientes 26 de marzo.

[5] Se recoge la integración actual de los grupos nacionales no las diversidades locales y aunque muchos de estos grupos sólo figuran en la capital, se citan ya que Montevideo concentra la mitad de la población uruguaya). Hay que tener en cuenta de que esta integración no tiene una exacta traducción electoral ya que algunos de estos grupos son residuos históricos y ni siquiera se presentaron a las ultimas elecciones (Movimiento Pregón y Unión Popular) y otros han concurrido bajo alianzas internas con listas y denominaciones comunes (PS, MS y CP como Espacio 90; PCU y FIDEL como Democracia Avanzada; PST, 20 de Mayo e independientes como Corriente de Izquierda; AU y MPF como Lista 2121). Documentación aportada por la Secretaría de la Presidencia del Frente Amplio.

Corriente de Unidad Frenteamplista (CUF); *Movimiento 26 de marzo* (M26); *Partido por la Victoria del Pueblo* (PVP); *Movimiento de Participación Popular* (MPP); *Movimiento de Liberación Nacional* (MLN) e independientes; *Partido Obrero Revolucionario* (POR); *Movimiento Pregón y Unión Popular* (UP).

  b) PDC

  c) Corriente 78

  c) Batllismo Progresista

Cuadro 1

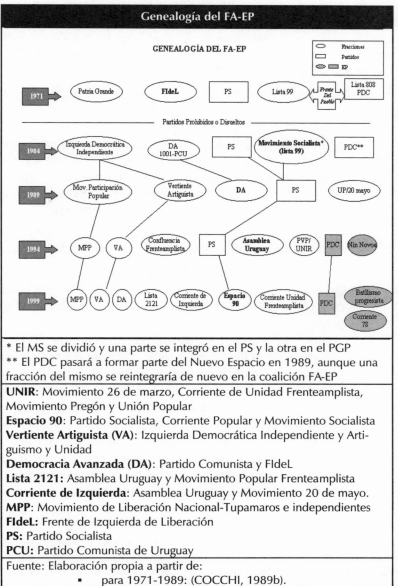

Genealogía del FA-EP

* El MS se dividió y una parte se integró en el PS y la otra en el PGP
** El PDC pasará a formar parte del Nuevo Espacio en 1989, aunque una fracción del mismo se reintegraría de nuevo en la coalición FA-EP

UNIR: Movimiento 26 de marzo, Corriente de Unidad Frenteamplista, Movimiento Pregón y Unión Popular
Espacio 90: Partido Socialista, Corriente Popular y Movimiento Socialista
Vertiente Artiguista (VA): Izquierda Democrática Independiente y Artiguismo y Unidad
Democracia Avanzada (DA): Partido Comunista y FIdeL
Lista 2121: Asamblea Uruguay y Movimiento Popular Frenteamplista
Corriente de Izquierda: Asamblea Uruguay y Movimiento 20 de mayo.
MPP: Movimiento de Liberación Nacional-Tupamaros e independientes
FIdeL: Frente de Izquierda de Liberación
PS: Partido Socialista
PCU: Partido Comunista de Uruguay

Fuente: Elaboración propia a partir de:
- para 1971-1989: (COCCHI, 1989b).
- a partir de 1989: Datos oficiales del Partido.

El Encuentro Progresista-Frente Amplio (EP-FA), como expresión de la alianza política de fuerzas y personalidades, regula su propia estructura sin perjuicio de que cada una de las fuerzas componentes del mismo mantenga sus Estatutos, sus formas de decisión política y su actuación en los órganos comunes del Encuentro Progresista que actuará a todos los efectos como una unidad .

Así la Carta Orgánica del EP-FA establece como bases los siguientes órganos:

a) Agrupación de gobierno: integrada por los dirigentes de más alto nivel de los que componen el EP-FA y por quienes ejerzan cargos legislativos y de gobierno para impulsar el acuerdo entre las distintas fuerzas que lo componen al aplicar coherente y coordinadamente el programa.

b) Bancadas parlamentarias: tanto a nivel nacional como departamental coordinarán la acción de los legisladores nacionales y los ediles departamentales.

c) Órganos de conducción: como expresión de la alianza política y plural estarán la Dirección Nacional y Direcciones Departamentales[6]: La Dirección Nacional será representativa del acuerdo político entre las fuerzas componentes del EP-FA e integrada por el Presidente y Vicepresidente del mismo, representantes de todas las fuerzas integrantes y de los Intendentes municipales electos, será el órgano de conducción política nacional. Las Departamentales ejercerán la representación del EP-FA pero a nivel departamental integrándose por los representantes de las fuerzas integrantes con actividad en el Departamento, el Intendente municipal electo por el lema electoral común y por los ediles departamentales y locales, dirigiendo así la política departamental.

---

[6] Ambas direcciones adoptarán decisiones en base al voto ponderado de las distintas fuerzas componentes tomando en cuenta la voluntad ciudadana expresada en las elecciones nacionales y departamentales (las decisiones se adoptaran por mayoría tomando en cuenta el voto ponderado de cada fuerza y conformando la misma por lo menos dos fuerzas políticas integrantes del EP).

Cuadro 2

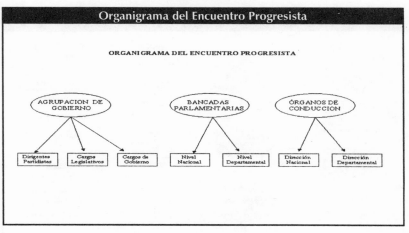

Órganos que necesitan conjugarse junto con la estructura que presenta a nivel interno el Frente Amplio. Una estructura que, como se observa (ver Cuadro 3) pretende fomentar la representación de las bases en los órganos superiores. Así establece los siguientes organismos (art. 24 Estatuto del Frente Amplio aprobado el 4 de diciembre de 1993):

a) Comités de Base del Frente Amplio: Asamblea, Mesa y Secretariado

b) Coordinadoras zonales: Plenario Zonal, Mesa Zonal y Asambleas Extraordinarias.

c) Departamentales: Plenarios Departamentales, Mesa Departamental y Asambleas Extraordinarias

d) Dirección Nacional: Congreso (periódico), Plenario Nacional y Mesa Política (permanente).

311

Cuadro 3

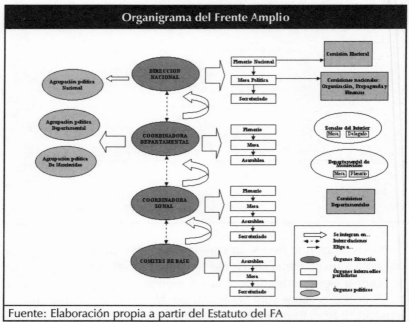

Fuente: Elaboración propia a partir del Estatuto del FA

Se resumirán a continuación (Cuadros 4 y 5) las característi-cas principales que definen a la estructura interna del FA.

Cuadro 4

Características de la estructura interna del Frente Amplio	
Tipo de Relaciones entre los órganos internos	Piramidal. Vertical. Integradora.
Órganos según ámbito territorial	Dirección Nacional, Departamentales, Coordinadoras Zonales y Comités de Base.
Órganos según función	Deliberativo: Asamblea
	Gubernamental: Agrupación de Gobierno
	Ejecutivo: Plenario, Mesa y Comisiones Nacionales
	Administrativo: Presidente, Vicepresidente, Secretariado
Periodicidad de las reuniones de los órganos (y duración del mandato)	Plenario Nacional y sus cargos: máximo 30 meses
	Congreso ordinario: máximo 30 meses.
Tipo de Estructura	Mixta (directa e indirecta)
Estabilidad de la Estructura	La totalidad de los miembros entrevistados consideran la estructura del partido como continua
Representación Territorial	Presencia en los Departamentos del interior y con estructura especial en Montevideo.
Fuente: Elaboración propia.	

Cuadro 5

Características originarias de la organización	
Origen Territorial	Urbano, principalmente Montevideo. Por penetración. Frente de izquierdas.
Fuente de Creación	Sin apoyo de una organización externa
Líder Carismático	Creación de la organización a partir del liderazgo en 1971 de Liber Seregni y en 1989 de Tabaré Vázquez
Fuente: Elaboración propia.	

1.2. Evolución electoral de sus componentes internos

El sofisticado sistema de reglas electorales uruguayas que fue definido en la década de 1930 (agregando a la ley del "doble voto simultáneo" de 1910 la llamada incorrectamente "Ley de Lemas" de 1934), perduró más allá de las reformas constitucionales de 1942, 1951 o incluso 1966 hasta la actual reforma de 1996 que ha tenido sus efectos en las pasadas elecciones de 1999. Fue un sistema diseñado únicamente para garantizar la permanencia de los partidos tradicionales, así Gerónimo de Sierra indica que:

> "Diseñada en sucesivas etapas por ambos partidos tradicionales, ella (la legislación electoral denominada *Ley de Lemas*) pretendía al mismo tiempo perpetuar la mayoría electoral de estos partidos frente a la izquierda y disminuir al máximo las fuerzas centrífugas muy intensas que los han atravesado desde su origen" (1992: 14).

Aun así la estabilización del sistema de partidos, no pudo con la emergencia de una tercera fuerza política y cambió desde dentro y a pesar del sistema electoral. Consciente de las dificultades de sintetizar las características del sistema electoral uruguayo, se intentará describir el mismo aludiendo a los siguientes rasgos sustanciales: a) mayoría simple para la elección presidencial; b) representación proporcional a nivel parlamentario; c) doble voto simultáneo[7] y d) simultaneidad y vinculación de todas las elecciones (sólo se puede votar por candidatos del mismo partido para todos los cargos). Dicho sistema mediante la combinación del que se ha denominado "doble voto simultaneo" (DVS) y la "acumulación de lemas", pretendía institucionalizar el bipartidismo tradicional permitiendo conjugar las divisiones internas de los partidos con una unidad externa de los mismos al contener a los votantes y a las distintas fracciones dentro de los límites partidistas.

Con el mismo objetivo, se aprobó la última reforma electoral de 1996, con los votos a favor de todos los partidos uruguayos con las excepción del FA. La normativa aprobada en 1996 y que comenzó a aplicarse en 1999 modificó tres de las cuatro características principales del sistema electoral uruguayo: a) sustituyó la

---

[7] Mecanismo que permite dirigir el voto hacia un partido (o "lema") y secundariamente hacia un candidato o "lista" (haciendo referencia con ella no a una nómina de candidatos sino a una forma de identificar a un grupo político).

mayoría simple para la elección del presidente por el *ballotage;* b) Se limitó el uso del doble voto simultáneo estableciéndose la obligatoriedad de candidatos presidenciales únicos, un máximo de dos candidatos a Intendente Municipal y se eliminó la "acumulación por sublemas" para la elección de diputados; y c) se separaron las elecciones[8]. Para procesar la designación de candidatos únicos en los partidos tradicionales acostumbrados a la competencia interna abierta, la nueva normativa estableció elecciones primarias obligatorias para todos los partidos políticos[9].

Dicha reforma pretendía evitar que la irreversible tendencia multipartidista del sistema de partidos uruguayo, desplazara del poder a los dos partidos tradicionales que lo habían venido ocupando desde principios de siglo. Del mismo modo buscaba también la conformación de las tan necesarias mayorías para gobernar, ya que en el último cuarto de siglo ni el partido del presidente, ni mucho menos su fracción ha tenido perspectivas de alcanzar mayorías parlamentarias propias. Sin embargo, ambos sistemas no han podido evitar la irrupción de la tercera fuerza política en su sistema de partidos. Fuerza política que ha entrado en la dinámica del sistema de partidos uruguayo adaptándose a la organización *impuesta* por los mismos desde la propia elaboración del sistema electoral, aunque de una manera mucho más estructurada y con unas fracciones mucho más fuertes al proceder muchas de ellas de partidos políticos muy ideologizados (PS, PCU o PDC).

---

[8] Se separó la elección interna de la general, la nacional de la municipal y, parcialmente, la parlamentaria de la presidencial: de esta forma las elecciones uruguayas que se realizaban todas simultáneamente en un solo día cada cinco años, pasaron a desarrollarse en un proceso que dura más de un año, en abril las primarias, en octubre las nacionales, en noviembre la segunda vuelta presidencial y en mayo del año siguiente las municipales.

[9] Si bien las elecciones primarias abiertas se han venido poniendo en práctica en todo el continente, Uruguay es el único país que las ha establecido en su constitución como obligatorias para todos lo partidos políticos.

Cuadro 6

Evolución Electoral de las Fracciones del Frente Amplio (%)

1971

Fidel	Patria Grande	PDC	PS	99	Otros	TOTAL
32,93	23,32	20,13	11,81	10,35	1,42	100

1984

99	DA-1001	PS	PDC	IDI	TOTAL
39,03	28,23	15,30	10,62	6,68	100

1989

DA-1001	PS	VA	MPP	UP	TOTAL
48,53	22,56	15,57	10,79	2,37	100,00

1994

Asamblea Uruguay	PS	PCU	VA	MPP	78	CONFA	PDC	TOTAL
39,35	18,05	10,56	9,46	8,86	5,10	5,09	3,11	100

1999

Espacio 90	Asamblea Uruguay	MPP	VA	Alianza Progresista	DA	Izquierda Abierta	Corriente Izquierda	Otros	TOTAL
26.51	19.94	13.96	12.38	9.07	7.93	1.6	1.55	7.06	100

Fidel: Frente Izquierda de Liberación
PDC: Partido Demócrata Cristiano
99: Lista 99
PS: Partido Socialista
DA-1001: Democracia Avanzada (Partido Comunista y Fidel)
IDI: Izquierda Democrática Independiente
VA: Vertiente Artiguista (Izquierda Democrática Independiente y Artiguismo y Unidad)
MPP: Movimiento Popular del Pueblo (Movimiento de Liberación Nacional-Tupamaros e independientes)
UP: Unión Popular
CONFA: Confluencia Frenteamplista
PCU: Partido Comunista de Uruguay
Espacio 90 Partido Socialista, Corriente Popular y Movimiento Socialista
Corriente de Izquierda Asamblea Uruguay y Movimiento 20 de mayo.

Fuente: Para 1971-1994: Pablo A. Guerra (1995): *Para comprender la estructura política en Uruguay. Serie Documentos de Trabajo No. 1*; Para 1999: Jorge LANZARO (2000): *La izquierda uruguaya: transformaciones estructurales y lógicas de desarrollo político.* Ponencia presentada para el XXII Congreso Internacional de LASA, Miami. (versión Preliminar).

Como se puede observar, en su primera instancia electoral (1971), el FA se nutrió de cinco grandes sectores. El mejor votado fue el Fidel[10]. Lo seguirían *Patria Grande*, el PDC y la *lista 99* en sublema con la democracia cristiana (*Frente del Pueblo*) y el Partido Socialista. El mapa interno cambiaría sustancialmente en 1984, donde el sector más votado pasa a ser ahora el de la lista 99 de Hugo Batalla, le sigue *Democracia Avanzada* (1001), el PS y el PDC, único partido que baja su votación con respecto a 1971. La *Izquierda Democrática Independiente* (IDI)mientras tanto, sólo recoge algo más de 26 mil votos, la inmensa mayoría de los cuáles tienen origen en la capital del país. En 1989 vuelve a cambiar el panorama político del FA con la separación de dos de sus grupos fundadores, el PDC y la 99. Estas elecciones inciden nuevamente en la presencia hegemónica en el plano electoral del Partido Comunista a través de la subcoalición denominada Democracia-Avanzada. En segundo lugar se encontraría el Partido Socialista y en tercer término aparecía la Vertiente Artiguista (como expresión del *frenteamplismo* independiente reuniendo en su interior a ex IDI, ex demócrata cristianos e independiente) y el *Movimiento de Participación Popular* que con la incorporación de los tupamaros conformarían la expresión de la izquierda frentista más radical. El periodo hasta las siguientes elecciones estaría marcado por la crisis del PCU[11] que modifica el equilibrio interno del FA, favoreciendo al PS y por el ascenso a la Intendencia de Montevideo del frentista Tabaré Vázquez que representa el primer recurso de poder ocupado por un partido no tradicional y la primera gestión de gobierno desde la izquierda. Añadidos a todos estos cambios, las elecciones de 1994, nuevamente presentan variaciones en el cuadro interno del FA, esta vez en alianza con otros grupos componiendo el EP-FA. A su vez, dentro del FA, el liderazgo de la figura independiente que represen-

---

[10] Lograría el 33% de los votos en Montevideo, y el 32% en el interior, lo que de alguna manera desmiente el mito de un comunismo mal votado en el interior del país

[11] Esta crisis que fue reflejo de la que sufrieron los regímenes de este signo ideológico a nivel mundial, derivaría a la recreación de dos corrientes: la primera integrada por un nuevo Partido Comunista más pequeño y ortodoxo; la segunda constituida por los ex-integrantes de dicho partido.

taba Danilo Astori, se tradujo en la creación de su propio grupo político *Asamblea Uruguay*, que en el transcurso de la campaña se convertiría en la primer fuerza del Encuentro Progresista[12]. 1999 presenta la victoria del PS integrado en el *Espacio 90*, grupo político al que pertenecía el postulante a presidente de la República. El arrastre que en estas elecciones ha podido tener el grupo del líder en la votación de la primera vuelta presidencial (que establecía la composición de la Asamblea legislativa) ha podido ser decisiva para la obtención de este resultado.

Se observa entonces que existe una tónica en las ultimas elecciones de experiencias exitosas de fracciones nacidas de una previa adhesión al FA (*Vertiente Artiguista* en 1989 y *Asamblea Uruguay* en 1994), lo que está configurando una filiación *frentista* genérica más allá de las adhesiones de los distintos grupos. El voto a estos *frentistas independientes* está implicando una vinculación anterior al FA como conjunto que se puede traducir en modificaciones dentro de su estructura interna dejando así de ser únicamente una fuerza política integrada por partidos preexistentes para crear su propia identidad como colectivo con la capacidad de producir movimientos internos de naturaleza similar a las fracciones de un partido político. Lo que sí es evidente es que se está produciendo una correlación de fuerzas en el EP-FA hacia un predominio de fracciones *frenteamplista* moderadas (*Asamblea Uruguay*, *Espacio 90*, *Vertiente Artiguista*) con presencia minoritaria aunque relevante de posturas más radicales (MPP, *Democracia Avanzada*) y con una escasa presencia de las alternativas no frentistas (PDC, *Corriente 78* y *Batllismo Progresista*).

---

[12] Obteniendo el 40% de los votos, y casi 76 mil votos en el interior, una cifra nunca obtenida por ningún otro grupo. El PS se mantuvo como el PCU (debilitado por la crisis ideológica del 89). El otro grupo fuerte fue el MPP con 55 mil votos, tambíen de perfil montevideano. Los restantes grupos obtienen menos de 40 mil votos: la lista 78, encabezada por el dos veces intendente nacionalista, Nin Novoa, Confa (escindidos del PCU), y el PDC que logra la peor votación de su historia, tras reengancharse de nuevo en el EP después de su paso por el Nuevo Espacio, con menos de 20 mil votos, quedando de esta manera sin representación parlamentaria.

1.3. Ubicación ideológica

Los parlamentarios pertenecientes al FA se autoubican y ubican (en 1996) a su partido prácticamente en el mismo lugar (3 y 2,9 respectivamente) siendo ubicados por el resto de los partidos más hacia la izquierda (2,6). Incluso los resultados de la investigación posterior fruto de las entrevistas a los miembros partidistas (en 2000), presentan unos resultados mucho más sesgados hacia la izquierda tanto respecto a la autoubicación (1,96) como a la ubicación del partido por ellos mismos (2,22) o por el resto de partidos (2,13)[13] (Cuadros 7, 8 y 9).

Esto trasmite la idea de que se trata de un partido ubicado en el espectro ideológico de la izquierda.

---

[13] Los entrevistados consideraron adecuada situar su ideología en una escala (3.61). Así lo manifestaron cuando se les preguntó (nº 11 a) "¿Le parece apropiado situar la ideología de su partido en una escala de izquierda-derecha" y se calificaron los supuestos en una escala de 1 a 5 donde 1 es "nada apropiado" y 5 "muy apropiado". No hubo ningún entrevistado que no se ubicara en esta escala.

Cuadro 7

Medias de Ubicación Ideológica Partidista D EP-FA (1= I 10 = DE)									
1996: Legisladores n = 25									
	2.9•								
2000: Dirigentes y Militantes n = 23									
	•2.22								
1	2	3	4	5	6	7	8	9	10
Pregunta Realizada: "Utilizando una escala ideológica donde 1 sea izquierda y 10 derecha: ¿dónde ubicaría usted a su partido político?"									
Fuente: PELA(1996), PPAL (2000)									

Cuadro 8

Medias de Autoubicación Ideológica de los miembros del EP-FA (1= izquierda y 10 = Derecha)									
1996: Legisladores n =25									
		•3							
2000: Dirigentes y Militantes n = 23									
1.96•									
1	2	3	4	5	6	7	8	9	10
Pregunta Realizada: "Utilizando una escala ideológica donde 1 sea izquierda y 10 derecha: ¿dónde se ubicaría usted?"									
Fuente: PELA(1996), PPAL (2000)									

Cuadro 9

Medias de Ubicación del EP-FA según las percepciones de los miembros de los otros partidos (1= izquierda y 10 = Derecha)									
1996: Legisladores n =46									
	2.6•								
2000: Dirigentes y Militantes n = 23*									
	•2.13								
1	2	3	4	5	6	7	8	9	10
*El FA-EP es ubicado por diferente manera según los partidos políticos: así mientras el PC lo ubica en 2.50 (desv. Tip. 1.00), el FA lo sitúa más hacia la izquierda en un 1.73 (desv.tip. 0.79). Pregunta Realizada: "Utilizando una escala ideológica donde 1 sea izquierda y 10 derecha: ¿dónde situaría usted a los otros partidos?"									
Fuente: PELA(1996), PPAL (2000)									

2. Variables que influyen en su organización interna

2.1. Influencias debidas a variables institucionales inherentes: el sistema electoral

Que en la "República Oriental del Uruguay se ha desarrollado uno de los sistemas electorales más peculiares del mundo" (Nohlen, 1994: 249) es algo tan incontestable como el afirmar que dicho sistema ha presentado fuertes implicaciones en el diseño del sistema de partidos. Sin embargo, paradójicamente, pese a la cantidad abundante de información disponible sobre el mismo "prácticamente no existen trabajos que intenten la contrastación empírica de sus enunciados principales" (Buquet, Chasquetti y Moraes, 1998: 16). En este apartado se tratará de relacionar aquellos efectos que dicho sistema electoral ha podido tener en la organización intrapartidista de la coalición de izquierdas uruguaya objeto de estudio. Aun a riesgo de simplificar, este trabajo se centrará en las características que resultan más esclarecedoras para abordar la estructura organizativa de los partidos uruguayos, y en concreto con la coalición *frenteamplista* que se está analizando.

Características del sistema electoral uruguayo que influyen en la caracterización de la izquierda uruguaya:

A) Representación Proporcional (RP)– Componente originario de la estructura interna del FA: coalición de partidos pequeños de ideas

La RP funcionando a nivel de lemas, permitió la continuidad en el sistema uruguayo de pequeños partidos, lo que contribuyó en su momento a la permanencia de los denominados "partidos de ideas"[14] entendiendo como tales la *Unión Cívica* del

---

[14] Si se añade a la legislación electoral, las transformaciones en las sociedades del primer cuarto de siglo se encuentra una posible explicación de por qué aparecieron y permanecieron en el caso uruguayo junto a los partidos

Uruguay –católicos–, al PS y al PCU. Así, en la década de 1960, se gestó entre estos pequeños partidos, el proyecto de unión en torno a un frente que supusiera una alternativa a las fuerzas políticas tradicionales. De este modo, la *Unión Cívica* (que daría un viraje hacia posiciones más izquierdistas adoptando la denominación de PDC) coincidiría con socialistas y comunistas en la formación del FA. Por lo tanto, la representación proporcional fue uno de los mecanismos que permitiendo la representación electoral de sectores minoritarios, contribuyó a la permanencia en el sistema de esos pequeños partidos de ideas que fue el germen integrador de un esquema partidista *frente* a los partidos tradicionales. Esquema partidista que necesariamente se organizó internamente como una *coalición de pequeños partidos.*

Pero así como este trabajo sostiene que la RP es uno de los mecanismos electorales que indirectamente han permitido la aparición y la estructura intrapartidista de coalición de la izquierda uruguaya estructurada en el FA, rechaza hipótesis sostenidas que indicaban éste pudo constituirse como tal acogiéndose a los beneficios de la acumulación de votos:

> "...la conformación de la alianza de izquierda como una fuerza electoral se hizo, precisamente utilizando el mecanismo del doble voto simultáneo y acumulación que, sin embargo, durante largo tiempo fue criticado a partir de estos sectores" (Rial, 1986: 199).

---

tradicionales los denominados "partidos de ideas". Así, el binomio capital-trabajo daría lugar a la aparición del Partido Socialista en 1912 y el comunista en 1921, los intereses del catolicismo nacional unido a los contenidos anti-dogmáticos krausistas o seculares del batllismo serían los que conformaría la identidad partidista de la Unión Cívica en 1921 (Alcántara, Crespo y Mieres, 1992: 37), aunque estos partidos nunca tuvieron una presencia muy notable (el mejor resultado electoral fue el obtenido por el Partido Comunista en 1932 para las elecciones del Consejo Nacional de la Administración –3% de los votos–; la Unión Cívica nunca representaría más del 4%). Se observa entonces que estos partidos, cuya presencia era meramente testimonial, respondieron a estímulos externos y no tanto de la propia ideología partidista ya que nacieron instancia de otras entidades foráneas como el Komintern o la Iglesia católica (Cocchi, 1989: 16).

Los partidos y sectores que se constituyeron en la fuerza política de izquierda no acumularon sus votos, sino que presentaron un único candidato presidencial como destinatario de los mismos. Respecto al ámbito parlamentario, dichos sectores mantuvieron su identidad presentándose en listas diferentes. Sin embargo, necesidades dentro del sistema (simultaneidad y vinculación de las elecciones) les obligaron a presentarse dentro de un mismo lema[15]. Pero esta proporcionalidad del sistema, no sólo ha desplegado sus efectos en lo correspondiente al origen y primigenia estructura interna del FA, también ha determinado y está determinando su actual evolución. Se debe indicar que la alta proporcionalidad del sistema electoral uruguayo se debe no solo a la utilización del método de adjudicación proporcional (D´Hondt) sino a la magnitud de la circunscripción electoral (número de cargos que se eligen en una circunscripción) que supera en valores a los que correspondería, en términos de Nohlen, a circunscripciones "grandes", habilitando así una distribución proporcional de los cargos extraordinariamente ajustada al caudal electoral del partido[16].

---

[15] Por lo tanto no hay tanto un efecto "mecánico" del sistema electoral como "psicológico" , afectando a la estrategia de composición del FA, constituyéndose así en una maniobra para capitalizar y concentrar el voto.

[16] Así Nolhen cosidera circunscripciones "grandes" cuando eligen a más de 10 cargos: en Uruguay en la Cámara de Representantes son 99 cargos en disputa, mientras que en la de Senadores son 30.

Cuadro 10

Grados de desproporcionalidad[17] en el Poder Legislativo a nivel interpartidista (%)						
Partidos				**Fracciones**		
Año	Senadores	Diputados	A.G.	Senadores	Diputados	A.G.
1971	**4.2**	**0.6**	**1.3**	**5.8**	**13.0**	**9.9**
1984	**4.4**	**0.5**	**1.4**	**8.0**	**16.5**	**14.4**
1989	**4.1**	**0.3**	**1.1**	**10.8**	**7.8**	**8.4**
1994	**3.9**	**0.5**	**0.9**	**9.8**	**9.7**	**9.5**
Media	4.15	0.475	1.175	8.6	11.75	10.55
Fuente: Elaboración propia a partir de Buquet, Moraes y Chasquetti (1998: 30)						

Sin embargo, se puede observar que esta proporcionalidad es exclusivamente interpartidista (Cuadro X), ya que tras asignar los escaños entre los partidos, las fracciones que componen los mismos comienzan a competir por dichos escaños en circunscripciones de menos magnitud[18]. Con este esquema, se produce en Uruguay un estímulo para la formación de un grupo político dado que la RP disminuye en coste de entrada, estímulo que en su momento incidió en la supervivencia de esos pequeños partidos de ideas que permitirían la fundación del *frente* de izquierdas uruguayo en torno a una coalición de "grupos políticos que compitiendo por separado presentaban pocas chances de triunfo, generaron un fuerte cambio de expectativas al unificarse" (Buquet, 1998: 35). Sin embargo, el

---

[17] El cálculo se realizó con el índice de Loosemore & Hanby (1971): $D= (1/2) \sum |$ vi-si$|$, donde vi representa el porcentaje de votos obtenido por cada partido y si el porcentaje de bancas correspondiente. Liphart (1994) califica como más proporcionales a aquellos sistemas con una barrera efectiva menor a 3.3%.

[18] Así en el Senado las fracciones mantienen su competencia en la circunscripción única nacional (según los escaños que obtuvo su partido en la Cámara alta) mientras que en la Cámara de Representantes, la competencia se produce a nivel departamental (según el numero de escaños que el partidos obtuviera en el departamental correspondiente) . En este ultimo caso se produce un complejo sistema que abarca desde circunscripciones grandes (Montevideo) hasta otras donde la competencia intralema se produce en circunscripciones binominales e incluso uninominales que estimulan una lógica de competencia mayoriataria y muy desproporcional

mantenimiento de esta situación de fraccionalización en las internas de los partidos y en especial en el FA que no favorece a estas unidades subpartidistas[19], hay que buscarlas en otros factores:

B) Elecciones simultaneas

En Uruguay hasta la reforma constitucional de 1996, todas las elecciones eran simultaneas para todos los cargos nacionales y departamentales desde 1934 y vinculadas al lema desde 1942, lo que implicaba que el elector votara al mismo tiempo todos los cargos electivos obligado a votar siempre por el mismo partido. La simultaneidad de las elecciones legislativas con las presidenciales perpetuaba en cierto sentido la dimensión interna organizativa del partido. Las diferentes fracciones que integraban el mismo estarían desincentivadas a competir fuera de él, aun cuando los mecanismos electorales las favoreciesen, cuando el partido tiene posibilidades a nivel presidencial. Pero aun si el partido no tuviera posibilidades en dichas elecciones, las fracciones no podrían esperan aumentar su caudal electoral fuera del partido del cual forman parte, porque no se pueden apropiar de los votos que han tenido hasta ese momento por pertenecer al mismo, "esto hace a la relevancia de los partidos como actores políticos y a la condición de subunidades de las fracciones" (Buquet, 1998: 29).

Por tanto, a las fracciones no les convenía separarse del partido, perpetuándose las alianzas intrapartidistas. El FA sabedor de esta estrategia, la hace suya incorporando sucesivamente a nuevos sectores que no han tenido ni tendrán oportunidad de competir fuera de él. Como ejemplo de esta dinámica se puede mencionar tanto la disminución electoral del cuarto partido competidor en Uruguay (Nuevo Espacio) como lo ocurrido con el PDC o con la fracción frenteamplista, Lista 99 que se considera un ejemplo y aislado de una fracción política que ha pasado a formar parte inte-

---

[19] Esto se debe a que a las fracciones les costaría obtener una banca parlamentaria un mayor número de votos que a una partido político (así mientras que en 1994 el partido Nuevo Espacio con 104.773 votos obtendría 5 bancas, la fracción del Partido Colorado –Batllismo Radical– con un similar numero de votos (102.551) obtendría solo 2.

grante de los distintos partidos políticos uruguayos, empeorando sucesivamente su caudal electoral[20].

Pero esta necesidad de coalición de izquierdas en el Uruguay se vio impuesta por otras dinámicas del sistema electoral.

C) Ley de Lemas- Necesidad de Coalición con partidos existentes.

Pese a que "durante el grueso de la elaboración del sistema electoral (1910-1942) ni el más visionario de los dirigentes políticos tradicionales podía intuir en la izquierda una amenaza seria a su predominio" (Buquet, Chasquetti y Moraes, 1998: 16), lo que era evidente es que el sistema electoral uruguayo pretendía consagrar un determinado sistema de partidos frente ya no solo a terceras fuerzas, sino a desestabilizaciones internas ocasionadas por las diferencias en el mismo seno de los partidos existentes.

Por lo tanto, si bien no imposibilitaba *per se* el desarrollo de un nuevo partido político competitivo, sí que introducían ciertas trabas en su fundación y acceso a la arena electoral que se podía traducían en consecuencias sobre su estrategia organizativa. De esta manera, el artículo 79 de la Constitución Uruguaya de 1967[21] impedía la formación de un partido nuevo, si no se presentaba con un lema permanente, entendiendo como tal aquellos lemas que hubieran participado en la elección anterior habiendo obtenido representación parlamentaria (en el momento de fundación del FA, sólo el

---

[20] Formando parte del PC con una buena votación, la *Lista 99* pasó a formar parte del FA en 1971, empeorando su resultado. Cuando se convirtió en 1984 en el grupo mayor dentro de la coalición de izquierda, se retiró del Frente para mejorar sus desempeños electorales votando en el *Nuevo Espacio* (1989) reduciendo así nuevamente su caudal electoral. En 1994 formaría de nuevo parte del PC obteniendo el peor resultado de su historia que sin embargo recuperaría exitosamente en 1999.

[21] "La acumulación de votos por lema para cualquier cargo electivo, sólo puede hacerse en función de lemas permanente, sin perjuicio de cumplirse, en todo caso, para la elección de Representantes con lo dispuesto en la primera parte del artículo 88. Un lema para ser considerado permanente, debe haber participado en el comicio nacional anterior obteniendo representación pralamentaria". Art. 79 de la Constitución uruguaya de 1967.

PDC y el FIdeL cumplían con esta normativa). Con esto se pretendía evitar la introducción en el sistema de nuevas formaciones políticas que pudieran ensombrecer el desempeño de los partidos tradicionales o suponer una competencia electoral a los mismos. Sin embargo, aunque estas circunstancias no impidieron el surgimiento de una nueva fuerza política –el FA– sí que condicionaron su estrategia interna ya que esta alternativa solo pudo formarse utilizando el lema permanente de uno de sus integrantes (el PDC). Así esta fuerza política no podía surgir totalmente fuera del sistema, sino desde dentro del mismo y con la capacidad organizativa necesaria para poder adaptarse a las reglas del juego impuestas por el mismo.

D) Listas cerradas y bloquedas-Necesidad de Organización partidista

En Uruguay el votante además de estar obligado a votar por un mismo partido para todas las elecciones, solo puede apoyar aquellas combinaciones que el propio partido autorice ya que es el partido el que presenta las candidaturas en listas cerradas y bloqueadas. Una medida que tiene consecuencias respecto a la organización interna de los partidos, asociándose a la verticalidad de sus decisiones (concentrando el poder en la elite decisoria del partido) impidiendo en todo momento que el elector modifique las listas. Así se unifica su configuración en la decisión del partido. Sin embargo, esta medida en el caso uruguayo hay que relacionarla con la del Doble Voto Simultáneo (DVS), que se describirá en líneas posteriores, y que incide en la posibilidad del elector de elegir no solo el partido sino también el candidato. Esto da lugar a una mayor flexibilidad en la lista, por lo que sólo es correcta la clasificación de listas cerradas y bloqueadas:

> "…cuando se refiere a las listas a candidatos, pero no a
> las listas de un lema" (Nohlen, 1994: 255).

E) Doble Voto Simultáneo (DVS)- ¿Incentivador de la fraccionalización?

El DVS[22] buscaba desde un primer momento impedir la división de los partidos, evitando que las fracciones disidentes se separasen del lema y pudiesen competir electoralmente fuera de ellos. Adoptado en 1910 se mantuvo para permitir la competencia interna dentro de los partidos y que las divisiones internas no le perjudicaran electoralmente ya que se dilucidaba la competencia intrapartidista en una elección nacional[23]. Sin embargo, frente a los que indican que supone un elemento disgregador en realidad evita escisiones dentro del partido ya que éste es el destinatario primero del voto y en segundo lugar el candidato[24], evitando la fragmentación del sistema partidista. En el caso del FA, éste une a las distintas partes en torno a una coalición unificada, no para evitar escisiones ya que desde su origen se estructuró en torno a ellas.

La complejidad de este mecanismo se debe a que se utilizaba en las eleccines legislativas el denominado "triple voto simultáneo": las listas de candidatos a senadores (nacionales) o a diputados (departamentales) de un partido podía dividirse en sublemas (implicaba que las bancas se adjudicaban en primera instancia al sublema y luego a las listas integrantes del mismo). Así el elector se pronuncia a favor de un partido, luego de un sublema y finalmente a una lista en particular. Este mecanismo tiene sentido cuando un sublema (que no representa una realidad política al obedecer exclusiva-

---

[22] Art. 5 / Ley 3640 (1910): "Todo elector deberá votar simultáneamente por el partido político al que pertenece y por los candidatos. Los electores podrán agregar al lema de un partido el sublema que juzgue convenientes para indicar tendencias dentro de un partido político"

[23] La excepción uruguaya (ya que en Japón, Italia, Bélgica y Colombia, existe una competencia intrapartidista en el momento de la elección) reside en la forma en que esa competencia se produce.

[24] "Una forma de demostrar que el agente receptor del voto en primera instancia es el partido es la posibilidad que existe de votar sólo por el partido sin pronunciarse por algún candidato en particular. El mecanismo se denomina "voto al lema" y se realiza introduciendo hojas diferentes del mismo lema dentro del sobre de votación. La posibilidad opuesta, de votar candidatos mas no partidos, no existe en el régimen uruguayo" (BUQUET, 1998: 12).

mente a la acumulación de votos) incluye varias listas que acumularían votos para mejorar su representación electoral (esto se conoce con el nombre de "cooperativas electorales").

Cuadro 11

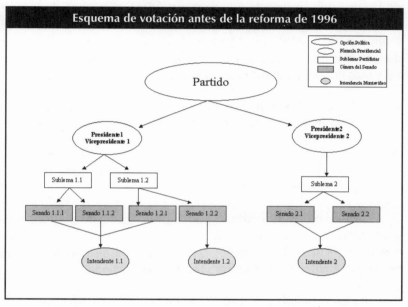

En este sentido para el caso uruguayo, hablar de la vida política intrapartidista es hacer plenamente referencia a las *fracciones*[25], fracciones que se enfrentan entre sí compitiendo en una determinada "estructura de oportunidades" (Sartori, 1992). Además de aglutinar en su seno múltiples partidos o movimientos, el FA como el resto de partidos uruguayos genera su propia dinámica a través de la denominada fraccionalización partidista, con la diferencia de

---

[25] Utilizaré aquí la terminología adoptada por Sartori que considera inapropiado el uso del vocablo facción para referirse a las subunidades partidistas dadas sus connotaciones negativas (Sartori, 1992: 98). De este modo la palabra *fracción* se referirá de ahora en adelante a las unidades competitivas al interior de los partidos.

que el FA aglutina también a verdaderos partidos políticos que funcionan electoralmente como fracciones. Es más, el EP-FA representaría a una coalición de partidos entre los que se encuentra el FA, en la que se reparten los votos según lo obtenido por cada fracción.

Esta peculiaridad uruguaya, mucho más compleja para el caso de la izquierda ha llevado a la doctrina politológica a cuestionar que los partidos uruguayos puedan considerarse partidos políticos en sentido estricto. Al respecto Sartori señala que puede darse el riesgo de que esas fracciones lleguen a contar con organizaciones más fuertes y más eficaces que sus propios partidos:

> "El caso extremo parece ser Uruguay, cuyo sistema bipartidista no es más que una fachada electoral con respecto a los actores reales, esto es, los lemas y sublemas de los partidos Blanco y Colorado. En este caso el partido es en realidad una confederación más que una federación de sus fracciones" (Sartori, 1992: 102).

Desde esta perspectiva se podría considerar a los partidos políticos uruguayos como organizaciones de "fachada" que encubren una multiplicidad de pequeños partidos que se alían entre sí para estratégicamente mejorar sus resultados en la contienda electoral[26]:

> "...en realidad para el concepto moderno de partidos políticos, si ellos existen en nuestro país, su conformación se ubica al nivel desagregado de los "lemas"; generalmente en las unidades "sublemas" o candidaturas a la presidencia en los partidos tradicionales y en las listas partidarias para el caso de los grupos coaligados en el Frente Amplio". (Errandonea, 1989: 44).

---

[26] Hay incluso autores que califican el sistema de partidos uruguayo como un "bipartidismo electoral y multipartidismo cotidiano" (Caetano, Rilla y Pérez, 1987: 51): "El bipartidismo tradicional funcionaba como tal sobre todo en las instancias electorales, encubriendo luego en plena vigencia –en la dinámica política más corriente– de un sistema de partidos múltiples".

Por lo tanto, aceptando el hecho de la fraccionalización sin entrar en profundidad en los factores a los que ésta se debe[27], no se puede hablar de la vida interna del FA sin hacer mención al grado de fracccionalización existente en su seno. Aunque el hecho de que ésta integre a partidos además de a fracciones puede llevar a pensar que existe un exceso de fraccionalización (y desigual) en su seno respecto del resto de partidos tradicionales. Uno de los problemas en este sentido es la operacionalización de la variable "fraccionalización". Aunque han existido varios métodos, se elegirán para este estudio los considerados más relevantes para analizar en qué medida está fraccionalizado el FA, cómo evolucionan dichas fracciones, el carácter de las mismas y si se advierten diferencias respecto de los partidos tradicionales:

a) el indicador utilizado por Vernazza: mide la fraccionalización contabilizando la cantidad de hojas de votación presentadas por los candidatos a diputados. Las ventajas de este índice se deben a que utiliza un indicador objetivo que reduce la discrecionalidad y permite medir la evolución a través de las distintas series temporales. Sin embargo, presenta como inconvenientes la no diferenciación entre listas y hojas de votación[28] (Buquet, 1997).

Por lo tanto, se han intentado mejorar todas estas deficiencias tomando como indicador del grado de fraccionalización de los partidos el número de listas de candidatos a diputados presentadas en cada elección (Monestier, 1999):

"A los efectos de evitar los riesgos de aumentar artificialmente el número de listas, he considerado listas idénticas todas aquellas encabezadas por una misma persona, controlando de esta forma el riesgo de considerar listas dife-

---

[27] En este sentido se puede encontrar abundante bibliografía de referencia: (Buquet, 1997; González, 1993; Real De Azua, 1988; Aldo Solari, 1991; Vernaza, 1989).

[28] La legislación electoral uruguaya permitía que una misma lista (configurada con un conjunto determinado de candidatos) se presentara a través de varias hojas de votación ("lista calcada") por lo que cuando se cuentan hojas de votación puede que se esté contabilizando más de una vez la misma lista lo que aumentará el número de fracciones (Buquet, 1997: 236).

rentes aquellas encabezadas por un mismo candidato y únicamente diferenciadas por la circunscripción en la que fueron presentadas. Siguiendo este criterio, cada lista presentada al interior de cada partido constituye, en sentido estricto, una fracción: unidades competitivas al nivel sub-partido" (Monestier, 1999: 49).

Así se puede observar que pese a la cantidad de fuerzas políticas que aglutinó desde un principio el FA, siempre tuvo un menor número de fracciones internas lo que le ha permitido mostrarse más cohesionado. Aun así hay una tendencia, agudizada en 1994, a aumentar el número de listas presentadas.

Cuadro 12

Listas de diputados presentadas en todo el país según lema y elección				
	1971	1984	1989	1994
Frente Amplio	76	67	72	134
Partido Nacional	183	117	189	211
Partido Colorado	172	111	212	193
Fuente: Monestier (1999).				

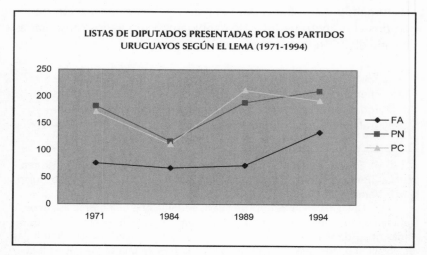

LISTAS DE DIPUTADOS PRESENTADAS POR LOS PARTIDOS
URUGUAYOS SEGÚN EL LEMA (1971-1994)

Fuente: Monestier, F. (1999): 55

Monestier realiza también una interesante clasificación entre las fracciones de los distintos partidos, (1999: 68). La posibilidad de acumular fracciones a través de las distintas alianzas posibilita hacer la clasificación entre alianzas por "principio" y alianzas por "interés" o "no principistas" que darían lugar a las consiguientes fracciones de "principios" (aquellas que concurrieron solamente con una única lista de candidatos a diputados, senadores y presidencial) y aquellas "no principistas" (que sumaban sus votos varias listas de candidatos a diputados apoyando una sola lista de candidatos al senado y una candidatura presidencial). Estas a su vez pueden ser "no principistas moderadas", cuando las fracciones en las que varias listas de diputados formaron un sublema en el que se incluía más de una lista de candidatos al senado, o "no principistas extremas" cuando sumaron sus votos listas de diputados que apoyaban más de una candidatura presidencial (en el caso del Frente Amplio no existen esta última clase de fracciones ya que siempre ha presentado un único candidato a las elecciones en las que se presentó).

Cuadro 13

Evolución de los distintos tipos de sublemas presentados por el FA en todo el país. % sobre el total de sublemas frentistas (1971-1994)				
Principistas	64	48	55	28
No principistas moderados	36	52	45	72
No principistas extremos	0	0	0	0
Fuente: Monestier, F. (1999: 55).				

Una explicación de este cambio, que se traduce en un aumento de los sublemas "no principistas" se puede encontrar en el cambio de oferta electoral que ha experimentado el FA desde la década de los setenta. Una oferta, que se organizaba desde lo nacional a lo departamental y que provocaba que en este nivel se produjera una representación idéntica de lo ofertado en el primero. Sin embargo, la lógica electoral expansiva como estrategia de la organización frenteamplista, ha llevado a una necesidad de apertura hacia el interior del país con un aumento de la construcción de alianzas departamentales más flexibles para una mejor adaptación a los lineamientos nacionales (Monestier, 1999: 77). No hay que olvidar que la existencia de los sublemas "no principistas" obedece al mecanismo del DVS creado como contención de la fragmentación de los partidos.

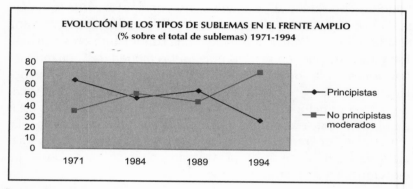

Fuente: Monestier (1999).

b) Otro indicador para medir la fraccionalización es el utilizado por Buquet (1997 y 1998): Buquet se centra en un análisis de fracciones nacionales al ser éstas las que "suponen un corte vertical del partido entero" (Panebianco, 1990: 92) en un nivel intermedio entre las listas presentadas al senado y las candidaturas presidenciales ya que "el número de candidatos presidenciales será una aproximación *por defecto* y el de listas al senado *por exceso* al nivel de fraccionalización real" (Buquet, Chasquetti y Moraes, 1998: 42). El numero efectivo de fracciones parlamentarias (NEFp) lo calcula a partir de la misma fórmula que del NEP (numero efectivo de partidos), donde los niveles "normales" de fraccionalización interna se ubican entre dos y tres.

Cuadro 14

Numero Efectivo de Fracciones a Nivel de Listas al Senado				
	1971	1984	1989	1994
Frente Amplio	3,57	2,57	2,33	3,52
Partido Nacional	3,79	1,75	2,88	4,16
Partido Colorado	2,68	2,25	2,45	1,85
Fuente: Buquet, Chaquetti y Moraes (1998).				

Fuente: Elaboración propia a partir de Buquet, Chaquetti y Moraes (1998).

Se observa que el FA ha aumentado el NEFp a partir de 1994 (coincidiendo con el análisis anterior) aunque en menor medida que el PN. Sin embargo, el análisis de Buquet defiende que al "no aparecer una tendencia estadística relevante podemos mantener la hipótesis de que, si bien el formato interno mantiene una fraccionalización moderada dentro de los partidos de ninguna manea se puede sostener que exista una fraccionalización creciente", además en este caso se están contando como fracciones las listas a senadores que son niveles "inflados" de fraccionalización interna. Por lo tanto no se puede concluir que tenga más fracciones aunque sí que tenga una tendencia alta debida quizás a la formación del EP.

Concluyendo, se puede indicar que existen fuertes implicaciones del sistema electoral uruguayo como variable institucional en la configuración partidista interna de su izquierda con efectos diferentes respecto al resto de partidos del país lo que ha producido en su interior una estrategia organizativa única. De este modo, la RP permitió no solo el origen de la institución partidista configurándola como una estructura coaligada de fuerzas políticas (a lo que contribuyó también la Ley de Lemas), sino también la expresión de divergencias ideológicas en su seno otorgando la posibilidad de un pleno desarrollo de cada sector integrante. Pero esa coalición unida en torno a una estructura partidista única consolidada por la simultaneidad de elecciones, no oculta en ningún momento la fraccionalización interna exteriorizada a través de la multiplicidad de listas presentadas en las distintas instancias electorales. Así tanto en su formación como en su estructura organizativa –unificando a los viejos partidos de ideas, utilizando lemas ya existentes y adaptándose a la necesaria dinámica de fraccionalización que comparten los partidos tradicionales– se configura como una coalición de fuerzas abierta a opciones que compartan su identidad programática. Una organización interna que puede muy bien explicarse a partir de las restricciones y estímulos del sistema electoral uruguayo, independientemente del peso que hayan podido tener otros factores.

Sin embargo, este análisis no es suficiente para poder explicar la estrategia organizativa de la izquierda uruguaya, ya que si bien la constitución del Frente Amplio, como expresión dominante de la misma, se ha visto influenciada por las normas institucionales del interior del sistema, eso no ha impedido su configuración en una fórmula organizativa diferente al lado de la de los partidos tradicionales. Esto se debe a que en su estructura inciden otras variables externas que no está relacionadas con las institucionales del sistema uruguayo y que lo configuran como una categoría especial dentro de su sistema partidista.

2.2. Influencias debidas a variables externas: estrategia organizativa de la izquierda latinoamericana

La izquierda uruguaya, con independencia de la configuración organizativa que le haya permitido el sistema político, nunca se ha definido a sí misma como "partido". Así desde la plataforma *frenteamplista* se presenta como "una organización con el carácter de coalición-movimiento que se compromete al mantenimiento y defensa de la unidad, al respeto recíproco de la pluralidad ideológica y al acatamiento de las resoluciones tomadas por los organismos pertinentes (...) Abierto a la incorporación de otras organizaciones políticas y de los ciudadanos que comparten su misma concepción" [29]. Esta fuerza política que representa la fuerza mayoritaria en la alianza *encuentrista,* es calificada como una "coalición *nacional y popular* algo inaudita, llamada, sin embargo a perdurar" (Lanzaro, 2000) que uniendo a los veteranos de la izquierda socialista, comunistas independientes con la democracia-cristiana y sectores desprendidos de los partidos tradicionales, se presenta como alternativa frente a un modo convencional de hacer política. Su "condición de coalición y de movimiento", es también reconocida en el Plenario del FA en el acuerdo de abril de 1998, materializándose en una organización común con activa participación de los comités de base, un programa común y una acción política unificada de todos los frenteamplistas. Pero, el proyecto de esta coalición, pretendía fortalecerse con la incorporación de nuevos sectores afines ideológicamente mediante el EP[30] como "arma política transformadora, idónea para habilitar la participación de las grandes mayorías nacionales, sociales y políticas". El EP, siguiendo la misma lógica, se define a sí mismo como "una alianza política con carácter permanente de fuerzas que, en el marco del sistema democrático representativo pretende mediante una amplia participación de la ciudadanía, introducir transformaciones pro-

---

[29] Art. 1 del Estatuto del Frente Amplio firmado el 4 de diciembre de 1993.

[30] El afianzamiento de esta unión, establecida en el III Congreso Ordinario del Frente Amplio "Profesor Juan Jose Crottogini", tenía como objetivo estratégico la obtención del gobierno en las pasadas elecciones nacionales de 1999, mediante la apertura desde la plataforma del Encuentro Progresista hacia la incorporación de otras fuerzas políticas.

fundas en el país tendientes a la construcción de una sociedad democrática, progresista y solidaria, a través del impulso de un desarrollo socialmente justo y económicamente autosostenido"[31].

Desde estas afirmaciones, se puede concluir que la izquierda uruguaya nunca se ha definido como un grupo político homogéneo sino que ha acumulado hasta ahora (y pretende continuar haciéndolo) agregados políticos. Esta estrategia organizativa responde a estímulos de peso de la matriz "frentista". Matriz que hacía referencia a un "frente" de partidos, que bajo una estrategia de coalición pretendía optar por oportunidades electorales dentro de la competencia partidista. Entonces no es casual que la izquierda uruguaya opte por este tipo de dinámica organizativa únicamente atendiendo a las influencias que incuestionablemente ejerció sobre ella el sistema electoral como se ha comprobado en el anterior apartado. Hay algo más.

La lógica de *frentes,* que responde a estrategias de defensa de la izquierda en décadas pasadas ha dejado una fuerte impronta en todas las organizaciones partidistas ubicadas en ese espectro ideológico a nivel mundial (la uruguaya no iba a ser una excepción). Se ha llamado *Frente Popular*[32] a "un tipo de alianza centrada en la unidad de acción de los partidos de izquierda, democráticos y antifascistas, experimentada por primera vez en el periodo 1934-1935 en algunos países europeos" (Belligni, 1982). Esta coalición entre partidos políticos de izquierda obtiene su prolongación a nivel parlamentario según las distintas características históricas del país[33],

---

[31] Base 1ª del *Acuerdo Político del Encuentro Progresista* (20 de septiembre de 1998).

[32] Como antecedente político se encuentra el *Frente Unico* como estrategia política de los partidos adheridos a la II y III Internacional en una unidad de acción sobre objetivos económicos y políticos de los partidos de clase obrera. Unidad de acción omnicomprensiva que se extendería con el Frente Popular ya no solo a los partidos de obreros y trabajadores sino a los partidos democráticos, radicales, y clases burguesas del campo o la ciudad. Así mientras el Frente Unico era una alianza proletaria y anticapitalista, el Popular sería democrático y antifascista, pero siempre teniendo como característica fundamental la "unidad de acción".

[33] Los primeros ejemplos de Frente Popular se encuentran como reacción a los movimientos, partidos y regímenes de inspiración fascista y a la

pero necesariamente tiene que nuclearse en torno a una alianza entre partidos comunistas y partidos de matriz socialista. Son, por tanto las estrategias de tipo *frentista* las que han caracterizado las relaciones entre comunistas, socialistas y fuerzas radicales democráticas[34]. Sin embargo, los fracasos experimentados por todos estos movimientos llevaron a estudiosos y a políticos a considerar terminada esta formulación política proponiéndose como alternativas, las grandes coaliciones y la democracia consociativa como estrategias de gobierno mas adecuadas.

"Sobre el frentismo pesa la sospecha de ser un expediente táctico para preparar la hegemonía comunista, la acusación de preferir el terreno electoral y parlamentario al de las alianzas sociales, y de dejar irresuelto el problema capital de la relación entre democracia y socialismo" (Belligni, 1982).

Pese a este vaticinio, la estrategia *frentista* ha dejado una herencia inevitable en todos los movimientos de izquierda que se han organizado a partir de la década de los sesenta[35]. En Uruguay a partir de esta década los sectores políticos no tradicionales comienzan a tomar conciencia de que esta formulación política tiene opciones de éxito. Así ya en las elecciones de 1962 se constituyó la *Unión Popular* sobre la base de una alianza entre el PS, disidentes

---

amenaza de guerra a continuación de la crisis económica internacional, de ahí que las políticas pretendidas tuvieran un corte defensivo y ofensivo que comprenden tanto reivindicaciones económicas como políticas. Así la estrategia lanzada por el Comitern en 1935 consistió en una consigna que Laclau denominaría de "clase contra clase" (1986). Las alianzas antifascistas tras la Segunda Guerra Mundial reforzarán estos movimientos.

[34] Asi se calificaron los casos del *Fronte del popolo* italiano (1947-1948) como una alianza electoral entre el Partido Comunista y el Partido Socialista (descartado de golpe en las elecciones de 1948), las experiencias de *Unidad Popular* (1970-1973) y de la *Union de Gauche*; (la experiencia chilena de Salvador Allende).

[35] En Uruguay el primer antecedente se encuentra en el intento de "frente popular" organizado para acudir a las elecciones de 1938, pero a diferencia de Chile, donde se reunieron sectores en torno a la bandera del anticonservadurismo, en Uruguay solamente socialistas y comunistas conformaron el llamado *Partido de las Libertades Públicas* con un gran fracaso electoral (Alcántara , Crespo y Mieres, 1992: 39).

del PN y otros minoritarios. Aunque fracasó esta opción, se dejó la vía abierta para la entrada de otros sectores como el PCU o la *Democracia Cristiana*, que se había constituido como partido tras la escisión de la *Unión Cívica*. Fue así cuando surgió el FA en una coyuntura muy propicia para que asimilara simbólicamente su estrategia a la de un *frente popular*, dado el peligro fascista en el panorama político uruguayo debido a los tintes autoritarios del *pachequismo*[36]. Esta situación que propició la creciente colaboración entre los *partidos de ideas* y los movimientos progresistas (Alcántara, Crespo y Mieres, 1992: 43), fue el germen de la coalición de izquierdas uruguaya FA, al que la doctrina clásica ha identificado como "una variante de Frente Popular" (Argones y Mieres, 1989: 48). Pese a ser esta una concepción marxista-leninista no compartida por toda la izquierda, esta visión simbólica del FA, como una variante de *frente popular* fue la predominante (Argones y Mieres, 1989: 49). Se insistió así en la existencia de la clase obrera, como agente histórico del cambio, ayudada, según la tradición leninista, por un partido conformado por la vanguardia concienciada con los verdaderos intereses de clase. El rol de vanguardia se asignaba al Frente Amplio (aunque en ese caso el papel central de la clase obrera fuese compartido con las "clases populares").

Pese a que en la actualidad las estrategias utilizadas por los partidos de izquierdas se estén alejando de esta concepción, sus fuerzas políticas no son tan ajenas a este tipo de lógica orgánica[37], en la que comparten las continuas referencias que en su discurso hacen a la "unidad del pueblo", la contradicción "oligarquía-

---

[36] En 1967 el presidente Pacheco Areco había decretado la ilegalizacion del partido Socialista por avalar el recurso a la vía armada.

[37] Así el ya su misma denominación muchos partidos políticos latinoamericanos utilizan la expresión de "frentes" y se organizan como coaliciones aglutinadoras bien sea ideológicamente o electoralmente en oposición a un *establishment* dado (véase aparte del caso uruguayo que concierne este estudio –Frente Amplio– los casos del argentino *Frente Grande/ FREPASO* – Frente por un País Solidario–, el mexicano *Frente Democrático Nacional*, el nicaragüense *Frente Sandinista de Liberación Nacional*, el salvadoreño *Frente Farabundo Martí de Liberación Nacional* el peruano *Frente Democrático* o el *Frente Popular* chileno) o el *Frente Democrático Nueva Guatemala*.

pueblo"[38] y la designación imprecisa del "pueblo" como inequívoca representante del frente popular:

> "El Frente Amplio, fuerza política de cambio y justicia social, creación histórica permanente del pueblo uruguayo, de concepción nacional, progresista, democrática, *popular, antioligárquica* y antiimperialista (...)". Art. 1º del Estatuto del Frente Amplio.

La izquierda uruguaya no es ajena a las estrategias frentistas que hacia la década de los sesenta experimentaban estas formaciones partidistas. Frentes que en el caso uruguayo cobraban un sentido más relevante dada la permanencia histórica de los dos partidos tradicionales en el gobierno de la nación desde más de un siglo. Así su organización interna se estructura en torno a una coalición de partidos cerrada sobre un proyecto propio opuesto al de los partidos tradicionales.

Características de esta estrategia de "frentes" que influye sobre la organización interna partidista de la coalición de izquierdas uruguaya:

A) Características estructurales:

Respecto a la naturaleza política de los *frentes* y en concreto del FA, como tal, se observa su organización asentada sobre una coalición política en la que los sectores integrados tienen un origen y una definición sustantiva propia que los hace irreductibles a una identidad que les trascienda. En este sentido, se advierte internamente la soberanía sectorial de muchos de sus integrantes: así mientras el FA, conserva sus Estatutos y su organización interna hacen lo mismo muchos de sus integrantes históricos (PS, PCU). Desde la misma perspectiva, el EP, integra al FA y su conglomerado interno, con otros sectores políticos con su propia regulación orgánica (PDC). Todos ellos tienen una estrategia de *unidad de acción* parlamenta-

---

[38] "Frente es la expresión política del pueblo en la contradicción oligarquía-pueblo" –Asgones y Mieres, 1989–.

ria, como se ha indicado en anteriores epígrafes, dándose así una suerte de estructura en círculos concéntricos donde frente a una política común, a nivel organizativo, cada uno de sus componentes posee una realidad orgánica diferenciada.

Esta característica de *frente común*, en la actualidad está modificándose y sin desconocer el carácter de coalición que posee, ya que se integra por fuerzas plurales, se está puede observar que existe "una realidad política que trasciende la mera sumatoria de los aportes sectoriales" (Argones y Mieres, 1989: 45). Así se va configurando una específica adhesión que no depende de los diferentes sectores políticos que lo integran y donde los organismos específicos frenteamplistas (comités de base, coordinadoras y departamentales) poseen un poder en la toma de decisiones. En este sentido, la lógica de frentes se aplicaría a la fórmula electoral del EP como mera coalición, mientras que los sectores integrantes del FA le están delegando una cuota a favor de su estructura orgánica.

Si se coincide con Lanzaro en indicar que "lo que se inició como una coalición de partidos –siguiendo el modelo de *frente* que la izquierda había puesto en práctica desde 1962– se vuelve luego un partido de coalición –en el que el conjunto viene pesando más que las partes asociadas– y tiende a ser finalmente un partido unificado"(LANZARO, 2000: 9), se concluirá que el FA de esta manera ha dejado de ser una fuerza política integrada por grupos o partidos preexistentes (coalición) para tener vitalidad como partido.

En este sentido, estructuralmente la lógica de frentes de izquierdas en Uruguay se integra por una coalición a nivel *encuentrista* con organismos de base *frentistas* como gérmenes del poder popular.

B) Características estratégicas:

La necesidad de adaptarse a las nuevas circunstancias plantea dos alternativas en esa lógica de frentes:

–exigencia de construir una gran alianza mayoritaria a favor de un proyecto de cambio frente a las estrategias de los partidos tradicionales. Esta postura que conlleva la búsqueda de entendimientos con todos los sectores políticos próximos, exige que organizativamente la izquierda esté abierta a nuevos acuerdos y adhesiones a su estructura.

–la segunda alternativa posible consistiría en sacrificar dichas alianzas externas en favor de un proyecto fortalecedor respecto a la organizativa del frente.

Aunque en un principio tales propuestas no son excluyentes, en la práctica las prioridades que se asignan a cada una determinan orientaciones distintas y en casos contrapuestas, ya que los sectores políticos más cercanos serán, según la primera opción, aliados, mientras que para la segunda representan al adversario político al ser los competidores más próximos por un electorado común.

El Frente Amplio en cuanto se ha integrado en una coalición mayor, la del Encuentro Progresista como una alianza abierta a nuevos sectores políticos[39] ha optado por definirse estructuralmente por la primera opción organizativa.

C) Características programáticas

Todas las dificultades de una coalición tan heterogénea como la del EP, se han traducido en el ámbito programático con el agravante de pertenecer al espectro político de izquierdas al que siempre se le ha acusado de ofrecer propuestas políticas sin programas reales de gobierno con meras propuestas que "no van mas allá del eslogan y la consigna convocante" (Argones y Mieres, 1989: 45).

Sin embargo, el Frente Amplio cuenta consigo desde hace un década con toda una trayectoria al frente de la Intendencia de Montevideo que aglutina a la mitad de la población uruguaya, lo que le ha capacitado para llevar a cabo una labor gubernativa municipal

---

[39] La Base 16 de la Carta Orgánica del Encuentro Progresista firmada el 20 de septiembre de 1998 indica que "El Encuentro Progresista es una alianza política abierta al ingreso de nuevas fuerzas o grupos que compartan su compromiso político y programático. En cada caso el ingreso será resuelto por la mayoría de dos tercios (tomando en cuenta el voto ponderado de cada fuerza, de la Dirección Nacional, conformada al menos por dos de las fuerzas políticas participantes".

que le ha permitido acercarse a las organizaciones populares e involucrarse en un nivel lo suficientemente de administración[40]. Además hay que resaltar en este punto la moderación política que ha experimentado el FA. Desde un perfil izquierdista y hasta para algunos antisistémico con un tipo de reivindicaciones programáticas de tipo socialista clásico[41], va transitando hacia el centro del espectro político en un proceso de clara adaptación a un tipo de sociedad *amortiguadora*, la uruguaya, no acostumbrada a cambios muy violentos.

D) Características de los procesos decisorios

Las coaliciones en sentido general y las que se articulan dentro de la dinámica de frentes en particular, han tenido siempre presente la problemática referente a los mecanismos de democracia y disciplina interna[42].

---

[40] En este sentido se puede indicar la tendencia en el ámbito latinoamericano en convertir la democracia municipal como piedra angular de la agenda democrática de la izquierda, así se vota por regímenes de centro-derecha a nivel nacional, mientras se elige a gobiernos municipales de centro-izquierda: Lima y Río de Janeiro, en 1982 o Sao Paulo, Santos, Porto Alegre y Vitoria con el PT en 1988; Montevideo con Tabaré Vazquez; Rosario en 1988 y 1991; Asunción en 1991 o el caso de Aristóbulo Asturis de la Causa R en Caracas en 1992 (CASTAÑEDA, 1995: 436).

[41] En su fundación el FA recogió en sus Bases Programáticas la reforma agraria (inciso 5º) y la nacionalización de la banca, de los grandes monopolios y de los rubros esenciales del comercio exterior (inciso 7º). En la última campaña electoral se criticó duramente la posición ambigua del Frente Amplio hacia el régimen del venezolano Hugo Chávez, que traducía atisbos de revolución en las filas de la izquierda uruguaya en una sociedad que espera únicamente "cambios a la uruguaya". Como muestra la centralización de la campaña de la segunda vuelta electoral en la decisión del Frente Amplio de implementar un Impuesto sobre la Renta de la Personas Físicas, eje en torno del cual se polarizó el debate.

[42] La tendencia a la democracia de base, como respuesta frente al legado leninista y la desconfianza respecto a las convicciones democráticas de la izquierda, ha obligado a estos grupos a consultar cada decisión obstaculizando así la formación de alianzas debilitando la legitimidad de la dirección al enviar una señal de caótica indecisión. Así se tienen los ejemplos del PRD mexicano o del PT brasileño, que convirtieron a Cárdenas y a Lula junto con el resto de la

344

"El *democratismo* o *asambleismo*, sinónimo de intermi-
nables reuniones, desacuerdos, votaciones, transmite una
impresión inconfundible y negativa de todo menos de
eficacia, modernidad, capacidad de decisión y de liderazgo". (Castañeda, 1995: 428)

La coalición EP-FA considera imprescindible reafirmar la democracia interna y la unidad de acción de su partido como elementos esenciales al tipo de fuerza política que pretende configurar ante
el desafío de construir un gobierno popular[43]. Considerar así que "la
más amplia participación, desde los comités de base, las coordinadoras y departamentales y en todas las instancias orgánicas, enriquece
las discusiones y fortalece las decisiones". Respetar esta democracia
interna significa que se respeta las resoluciones "que comprometen a
toda fuerza política" y en los temas donde no se logre consenso, estas
ideas minoritarias se sacrifican necesariamente con "la unidad de
acción en torno a las decisiones mayoritarias"[44].

De esta manera, los mismos Estatutos del Frente Amplio re-
cogen expresamente mecanismos de democracia directa (sección
II), como la posibilidad de plebiscito interno (para promover propuestas, tanto políticas como organizativas, a solicitud del 25% de
los adherentes que no introduzcan modificaciones en los documentos fundamentales partidistas o cuando el Plenario Nacional así lo
decida), o la posibilidad de iniciativas a los organismos del partido,
siempre y cuando sigan los canales orgánicos establecidos al respecto. También el Acuerdo del Plenario del FA (abril de 1998) hace
expresa referencia a la necesidad imprescindible de "reafirmar en

---

cúpula directiva, en dirigentes ineficaces para regir tanto su partido cuanto más
una administración de mayor nivel.

[43] En este sentido, la democracia interna es considerada por los miembros partidistas como intermedia (3.32) en una escala de cinco tramos donde 1
significa "muy bajo" y 5 "muy alto". Pregunta realizada: "¿Cómo evaluaría
usted el grado de democracia interna en su propio partido?". PPAL, 2000.

[44] Declaraciones recogidas en el Acuerdo de abril de 1998 del Plenario
del Frente Amplio donde se hace patente la gran relevancia que otorgan a la
democracia interna en el seno del partido que debe "combinar la amplitud y
profundidad de la discusión con la eficacia en la forma de decisiones".

los hechos la democracia interna y la unidad de acción", así indican que estos dos elementos son esenciales "en el marco de la ofensiva de las políticas neoliberales y ante el desafío de construir un gobierno popular":

> "Así la *amplia participación* desde los comités de base, las coordinadores y departamentales y en todas las instancias orgánicas, enriquece las discusiones y fortalece las decisiones. Respetar esta *democracia interna* significa que las resoluciones comprometen a toda la fuerza política. En los temas en que no se logren consensos, el respecto de las ideas minoritarias, se complementa necesariamente con la *unidad de acción* en torno a las decisiones mayoritarias. La democracia interna debe combinar la amplitud y profundidad de la discusión con la eficacia en la forma de decisiones, para que éstas se adopten en tiempos políticos que permitan las respuestas adecuadas en los momentos precisos. Esto ultimo cobra especial transcendencia cuando se asume una tarea de gobierno, nacional, departamental, o local". (4º Acuerdo del Plenario del FA)

Los procesos de decisión en principio fomentados por la resolución colegiada consensuada, basada en la lógica de la estrategia de frentes, en el que cada grupo tiene derecho de veto, va dando espacio a un juego de mayorías en el que el sector dominante de la coalición (en este caso el FA) tiene el peso más relevante[45]. Sin embargo, esto no es óbice para que después de adoptada una posición política esta deba ser obligatoria para todos en base al "mandato imperativo" que ella implica según lo establecido en el Compromiso Político de 1972). Así el Frente Amplio se ha comportando a nivel legislativo como un partido unificado y muy disciplinado (Morgenstern, 1997), con una disciplina perfecta para el

---

[45] Uno de los conflictos internos de los que han afectado al Frente Amplio en toda su historia, fue el que provocó que Liber Seregni renunciara el 5 de febrero de 1996 a la presidencia del partido , con motivo de la oposición de una sector del Partido a la reforma constitucional que pretendía abolir la denominada "ley de lemas" e introducir el *ballotage* para las elecciones presidenciales.

periodo 1985-1994 tanto en la aprobación de la legislación de importancia como respecto al tratamiento de los vetos que el Ejecutivo interpone[46].

Cuadro 15

Promedio comparado de disciplina partidista en votación de leyes y en vetos del ejecutivo				
	VOTACION EN LEYES		**VETOS DEL EJECUTIVO**	
	Frente Amplio	Media del resto de partidos*	Frente Amplio	Media del resto de partidos*
1985-1990	1	0.925	0.97	0.94
1990-1994	1	0.923	1	0.76
* P. Colorado y P. Nacional para el periodo 1985-1990. Se sumaría Nuevo Espacio para 1990-1994.				
Fuente: Elaboración propia a partir de los datos de Buquet, Chasquetti y Moraes (1998).				

La estructura fraccionalizada sumada a la estructura de coalición del Frente Amplio, haría previsible un bajo nivel de disciplina en tanto se carece de la figura de jefe del partido (solo el candidato único a la presidencia), sin embargo, aquí se ha presentado evidencia empírica de lo contrario. Por lo tanto, pese a no darse ninguna de las condiciones que Mainwaring y Shugart señalan para la disciplina de los partidos en el Legislativo (1997), ya que en el caso uruguayo son los jefes de fracción (y no los del partidos como indicarían estos autores) quienes controlan la selección de candidatos, el orden de las listas y la recepción de votos, el Frente Amplio mantiene una disciplina sorprendente, con independencia del mo-

---

[46] Siguiendo el trabajo elaborado por Buquet, Chasquetti y Moraes (1998), se describirá la disciplina partidista del FA utilizando la modificación que los autores hacen sobre el índice de Rice (donde el valor 1 correspondería a un partido totalmente disciplinado y 0 a un partido dividido por mitades) (1959). Dicho índice toma en cuenta el porcentaje de votos a favor de la mayoría del partido, menos el porcentaje de votos en contra eliminando el signo, por lo que Buquet, Chasquetti y Moraes, lo ajustan sustituyendo la base 100 por la base 1 "asociando la medición con un índice de concentración" (1998: 70). Lo que interesa en este sentido es el comportamiento de partido sin tener en cuenta el contenido de su decisión.

delo que caracteriza a esta organización partidista. Esta características hay que explicarla atendiendo a elementos de necesidad de cohesión parlamentaria obligada por los Estatutos del partido.

Si bien se puede inferir de todo este análisis que la dinámica organizativa del FA, hunde sus raíces en las estrategias de frentes de la izquierda, no se puede negar, que paradójicamente su gran legado a la izquierda consista tal vez en su reformismo. Reformismo, que se debe en gran medida a la política de alianzas establecida en forma de gran coalición abierta que ella misma dirige no como mero socio.

3. A modo de conclusión: ¿ante un partido o coalición de partidos?

Este trabajo ha partido de la afirmación de que el desarrollo de la izquierda en América Latina en general, y en el caso uruguayo en particular, ha sido heredera de las estrategias de sus coetáneos para sobrevivir y a la vez integrarse en el sistema sin abandonar su realidad ideológica, aprovechándose y adaptándose a las propias circunstancias que le han sido impuestas desde dentro del sistema político. No se puede entender ni la organización interna del FA ni su propia existencia sin referencias tanto a las propias reglas internas del sistema (entre las que el sistema electoral se configura como el principal condicionante) como a las influencias exteriores de las estrategias organizativas de la propia izquierda a nivel mundial. Pero es el peso de ambas circunstancias conjuntamente lo que ha conformado el origen, desarrollo y actual evolución de la izquierda uruguaya tal y como se conoce hoy en día.

Se ha observado entonces que la izquierda uruguaya estructuró su organización nucleándose en torno a varios partidos y grupos políticos debido a las necesidades impuestas desde la legislación electoral, haciéndose partícipe de la articulación que todos los movimientos de izquierda estaban teniendo lugar en el contexto mundial, una izquierda que después de años de buscar vanguardias y en un explicable activismo de confrontación, ha pasado a una política organizada en amplias coaliciones que le ha permitido llegar a puestos de poder (en el caso uruguayo se ha configurado como la primera fuerza política parlamentaria)[47]. Ambas circunstancias configuraron su estructura dejando una serie de improntas características (Cuadro 16).

Cuadro 16

Influencias en la Organización Intrapartidista de la Izquierda Uruguaya	
Variable institucional: Sistema electoral	*Variable externa: Estrategia "frentista"*
1. Representación Proporcional: – origen: pequeños partidos de ideas – estructura interna: coalición.	1. Características estructurales: * coalición a nivel *encuentrista* * organismos de base *frentistas*
2. Ley de Lemas: – origen: dentro del sistema – estructura interna: partidos y fracciones	2. Características estratégicas: Alianza abierta a nuevos sectores políticos
3. Elecciones simultaneas: Necesidad de pertenencia al partido de todos sus núcleos organizativos.	3. Características programáticas: moderación y democracia municipal.
4. Doble Voto Simultáneo (DVS): Mantenimiento de la fraccionalización interna	4. Características de los procesos decisorios: – democracia interna en su organización – unidad de acción y disciplina: unificación interna
Fuente: Elaboración propia.	

Sin embargo, el FA, como coalición de izquierdas está evolucionando organizativamente para mostrarse como una referencia unificada ante el electorado, pese a la multiplicidad de corrientes ideológicas que integran su realidad (marxismo, batllismo, democristianos, socialdemócratas, nacionalistas revolucionarios) y que

---

[47] En las ultimas elecciones se configuró como la primera fuerza política a nivel legislativo (40.3% de los votos válidos), obteniendo en la segunda vuelta presidencial un 46.1% (perdió la elección presidencial su candidato y ex-intendente de Montevideo Tabaré Vázquez frente al Partido Colorado que con su candidato Batlle obtuvo el 53.9% gracias a la alianza con el Partido Nacional).

marcan la heterogeneidad de sus concepciones políticas. Así el *"frentismo"* ha asumido, del mismo modo que el *"coloradismo"* y el *"nacionalismo"*, una significación muy precisa para el electorado uruguayo (Beisso y Castagnola: 1987). Frentismo que se manifiesta electoralmente en su movilidad interior beneficiando de manera variable a las fracciones que en cada elección compiten mejor por el voto "frentista" La unificación tiende a agudizarse bajo el liderazgo de Tabaré Vázquez que, calificado por algunos de "líder de carisma personal, pragmático y ubicuo, decidido y eficaz, con dotes de mando y de arbitraje" (Lanzaro, 2000: 11), ha sabido encarnar a la persona dotada de campañas exitosas con capacidad táctica para negociar, trasmitiendo la creencia en el triunfo tanto para sus detractores como para sus partidarios[48]. Su pretensión consiste en que el "Encuentro Progresista-Frente Amplio" opere como un conjunto mayor, en el que quede comprendido y eventualmente diluido el FA configurándose así una alianza política tanto a nivel nacional como departamental que expresa "el acuerdo entre las diversas fuerzas y personalidades, que han definido un proyecto político común, de carácter democrático, popular y progresista, manteniendo una pluralidad y diversidad ideológica"[49]. Esto se traduciría en

---

[48] Sin embargo, su estilo inquieta a los propios sectores de la izquierda que podrían atisbar signos de oposición interna a su figura (Tabaré Vázquez llegó a renunciar a su cargo el 28 de septiembre de 1997 con motivo del enfrentamiento entre moderados y radicales sobre una privatización en el municipio de Montevideo), inquietud que se encuentra en la respuesta a ciertas actitudes de Vázquez que incluyen apelaciones de corte *"populista"* (calificación dada por Lanzaro cuando indica que "cosecha poderes y adhesiones, en las estructuras partidarias y por encima de ellas, obteniendo su caudal electoral propio y haciendo valer sus ases, con una silueta que incluye apelaciones de corte *populista"* –LANZARO, 2000–).

[49] A la hora de firmar en Montevideo el Acuerdo Político del Encuentro Progresista el 20 de septiembre de 1998, los integrantes del Encuentro Progresista eran las siguientes fuerzas políticas: Frente Amplio, Partido Demócrata Cristiano, Corriente 78 y Batllismo Progresista. Los candidatos que se presenten por esta fuerza política tanto a las elecciones nacionales como departamentales será único y comunes, debiendo reflejar en sus manifestaciones políticas públicas "a la pluralidad de fuerzas representadas en la alianza". El presidente del Encuentro Progresista ejercerá la representación del mismo en las diferentes instancias políticas.

una acción unitaria en la participación común en las distintas instancias electorales y de gobierno, favoreciendo así acciones y estrategias únicas en los ámbitos parlamentarios y de gobierno, tanto a nivel nacional como departamental y local. Por lo tanto, aunque el FA estuviera dejando de ser una fuerza política integrada por grupos o partidos preexistentes (coalición) para tener vitalidad como partido, al integrarse en otra nueva coalición, la del Encuentro Progresista, se vuelven a plantear los problemas de un frente de izquierdas donde exista un grupo dominante que fagocite al primero.

Lo que es cierto es que pese a los argumentos de parte de la doctrina actual que se limitan a subrayar la tradicionalización manifiesta del FA[50], lo que no es menos cierto es que el FA tiene que adaptarse a las propias reglas del juego electoral que lo llevan a configurarse ya no como una forma de oposición política sino como un partido con importantes oportunidades de acceder a una gestión gubernativa a nivel nacional como se ha podido observar en estas ultimas elecciones de 1999. Resultados que podrían ser analizados junto con la estrategia de la campaña electoral como el desarrollo del FA hacia un partido *catch-all*, (Kirschheimer, 1966; Lanzaro, 2000), en la que el EP-FA pretende fortalecer su entramado electoral en una permanente "alianza social"[51] que se produce en una

---

[50] En este sentido se seguirán las clasificaciones llevadas a cabo sobre este término por Rosario Queirolo (1999) cuando recoge tres acepciones diferentes de "tradicionalización": a) la acepción que hace referencia a la "tradición política" o al conjunto de símbolos y referencias históricas que han acompañado y acompañan a la política uruguaya; b)la que hace referencia a que la adhesión frenteamplista se transmite de padres a hijos; c) la tercera acepción hace hincapié en lo negativo del concepto en el sentido de aproximación del FA a los partidos tradicionales traicionando así un proyecto político que en principio tenía una estrategia diferenciada de los mismos

[51] En el III Congreso ordinario el Frente Amplio establece la necesidad de "expandir nuestra capacidad propositiva hacia (…) los trabajadores, los tradicionales sectores medios, las nuevas capas medias, los sectores excluidos y marginados, los jubilados, los cooperativistas", así como establecer una mejor relación con "los sectores empresariales de la ciudad y el campo para conocer sus demandas, sus propuestas y con ello enriquecer nuestros propios conocimientos y propuestas", con el objetivo de "diseñar políticas específicas para

izquierda que se configuró a sí misma como un partido intrínseca-
mente dividido: una coalición de partidos frente a los tradicionales
partidos fraccionalizados.

Si bien la lógica de frentes ha constituido un legado con una
impronta permanente en la concepción de la organización interna
de la izquierda uruguaya, la movilidad evolutiva de la misma en el
futuro no tiene que pasar inevitablemente por una unificación.
Tampoco dependerá únicamente de los efectos que provoque en
ella las nuevas reglas del sistema electoral, ya que parece que la
continuidad domina su dinámica tal y como advertía la campaña
electoral de EP-FA: "El cambio a la uruguaya o cinco años más de
lo mismo". Por lo tanto, obedecerá más bien tanto a su capacidad
de adaptación a las transformaciones de la realidad política uruguaya, como a sus posibilidades de integración dentro del sistema. Ya
que, como bien formularía R. Dahl, no se le puede negar indefini-
damente el acceso al gobierno a un grupo que es minoría mayor sin
generar conflicto político, producido en un régimen donde la participación de la izquierda en los órganos ejecutivos es mínima si se
tiene en cuenta su peso parlamentario.

---

cada uno de estos sectores sociales sobre la base de una fluida relación y el
respecto de la autonomía de cada uno de ellos".

Bibliografía

ALCÁNTARA SÁEZ, M. (1999). *Sistemas políticos de América Latina.* Madrid: Tecnos.

ALCÁNTARA SÁEZ, M., CRESPO, I. y MIERES, P. (1992). *Partidos políticos y procesos electorales en Uruguay (1971-1990).* Madrid: CEDEAL.

ARGONES, NELSON y MIERES, P. (1989). "La polémica en el Frente Amplio: ¿pugna por contenidos organizacionales o institucionales?". En *Cuadernos de CLAEH,* núm. 49. Montevideo: CLAEH.

BEISSO, M. R. y CASTAGNOLA, J. L. (1987). "Identidades sociales y cultura política en Uruguay". En *Cuadernos del CLAEH,* núm. 44. Montevideo: CLAEH.

_____ (1989). "Las adhesiones políticas de izquierda en el Uruguay: ¿un caso de politicocentrismo?". En *Cuadernos del CLAEH,* núm. 49. Montevideo: CLAEH.

BELLIGNI (1982). *Diccionario de política.* Bobbio, N. Matteucci, N. y Pasquino, G. Siglo XXI Editores.

BUQUET, D. (1997). "Partidos políticos y sistema electoral: Uruguay: 1942-1994". Tesis para optar por el grado de Doctor en Ciencias Políticas. Facultad Latinoamericana de Ciencias Sociales (FLACSO). México: FLACSO.

_____ (2000). "Uruguay: la novedad de seguir igual". *Nueva sociedad.* Caracas.

BUQUET, D., CHASQUETTI, D. y MORALES, J. A. (1998). *Fragmentación política y gobierno en Uruguay: ¿un enfermo imaginario?* Montevideo: Instituto de Ciencia Política.

CAETANO, G., RILLA, J. y PÉREZ, R. (1987). "La partidocracia uruguaya. Historia y teoría de la centralidad de los partidos políticos". En *Cuadernos del CLAEH,* núm. 44. Montevideo: CLAEH.

CASTAÑEDA, J. G. (1995). *La utopía desarmada.* Barcelona: Ariel.

COCCHI, A. (1986). "El sistema electoral uruguayo. Historia y estructura actual". En Nohlen, D. y Rial, J. (comps.)

_____ (1989a). "Un sistema político centenario". En *Cuadernos de orientación electoral,* núm. 1. Montevideo: PEITHO/CAPEL.

_____ (1989b). "Los partidos políticos y la historia reciente". En *Cuadernos de orientación electoral,* núm. 2. Montevideo: PEITHO/CAPEL.

CRESPO MARTÍNEZ, I. (1994). *Crisis y transformaciones de las relaciones políticas en Uruguay*. Tesis doctoral. Madrid: Universidad Complutense de Madrid.

_____ (1995). "La centralidad política de los actores partidistas en Uruguay". En Alcántara Sáez, M., Martínez, A. y Ramos, M. L. (1995). *IV Encuentro Latinoamericano*. Salamanca: Ediciones de la Universidad de Salamanca.

CRESPO MARTÍNEZ, I. y MIERES, P. (1997). "La clase parlamentaria uruguaya. Cultura política y diseños institucionales". En *Perfiles latinoamericanos*, año 6, núm. 11 (diciembre): pp. 9-43. México: FLACSO.

CRIBARI, P. (coord.) (1999). *Uruguay después del balotaje: el impacto de la reforma y el nuevo escenario político*. Montevideo: Cauce Editorial.

DE SIERRA, G. (1992). *El Uruguay post-dictadura: Estado, política, actores*. Montevideo: Facultad de Ciencias Sociales.

ERRANDOENA, A. (1989). "Notas sobre la caracterización del sistema de partidos". *Los partidos políticos de cara al 90*. Montevideo: Fundación de Cultura Universitaria (FESUR).

GONZÁLEZ, L. E. (1991). "Legislación electoral y sistemas de partidos: el caso uruguayo". *Revista Uruguay de Ciencia Política*, núm. 4. Fundación de Cultura Universitaria.

_____ (1993). *Estructuras políticas y democracia en Uruguay*. Montevideo: Fundación de Cultura Universitaria.

KATZ, R. y MAIR, P. (1995). "Changing Models of Party Organization and Party Democracy. The Emergence of the Cartel Party". *Party Politics*, vol. 1.

KIRCHHEIMER, O. (1966). "The Transformation of the Western European Party System". En Lapalombra, J. y Winer, M. (eds.) *Political Parties and Political Development*. Princeton: Princeton University Press.

KITSCHELT, H. (1995). "Los nuevos movimientos sociales y el declinar de la organización de los partidos". En Dalto, S. J., y Kuechler, M. *Los nuevos movimientos sociales. Un reto al orden político*. Valencia: Alfons el Magnánim.

LACLAU, E. (1986). "Del post-marxismo al radicalismo democrático" (entrevista). *Serie Materiales para el debate contemporáneo*, núm. 13. Montevideo: CLAEH.

LANZARO, J. (2000). "La izquierda uruguaya: transformaciones estructurales y lógicas de desarrollo político". Ponencia presentada en el XXII Congreso Internacional de LASA (versión preliminar).

LIJPHART, A. (1994). *Electoral Systems and Party Systems. A Study of Twenty Seven Democracies, 1945-1990*. Oxford: Oxford University Press.

LOOSEMORE, J. y HANBY, V. J. (1971). "The Theorical Limits of Maximum Distortion: Some Analytic Expressions for Electoral Systems". En *British Journal of Political Science*, 1.

MAINWARING, S. y SCULLY, T. (eds.) (1995). *Building Democratic Institutions: Party Systems in Latin America*. Stanford: Stanford University Press.

MICHELS, R. (1969). *Los partidos políticos: un estudio sociológico de las tendencias oligárquicas de la democracia moderna*. Buenos Aires: Amorrortu.

MIERES, P. (1996). "Elecciones 1994: una nueva fase de la transformación electoral en el Uruguay". Montevideo: *Revista uruguaya de ciencia política*, núm. 4.

MARTÍNEZ BARAHONA, E. (2000). *Hacia una nueva alternativa de organización partidista: el caso uruguayo del FA*. Tesina de Maestría en Estudios Latinoamericanos. Instituto Interuniversitario de Estudios de Iberoamérica y Portugal. Universidad de Salamanca.

MONESTIER, F. (1999). "La fraccionalización en los partidos políticos en Uruguay". En *Los partidos políticos uruguayos en tiempos de cambio*. Montevideo: Fundación de Cultura Universitaria.

MORGENSTERN, S. (1997). *The Electoral Connection: Electoral Systems and Legislative Cohesion*. México: División de Estudios Políticos del CIDE.

NOHLEN, D. (1981). *Sistemas electorales del mundo*. Madrid: Centro de Estudios Constitucionales.

_____ (1994). *Sistemas electorales y partidos políticos*. México: Fondo de Cultura Económica.

NOHLEN, D. y FERNÁNDEZ, M. B. (1998). *El presidencialismo renovado. Instituciones y cambio político en América Latina*. Caracas: Nueva Sociedad.

PANEBIANCO, A. (1990). *Modelos de partidos*. Madrid: Alianza Editorial.

PÉREZ, R. (1984). "Los partidos en el Uruguay moderno". En *Cuadernos del CLAEH*, núm. 31. Montevideo: CLAEH.

QUEIROLO, R. (1999). "La tradicionalización del Frente Amplio: la conflictividad del proceso de cambio". En *Los partidos políticos uruguayos en tiempos de cambio*. Montevideo: Fundación de Cultura Universitaria.

RAMA (1971). *El club político*. Montevideo: Editorial Arca.

REAL DE AZUA, C. (1988). *Partidos, política y poder en el Uruguay*. Montevideo: Facultad de Humanidades y Ciencias.

RIAL, J. (1986). *La coexistencia de un sistema de adjudicación mayoritaria y otro proporcional y sus implicancias políticas*. Montevideo: CIESU.

RICE, J. (1959). "Measuring Cohesion in Legislative Groups". En Wahlke, J. y Eulau, H. (eds.) *Legislative Behavior*. Glenkoe: Free Press.

SARTORI, G. (1992). *Partidos y sistemas de partidos*. Madrid: Alianza Editorial.

SOLARI, A. (1986). "El sistema de partidos y régimen electoral en el Uruguay". En Franco, R. (ed.) *El sistema electoral uruguayo: peculiaridades y perspectivas*. 2 vols. Montevideo: Fund. Hans-Seidel, vol. 1.

_____ (1991). *Partidos políticos y sistema electoral*. Montevideo: Fundación de Cultura Universitaria.

VERNAZZA, F. (1989). "Minoristas, mayoristas y generalistas en el sistema electoral uruguayo". *Revista uruguaya de ciencia política*, núm. 3. Montevideo: Fundación de Cultura Universitaria, Instituto de Ciencia Política.

Documentos partidistas

Acuerdo Político del Frente Amplio y del Encuentro Progresista. Aprobado por el Plenario del Frente Amplio en abril de 1998.

Declaración de Principios del Encuentro Progresista: Frente Amplio.

Estatuto del Frente Amplio. Aprobado por el Plenario Nacional el 4-12-1993.

El otro programa. Programa de Gobierno (2000-2005) del Encuentro Progresista: Frente Amplio.

Grandes líneas programáticas y propuestas de planes de gobierno aprobadas por el III Congreso Extraordinario del Frente Amplio "Alfredo Zitarrosa". Montevideo, 20-22 de noviembre de 1998.

Bases Políticas para el Encuentro Progresista. Agosto 1994.

Acuerdo Político del Encuentro Progresista. Septiembre 1998.

Declaración Constitutiva (5-02-1971), Compromiso Político (9-02-1972), Reglamento de Organización (16-03-1971, modificado el 24-04-1984), Bases Programáticas (9-08-1984), Documento de la Comisión Nacional de Propaganda del Encuentro Progresista: Frente Amplio (1996).

Bases de datos

Proyecto de Elites Parlamentarias Iberoamericanas (PELA) (1994). *Uruguay*. Salamanca y Madrid: Universidad de Salamanca y Centro de Investigaciones Sociológicas (CIS).

Proyecto Partidos Políticos en América Latina (PPAL) (2000). *Uruguay*. Salamanca: Universidad de Salamanca.

Explicando la unidad de los parlamentarios en el Cono Sur[*]

Scott Morgenstern[**]

Existe escasa información sobre el funcionamiento de los Legislativos en América Latina, en gran medida debido a que estas legislaturas han sido frecuentemente suspendidas. Actualmente, sin embargo, la democracia prospera en la región y los politólogos han empezado a construir bases de datos sobre sus funciones. Además, podemos explotar la multitud de estudios que se han realizado del Congreso de Estados Unidos y otras Legislaturas Occidentales para utilizar las teorías y métodos para este tipo de análisis. El objetivo de este trabajo es tratar una de estas cuestiones: el grado en que los actores legislativos votan unidos. El trabajo presenta, por tanto, datos relativos al grado de unidad en los cuatro países del Cono Sur y después busca explicaciones de las diferencias entre los países como al interior de cada uno de éstos.

Los patrones de comportamiento legislativo en estos países gira en torno a tres niveles de actores potenciales: Facciones, partidos y coaliciones, cuando no los actores legislativos individuales en sí mismos. Por esta razón, este trabajo no se centra solamente en los partidos, incluyendo como objetos de estudio a las coaliciones y las facciones. Para abreviar, denomino los tres objetos de estudio "agentes", con el fin de implicar la capacidad de los actores legislativos, generalmente o al menos potencialmente, para resolver problemas de acción colectiva.

---

[*] Traducción por Natalia Ajenjo Fresno
[**] Universidad de Duke

Los partidos, las facciones y las coaliciones votan en conjunto porque sus miembros concuerdan o porque los líderes logran ejercer coerción sobre de ellos y sus decisiones. Siguiendo la teoría de Ozbudun (1970), denomino el primer escenario como "cohesión" y el segundo como "disciplina". Como consecuencia, el nivel de disciplina de un agente están en función de estos dos elementos.

El objetivo principal del presente ensayo es identificar las fuentes de las que provienen la cohesión y la disciplina a través de cuatro países de América Latina y contrastarlos con el caso de los Estados Unidos. Encuentro diferencias importantes entre los países y entre los agentes dentro de los países. Cualquier tipo de variación que se encuentra entre los países debe situarse como una función de variables al nivel sistémico. El nuevo institucionalismo se ha centrado durante mucho tiempo en los efectos del sistema electoral en las diversas facetas de los sistemas de partidos (o de agentes). Este trabajo sigue esta línea. La expectativa básica es que cuando el sistema electoral garantiza la autoridad a los líderes para seleccionar candidatos, los miembros de ese grupo serán mucho más disciplinados. No obstante, la investigación demuestra que los sistemas electorales que dotan a los líderes con un control absoluto sobre los procesos de nominación son muy pocos y, por lo tanto, esta variable resulta insuficiente para explicar la unidad del agente en la mayoría de los casos.

Cuando el sistema electoral fracasa como la principal explicación de los índices de unidad del agente y, por consiguiente, todas las explicaciones que toman en cuenta las diferencias entre los agentes a través de los países, las variables referentes a la disciplina y la cohesión del agente toman un papel central en la explicación de dichos índices. Primero, los agentes en que los miembros poseen una ideología consistente y/o extrema votarán más unidos que otros. En segundo lugar, cuando los legisladores vean la necesidad de poner mas énfasis en el voto nacional que el voto provinicial, deberán estar más dispuestos a trabajar para apoyar al agente. Por esto, la importancia de eventos nacionales en el exito electoral de un agente estará positivamente relacionado con la unidad. En tercer lugar, los agentes que están aliados con el presidente, enfrentan diferentes incentivos para coaligarse que otros. El acceso del presidente al patronazgo y el miedo a perder ese acceso obligará al agente de gobierno a unirse. Además, como la oposición no tendrá ese tipo de acceso al patronazgo, y como el presidente puede buscar activamente los votos de la oposición cuando sea necesario, los agentes de oposición pueden tener menor éxito en el mantenimiento de la disciplina en sus filas. La oposición, sin embargo, también tiene un incentivo para votar conjuntamente, ya que estos agentes pueden creer que presentarse a los votantes con un plan coherente y una oposición consistente al gobierno es vital para el éxito electoral.

Esta dinámica, no obstante, interacciona con la variable final, el ciclo electoral. Mientras que los agentes se unirán lo más pronto posible del mandato para obtener beneficios de la generosidad presidencial o para cumplir con los pactos electorales, estos acuerdos serán más proclives a caer cuanto más se acerque el período electoral.

Para poner a prueba estas teorías, el capítulo primero operacionaliza cada una de estas variables y argumenta la relación bivariada entre éstas y las puntuaciones de unidad ponderada de los agentes (UPA). La operacionalización de las variables requiere de un examen multivariado de las hipótesis. No obstante, como se ha mencionado previamente, los datos no se prestan para dicho análisis. Como consecuencia, a pesar de que los datos parecen apoyar la hipótesis principal, las conclusiones deben considerarse como tentativas.

I. El nivel de unidad

La tabla de más abajo describe los datos referentes a los niveles de unidad de los partidos, facciones y coaliciones en cada uno de los cuatro países. Los cálculos se han basado en los votos nominales disponibles en los cuatro países, que son todavía bastante limitados. En un extremo se encuentra Uruguay, donde la muestra es de sólo 67 votos. Todos estos votos, sin embargo, fueron relativamente importantes, ya que se relacionaron con las oposiciones a los vetos. En el otro extremo, se encuentra Brasil, donde hay varios centenares de votos.

Los estadísticos de la tabla son puntuaciones de Rice ponderadas. Se han analizado los datos para medir la unidad relativa de los legisladores utilizando una versión ponderada del índice de Rice (1928; véase Ozbudun, 1970). El índice de Rice de un partido i para un único voto j es simplemente la diferencia entre los votos favorables y en contra del partido dividido por el número total de votos.

$$Rice_{ij} = \frac{|\text{ votos favorables}_{ij}\text{-votos desfavorables}_{ij}|}{total_{ij}}$$

Como muchas de las votaciones no generan debate, el índice de Rice puede sobrestimar el grado de unidad de un partido. Por esto, ha sido común eliminar todos los votos en que al menos entre el 10 y 25% de la legislatura no está en contra de una votación en particular. Esto, sin embargo, constituye un corte arbitrario. Carey (en prensa), siguiendo a Riker, desarrolló entonces un índice ponderado de Rice que descuenta la puntuación del inverso del total de votantes y la diferencia entre el número de votos favorables y desfavorables para la legislatura completa. La primera parte de la ponderación asume que los votos más importantes son fuertemente atendidos. La segunda parte añade mayor peso a un voto dependiendo en cuán dividida estuvo la legislatura (implicando controversia y la importancia de la unidad). Un voto unánime recibe una puntuación de 0: 1- (100-0)/100, mientras que una división perfecta recibirá una puntuación de 1: 1- (50-50)/100.

En el análisis que sigue he aplicado la ponderación basada en la cercanía del voto, pero no he utilizado el cálculo de la abstención. Las abstenciones se usan a veces estratégicamente, como en los casos en que un partido entero se abstiene. (Cuando toda la gente del partido se abstiene, el partido recibe una puntuación de 1). Esto implica que una alta asistencia no está necesariamente correlacionada con la importancia. De esta forma, mi medida de la puntuación de unidad ponderada de los agentes (UPA) es:

$$UPA_i = \frac{\sum Rice_{ij} * ponderación_j}{\sum ponderación}$$

donde:

Ponderación = 1-(total votos favorables- total votos en contra)/ (total de votos)

y Rice está definido igual que más arriba

Tabla 1

Unidad de los agentes		
	Puntuaciones Rice ponderadas	
Argentina	**1987-89**	**1989-91**
PJ	79.7	91.4
UCR	92.2	96.5
Ucede		81.9
Media	86.0	89.9
Brasil	**1991-94**	**1995-98**
PDT	79.4	79.4
PFL	74.2	82.9
PMDB	71.9	56.2
PPB	71.7	52.2
PSDB	76.9	78.3
PT	96.8	97.7
PTB	72.3	74.5
Media	78.2	74.5
Chile		**1997-98**
IZQUIERDA		74.9
DC		79.4
PRSD		89.0
PS		87.2
PPD		82.9
DERECHA		75.9
RN		81.4
UDI		90.4
Uruguay	**1985-90**	**1990-94**
Partido Colorado	93.6	61.6
C94		95.9
Batllistas		65.8
Foro		90.4
UCB		61.3
Partido Nacional	96.8	45.1
Herreristas		87.1
MNR		86.6
RyV		88.5
Frente Amplio	96.6	99.4

Las estadísticas confirman varias pautas bien conocidas, pero también sugieren algunas diferencias entre los países y al interior de éstos. Sólo en Argentina, ambos partidos son altamente unidos. En Brasil, como podía esperarse, el grado de unidad de los partidos es bastante bajo, excepto para el PT. En Uruguay, las facciones son generalmente altamente undidas, mientras que los partidos no (al menos en el segundo período de tiempo). Finalmente, en Chile, ninguna de las coaliciones puntúan cerca de la puntuación más alta de la escala, aunque la Concertación tuvo una puntuación bastante alta en el segundo año. También hay diferencias entre los partidos chilenos, ninguno de los cuales estuvo tan altamente unificado como se habría esperado. Incluso la UDI, un grupo intensamente ideológico, puntuó por debajo de 80 (lo que implicaría una división de 90-10) en ambos períodos.

II. Varianza entre los países: el sistema electoral y el control de las nominaciones

Los estudios de sistemas electorales sugieren que los agentes se forman alrededor de los nominadores y que el grado de disciplina (y posiblemente la cohesión) de los agentes está muy relacionado con el peso del nominador. Por ejemplo, si hay un solo lider quien tiene control sobre todos los miembros del agente, esa agente debe votar mas unido que un agente en que hay varios lideres provinciales que controlan las listas electorales de sus provincias. En los caso bajo estudio aqui, hay mucha varianza en la ubicación de los nominadores. Particularmente, las nominaciones son controladas por los líderes partidistas en Argentina, por los líderes de facción en Uruguay, por los propios diputados en Brasil y está compartido por los partidos al interior de las coaliciones en Chile.

El peso de estos nominadores, sin embargo, es también variable. Estos estudios hipotetizan que el peso de los nominadores aumenta cuando a) no hay competición intrapartidista; b) la magnitud de los distritos es relativamente grande, y c) los legisladores están interesados en la reelección o en carreras post-legislativas.

Como resultado, el sistema electoral ayuda a crear nominadores muy débiles en Brasil, relativamente fuertes –aunque aún limitados– nominadores en Argentina, mientras que la potencia de los nominadores en Uruguay y Chile se encuentra entre esos dos casos. Estas condiciones corresponden con una alta disciplina partidista en Chile y Argentina, una alta disciplina de las facciones en Uruguay y una relativamente baja disciplina en Brasil.

La ley electoral argentina otorga el control de nominación a los líderes partidistas provinciales y federales. Oficialmente, los líderes provinciales determinan la posición en las listas cerradas de cada partido, aunque los líderes nacionales tienen capacidad de veto. Los líderes nacionales, sin embargo, son prudentes al utilizar su poder, ya que ha habido frecuentes revueltas. Además de los dos partidos principales en Argentina, hay un número de pequeños partidos provinciales. Las raíces de esos partidos frecuentemente corresponden a la oposición de una de las listas de los partidos nacionales. Mark Jones (en prensa) cita un ejemplo en que un Peronista que intentó cambiar el liderazgo en la provincia de Catamarca falló. En respuesta al movimiento del partido nacional, los viejos líderes formaron un nuevo partido y vencieron en las elecciones a los Peronistas existentes por casi tres a uno. El partido nuevo ganó un escaño en el Congreso, mientras que los peronistas no, y la división ayudó a los Radicales a ganar el gobierno.

Los votantes brasileños eligen partidos y representantes dentro de distritos multinominales que van en magnitud desde ocho a 70. Las papeletas permiten a los votantes elegir entre los muchos partidos, y si lo desean (y alrededor del 90% lo hacen), los votantes pueden indicar sus preferencias por individuos dentro de su partido favorito[1]. De esta forma, aunque un líder partidista tiene oficialmente el poder para elaborar la lista, los sistemas de listas abiertas limitan la influencia del nominador en la elección[2]. Especialmente cuando el

---

[1] El dato de 90% proviene de Ames (2000), Capítulo 1.

[2] Mainwaring (1999: 157) señala que la Ley de Partidos Políticos de 1995 liberó a los partidos para nominar a sus candidatos a su voluntad, pero afirma que la mayoría de los partidos continúan usando el mecanismo establecido en la Ley de 1971.

nominador ha de nombrar muchos candidatos, el éxito de los candidatos es el resultado en gran medida de sus propias campañas. Además, bajo la ley brasileña ningún titular puede participar bajo su etiqueta en elecciones posteriores. De esta forma, el poder para nominar candidatos es limitado. Finalmente, combinando este limitado poder de nominación de los líderes partidarios, las nominaciones de candidatos y las campañas están dominadas por los políticos estatales, no por líderes nacionales (Ames, en prensa).

Estas reglas generales no se mantienen para todos los partidos. En particular, los votantes del PT no ejercen generalmente su derecho a elegir candidatos particulares. Además, Mainwaring (1999: 165-166) explica que el PT puede, y lo hace, usar su poder para expulsar legisladores que no siguen la línea del partido. Además, el PT está fuertemente ligado al movimiento sindicalista, y los legisladores son generalmente reclutados de los sindicatos. Como los líderes sindicales no sólo nominan candidatos sino que también pueden dirigir dónde irán los candidatos después de que completen los servicios legislativos, el alto grado de disciplina del PT está virtualmente asegurado.

La ley electoral chilena conduce a un poder de nominación compartido entre el partido y los líderes de la coalición. La ley electoral de Pinochet ordena un sistema de distritos binominales. Bajo esta ley, cada coalición puede colocar dos candidatos en cada uno de los 60 distritos del país. Entonces los votantes indican su preferencia por un candidato individual dentro de la una de las listas de las coaliciones. El ganador individual colectivo de la elección gana el primer sitio. Pero a diferencia de muchas leyes electorales que están sesgadas a favor de los partidos con más votos, esta ley favorece al segundo partido con más votos. Lo hace al no otorgar el segundo escaño del distrito al candidato que ocupa el segundo lugar, sino al candidato en el segundo lugar de la lista con el mayor número de votos. La coalición más grande puede ganar ambos escaños sólo si su número total de votos duplica el número total de votos de la otra lista. De esta forma, si la coalición más pequeña gana tan sólo un tercio de los votos, tiene garantizado uno de los dos sitios.

El sistema crea un nominador en dos niveles, con algún grado de limitación del poder. Anteriormente a cada elección, cada partido determina las prioridades por los candidatos. Para crear esta lista, según explicaron los individuos entrevistados, los líderes regionales (el país está dividido en trece regiones) envían una lista de prioridades a los líderes nacionales, que crean entonces una lista para el partido. Esta lista tiene en consideración el peso del partido (basado en las recientes elecciones locales y en el éxito en las elecciones nacionales pasadas) en un distrito determinado así como las características del candidato (incluyendo su experiencia, elegibilidad y su importancia en el partido). Algunos partidos también utilizan elecciones primarias para ayudar a crear estas listas. De esta forma, en uno de los niveles los líderes partidarios, tanto regionales como nacionales, son bastante importantes para las nominaciones.

El poder de nominación de los líderes partidistas, sin embargo, debe compartirse con los líderes de la coalición, ya que los partidos deben comprometerse a crear listas de dos candidatos. Armados con sus listas de prioridades, los miembros de cada coalición se reúnen para negociar el derecho a colocar sus candidatos en los distritos más propicios. Los partidos han de tener cuidado también con que los líderes partidarios importantes no estén aparejados en el mismo distrito, ya que no es probable en la mayoría de los distritos que ambos candidatos sean elegidos. Como no existen restricciones de residencia, sin embargo, es relativamente fácil para los partidos situar a sus candidatos más valorados en los distritos ganables, donde no estarán aparejados con titanes de otras coaliciones.

Este control de las nominaciones compartido, no obstante importante, está limitado por la competición intrapartidista. Dado que dos compañeros de la coalición compiten en cada uno de los distritos, el resultado electoral tiene un importante componente personal. En muchos distritos esto puede implicar que el nominador del partido tenga mayor poder que el nominador de la coalición, ya que la competición sólo existe al interior de la coalición, no al interior del partido. En otros distritos, sin embargo, ambos candidatos pertenecen a un solo partido, reduciendo de esta forma la influencia de los nominadores[3].

Finalmente, debe notarse que los numerosos entrevistados protestaron por la idea de que los líderes partidarios usen la amenaza de mantener la nominación de un titular que no mantuvo la disciplina en la legislatura. Un senador de DC explicó que el partido intenta "capturar, no aislar" a los miembros que son conocidos como disidentes. Un representante en la Cámara Baja de RN, que habló de frustración ante el liderazgo partidario y se denominó a sí mismo "independiente", explicó que el partido estaba más interesado en ganar el escaño. Así, aunque él no ganó la nominación para el Senado, como le hubiera gustado, el partido no le negó una nominación para la Cámara Baja, ya que es un "ganador probado". Un diputado de DC, sin embargo, insistió repetidamente en la importancia del poder de nominación del partido. Su primera reacción a la pregunta de la capacidad de los líderes partidarios para influir en el Legislativo fue "Gracias a Dios tenemos primarias!". Esta reacción fue el resultado de su creencia de que los líderes del partido (incluido el presidente) le veían como un "odioso mocoso" por su rol en la promoción de un polémico debate para reformar la Constitución y acabar con algunas prerrogativas de los militares. No obstante, sí concedió que, a pesar de su aplastante victoria en las primarias (dijo haber ganado el 80% de los votos) el partido debió "sacrificar" posiciones durante las negociaciones inter-partidarias.

Finalmente, el control de las nominaciones en Uruguay está dominado por los líderes de facción, no por los líderes partidarios. Esto es una consecuencia del sistema de votación uruguaya a dos (o tres) simultáneas vueltas. This unique system, which I have described in detail elsewhere (Morgenstern, 2001 <Party Politics>, supports the nomination control for the faction leaders rather than party leaders.

---

[3] En la Concertación, los partidos se han agrupado en dos sub-pactos, cada uno de los cuales tiene derecho a un candidato en la lista. Después de las elecciones del 2000, los pactos se renegociaron, con el DC por un lado y los otros partidos en el otro pacto. Esto implica que el DC tendrá derecho a un candidato en todos los 60 distritos del país.

Las dos variables centrales que definen el peso de un nominador: la capacidad para marcar el orden de los candidatos y el nivel de la competición intrapartidista, que conduce a una definición ordinal del peso de los nominadores. Shugart y Carey (1993) proveen de este tipo de ranking para los líderes partidistas, incluyendo información sobre las barreras de entrada para nuevos partidos y la suma de votos. Al igual que sus otras estadísticas sintéticas, esta metodología es útil para identificar los extremos, ya que un agente que puntúa lo más alto en el ranking en todos los indicadores serán seguramente muy poderosos y viceversa. Pero la escala no aporta información sobre el valor de tipo de poder u otro. Un agente que pueda influir en el orden de los candidatos pero no pueda influir en la suma de votos, por ejemplo, es argumentalmente más poderoso que un agente con los poderes inversos. Este tipo de ponderación, sin embargo, no está incluido en los índices de Shugart y Carey. Además, su análisis no distingue entre los diferentes potenciales nominadores, y es necesario aquí. Por esto, mientras que otros análisis podrian considerar otros esquemas de codificación, parece más apropiado aquí simplemente aplicar una escala dicotómica a los líderes de los agentes. La siguiente tabla, por tanto, codifica el poder de nominación de los líderes de los partidos argentinos y chilenos y de las facciones uruguayas. El PT brasileño y, en menor medida, el Frente Amplio uruguayo, son casos especiales, ya que tienen mayor control sobre las nominaciones que otros partidos en sus países. Pero, como esta sección se centra en las leyes electorales, encajan más apropiadamente en la categoría de poderes de nominación limitados.

Globalmente, la variable del nominador tiene un papel central en la explicación de la varianza entre los países. La tabla más abajo muestra que cuando no hay control de nominación, la UPA es consistentemente baja. En Uruguay, donde las facciones tienen algún control sobre las nominaciones, cuatro de las seis facciones tienen una UPA superior a 85. Donde los partidos pueden nominar legisladores, los índices son de nuevo altos, sólo el RN chileno puntúa por debajo de 80. La teoría está mucho menos apoyada por los datos respecto de las coaliciones chilenas. A pesar de su capacidad para influir en las nominaciones, las coaliciones puntúan relativamente bajo en esta escala. Esto puede indicar la mayor importancia de los partidos en el proceso de nominación, un contraste extremo respecto al caso uruguayo, donde las facciones sobrepasan a los partidos en importancia y en puntuaciones UPA (con la excepción del Frente Amplio).

Tabla 2

Control de la Nominación y Puntuaciones UPA							
Ninguno		Facciones		Partidos		Coalición	
Uruguay		Uruguay		Argentina		Chile	
Colorados	77.6	Foro	90.4	PJ	85.6	Concert.	75.9
Blancos	71.0	C94	95.9	UCR	94.4	Derecha	74.9
F. Amplio	98.0	UCB	61.3	Chile			
Brasil		B15	65.8	Socialistas 87.3			
PMDB	62.6	Herrista	87.1	PDC	79.4		
PSDB	72.3	MNR	86.6	PPD	82.9		
PFL	79.4			RN	81.4		
PPB	61.0			UDI	90.4		
PTB	70.8						
PT	96.1						

A pesar de que las interpretaciones anteriores actúan a favor del peso que tiene el sistema electoral como explicativo de los índices de unidad del agente, también se hace presente una explicación alternativa. El sistema electoral no logra explicar los bajos niveles en puntuaciones UPA para las coaliciones de Chile, las altas puntuaciones en UPA del PT en Brasil y del Frente Amplio en Uruguay, o las bajas puntuaciones de dos facciones en este mismo país. Asimismo, mientras que el sistema electoral actúa como una explicación convincente respecto al caso de las provincias argentinas, no es exitoso para explicar por qué las delegaciones provinciales votan juntos. En resumen, el sistema electoral resulta ser una explicación insuficiente de los índices de unidad.

Las variables al interior de los países:

A) Carreras electorales comunes

Cox y McCubbins, siguiendo a Stokes (1965, 1967), argumentan que cuando las carreras electorales de los legisladores están limitadas, éstos tienen un interés en servir a los intereses grupales. El grado en que el destino de los legisladores está limitado puede medirse a través de la varianza entre los votos de los agentes a lo largo de los distritos. Específicamente, podemos medir el grado en que el cambio en los votos nacionales de un agente está distribuido de forma uniforme. Si cambia en el nivel del distrito, refleja los cambios nacionales, entonces los legisladores deberán estar más comprometidos con las políticas en el ámbito nacional. Si, a la inversa, los cambios en los niveles locales no están relacionados con las evoluciones nacionales, entonces los legisladores estarán menos dispuestos a seguir a los líderes nacionales.

Para poner a prueba estas hipótesis, la siguiente tabla describe diversos indicadores estadísticos del grado en que las elecciones tienen componentes nacionales o locales para el nivel partidista en todos los países, al nivel de las coaliciones para Chile, y para varias facciones en Uruguay. La primera columna expone un estadístico basado en el modelo de Stokes (1965, 1967), donde comparó la dimensión nacional de las elecciones en Estados Unidos y en Gran Bretaña. Stokes desarrolló un modelo muy citado (e.g. Kawato 1987, Cox y McCubbins 1993, Cox y Rosenbluth 1995, Katz 1973) de componentes de la varianza en que planteó que la varianza o cambio S_i^2 (en el voto de distrito es una función de las fuerzas nacionales (S_{ni}^2), estatales (S_{si}^2), y distritales (S_{di}^2). Como aquí sólo hay un distrito por Estado en Argentina, Brasil y Uruguay, y las divisiones de distritos no son coincidentes con las divisiones estatales en Chile, el análisis aquí ignora los efectos estatales. El modelo de componentes de varianza para estos casos es por tanto: $S_i^2 = S_{ni}^2 + S_{di}^2$, donde los cálculos de estas cantidades se basan en la suma de cuadrados para el número total de votos (de los tres votos partidistas) de un partido (o agente). Específicamente, el modelo tiene dos componentes de varianza, uno basado en el cambio nacional o a lo largo del tiempo y un residuo[4].

El componente temporal en el que los estados están anidados (*nested*) (**p.12 del original**):

$$\sigma^2 = (M_A - M_R)/I$$

donde I es el número de Estados.

M_A es la suma de los cuadrados para los cambios anuales en los votos dividido por el número de años en el análisis menos uno. Más directamente:

$$M_A = \frac{S_A^2}{k-1}$$

Donde $S_A^2 = I \sum_{k=1}^{k} (y_{.k} - y_{..})^2$

Donde k es el número de años en el análisis e indica la media sobre el índice sustituido. La media cuadrada de los residuos, M_R, está definida por:

$$M_R = \frac{S_R^2}{(K-1)(I-1)} \quad \text{y la suma residual de cuadrados es}$$

$$s_R^2 = \sum_{i=1}^{I} \sum_{k=1}^{K} (y_{ik} - y_{i\cdot} - y_k + y_{..})^2$$

$$M_R = \frac{S_R^2}{(k-1)(i-1)} = \sigma^2$$

La primera columna de la tabla más abajo expone los resultados de este modelo. Los datos representan el ratio del factor que mide el componente de la varianza de los efectos nacionales sobre

[4] Agradezco a Richard Potthoff por su inestimable ayuda para completar esta sección.

el total de la varianza, o $\hat{\sigma}_A^2 / M_R$. Mientras que los estadísticos pueden tener alguna validez para Uruguay, donde el efecto nacional para la mayoría de los partidos es relativamente pequeño, no tienen sentido para los otros dos países. El caso más sorprendente es el de Chile, donde, a pesar de la clara división de la política a nivel nacional entre las coaliciones de izquierda y derecha, los datos implican que no hay casi ningún impacto de factores nacionales.

Dos defectos serios en el modelo provocan estos resultados tan poco razonables. El primero es la asunción de que el efecto estatal permanece fijo. Esta asunción implica que no existe varianza entre los estados, lo que es obviamente erróneo. Es particularmente evidente en Uruguay, donde el Frente Amplio ha crecido mucho más rápidamente en Montevideo que en otras regiones. Para resolver este problema, podemos ajustar el modelo de Stokes cambiando el término que fija los efectos y adoptando un efecto variable, por tanto separando la varianza de los distritos de los residuos, en lugar de asumir que toda la variación de fuera del ámbito nacional es atribuible a los distritos.

Para calcular el efecto estatal en este modelo, $\hat{\sigma}$ y $\hat{\sigma}_A^2$, no cambian, pero $\hat{\sigma}_B^2$, debe sumarse al modelo y por tanto el denominador en las ratios cambia. El efecto estatal está ahora definido por los siguientes términos:

$$\hat{\sigma}_B^2 = (M_B - M_R)/K$$

De forma que los datos de la segunda columna de la tabla representan la siguiente expresión:

$$\hat{\sigma}_B^2 / (\hat{\sigma}_A^2 + \hat{\sigma}_B^2)$$

M_R ha quedado definido más arriba y el M_B requiere de una nueva suma de cuadrados:

$M_B = S_B^2 / (I-1)$ donde I es el número de distritos en el modelo y

$$S_B^2 = \sum_{i-1}^{I}(y_i - y_{..})^2$$

Este segundo modelo parece una mejor medida de la nacio-nalización de las elecciones, pero aún parece sobrestimar el efecto local, al menos en el caso chileno. Este mal resultado, así como también los resultados para Argentina, ocurre debido a la confianza del modelo en la variación dinámica del nivel nacional y desatiende las relaciones estáticas entre los resultados nacionales y estatales. Esto es, dado que el voto nacional para la Concertación no cambió significativamente en las tres elecciones, el modelo atribuye correc-tamente todos los cambios a los factores en el nivel estatal. Sin em-bargo, esto olvida el hecho de que la línea de apoyo para la Concertación en un distrito cualquiera está fuertemente relacionada con el apoyo en otros distritos o en la nación en su conjunto. Como resultado, la última columna de la tabla lanza otro estadístico a considerar para medir los efectos nacionales. El coeficiente de va-riación, etiquetado como "localismo", es la desviación estándar del voto para un partido en un año dado como un porcentaje de la media de voto para un partido (la media a lo largo de los años). Este estadístico aporta una comparación relativa del tamaño del interva-lo de confianza para el voto de un partido. Un número grande im-plica que los estados varían significativamente, y por tanto el efecto local es grande. Lo opuesto también está implicado, y por tanto la variable es una medida del localismo.

La variable del localismo revela una medida mucho más in-tuitiva de los efectos nacionales de las elecciones. Las coaliciones chilenas exhiben una varianza muy pequeña entre los distritos, demostrando un fuerte componente nacional del voto. En Argenti-na, el voto de los Peronistas es más consistente en los distritos que el voto para los Radicales, y en Uruguay el desequilibrado apoyo para el Frente Amplio (el partido es dominante en la capital pero con sólo un escaso apoyo en otros distritos) está claro. En Brasil el PMDB es el voto con mayor orientación nacional, pero su apoyo es muy irregular en comparación con los partidos argentinos o las coa-liciones chilenas. Los resultados para otros partidos son incluso más dependientes de los factores regionales; el apoyo para el PTB, por ejemplo, estuvo entre el 1% y el 46% en 1994.

Tabla 3

Carreras electorales comunes: El Grado de las Fuerzas Nacionales en el Voto			
	Varianza explicada por las Fuerzas Nacionales (%)		Coeficiente de Variación/1 (Localismo)
	Modelo de Stokes	Modelo Ajustado de Stokes	
Argentina			
PJ	3.9	1.6	24.4
UCR			39.9
Brasil*			
PMDB	77.8	58.6	50.0
PT	40.1	16.7	67.4
PFL	41.1	14.0	69.6
PSDB			90.2
PTB	2.0	0.7	159.9
PDT			103.1
PPB			98.3
Chile**			
Concertación	0.0	0.0	15.2
PDC			31.3
PS			48.3
PPD			39.3
Derecha	0.0	0.0	22.2
RN			47.4
UDI			55.6
Uruguay			
Colorados	89.0	48.4	13.0
Foro			35.6
UCB			24.2
Blancos	85.1	38.0	15.6
Herr			34.0
MNR			33.9
Frente Amplio	88.8	29.4	62.2

/1 Desviación standard/voto medio en el Estado

* El PTB no compitió en todos los años en todos los distritos y estos distritos están excluidos del análisis de componentes de la varianza. El PSDB no compitió en 1986 y por tanto el análisis está basado en 1990-1994 para este partido. El PPB fue el PDS en 1986 y 1990, y el PPR en 1994.

** Ningún partido compitió en todos los distritos, y por tanto los componentes de la varianza no han podido calcularse. La columna final tiene en cuenta sólo distritos en que los partidos compitieron.

La correlación entre la UPA y la variable nacional tiene el signo correcto, pero es bastante pequeña (-.15). Parte de las causas para esta correlación tan baja es que la variable de localismo no tiene en cuenta la distribución de escaños. El Frente Amplio, por ejemplo, gana casi todos los escaños en dos distritos, y por tanto el hecho de que lanza una campaña orientada localmente no debería afectar la cohesión de sus legisladores. Tomando en consideración la distribución de escaños, fortalece el coeficiente de correlación en alguna medida, pero algunos casos mantienen el estadístico todavía en un nivel bajo.

Un modo alternativo de examinar esta relación es utilizar los valores brutos de los componentes del análisis de la varianza, en lugar de los porcentajes. Por desgracia, estos datos sólo pueden ser calculados para las coaliciones chilenas y no para los partidos, y para los partidos uruguayos y no las coaliciones. Asimismo, los datos únicamente permiten cálculos para cuatro partidos brasileños. La utilización de los datos limitados arroja un coeficiente de correlación un tanto más fuerte que el que resulta utilizando la variable de localismo (-0.19), y nuevamente el signo del coeficiente de correlación nos indica que un mayor localismo contribuye a menores puntuaciones en UPA.

B) Ideología

La siguiente hipótesis, que cuanta mayor acuerdo ideologico haya entre los agentes legislativos más unificados estarán, es casi tautológica, pero aún merece ponerse a prueba. En los estudios sobre Estados Unidos se mide la ideologia de los legisladores por un analisis de los votos los legisladores emiten (produciendo puntuaciones como ADA y NOMINATE). Estos tipos de tests, sin embargo, revierten la causalidad. Si la disciplina es impuesta, no se puede diferenciar entre las creencias y las acciones. Por lo tanto, la única forma de testar las creencias de los legisladores es a través de encuestas a las elites. Ha sido posible recientemente poner en marcha este tipo de análisis debido al trabajo de un equipo de investigadores, liderados por Manuel Alcántara en

Salamanca, España, y quienes han puesto a disposición sus investigaciones generosamente [5].

La investigación de elites se llevó a cabo en 1997 y cubrió 18 países. La primera ronda de la investigación, en la que me centro, entrevistó la mayor cantidad de legisladores posible para todos las partidos y facciones importantes. El número específico de respuestas se encuentra listado en Apéndice 1.

Las preguntas de estas entrevistas abarcaron un amplio rango de cuestiones, desde las posiciones en políticas públicas hasta las características personales. Las encuestas tienen, sin embargo, defectos. En particular, algunas investigaciones se llevaron a cabo durante un mayor período de tiempo que otras, algunas tienen respuestas más altas para los mismos partidos que otras, y el calendario de las entrevistas, en términos del ciclo electoral, varían a lo largo de los países. Pero tal vez lo más importante, las fechas de las investigaciones no se alinean completamente con los datos del voto legislativo frente a los que yo estoy haciendo la comparación. En cualquier caso, las investigaciones proveen de una perspectiva excelente de las opiniones de los legisladores, y pese a que los votos de los partidos o las ideologías han cambiado dramáticamente en un corto período de tiempo, las diferencias temporales deberían ser relativamente indiferentes.

Las entrevistas permiten numerosas posibilidades para medir la cohesión legislativa de los legisladores. Son particularmente interesantes, por ejemplo, las respuestas de los legisladores a cuestiones que sondean las creencias sobre la Iglesia, el bienestar social, y el papel de los militares en la sociedad, la multitud de preguntas ofrece muchas medidas de cohesión potencialmente útiles, pero aquí sólo presento una medida simple, basada en la dispersión (desviación estándard) de las respuestas de los legisladores a su autoubicación en la escala izquierda-derecha. La escala tiene diferentes

---

[5] Las investigaciones citadas han estimulado un grupo de investigación en la Universidad de Duke, organizado por Herbert Kitschelt, y que incluye a Elizabeth Zechmeister, Guillermo Rosas, Kirk Hawkins, y a mí mismo para empezar un análisis sobre las elites partidistas de América Latina. Gran parte del análisis de más abajo está basado en el trabajo de este grupo.

significados para las diferentes personas y a lo largo de las fronteras, pero entre las elites dentro de un mismo país, debería haber un consenso general sobre los términos. Cuando la dispersión de respuestas dentro de un mismo grupo de legisladores es pequeña, podemos concluir que el grupo es cohesivo, al menos en el tema particular al que la pregunta se refiere. Si la dispersión es grande, entonces el grupo no es cohesivo. Tanto las medias como las desviaciones standard son interesantes. Para los partidos que están de acuerdo generalmente en que se encuentran en el centro, podemos esperar menor unidad de alguna forma, ya que la ideología es menos extrema. Además, no debería esperarse que los partidos del centro tengan relativamente altas desviaciones standard, ya que deben ser relativamente inclusivos. Por tanto, los partidos que a) tienen puntuaciones medias más cercanas a las puntuaciones más extremas del espectro y b) pequeñas desviaciones standard en sus puntuaciones tendrán un patrón de voto altamente unido. Otros partidos centristas o diversos deberán confiar en otros mecanismos, si existen, para asegurar la disciplina de voto.

Los estadísticos mostrados en Cuadro 5 confirman esta predicción sólidamente. Tres de los cinco agentes (todos menos el PPD y RN chilenos) en la región del sudeste del cuadro tienen unos niveles de unidad muy altos (superiores a 90 en la escala UPA). Los otros dos agentes que también tienen estos altos niveles de disciplina son el UCR y UDI. La UDI es de alguna forma una anomalía por dos razones. Aunque sus miembros puntúan alto en la escala extremista, se situaron levemente más hacia la izquierda que su compañero de coalición, Renovación Nacional (6.08 en la escala de 10 puntos para la UDI versus 6.70 para RN). Pero tal vez más sorprendentemente, los miembros de este partido altamente ideológico tuvieron el mayor desacuerdo interno (la mayor desviación standard) de cualquier otro partido en la investigación sobre su posición en la escala izquierda-derecha. Una explicación posible es que haya un error de codificación, uno de los 12 entrevistados respondió casi todas las cuestiones como si perteneciera a la extrema izquierda. Esta persona respondió que él/ella se autoubicaba en el 2 en la escala de 10 de izquierda a derecha, y que la dictadura era muy negativa, y mientras todos los demás entrevistados de UDI estuvieron en contra de liberalizar las leyes de divorcio, esta persona estuvo a favor. Incluso si descontamos las respuestas de esta persona, está claro que en algunos temas la UDI está dividida. Las entrevistas con los diputados de la UDI pusieron en evidencia que un primer objetivo del partido ha sido ganar terreno en las áreas que tradicionalmente apoyaban a la izquierda, y de hecho muchos han ganado su escaño en distritos muy pobres. Muchos de los legisladores de la UDI fueron alcaldes durante la dictadura y estuvieron siempre seguros de enfatizar su afinidad con el trabajo en temas locales no partidistas. Uno explicó sus constantes reuniones con grupos vecinales para intentar conseguir dinero para pequeños proyectos públicos, y otro estaba inaugurando un nuevo casa de tratamiento para drogadictos en un área muy pobre de la ciudad. Por esto, aunque el partido está casi fanáticamente alineado en la derecha respecto a la mayoría de los temas sociales (como las leyes de divorcio y el rol de los militares), en temas económicos, como el grado en que el país debería privatizar las empresas estatales, hay un espectro más amplio de temas en el partido.

Tabla 4

Extremismo, Cohesión y Unidad			
		Extremismo Relativo	
		Alto	Bajo
Diferencias internas	Altas	PTB$_B$, PPB$_B$, Derecha$_C$, UDI$_C$*	UCR$_A$, PJ$_A$, PFL$_B$, PMDB$_B$, Conc$_C$,
	Bajas	**PT$_B$**, PPD$_C$,RN$_C$, **PS$_C$** FA$_U$	PSDB$_B$, PDC$_C$, PC$_U$, PN$_U$, Foro$_U$, Herr$_U$

Los agentes en **NEGRITA** tuvieron una UPA> 90. Los subíndices se refieren al país de los agentes. El Extremismo está definido como la diferencia absoluta respecto de la mediana de la autoubicación en la escala izquierda-derecha dentro de cada país (véase el Apéndice para más detalles). La media para todos los países fue una diferencia absoluta de 1.2 respecto de la media. Los países puntuaron extremistas si se situaban por encima de 1.2 respecto de la media de su país. Las diferencias internas están definidas por una metodología similar, utilizando la desviación standard para las autoubicaciones ideológicas. La media para todos los países para la desviación standard fue 1.15.

*Descontando el entrevistado aparentemente codificado de forma errónea.

La Unión Cívica Radical argentina es el otro agente con una puntuación UPA muy alta, sin una ideología extremista ni una diversidad interna baja. Como la UCR no es ni coherente ni extremista, el alto grado de unidad se debe a la disciplina, que es una consecuencia del sistema electoral.

Sólo otro partido no sigue la hipótesis. La Renovación Nacional chilena fue relativamente extrema y los miembros generalmente estuvieron de acuerdo en la posición izquierda-derecha. Sin embargo, no mantuvo altas cotas de unidad (una media de UPA en torno a 70). Esta falta de unidad es probablemente un resultado de los clivajes que la escala izquierda-derecha no captura. El RN tiene dos prominentes alas, una vinculada al régimen de Pinochet, y otra formada por un grupo de empresarios considerada más pragmática. Estos grupos están relativamente de acuerdo en temas económicos (izquierda-derecha), pero se distancian en otros temas. En el verano de 1998, por ejemplo, a pesar de su plataforma en pro del libre mercado, muchos legisladores de RN se unieron en una "coalición verde" para oponerse a la reducción de los aranceles de la agricultura. En las entrevistas, las diferencias fueron marcadas en las respuestas a cuestiones sobre el papel del gobierno para proveer de subsidios para servicios básicos, la protección de la seguridad social, la vivienda para los pobres y educación. Sus respuestas sobre el porcentaje del presupuesto que debería gastarse en programas sociales se encontraban entre el 20 y el 90%![6]. El mejor indicador de la división interna puede ser las cuestiones sobre temas religiosos/morales. Mientras que 11 de 12 legisladores de UDI respondieron que iban a misa todas las semanas, se opusieron al aborto en todos los casos y estuvieron en contra del divorcio, 10 de los 23 legisladores de RN sólo ocasionalmente van a misa, 6 estaban dispuestos a admitir algún tipo de aborto legal y 15 permitirán al menos algún tipo de divorcio.

---

[6] Otros partidos también tuvieron rangos de respuestas grandes, pero el RN fue el más extremo a este respecto.

C) Agentes de gobierno, de oposición y el ciclo electoral

La relación de un agente con el Ejecutivo es otro factor que afecta al nivel de unidad. Los agentes que apoyan al Presidente podrán ver añadidos beneficios para su asociación y por tanto deberán tener una mayor disciplina. Los agentes que no apoyan al Ejecutivo, sin embargo, deben enfrentarse a un sistema de incentivos diferentes. Pueden ver beneficios en la venta de sus votos al mejor postor, ya que la organización de los *outsiders* ofrece muy pocas recompensas por la disciplina. Pero, si los líderes pueden convencer a los militantes de base que una oposición sólida es el mejor camino para ganar la mansión presidencial, el agente puede conseguir grados de disciplina razonables.

Esta dinámica no es necesariamente estable a lo largo del ciclo electoral. Al empezar el ciclo el agente que apoya al Presidente deberá demostrar mayor lealtad como respuesta a recompensas futuras esperadas. Cuando las elecciones se acercan, no obstante, el agente puede encontrar problemas para mantener a las facciones juntas, cada una de las cuales espera aumentar su preeminencia de cara a la elección. La disciplina del agente, por tanto, disminuirá previsiblemente al final del período.

Este patrón es muy evidente en el caso uruguayo. Después de cada elección, el Presidente ha ofrecido puestos ministeriales a todas las facciones en su partido, y todas han aceptado eventualmente[7]. Pero después de un relativamente corto período de tiempo, las facciones de oposición desaparecen del equipo de gobierno y los ministros han sido reemplazados por miembros de la facción del Presidente (véase Laurnaga 1993).

En segundo lugar, durante las campañas electorales, cuando los incentivos para diferenciarse de las facciones del partido que apoya al Ejecutivo alcanzan los niveles más altos, las candidaturas

---

[7] Véase Laurnaga (1993) para el período 1989-1994. En la administración actual y en la anterior algunas facciones de los partidos de oposición también aceptaron puestos ministeriales. Este hecho añade peso a la tercera hipótesis, que los partidos no son el principal vehículo que dirige las decisiones políticas.

destructivas y renegadas han aparecido sólo en los partidos de gobierno[8]. En las dos elecciones en que hubo un partido titular, (ej. no para las elecciones inaugurales de 1984), ese partido (más específicamente la facción titular) se dividió, dejando dos candidatos populares centristas compitiendo uno en contra de otro. Estas dos campañas internas fueron contestadas fieramente y en ambas elecciones se rechazó la división del partido (titular)[9][10]. Esto parece indicar que los votantes valoran la unidad partidista.

En tercer lugar, los datos del voto legislativo muestran que, como se sostuvo en la hipótesis el partido que no apoya al Ejecutivo se vuelve (o se mantiene) cohesivo en la carrera hacia las elecciones, mientras que el partido que apoya al Ejecutivo se divide (o se mantiene dividido). La tabla de más abajo (6) divide cada uno de los dos períodos de gobierno Legislativo/Ejecutivo completos en dos partes: los primeros cuatro años y el año electoral. Los resultados son muy claros. Para los partidos tradicionales (Colorados 1985-89 y Blancos 1990-94), indiferentemente de su cohesión durante los primeros cuatro años, la cohesión cayó bruscamente durante el año electoral. El partido que no apoyaba al Ejecutivo actuó de forma contraria; independientemente de sus acciones en la parte anterior del período, actuaron de forma bastante cohesiva en el último año. Aunque la tabla sólo muestra el comportamiento de los dos partidos tradicionales, el Frente Amplio también encaja en el patrón de comportamiento. Éste ha sido siempre un partido de oposición pero han conseguido mantener un nivel de unidad tremenda a lo largo del período de diez años[11].

---

[8] El Frente Amplio presenta algo similar a un problema aquí, puesto que se dividió previamente a las elecciones de 1989, cuando el ala moderada formó un nuevo partido, el Nuevo Espacio (véase González, 1995). Durante todo el período electoral, sin embargo, el Frente Amplio y el ala que se desvinculó se presentaron como un frente unido opuestos a los partidos tradicionales.

[9] Coppedge (1994) ofrece un mayor apoyo de esta idea (especialmente pp.51-52).

[10] Recuérdese como se decía más arriba, en las elecciones de 1989, la división se manifestó en una elección primaria para la facción titular del Partido Colorado, mientras que en 1994 las dos alas de la facción titular del Partido Blanco se dividió y se presentó a las elecciones como dos facciones diferentes.

[11] Ver la nota al pie de página 11.

Tabla 5

Ciclos de Cohesión Partidista: 1985-1995*		Primeros cuatro años	Año electoral
		1985-88	1989
Partido de gobierno	(Colorados)	99	88
Partido de oposición	(Blancos)	99	99
		1990-93	1994
Partido de gobierno	(Blancos)	72	80
Partido de oposición	(Colorados)	84	95

La tabla de más arriba mostraba que la predicción se mantiene para tres de las cuatro elecciones, solo el partido titular en 1994 no cumplió con ésta.

Los datos de otros países latinoamericanos, desafortunadamente, no permiten realizar este tipo de test. No se dispone de datos del período completo de gobierno de Argentina y Chile, y no existió ningún partido que apoyara al Ejecutivo en Brasil durante 1994, cuando el PSDB de Cardoso ganó mucho poder. Los datos para este período, sin embargo, sólo abarcan hasta marzo de 1998, alrededor del 80% del período (que finalizó en enero de 1999). El partido fue de alguna forma menos cohesivo en la última parte del período, (una media de UPA de 77 para el primer 75% versus un 84 para el resto de los votos), pero sin los datos de los últimos nueve meses estas conclusiones son limitadas. Pero sí podemos poner a prueba si estando en un puesto ministerial se incrementa la disciplina del agente, basándose en la idea de que los agentes en el gobierno devuelven al Ejecutivo su apoyo a través de los votos legislativos. Incluso descontando al PT, sin embargo la UPA para partidos con puestos ministeriales fue levemente más pequeño que para los partidos sin miembros oficiales en el gobierno (70 comparado con 73, respectivamente)[12]. Ames (en prensa) argumenta que sólo algunos Presidentes Brasileños han utilizado los puestos ministeria-

---

[12] Un test para los datos de Uruguay revela resultados similares.

les para generar apoyo, e incluso con estos partidos que representan mucho más del 50% de la legislatura no sirven para tener en cuenta los bajos niveles de disciplina. Otros Presidentes (por ejemplo, Collor), argumenta Ames, estaban menos afectados por la relación entre las carteras ministeriales y el apoyo legislativo, y por tanto nombraron para esos puestos a amigos.

Aunque los gobiernos divididos complican los test, los Estados Unidos proveen datos de test de esta teoría. Mientras que los resultados apoyaron la hipótesis para el primer período de Reagan, los cuatro períodos anteriores no proveen la misma evidencia. Durante los primeros cuatro años de Reagan, los Demócratas controlaban la Cámara Baja, pero tenían un Presidente Republicano. Ellos, por tanto, podrían haberse visto como el partido que no apoya al Ejecutivo, interesados en desplazar al Presidente. Durante los cuatro años, la puntuación media de Rice para los Demócratas fue de 71 aproximadamente. Alrededor del último 10% de los votos, sin embargo, alcanzaron casi el 90% de acuerdo de media (en la puntuación de Rice sólo por debajo de 80). La medida UPA para los Republicanos, tal y como la teoría predice, cayó alrededor del 10% respecto su media (de 66 a 59) justamente antes de las elecciones presidenciales (incluso aunque Reagan fue el candidato para la reelección en 1984). Esta pauta no fue evidente en cada uno de los dos ciclos bianuales de la legislatura, y por tanto el ciclo electoral presidencial, no el legislativo, pareció estar determinado. Durante los cuatro períodos presidenciales desde 1964 hasta 1980. No obstante, no hubo un cambio apreciable en las puntuaciones de Rice hacia los finales de los períodos.

Tabla 6

Partidos de gobierno, partidos de oposición y Unidad del Agente	
Alto (UPA>80)	Bajo (UPA<80)
Partidos de gobierno	
PC 1984 PJ$_A$ PDC$_C$ PPD$_C$ PS$_C$	PN$_U$ 1989 PSDB$_B$ Dems$_{US}$ 1976-80 Reps$_{US}$ 1980-84
Partidos de oposición	
NA 1984 FA 1984 FA 1989 UCR$_A$ PT$_B$ UDI$_C$	PC$_U$ 1989 Concertación$_C$ Derecha Chilena$_C$ PMDB$_B$ PFL$_B$ PPB$_B$ PTB$_B$ RN$_C$

III. Hacia un examen multivariado

A pesar de que los exámenes bivariados que se presentan en las páginas anteriores apoyan las hipótesis, solamente un examen multivariado podría ilustrar la relación independiente que guarda cada variable explicativa con las puntuaciones de UPA. No obstante, la discusión ha contribuido para formular de métodos de operacionalización de la variable dependiente y las variables independientes referentes a la disciplina (control del proceso de nominación) y la cohesión (el grado de cercanía ideológica entre los miembros del agente, el nivel de polarización del agente respecto a las tendencias centrales del país, la presencia de un voto personal, el futuro electoral que comparten, o no, los miembros del agente, la concentración geográfica de los legisladores que pertenecen al agente, el ciclo electoral, y la relación del agente con el Ejecutivo).

Desafortunadamente, los datos son inadecuados para examinar las hipótesis en una regresión múltiple, por dos motivos principales.[13] En primer lugar, un estudio simultáneo de las hipótesis de

---

[13] Aunado a los problemas específicos relacionados con este análisis,

cohesión y disciplina requeriría de un modelo de series de tiempo. Dicho modelo incluye datos a través del tiempo para varios países por lo que viola los supuestos referentes a la independencia de los errores. A pesar de que existen métodos para corregir estos problemas, no son aplicables a este caso. [14]

---

cualquier examen de estas hipótesis también tendría que enfrentarse con las complicaciones inherentes a cualquier regresión. Por ejemplo, existen dificultades en la operacionalización del control de la nominación (y las otras variables). La operacionalización que se lleva a cabo en este capítulo sugiere una escala ordinal y, además de las cuestiones matemáticas asociadas a dichas escalas, no queda claro cómo deben ordenarse los distintos sistemas. Este capítulo ha explicado que tanto la disciplina como la cohesión son suficientes para lograr unidad. Como resultado, el análisis no debe únicamente plantear que las puntuaciones de UPA son combinaciones lineares de las variables de cohesión y disciplina. Este no es un problema irresoluble, pero agrega complicaciones al análisis. Finalmente, la regresión también presentaría problemas de escasez e datos ya que no existen encuestas de los legisladores norteamericanos comparables a las encuestas que existen para América Latina.

[14] El método más aceptado universalmente para trabajar con series de tiempo propone incluir una serie de variables dummy que permite una variación en las pendientes e intercepciones de los modelos por país. Estos modelos, conocidos como no restringidos, requieren la inclusión de una dummy por cada país (dejando una fuera que actúe como base) en el análisis y una interacción entre las dummies y las variables independientes del modelo. (Una prueba F determina si la inclusión de las dummies altera los resultados significativamente). Entonces, el coeficiente "correcto" de una variable independiente para un país es específico es la suma del coeficiente que presenta la variable independiente y el coeficiente del término interactivo que se construyó (de ese país y la variable independiente).

Sin embargo, esta técnica requiere de un gran número de variables dummy y, por lo tanto, en casos como el presente en donde existe una variación limitada tanto entre países como hacia adentro de ellos, el modelo no restringido corre el riesgo de crear series múltiples de combinaciones perfectamente lineales. Como resultado, una regresión de este tipo no lograría establecer el impacto que tienen las diferentes variables.

Un segundo método para analizar series de tiempo fue desarrollado por Beck y Katz (1995). No obstante, este método requiere de un número consistente de casos en cada período de tiempo analizado y establece una serie de supuestos insostenibles sobre los términos de error, situación que resulta inapropiada para este estudio.

Un segundo problema que se presenta es que la regresión con tan pocos países sería insuficiente para determinar el impacto diferenciado de las variables en cada uno los casos. En concreto, una regresión con un número de observaciones pequeño no permitiría la diferenciación que tiene el impacto del control sobre los procesos de nominación y el impacto de otros factores que existe entre los países. El número tan pequeño de agentes que existe por país provocaría un problema similar.

En suma, el número limitado de observaciones no permitiría el uso de pruebas estadísticas adecuadas para separar los efectos independientes de las variables explicativas. Como resultado, será imposible validar las hipótesis en un escenario multivariado hasta que existan datos suficientes para un mayor número de casos.

IV. Conclusión

La política legislativa es un factor esencial en la determinación del modelo democrático. Sin embargo, la política legislativa de América Latina es un tema poco explorado. Este ensayo ha presentado evidencia sobre la unidad de voto de los agentes legislativos en cuatro países latinoamericanos. Los datos sugieren dos conclusiones principales.

En primer lugar, existen grandes diferencias entre los países así como hacia adentro de ellos. Los partidos argentinos presentan grandes niveles de unidad– aunque los Peronistas han sufrido la existencia de facciones. Es bien sabido que los partidos brasileños se encuentran localizados en el extremo opuesto de la escala, sin embargo, es importante señalar que la mayoría de los partidos de este país son más unificados que los partidos norteamericanos. No sólo eso, sino que varios partidos brasileños, han presentado puntuaciones de unidad muy altas. Por su parte, en Chile, mientras que los partidos en promedio son más unificados que en Brasil, *Renovación Nacional* no logra reunir a sus miembros para la mayoría de las votaciones y, en algunas ocasiones, este partido ha actuado en contra de su compañero de coalición tanto en la Cámara Baja como en el Senado. De modo similar, la izquierda actualmente sufre el abandono de algunos de sus partidos, al menos en la Cámara Baja. Por último, la mayoría de las facciones en Uruguay, aunque no todas, se encuentran unificadas, mientras que el único partido que presenta altos niveles de unidad es el partido izquierdista *Frente Amplio*.

En segundo lugar, los patrones de unidad en las votaciones se pueden explicar, en gran medida, por una serie de variables referentes a las dos fuentes de unidad– disciplina y cohesión. En este capítulo se han operacionalizado tanto el impacto del poder disciplinario que tienen los líderes de los agentes, así como los elementos cohesivos de la unidad y se han ofrecido exámenes preliminares de estas variables. El control sobre las nominaciones que resulta del sistema electora únicamente parece presentar una relación evidente con los índices de unidad cuando el control es casi indiscutible. Asimismo, el sistema electoral ofrece control absoluto sobre las nominaciones a muy pocos líderes, y esta variable resulta insuficiente para explicar la varianza hacia adentro de los países. Por lo tanto, para aquellos casos en que el sistema electoral le otorga a los líderes un control escaso o mediano sobre las nominaciones, los índices de unidad dependerán más bien de la cohesión y la posibilidad que tienen los líderes de controlar las nominaciones fuera de lo que dicte el sistema electoral.

Este capítulo ha demostrado que un número importante de factores –tanto ideológicos como instrumentales– contribuye a la existencia de cohesión. También se ha sugerido que existe una relación ente las variables de cohesión porque los agentes más unificados generalmente se distinguen del resto de los agentes gracias a más de un factor. Inclusive, dado que las variables de cohesión pueden actuar como sustitutos entre ellas, los agentes pueden adquirir unidad basándose en la disciplina o en cualquiera de los factores de cohesión. Asimismo, los agentes que han alcanzado métodos alternativos de control sus miembros –en especial el PT en Brasil y el Frente Amplio en Uruguay– son bastante cohesivos. Esto sugiere un argumento paralelo al de la tesis de del gobierno condicional del partido (agente) de Aldrich y Rohde (1997-98;2001), en el sentido de que cuando las filas de legisladores comparten preferencias más homogéneas, estarán más dispuestos a otorgarles poder a sus líderes.

Apéndice 1

Cohesión ideológica					
	UPA*	Autoubicación ideológica (v234)			
Argentina (v234)		Media	Dif abs respecto	Desv Std	Frec
PJ	85.6	4.62	0.02	1.36	22
UCR	94.4	4.50	0.1	1.46	17
Frepaso		3.45	1.15	1.91	10
UCEDE	81.9	7.67	3.07	2.08	3
Media/total		4.60		1.65	
Brasil/1					60
PMDB	62.6	4.63	0.43	1.36	15
PFL	79.4	5.09	0.89	1.30	12
PSDB	72.3	4.22	0.02	1.39	9
PT	96.1	1.88	2.32	.64	8
PPB	61.0	5.80	1.6	1.64	6
PTB	70.8	6.33	2.13	1.52	3
PSB					4
PCDB					3
Media/total		4.20		1.97	66
Chile					
Concertación	71.8	3.96	1.04	1.11	55
PDC	80.7	4.52	0.48	0.93	31
PPD	80.5	3.60	1.4	0.70	11
PS	85.8	2.92	2.08	0.95	13
Total Derecha	70.1	6.48	1.48	1.46	35
RN	76.5	6.70	1.7	1.11	23
UDI/2	93.9	6.45	1.45	1.86	12
Media/total		5.00		1.79	
Uruguay					93
PC	77.6	4.90	0.69	0.72	20
Foro Batllista		4.93	0.72	0.80	15
PN	71.0	4.95	0.74	1.11	20
Herrerista		5.11	0.9	1.27	9
Manos a la Obra		4.80	0.59	0.63	9
FA	98.0	3.09	1.12	0.90	25
Nuevo Espacio		4.25	0.04	1.25	4
Media/total		4.21		1.28	69
Asamblea Uruguay		3.5	0.71	.52	12

Estadísticos basados en *Elites Parlamentarias Iberoamericanas*, Investigación dirigida por el Instituto de Estudios de Iberoamérica, Universidad de Salamanca
*Las medias simples para períodos de tiempo están descritas en el capítulo.
Mainwaring (1999) tiene medias similares para el Congreso Brasileño de 1990. PMDB 4.4, PFL 6.1, PDS 6.9, PSDB 3.8, PRN 5.7, PDT 2.7, PT 1.00, PDC 61.3 (p. 132)
/2 Eliminando un entrevistado que parece erróneamente codificado (véase el texto para la explicación).

Bibliografía

ALDRICH, J. H. y ROHDE, D. W. (1997-98). "The Transition to Republican Rule in the House: Implications for Theories of Congressional Politics". *Political Science Quarterly* 112; 4, pp. 1-27.

_____ (2001). "The Logic of Conditional Party Government". En Dood, L. y Oppenheimer, B. (eds.) *Congress Reconsidered.* Washington, D. C.: CQ Press.

MORGENSTERN, S. (2001). "Organized Factions and Disorganized Parties: Electoral Incentives in Uruguay". *Party Politics* 7, 2: pp. 235-256.

Partidos y gobiernos en Ecuador (1979-1998): Gobiernos *anti* partidos y partidos *contra* gobiernos*

Flavia Freidenberg**

Introducción

Este capítulo presenta los resultados de una investigación sobre las relaciones entre los gobiernos y sus partidos en Ecuador en el período 1979-1998. El objetivo del mismo es estudiar la composición (y las características) de los gabinetes ministeriales como una manera de abordar los modos de relación entre el gobierno (Ejecutivo Nacional) y el o los partidos que lo sustentan. El argumento central es que a partir del análisis del reclutamiento político es posible establecer patrones de interacción entre los actores partidistas, entre las diversas "caras" de un partido político[1] así como también es uno

*Esta investigación forma parte del proyecto sobre "*Partidos Políticos y Gobernabilidad en América Latina*" (Sec97-1458), dirigido por Manuel Alcántara Sáez y financiado por la Comisión Interministerial de Ciencia y Tecnología (CICYT) del Ministerio de Educación y Cultura de España. El trabajo de campo fue realizado en Ecuador en dos etapas: entre junio-septiembre de 1999 y julio-septiembre de 2000, para lo cual se contó con el apoyo institucional de la Maestría en Ciencia Política y la Administración de la Pontificia Universidad Católica de Quito (Ecuador). Agradezco los acertados comentarios y sugerencias de los participantes en el Seminario sobre "Los partidos políticos frente a los retos del siglo XXI" a una versión anterior de este trabajo así como también las reflexiones de Soledad Loaeza, Manuel Alcántara, Fátima García Díez,

de los mecanismos centrales para la operación de las políticas democráticas[2].

Esta dimensión no agota las diferentes estrategias de investigación desde donde se puede abordar el comportamiento de un partido[3], toda vez que debe ser complementada con el análisis de

---

Daniel Zovatto, Simón Pachano, Dalton Burgos y Francisco Sánchez López en distintos momentos de esta investigación.

** Universidad de Salamanca.

[1] Desde una perspectiva funcionalista se entiende como un partido político a "[...] cualquier grupo político que se presenta a elecciones y es capaz por medio de [ellas] de colocar candidatos para cargos públicos [...]" (Sartori, 1980/1992:90). Asimismo, se observa al partido político como un sistema político (Eldersveld, 1964; Crotty, 1970; Katz y Mair, 1990; Coppedge, 1994; Méndez Lago, 2000), toda vez que cuentan con su conjunto de reglas y normas, escritas o consuetudinarias, que establecen el tipo de interacción que debe darse en el interior del mismo y con relación al entorno; que elige a sus representantes a partir de un sistema electoral propio, que recluta a sus miembros, que tiene sus propios poderes de toma de decisiones y que tiene su sistema de resolución de conflictos internos.

[2] Ver Blondel (1990).

[3] La naturaleza del proceso político puede variar tan extensamente que observadores del mismo partido en diferentes arenas pueden concluir que están observando partidos diferentes. Considero que la política partidista se puede observar en dos ámbitos: uno interno al partido y otro externo a él; y que, a su vez, este último puede manifestarse en tres arenas de actuación diferentes: el partido-en-el gobierno, el partido en la legislatura, el partido-en-el-electorado. Es el mismo partido, pero con actores, reglas de juego y procesos muchas veces distintos entre sí. Éste no se refiere necesariamente a actores, estructuras o reglas ajenos a la organización interna, pero sí a un prisma diferente a través del cual es posible observar a esos actores, estructuras y reglas (Méndez Lago 2000: 8). Se refiere al vínculo entre los partidos y su entorno exterior y al papel y actividades desempeñadas por determinados actores y organismos de éste en los ámbitos en los que éstos actúan. Algunos dirigentes pueden pertenecer simultáneamente a los diferentes ámbitos (que pueden referirse a niveles de gobierno distintos: estatal, regional, municipal, etc.), pero otros sólo participan en uno de ellos. Supone tanto la relación con otras organizaciones sociales del sistema político (sindicatos, grupos de presión y de interés) como con las instituciones del sistema. Para una discusión de los diferentes tipos de ámbitos de actuación de los partidos ver Freidenberg (2001, Cap. II) así como también para una mayor profundización teórica respecto a este punto ver Key (1964); Katz y Mair (1990) y Coppedge (1994).

otras dimensiones como el proceso de elaboración de políticas públicas y el patrón clientelístico de acción gubernamental[4]. No obstante, cabe destacar la relevancia de la dimensión seleccionada como objeto de estudio en este trabajo por diversas razones. Los presidentes (y su equipo de gobierno) en los regímenes presidencialistas juegan un papel crucial en el proceso de elaboración de políticas públicas y cuentan con una serie de estrategias para alcanzar sus metas políticas entre las cuales destaca la designación de sus colaboradores en el gabinete. Cada vez que un Presidente realiza un nombramiento está señalando qué tipo de intereses está dispuesto a favorecer, cómo espera ejercer el poder ejecutivo, cómo planea relacionarse con otros poderes, particularmente, el legislativo y cuál es el tipo de vinculación que planea tener con el partido que lo apoyó para llegar al poder. Precisamente, debido a la dificultad existente para observar cuál es la estrategia de elaboración de políticas públicas que persigue un Presidente, la formación de los gabinetes se presenta como una de las manifestaciones más visibles para el estudio de las estrategias presidenciales[5] y para el análisis de los apoyos que ese Presidente tiene. Asimismo, el partido sostenedor tiene unos programas que quiere cumplir y personas de su organización a las que necesita compensar su apoyo con beneficios concretos como el ejercicio de los cargos públicos (incentivos de *status*[6]).

---

[4] Ver Katz (1987) y Blondel (1990).

[5] Ver Amorim Neto (1998: 2).

[6] Panebianco (1980/1992), señala la existencia de dos tipos de incentivos organizativos: los colectivos y los selectivos (materiales y de status). Entre los primeros indica aquellos que son distribuidos, de igual manera, dentro de la organización entre los miembros y están relacionados con la ideología y la solidaridad organizativa. Son los fines oficiales del partido y el autor se refiere a ellos como a los *incentivos de identidad* que están vinculados a los fines de la organización. Entre los segundos, se encuentran los incentivos materiales y los incentivos de status o poder. Los incentivos materiales son los únicos en los que la compensación es tangible, monetaria o monetizable (un empleo que se consigue por razones políticas o bien por un servicio de tipo asistencial). Se refiere entonces al uso de beneficios monetarios, de patronazgo y de servicio de asistencia. Los *incentivos de status* son incentivos de poder. Estos tipos de incentivos

En las páginas siguientes, se aborda el tipo de relación que han tenido las partidos políticos ecuatorianos con sus gobiernos desde una dimensión específica. El trabajo se centra en el análisis de la selección de los miembros del gabinete nacional por parte del Presidente de la República como un primer paso para responder a una serie de cuestiones. En primer lugar, conocer *cómo se han conformado los gabinetes ministeriales y cuáles son las peculiaridades constantes de los mismos.* En segundo lugar, establecer *cuál ha sido la incidencia del partido y de otras agrupaciones partidistas en la conformación del gabinete,* observable a partir de la presencia de miembros de la coalición dominante partidista en ellos. En tercer lugar, explorar *qué tipo de estrategias presidenciales se desprenden de observar esas designaciones* (tomando en cuenta la importancia diferenciada de los ministerios) y, en cuarto lugar, precisar *qué factores pueden haber incidido sobre esos procesos de designación* (institucionales, organizativos, estructurales, personales). Por último, con este estudio, se pretende observar la viabilidad de pensar la realidad política latinoamericana a partir de un esquema analítico clásico como es el del *party government* (gobierno de partido) y analizar en qué medida estas categorías son útiles para describir las relaciones entre los gobiernos y sus partidos a la luz de una experiencia concreta.

Este trabajo propone una aproximación al caso ecuatoriano a través de una de las tres dimensiones del modelo de *party government*: la composición del gabinete (reclutamiento político). Sin embargo, se aborda el análisis de esta dimensión desde la perspectiva teórica de Amorim Neto (1998) que si bien incorpora tanto las dimensiones de composición del gabinete como de proceso de elaboración de políticas públicas no las considera como independientes y claramente diferenciables sino que emplea la primera como un indicador de la estrategia del Presidente en el proceso de elaboración de políticas públicas. Asimismo, el análisis descriptivo centrado en cómo se ha realizado la integración de los gabinetes permite conocer el funcionamiento de una de las caras más impor-

---

selectivos son los que se corresponden con los intereses materiales o a los fines particulares de los miembros pertenecientes a la organización.

tantes de los partidos: la de gobierno. El partido como una organización de gobierno está encarnado por aquellos miembros afiliados que ocupan cargos de representación popular y/o públicos en el Poder Ejecutivo en sistemas presidencialistas. Su fuerza está caracterizada por el dominio de los detentadores de los cargos sobre los grupos extra-gubernamentales de apoyo, o lo que serían las otras caras del partido. Una característica básica de esta cara del partido es su transitoriedad, ya que depende de factores que se encuentran fuera del partido como, por ejemplo, la competencia electoral. Ganar elecciones es un objetivo primordial para el partido como organización gobernante (del mismo modo que del partido como organización electoral), por ello los líderes de esta *cara* del partido son más dados a mirar fuera, hacia la sociedad como un todo, o al menos más allá del electorado potencial; mientras que los líderes del partido como organización de miembros, son más dados a mirar dentro, hacia los miembros activos de la agrupación (Katz y Mair, 1990:14-15).

Los incentivos políticos de participación en esta fase del partido suelen ser diferentes a los de las otras caras de la organización. Las recompensas psicológicas del poder, los honores personales y compensaciones materiales que vienen con el cargo, son potencialmente importantes para los miembros que se ocupan de esta fase partidista. En este ámbito de actuación, se plantea uno de los problemas más importantes de todo partido político, relacionado con la democracia interna y con dos modelos diferentes de representación política y de democracia. Los miembros del partido, en sus funciones político-institucionales resultado de las elecciones, deben su mandato constitucional a los electores y no a los afiliados. Así, deben responder a aquellos que los eligieron y no pueden consultar cada decisión que han de tomar con el partido y sus miembros voluntarios. En tanto, el modelo de la democracia partidista supone que los líderes responden a sus afiliados y a los órganos del partido. Estas concepciones de carácter opuesto conllevan tensiones entre distintas caras del partido y diversos sectores del mismo (cargos electos, líderes partidistas, afiliados y electores). Y, precisamente, conocer la naturaleza de esas relaciones son centrales para profundizar en el estudio de un partido.

Asimismo, este análisis se complementa con una revisión de algunas de las variables que afectan las relaciones entre gobierno-partido de las que cabe destacar factores institucionales, organizativos partidistas y aquellos relacionados con las líneas de división que estructuran al sistema de partidos. Estos factores inciden de diversa manera sobre los Presidentes al momento de integrar sus gabinetes, toda vez que a partir de esa decisión están desarrollando su estrategia para alcanzar sus metas políticas.

1. Algunas consideraciones respecto al estudio de la relación gobierno-partido en América Latina

La importancia de los análisis sobre la relación partido-gobierno radica básicamente en responder dos preguntas clave de la Ciencia Política: *quién gobierna* efectivamente y *cómo se gobierna* en un sistema democrático. Esta línea de trabajo aborda la manera en que las *acciones* de gobierno se combinan con las *acciones* de los partidos, intentando establecer el tipo de interrelación que se da entre ambas. El modo en que los gobiernos se relacionan con sus partidos ha sido una de las líneas analíticas más empleadas en las sociedades liberales democráticas para estudiar las formas de gobierno dominantes. Una parte importante de la literatura se ha centrado en las relaciones gobierno-partido en sistemas parlamentarios a la luz de la experiencia europea[7] y en sistemas presidencialistas a partir del sistema político norteamericano[8]. Se han examinado las condiciones en las que se da el *party government* (gobierno de partido); es decir, gobiernos democráticos en los que a) las decisiones fueron tomadas por los partidos oficiales elegidos tras los comicios; b) las políticas se decidieron en el interior de los partidos, por lo que actuaron de manera cohesionada para su formulación y c) los

---

[7] Ver los trabajos de Rose (1969); Strom (1984); Katz (1987); Blondel (1988 y 1990) y el más reciente estudio de Laver y Shofield (1998).

[8] Ver Schattscheneider (1942); Ranney (1962) y Aldrich (1995).

funcionarios de gobierno fueron reclutados básicamente a través de los partidos[9].

La idea de gobierno de partido (*party government*) supone un tipo ideal para caracterizar un sentido específico de la vinculación entre gobierno o Ejecutivo nacional y el o los partidos que lo sostienen[10], en la que las agrupaciones partidistas gozan de un papel central en el proceso de toma de decisiones de los gobiernos de su sustento elegidos por la ciudadanía. La hipótesis básica de este tipo de estudios señala que a una mayor influencia del partido sobre el gobierno, mayores serán las condiciones de *party government* dadas en el interior del régimen político[11]. Pero las relaciones entre gobiernos y partidos no siempre responden a ese tipo ideal ni necesariamente se da el mismo modo de vinculación de manera estable. Puede presentar características variables según sea el grado de autonomía o dependencia que tengan los gobiernos respecto al o los partidos que los apoyan para ejercer el poder conferido por los ciudadanos. Pueden ser de diverso tipo e intensidad, siendo muy intensas en coyunturas específicas (de fusión) y prácticamente escasas en otros períodos. También pueden estar basadas en la cooperación para determinadas políticas públicas o para decisiones puntuales y, además, pueden diferir según sea el ámbito, ya que en temas internacionales, por ejemplo, el gobierno

---

[9] Katz (1987) definió a los gobiernos de partidos como aquellas situaciones en las que se dan tres condiciones básicas: "todas las decisiones gubernamentales centrales deben ser tomadas por la gente elegida según las líneas del partido o por individuos escogidos y responsables hacia los partidos; [...] esa política debe ser decidida dentro del partido gobernante, cuando hay un gobierno monocolor, o por negociación entre los partidos, cuando hay una coalición; luego entonces que los oficiales superiores (como ministros de gabinete y en especial los primeros ministros) deben ser seleccionados por cada uno de sus partidos y deben ser responsables hacia la gente a través de sus partidos". Ver Blondel (1990).

[10] Ver Cansino (1997: 17).

[11] El grado de partidismo en el gobierno (*partyness of government*) se define como "[...] la capacidad que tienen los partidos gobernantes para influir en la composición y en las decisiones de los gobiernos establecidos [...]" (Cansino, 1997:18).

suele ser más autónomo mientras que en temas internos suele depender más del partido.

Aún así, el enfoque desarrollado hasta el momento por la literatura plantea estudiar la influencia que los partidos ejercen sobre los gobiernos en diversos niveles como el de las políticas públicas y el de las nominaciones a cargos públicos (por ejemplo, ministerios). Esto lleva a pensar en tres variables: a) la elaboración de las políticas públicas[12]; b) el patrón clientelístico de actuación gubernamental[13] y c) el tipo de reclutamiento político, variable que por mucho tiempo fue considerada como central, concentrándose el análisis en este nivel[14] hasta que los analistas se dieron cuenta que los partidos

---

[12] A través de esta dimensión se busca conocer el grado de influencia de los partidos sobre las políticas gubernamentales entendida como la "[...] capacidad de los partidos de afectar negativa o positivamente ya sea el contenido o el cuerpo de una política en alguna o algunas de sus fases o etapas, [...] desde la identificación del problema hasta la puesta en marcha de la acción respectiva, previa aceptación por el Parlamento u organismo encargado de formalizar o legitimar la acción gubernamental [...]" (Cansino, 1997:29) (pudiendo ser esa capacidad amplia o restrictiva; técnica o política). De este modo, a mayor capacidad del partido para afectar el contenido o el curso de una política, mayor influencia de éste sobre el gobierno. Esta definición permite analizar la influencia en un momento y en un contexto específico, lo que ayuda a distinguir entre la incidencia del partido en políticas determinadas de su influencia global en los procesos de elaboración de políticas (medido a partir del porcentaje de políticas que fueron afectadas de mayor o menor manera por la intervención del partido). El análisis empírico de la incidencia de los partidos en el proceso de políticas públicas se basa en el seguimiento de los discursos, manifestaciones y declaraciones de las elites partidistas durante las fases en las que se da el proceso de elaboración de las políticas; las manifestaciones de apoyo o rechazo por parte de la elite partidista de determinadas soluciones gubernamentales; las crónicas parlamentarias; las formas de movilización o manifestaciones de fuerza del partido para presionar sobre ciertas políticas.

[13] Se busca identificar la naturaleza de los favores concedidos por el Ejecutivo para conseguir apoyos a sus políticas (para atender demandas distritales o para favorecer a las bases partidistas). Esta variable es la más difícil de medir toda vez que resulta complejo operacionalizar el concepto de "patrón clientelístico" y de contrastarlo empíricamente.

[14] Ver Blondel (1990).

no sólo buscan puestos para sus miembros sino también hacer que sus políticas se lleven a cabo[15].

Según sea el papel que el partido ejerza en estas dimensiones pueden darse dos tipos extremos de relación entre partido-gobierno. Si el partido es el que controla el reclutamiento de los cargos del gabinete así como también el que diseña y formula los programas y políticas gubernamentales, se sostiene que la agrupación tiene una alta influencia sobre el gobierno. En tanto, si el partido recluta miembros del gabinete pero realiza presiones clientelísticas sobre el proceso de toma de decisiones del gobierno, en particular, el de elaboración de políticas, se argumenta que el partido tiene una influencia limitada sobre el gobierno. Ambos son extremos de un continuo y, por tanto, entre ellos pueden darse múltiples posibilidades de relación.

En los últimos años, algunos autores como Cansino (1997), han analizado las relaciones gobierno-partido en América Latina, tomando como punto de partida las reflexiones teóricas provenientes de los estudios europeos y anglosajones pero considerando algunas peculiaridades distintivas de los sistemas políticos latinoamericanos que imprimen una dinámica específica a la interacción entre los partidos y aquellos que ejercen el gobierno en su nombre. Si bien aún falta avanzar en la investigación empírica sobre este tema que permita clarificar el contenido de las categorías que se emplean en el marco de los estudios de *party government*[16]; es posible establecer una serie de peculiaridades de América Latina,

---

[15] Esto es interesante toda vez que muchas veces precisamente las personas del propio partido son las que menos intenciones tienen de aplicar las políticas impulsadas por el Presidente, bien porque no comparten sus ideas sobre las políticas a implementar; bien porque para ganar una elección el Presidente ha tenido que prometer un programa que luego no está dispuesto a defender.

[16] Así, como en 1990, Blondel se refería a la necesidad de trabajar aún más en la clarificación del concepto del *gobierno de partidos* a la luz de la experiencia europea; creo que es necesario desarrollar más investigación de corte empírico en el caso de sistemas presidencialistas que permitan establecer el tipo de relación gobierno – partidos sostenedores y que posibiliten un mayor conocimiento del proceso de toma de decisiones de esos partidos.

toda vez que en la región, se ha dado históricamente el predominio decisional del gobierno sobre los partidos.

La primer consideración a realizar es que el *party government* varía según sea la forma de gobierno. En los sistemas parlamentarios, el partido parlamentario *"protege"* al gobierno de las presiones de diversos grupos y de la misma burocracia, con lo cual las relaciones entre ambos son más de apoyo que de confrontación, permitiendo esto una mayor incidencia del grupo parlamentario sobre la acción gubernamental. En tanto, en los sistemas presidencialistas, esto no ocurre así ya que los miembros del partido en el gobierno no necesariamente cuentan con una conexión directa con el grupo que se encuentra en el legislativo, siendo muchas veces su más acérrimo opositor que su colaborador. En el caso de estos sistemas, el Ejecutivo, más precisamente el Presidente de la República, tiene un alto grado de autonomía en cuanto al reclutamiento de los colaboradores en el gabinete y en la elaboración y formulación de las políticas públicas (aunque luego la aprobación de estas últimas dependan del Congreso). En ellos, los partidos tienen un papel menor en el proceso, siendo mayor su influencia sobre las consecuencias que éstas generan que sobre su formulación. Los partidos actúan más como máquinas electorales que como instrumentos de gobierno y se encuentran en gran medida subordinados hacia los Ejecutivos en el proceso de toma de decisiones. A diferencia de otros sistemas donde lo interesante es determinar la capacidad que tienen los partidos para influir en las políticas de los gobiernos; en este sistema se parte de la premisa de una mayor autonomía de los gobiernos con respecto a los partidos y, al mismo tiempo, de cierta subordinación de los últimos hacia los primeros. Así, al considerar este tipo de vinculación entre ambos, los estudios de *party government* deben ser reformulados a la luz de la experiencia presidencialista. En este sentido, Cansino (1997: 37) propone reflexionar respecto a *cómo* y en *qué medida* pueden influir los partidos en los gobiernos, centrándose más en las formas y los grados de la dependencia de los partidos hacia los Ejecutivos nacionales en determinadas áreas de política, tanto en su elaboración como en su ejecución así como también en el modo (y en la elección final) que los Presidentes realizan de sus colaboradores. Esto supone identificar en qué áreas gubernamentales tienden ha incidir con mayor regularidad y cuáles son las estrategias empleadas por los mismos para alcanzar sus metas.

La segunda consideración es que en la mayor parte de los países latinoamericanos conviven procedimientos democráticos con prácticas políticas propias de sociedades tradicionales (populismo, patrimonialismo, corporativismo estatal y societal) lo que dificulta aún más el análisis del papel de los partidos en los procesos de elaboración de las políticas públicas, toda vez que muchos de los procedimientos y decisiones no se realizan por vías formales institucionales sino a través de mecanismos alternativos[17]. Los partidos no son los únicos que buscan incidir sobre las políticas y en diversas oportunidades resulta más probable que la influencia de otros grupos sea más directa, ya que pueden tener una vinculación más estrecha con el Presidente que la de la propia coalición dominante partidista pueda establecer.

La tercera cuestión es que la ideología tiende a ser un factor de menor peso al momento de explicar las acciones partidistas dado que es muy frecuente observar que ésta termina convirtiéndose más en un instrumento para alcanzar las metas de la organización partidista que en una visión de cómo solucionar los problemas de la sociedad. Así, el hecho de compartir una misma concepción de cómo abordar los problemas políticos en términos formales no necesariamente contribuye a que los gobiernos y los partidos actúen juntos.

La cuarta idea es que con frecuencia el líder máximo del partido es el miembro elegido para representar al partido en las elecciones presidenciales lo que conduce a una máxima fusión entre la conducción del partido y del gobierno, restando independencia a la agrupación, por una parte, y sometiendo al gobierno a la influencia directa de la coalición dominante partidista, por otra. Tradicionalmente, primero el partido pasa a "capturar" al gobierno; aunque finalmente termina siendo *cooptado* y desgastado por éste la mayoría de las veces.

---

[17] Ver el trabajo de O'Donnell (1995) sobre la presencia de instituciones formales y no formales en los sistemas políticos latinoamericanos.

Finalmente, los procesos de reclutamiento y de participación política de los partidos presentan características particulares, toda vez que mientras la permanencia en los cargos político-partidarios es bastante transitoria, en muchas oportunidades hasta desconocida por los propios miembros de la agrupación, sin poder real en la misma y mal vista ante la opinión pública; la carrera administrativa es relativamente estable y permite tender redes más amplias entre la burocracia y los grupos sociales, políticos y económicos. En cualquier caso, más allá de todas estas limitaciones, es posible aún pensar en el tipo de relaciones existentes entre partidos y gobiernos en sistemas presidencialistas. Si bien es necesario reformular los supuestos primarios de los esquemas analíticos desarrollados para otros contextos; ello no resta interés a una investigación de este tipo sino que incentiva aún más su tratamiento.

2. El reclutamiento político

La composición de los gabinetes es uno de los mecanismos más visibles para observar las estrategias del Presidente y es clave para conocer el tipo de relación que existe entre los gobiernos y el o los partidos que le sostienen. Con la selección de los miembros de los gabinetes, se trata de observar el modo en que se eligen a aquellos que van a desempeñarse en los cargos clave en los equipos de gobierno (proceso de nominación) y quienes tendrán a su cargo el desarrollo del programa del partido, del Presidente o de ambos. Con respecto a esta cuestión se presentan dos tipos de interrogantes: a) ¿Qué elementos influencian los nombramientos políticos para los ministerios? y b) ¿Cuál es el grado de autonomía o de dependencia de la Presidencia con relación a los partidos en la formación de los ministerios? Muchas veces, los nombramientos de los colaboradores tienen un carácter simbólico, ya que la elección de uno u otro brinda información específica respecto a lo que el Presidente (o su partido) quiere hacer. En momentos de alta incertidumbre, como son los primeros meses de gobierno, este tipo de decisiones facilitan información a los demás actores e instituciones del sistema político y del exterior.

Asimismo, a través de la selección de los colaboradores es posible observar las estrategias del Presidente, que en la práctica política latinoamericana pueden ser de dos tipos. Una, el proceso legislativo estándar, a partir de la cual el Presidente emplea el mecanismo tradicional de enviar la ley al Poder Legislativo y esperar que éste la apruebe. Otra, entre las formas no tradicionales, la más común en América Latina, es vía decreto. Si el Presidente opta por la primera, su estrategia consistirá en constituir un gabinete para fortalecer sus apoyos en la legislatura y, por tanto, primará la pertenencia partidista de sus colaboradores, tanto de su propio partido como de otros con presencia en la Cámara que le permitan construir alianzas o acuerdos estratégicos para sacar adelante sus políticas. Si por el contrario, opta por utilizar una vía de decreto es más probable que integre su gabinete con independientes, que aunque no construyen apoyos en la legislatura[18], sirven para otro tipo de propósitos como por ejemplo incorporar *"expertise"* al gabinete. En el caso de que se de una integración mixta del gabinete significa que para algunas políticas se opta por una estrategia de apoyos parlamentarios mientras que para otras se prevé la actuación por decreto, en particular, dependiendo de las carteras y de la importancia de cada una de ellas en el ejercicio de gobierno. De este modo se presentan tres tipos de gabinetes posibles según el carácter de sus miembros y la estrategia que el Presidente tiene en mente a los efectos de alcanzar sus metas: *partidista, no partidista o mixto.* Cabe agregar que a su vez, los gabinetes partidistas pueden ser de distinto tipo según sea la presencia del partido del Presidente en la integración del gabinete o no. Puede ser que haya una participación importante de miembros del propio partido como puede que los miembros sean de carácter partidista pero que no pertenezcan al partido en el gobierno y ambas opciones manifiestan cuestiones distintas.

También en el análisis de las relaciones entre gobiernos y partidos debe observarse la manera en que el gobierno incide en la vida partidista, toda vez que éste puede manejar recursos (económicos, comunicacionales, políticos, organizativos) que afecten el

---

[18] Ver Amorim Neto (1998:7).

funcionamiento de la organización interna. Esta dimensión, ya mencionada por Blondel (1990), pretende destacar el caso de que la influencia se de desde el gobierno hacia el partido[19]. Y es que la propia gestión gubernamental expone a la cara burocrática del partido a una serie de desafíos que afectan la dinámica intrapartidista (conflictos entre liderazgos en el interior de la elite partidista, enfrentamientos entre las bases militantes y los líderes por el "reparto" de los cargos de representación popular y/o políticos, incidencia de los miembros del gobierno en la designación de las directivas internas de los partidos o en la definición de los miembros o autoridades de otras instituciones del sistema político, entre otros). Esto supone pensar en una segunda vía de interacción entre gobiernos y partidos, la que se presenta como de suma importancia para comprender la relación dada entre ambos, que puede variar desde la dependencia del gobierno al partido, en un extremo, hasta la dependencia del partido al gobierno, en el otro[20].

---

[19] Muchas veces los políticos necesitan una estructura partidista que los apoye y desde el poder crean partidos para incrementar su influencia. Según Blondel (1990), la presión de los gobiernos en los partidos se da en tres niveles: por los favores que los ministros hacen a los partidos; a nivel de políticas (los ministros muchas veces dan fuertes pasos para forzar a sus partidos a adoptar elementos de las políticas que ellos ni siquiera han discutido o rechazado) y en el nivel de las nominaciones, ya que los líderes intervienen en la selección de miembros de la jerarquía del partido en la organización, en la electoral a raíz de la definición de las candidaturas así como también en la legislativa a través de la presión que pueda ejercer en la designación de las autoridades del Congreso.

[20] Ver Blondel (1990).

Figura 1

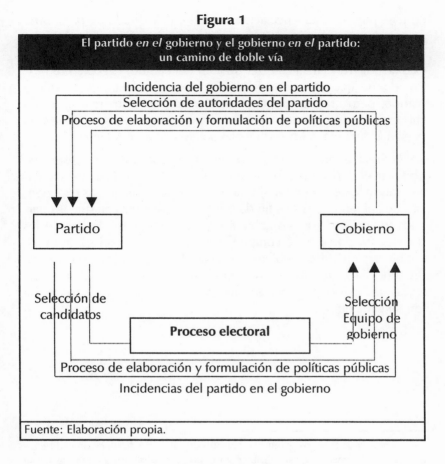

El partido *en el* gobierno y el gobierno *en el* partido:
un camino de doble vía

Incidencia del gobierno en el partido

Selección de autoridades del partido

Proceso de elaboración y formulación de políticas públicas

Partido

Gobierno

Selección de candidatos

Proceso electoral

Selección Equipo de gobierno

Proceso de elaboración y formulación de políticas públicas

Incidencias del partido en el gobierno

Fuente: Elaboración propia.

Finalmente, cabe señalar que las relaciones entre Presidente y partido en la composición de los miembros de los gabinetes pueden ser de tres tipos: a) *gobiernos antipartidos*, en los que se dan altos niveles de autonomía por parte del gobierno, donde el Presidente no toma en cuenta al partido en sus decisiones en la formación de ministerios y decide según su voluntad o presionado por otros factores. Este tipo de relación supone un grado de partidismo en el gobierno muy bajo; b) *gobiernos pro-partidos*, en los que se dan relaciones de dependencia, en la que el Presidente considera las sugerencias del partido en los nombramientos y acata lo que le impone el partido. Esta vinculación supone un alto grado de partidismo en el gobierno, al punto de que muchas veces el líder del partido es el líder del gobierno y al observar el comportamiento del Presidente es difícil diferenciar su carácter de líder del partido; c) *gobiernos mixtos*: donde hay una cierta fluidez e interacción entre Presidente y partido, pero que no supone una sujección del primero ante el segundo, toda vez que el Ejecutivo integra al gabinete también con personas de fuera del partido y con políticos independientes.

Precisamente, el objetivo central de este trabajo consiste en observar el tipo de relaciones que se han dado en Ecuador en seis administraciones distintas, aplicando esta taxonomía a esas experiencias de gobierno[21], con el fin de conocer las maneras en que los partidos se vinculan con sus gobiernos y, a la vez, el modo en que los partidos funcionan y se comportan en el sistema político. Se busca establecer: qué tanto gobiernan los partidos; de que modo cumplen sus funciones; qué tanto los partidos son capaces de influir en las tomas de decisiones públicas y qué tanto los partidos son capaces de formar gabinetes.

---

[21] Se estudian los gobiernos constituidos a través de elecciones directas o sucesiones constitucionales. Esto comprende las Administraciones de Jaime Roldós y Osvaldo Hurtado (Concentración de Fuerzas Populares – Democracia Popular) (1979-1984), de León Febres Cordero (Frente de Reconstrucción Nacional) (1984-1988), de Rodrigo Borja (Izquierda Democrática) (1988-1992), de Sixto Durán Ballén (Partido Unidad Republicana) (1992-1996), de Abdalá Bucaram (Partido Roldosista Ecuatoriano) (1996-1997) y de Jamil Mahuad (Democracia Popular) (1998-2000). Por cuanto, no se toman en cuenta el "Interinato" de Fabián Alarcón (Frente Radical Alfarista) (1997-1998), surgido tras la destitución por el Congreso de Abdalá Bucaram en 1997, ni tampoco el gobierno de Gustavo Noboa que reemplazó al de Mahuad tras el levantamiento cívico-militar del 21 de enero de 2000. Estos dos gobiernos quedan fuera del presente análisis toda vez que aún resulta dudoso de definir los mecanismos de sucesión empleados.

3. Las relaciones gobiernos–partidos en Ecuador (1978-1998)

En este apartado se analiza el tipo de nombramientos realizado por los gobiernos constitucionales del Ecuador en el período 1979-1998. Como se ha expuesto en párrafos anteriores, con respecto al reclutamiento político, y más precisamente a la selección de los miembros de los gabinetes, se trata de observar el modo en que se eligen a aquellos que van a ocupar puestos clave en el equipo de colaboradores del Presidente de la República. Se busca reflexionar respecto a *cómo* y en *qué medida* pueden influir los partidos en los gobiernos, centrándose en las formas y los grados de la dependencia de los partidos hacia los Ejecutivos nacionales en el modo (y en la elección final) que los Presidentes realizan de sus colaboradores. Esto supone identificar en qué áreas gubernamentales tienden ha incidir con mayor regularidad y cuáles son las estrategias empleadas por los mismos para alcanzar sus metas. Los indicadores que han sido utilizados para medir la naturaleza del proceso de selección de los nombramientos es la filiación partidista del designado (partido político de pertenencia) y la posición del designado en la estructura de autoridad del partido[22].

Los datos cuantitativos respecto a la filiación partidista (primer indicador) señalan que en el reclutamiento de los miembros de los gabinetes en Ecuador se han empleado diferentes estrategias. Por un parte, ha habido Presidentes que primaron el carácter partidista de los cargos (Borja, Bucaram) mientras que otros prefirieron claramente una mayor presencia no partidista en su gabinete (Febres Cordero; Durán Ballén, Mahuad). Entre ellos ha habido un híbrido, un caso en que si bien primaron las designaciones partidistas; en la práctica, las relaciones gobierno–partido fueron conflictivas, en particular, entre la cara legislativa y la gubernamental.

---

[22] También sería interesante conocer el origen de la propuesta de designación (por la presidencia del partido, por la Presidencia de la República, por los gobiernos (Alcaldes, Prefectos) locales o regionales). Debido a la dificultad para conocer esta información en el caso de estudio, no se tomó en cuenta este indicador en el presente análisis.

Figura 2

Composición de los gabinetes en Ecuador (1978 –1998)

Ministro	Roldós-Hurtado		Febres Cordero		Borja		Durán Ballén		Bucaram		Mahuad	
	%	n	%	N	%	n	%	n	%	n	%	n
% Partido	50,94	27	42,86	15	66,67	16	41,03	16	63,16	12	31,82	7
% Independiente	35,85	19	48,57	17	29,17	7	53,85	21	26,32	5	54,55	12
No clasificable + Defensa	13,21	6	8,57	3	4,17	1	5,13	2	10,5	2	13,64	3
Total	100,00	56 [a]	100,00	35 [b]	100,00	24 [c]	100,00	39 [d]	100,00	19	100,00	22 [e]

"No clasificable": Se refiere a aquellos miembros del gabinete que no fue posible identificar su filiación partidista.

"Defensa ": Se refiere a Ministro de Defensa que no cuenta con filiación partidista.

(a) Fueron 60 nombramientos pero cuatro de ellos correspondieron a personas que ya habían desempeñado una cartera.

(b) Fueron 35 nombramientos, sólo uno de ellos fue nombrado dos veces.

(c) Fueron 25 nombramientos, uno de ellos fue nombrado dos veces.

(d) Fueron 39 nombramientos, uno de ellos fue nombrado dos veces.

(e) Fueron 24 nombramientos, dos de ellos fueron ministros en dos oportunidades.

Fuente: Elaboración propia.

a) Gobiernos antipartidos

El *gobierno de León Febres Cordero* (1984-1988) triunfó en las elecciones presidenciales de 1984 gracias a una alianza pluripartidista denominada "Frente de Reconstrucción Nacional" (FRN), con el Partido Conservador, el Liberal, el Nacionalista Revolucionario, el Frente Velasquista, la Acción Popular Revolucionaria Ecuatoriana y la Coalición Institucionalista Democrática. Durante su gestión de gobierno, Febres Cordero[23] expresó una significativa política antipartido consecuente con los diferentes intentos que había realizado hasta ese momento para posibilitar la participación de los independientes en política, hasta el punto de convocar a una Consulta Popular en 1986 para conocer la opinión de la ciudadanía respecto a ese tema. El propio Presidente era un independiente[24], obligado a afiliarse a una estructura partidista para poder participar en las elecciones según exigía la Ley de Partidos Políticos de 1979[25].

---

[23] Febres Cordero ingresó al partido en 1978 por invitación de un grupo de dirigentes socialcristianos entre los que se encontraban Marco Lara Guzmán (presidente del partido en 1978) y Margarita Ponce, la hija de Ponce Enríquez, fundador del PSC. Su incorporación fue por motivos ajenos a los principios doctrinarios puesto que se produjo principalmente para poder participar en política, debido a las exigencias establecidas en el diseño institucional de 1977. El líder era un importante empresario, que había estudiado mecánica industrial en los Estados Unidos y había sido administrador general de los negocios de Luis Noboa Naranjo, el más poderoso agroexportador del país.

[24] "[...] Ecuador es mi partido, porque ese es el partido de todos los que sienten el dolor de un pueblo que no soporta sectarismos ni divisiones alentadas por el odio y que aboga por la reconstrucción moral y de la justicia para hoy y el futuro [...]" Declaraciones de León Febres Cordero publicadas en el *Periódico El Universo*, 1 de octubre de 1984, pág.5. Según sus propias palabras, "luchando por sobrevivir como empresario me di cuenta de la necesidad de que la gente que conoce de la problemática empresarial, de las necesidades de quienes lideran el sector, se involucraran en política [nunca] aspiré a ser político". Declaraciones de León Febres Cordero a *Notilocreas Periódico Estudiantil* publicadas en la página web [http:// www.nuevomundo.K12.ec/notilocreas/entrevistas/e_ent3.htm 3 de octubre de 2000 16:00].

[25] El artículo 37 de la Constitución de 1978 señalaba que "Únicamente los partidos políticos reconocidos por la ley pueden presentar candidatos para una elección popular. Para intervenir como candidato en toda elección popu-

El gabinete que colaboró en su gestión era una muestra de sus ideas y de las políticas que iba a desempeñar. La mitad de los ministros que ejercieron un cargo durante el gobierno de Febres Cordero no pertenecían a ningún partido mientras que cerca del 44 por ciento eran militantes partidistas, entre los que se encontraban algunos afiliados al PSC, al PCE, al PLRE y al Partido Demócrata. De los ministros elegidos entre los afiliados socialcristianos, ninguno ejercía un cargo en la Directiva Nacional del PSC mientras que algunos de los ministros de otros partidos sí desempeñaban puestos en las Directivas de sus respectivas organizaciones[26].

Este gabinete mostraba el tipo de electorado al que le debía el apoyo el gobierno. Mayoría de independientes y pequeña contribución partidista[27]. Esta sujeción del Presidente al formar su gabinete respondía a sus ofertas electorales. Una curiosa particularidad: la de entregar un ministerio y dos altísimos puestos a militares retirados, confirmando esa confianza de los empresarios en los militares como buenos organizadores[28]. En tanto, el equipo personal del Presidente estaba integrado por personas como Alberto Dahik, Xavier Neira, Francisco Swett, Carlos Julio Emanuel, Ricardo Noboa Bejarano, Marcelo Santos Vera y Marco Flores; la mayor parte de ello gerentes, administradores y empresarios del sector privado de la economía. Su Secretario General de Administración, Joffre Torbay Dassun, era un independiente muy ligado a la carrera empresa-

---

lar, además de los otros requisitos exigidos por la Constitución, se requiere estar afiliado a un partido político".

[26] Entre ellos, por ejemplo, Edgar Terán Terán era vocal principal del PCE cuando fue designado Ministro; Camilo Gallegos Domínguez fue vocal principal del PLRE entre 1980 y 1985; Aguiles Rigail Santiestevan era el Director del PCD.

[27] La pertenencia partidista de los Ministros era la siguiente: 7 por el PSC, 1 por PCE, 2 por PLRE, 1 por DP y 1 por PCD.

[28] Esos cargos fueron el Ministerio de Defensa y las Gerencias Generales de la Corporación Ecuatoriana de Petróleos (CEPE) y el Instituto Ecuatoriano de Telecomunicaciones (IETEL), confiados a los generales Luis Piñeiros y Solón Espinoza y al vicealmirante Víctor Hugo Garcés Pozo. Ver Alejandro Carrión "El gabinete: la faz del nuevo gobierno" en Revista Vistazo 17 de agosto de 1984, pág. 18-19.

rial de Febres Cordero[29]. Con este gobierno no se dio el primer acceso del empresariado ecuatoriano al control del Estado[30] pero si fue la primera vez que se mostró una imagen diferente, centrada en la idea de que eran los empresarios los que controlaban al Ejecutivo (Montúfar, 2000:63).

Esta cooptación que se hacía del gobierno, ya se había hecho del Partido Social Cristiano cuando junto al ingreso de Febres Cordero también se había dado el acceso de un grupo de empresarios guayaquileños que controlaron el partido[31]. Febres redefinió las posiciones ideológicas del PSC, las plasmó en una estructura reforzada a nivel nacional, seleccionó una nueva base social y transformó las

---

[29] Como señala Montúfar (2000:62), el gabinete " [...] incorporó personajes vinculados al mundo empresarial y bancario, tecnócratas neoliberales y políticos de corte más tradicional. Ejecutivos del sector financiero, especialmente del Banco del Pacífico (para entonces el banco más grande del Ecuador), y del grupo Noboa tomaron las carteras de agricultura, industria, Junta Monetaria, el Banco de Desarrollo. Sumado a esto, [...] también incluyó en su equipo inicial de gobierno a un grupo de jóvenes tecnócratas neoliberales, también ligados a sectores bancarios y empresariales [...]".

[30] El gobierno de Roldós-Hurtado (1979-1984) ya había incluido empresarios entre sus ministros; de la misma manera que el gobierno de Rodríguez Lara (1972) había incorporado tecnócratas a las carteras de gobierno.

[31] En un primer momento, en el primer impulso organizativo de la década de 1960, el desarrollo del PSC fue impulsado desde Quito hacia las otras provincias del país, esto es, por penetración territorial desde un centro que fomentó la estructuración de la periferia; sin la presencia de una organización social externa que le patrocinara y a la luz de la figura de Camilo Ponce Enríquez, un hombre de partido. La agrupación era ideológicamente conservadora, de carácter serrano, impregnada de clericalismo y muy elitista. En la segunda etapa, el desarrollo organizativo fue también impulsado por penetración territorial, pero esta vez principalmente desde Guayaquil, y condicionado por las exigencias del régimen político para constituirse en una fuerza nacional. En ese momento, se da el ingreso de Febres Cordero y es a partir de ello que el partido experimenta cambios significativos puesto que se da un nuevo proceso de gestación, sobre la base de las metas ideológicas que Ponce Enríquez había delineado inicialmente. Con el ingreso de Jaime Nebot Saadi, un líder guayaquileño en 1990, se dio el impulso final para convertirle en una organización política fuertemente estructurada en todo el país y con feudos electorales específicos (Guayas y Los Ríos entre 1978 y 1998) (Freidenberg y Alcántara 2001a).

estrategias político-programáticas[32]. Su acceso a la Presidencia de la República tuvo una influencia significativa en la estructura y dinámica interna de la organización[33]; modificando con el tiempo su base social de apoyo, sus estrategias electorales y organizativas[34] y sus intereses regionales.

---

[32] En ambas etapas la agrupación funcionó como "un partido de notables" (Entrevista 14), que representaba en sus inicios "[...] mucho de la tradición y del patrimonio cultural e inclusive ideológico de la Sierra, [...] garante de los grandes valores de la tradición [...] el orden, la religión, la disciplina," (Entrevista 14). Tras el ingreso del grupo guayaquileño, el partido ha sido considerado como el defensor de prácticas particularistas (oligárquicas), muchas veces acordes a los intereses de las Cámaras de la Producción de la Costa mientras exacerba un discurso antipartidos y pregonan el acceso al poder de hombres independientes que, por su condición de administradores, sean eficientes en la gestión pública. Hasta en la misma Declaración de Principios (1997) se promueve la participación de independientes en la vida política. El artículo 42 señala que "[...] el régimen de partidos no significa la exclusión de los ciudadanos independientes para actuar con todos los derechos y deberes [...]" (Freidenberg y Alcántara, 2001a).

[33] En 1988-1990 se dio el cambio en el feudo electoral. Hasta 1988, el partido obtenía mejores resultados en Los Ríos que en Guayas; pero dos años más tarde, Guayas comenzó a ser el feudo del partido. Las razones de este cambio quizás se encuentren en el liderazgo del ex presidente Febres Cordero, que tras su gestión en el gobierno nacional se convirtió en Alcalde de Guayaquil (1992-1996 y 1996-2000); en la labor organizativa realizada por Nebot a partir de 1990 desde la presidencia nacional del partido; en la salida de un grupo importante de dirigentes serranos tras la figura de Durán Ballén; en la caída del PRE como primera fuerza en Guayas, tras sus dos gestiones en la Alcaldía de Guayaquil, y en los problemas de liderazgo que el partido enfrentó en la provincia de Los Ríos en ese momento.

[34] De su vocación original como un *partido de integración de masas* de corte europeo (que nunca llegó a serlo porque en sus primeros pasos actuaba como un partido de notables) fue convirtiéndose en un partido *empresa electoral* (Panebianco 1982/1990), que cada vez más responde a las características que Hopkin y Paolucci (1999) señalan para el modelo *business firm* de organización partidista, según el cual se trasladan las estrategias competitivas propias de las empresas a las organizaciones políticas donde la meta fundamental pasa a ser la de conseguir electores, o como señalaron algunos miembros del partido, simplemente clientes. "[...] El elector es un cliente [al que] le estás ofreciendo un producto, es decir, un candidato que debe comprar [...] Así como cuando tienes una nueva marca de leche y tienes que venderla, al candidato

412

La idea que ha guiado el comportamiento de los empresarios socialcristianos estaba centrada en que los empresarios eran los más capacitados para conducir el sector público, toda vez que ellos tenían experiencia con sus propios negocios. Por lo menos esto era lo que el Presidente manifestaba para el área económica a través de sus definiciones ministeriales pero no era la misma idea para otras áreas del gabinete. Así, en la arena legal y política, colocó a políticos tradicionales como Luis Robles Plaza, ex cefepista y velasquista y ex Alcalde de Guayaquil, o Heinz Moeller, un dirigente del CID convertido al PSC. La elección de Robles Plaza era la búsqueda de diálogo con la clase política tradicional (Montúfar, 2000: 64), más que con los partidos reformistas (como ID o DP).

En suma, la estrategia del Presidente fue articular un gobierno dividido en dos grupos: unos, representantes empresariales y tecnócratas neoliberales, quienes controlaban el área económica y, otros, juristas y políticos tradicionales, quienes tenían a su cargo el área legal y política. En estas definiciones, el partido casi no tuvo un papel importante, toda vez que estuvo marginado del proceso de toma de decisiones y sólo algunos dirigentes históricos de la organización ocuparon cargos de primer nivel en el gabinete febrescorderista[35].

Una imagen similar sería la que años después daría la Administración de *Sixto Durán Ballén*, un dirigente socialcristiano que se había ido de su partido por no ser el favorito de Febres Cordero para las elecciones de 1992. En 1991, con la designación de Nebot como candidato presidencial para los siguientes comicios, un sector del partido se enfrentó a la coalición dominante eminentemente costeña. La organización no pudo "procesar" las disidencias y los grupos díscolos a la coalición salieron del partido suponiendo una fractura del mismo y la posterior creación del Partido Unidad Republicana. Ambas agrupaciones se enfrentaron en la segunda vuelta

---

igual. Al elector le estás vendiendo una idea y ellos tienen que comprarla, tienen que creerte que es bueno, tienen que creerte que sirve [...]". Entrevistas 11, 17 y 21 en Freidenberg y Alcántara (2001a).

[35] Como el caso de Marco Lara Guzmán en la Secretaría de Información Pública, quién ejerció como Presidente del Partido en diversas oportunidades. Ver Freidenberg y Alcántara (2001a).

electoral, convirtiéndola en una interna entre dos socialcristianos. Finalmente, resultó triunfador de la misma el candidato del PUR, Sixto Durán Ballén, quien se había aliado con el Partido Conservador Ecuatoriano para esa contienda electoral. Con el gobierno de Sixto Durán Ballén (1992-1996) se da un cambio significativo en la composición de los gabinetes del sistema político ecuatoriano tras el gobierno de Borja y volviendo al modelo tecnocrático empresarial ya desarrollado por Febres Cordero. Una vez más, empresarios tecnócratas y profesionales independientes, ligados a políticas de apertura de la economía y el neoliberalismo, condujeron el gobierno. Su gestión estuvo caracterizada por la mayor participación de ministros independientes en las carteras gubernamentales, desde la reinstauración democrática. Los datos señalan que más del 53 por ciento de los ministros no tenían pertenencia partidista y de aquellos que lo tenían, el 25 por ciento correspondían al PUR, el partido *ómnibus* que había llevado a Durán Ballén a la Presidencia de la República y que desaparecería una vez terminado el gobierno. La relación de gobierno partido fue escasa, toda vez que no había una organización partidista como tal, por lo menos en el caso del PUR. En tanto, hubo una mayor participación de miembros conservadores en la gestión de gobierno, por lo menos en las segundas y terceras líneas de la burocracia estatal.

En 1998, Jamil Mahuad[36], ganó las elecciones presidenciales. Tras diversos momentos críticos, como los sucesos de marzo y los de junio de 1999 donde se movilizó fuertemente el sector indígena y los gremios sindicales[37] o la Marcha de los Crespones Negros de marzo de ese año que movilizó al empresariado de Guayaquil, fue

---

[36] Alcalde de Quito en dos oportunidades (1992-1996 y 1996-1998) y Diputado Provincial por Pichincha (1990-1992).

[37] A un mes de asumir el gobierno, el sucre (la moneda oficial de ese momento) se había devaluado ante el dólar en un 15 por ciento, lo que llevó a un incremento de los precios de los combustibles y la electricidad hasta un 410 por ciento y el transporte público en un 50 por ciento. Estas medidas fueron respondidas con una Huelga Nacional a comienzos de octubre. En los últimos meses de 1998, el sucre ya se había devaluado un 58 por ciento y al finalizar 1999 la devaluación había alcanzado un 197 por ciento frente al dólar, lo que condujo al Presidente a decidir la dolarización de la economía.

derrocado por un levantamiento indígena-cívico-militar el 21 de enero del 2000[38]. Mahuad debió dejar su cargo y fue reemplazado por su vicepresidente, Gustavo Noboa. La suma de la crisis bancaria y las decisiones en política monetaria[39] contribuyeron a la movilización de diversos sectores que finalmente provocaron la salida del presidente de su cargo[40].

---

[38] El levantamiento popular fue conducido principalmente por los dirigentes de la Confederación de Nacionalidades Indígenas del Ecuador (CONAIE), con el apoyo de un sector de la oficialidad media de las Fuerzas Armadas. Tras una semana de movilizaciones de diversos sectores de la sociedad, en la que los indígenas demandaban la renuncia del Presidente, de los diputados y de los miembros de la Corte Suprema de Justicia, el 21 de enero tomaron el edificio del Congreso Nacional y conformaron un "Parlamento Popular" con el apoyo de un sector minoritario del Ejército ecuatoriano, liderado por el Coronel Lucio Gutiérrez y con el apoyo del Jefe del Ejército Carlos Mendoza (y Ministro de Defensa interino). Después de la conformación de un Triunvirato integrado por Augusto Vargas, líder de la CONAIE, Carlos Solórzano, ex Presidente de la Corte Suprema de Justicia y el propio Mendoza, en la madrugada del día 22, el Comando en Jefe del Ejército decidió apoyar al vicepresidente Noboa como sustituto de Mahuad.

[39] Durante su corta Administración, el presidente consiguió concertar la paz con el Perú firmando el Tratado en octubre de 1998; decidió la moratoria unilateral de la deuda externa; la aplicación del impuesto a la circulación de capitales (uno por ciento) e impuso el bono solidario a modo de subsidio para las familias económicamente más desprotegidas. En ese año y medio de gobierno la situación económica se fue agravando. En 1999 el Producto Bruto Interno cayó un 8 por ciento; el desempleo subió al 18 por ciento; la inflación pasó a ser la más alta de América Latina y la moneda se devaluó un 195 por ciento. Todo ello junto al cierre de flujos de capital ocasionado por la decisión de moratoria en el pago de la deuda externa; la congelación de los depósitos bancarios privados y la pérdida de los depositantes tras la quiebra del 70 por ciento del sistema bancario (En: Hurtado, O., "La Tragedia Ecuatoriana", en *Periódico El Comercio*, 1 de febrero de 2000).

[40] En diecisiete meses de gobierno se organizaron diversas acciones con distinta intensidad contra la gestión de la Democracia Popular. Cabe señalar el paro de actividades el 1 de octubre de 1998; el de transportes y cierre de carreteras por el congelamiento de los capitales y el feriado bancario (marzo de 1999); la marcha de los crespones negros en Guayaquil (1999); otro paro de transportes que culminó con la toma simbólica de Quito por parte de las organizaciones indígenas (julio de 1999) y el Golpe de Estado de enero del 2000, que terminó originando la salida del poder de Mahuad.

En la *Administración de Jamil Mahuad* (1998-2000) la relación entre el gobierno y el partido tuvo un cierto carácter contradictorio y conflictivo. Durante su gestión, la relación entre el gobierno, el partido y el bloque legislativo pasó por diferentes momentos críticos, toda vez que en diversas oportunidades miembros del bloque (no afiliados al partido pero auspiciados por éste en las elecciones) y otros sí afiliados al partido manifestaron sus críticas al gobierno[41]. El Presidente contó con pocos colaboradores directos de la DP, dado que prefirió tecnócratas y personas no relacionadas al partido[42]. El gabinete de Mahuad era eminentemente técnico, con carencia de figuras políticas, lo que fue ampliamente criticado desde diversos sectores del sistema político. Al momento de la conformación del Gabinete, predominaron los independientes (54,55 por ciento) respecto a los del partido (31,82 por ciento), del mismo modo que en otras instancias de la administración generando esto resquemores entre la militancia del partido. Los principales puestos gubernamentales, tanto en el ámbito nacional como provincial, estuvieron ocupados por políticos allegados al Presidente o a líderes de otros partidos como el Socialcristiano[43].

---

[41] El propio Osvaldo Hurtado criticaba públicamente la gestión de gobierno de su partido. En un editorial publicado el martes 1 de febrero del 2000 en el *Diario El Comercio* sostenía "Demoras en las decisiones que debía tomar para enfrentar la crisis económica y financiera que heredó de los gobiernos populistas, y graves errores (sustituyó el impuesto a la renta por uno a la circulación de capitales, medida que produjo retiros de depósitos y fugas de divisas que aceleraron la crisis bancaria) sumieron a la economía en una profunda depresión que le ha llevado al borde de la insolvencia [...]".

[42] "[...] El presidente Mahuad considera que el sólo hecho de haber designado a un equipo de colaboradores puramente técnico, responde a una decisión política. Ese difícil equilibrio entre lo técnico y lo político, aparece como el reto mayor. Un equilibrio que no se consigue repartiendo por igual los cargos, sino encontrando técnicos con olfato y prudencia política, y políticos con perspicacia para lo técnico [...]". Según los analistas, Simón Pachano y Fabián Corral, la conformación eminentemente técnica del gabinete ministerial de Mahuad no estaba dando resultados óptimos. Ellos eran quienes son partidarios de que se conformara un equipo de colaboradores mixto, para combinar lo técnico con lo político. En: *Diario Hoy* "La conformación ministerial del gobierno no es efectiva" 27 de diciembre de 1998. pág. 7-A.

[43] "En Manabí, los demócratas populares no somos gobierno. Los que dirigen la Administración Pública son independientes, amigos de diputados.

Las tensiones internas entre el partido en el gobierno y el partido-en-la-legislatura se manifestaron en el espacio legislativo entre 1998 y 2000[44]. Esto obligó a sus miembros a profundos debates y negociaciones para alcanzar consensos sobre las políticas básicas a poner en práctica. Fue tal el conflicto entre los diferentes grupos[45]

Ahora que se negocia el Presupuesto del Estado obtendrán más poder, mientras que los que trabajamos por la conformación del gobierno seguimos relegados [...]", señaló un militante del partido, Silvio Jiménez, Director del IESS de esa provincia durante el primer año de gobierno de Mahuad. En: *Diario Hoy*, "La DP apunta la flecha verde", 25 de septiembre de 1999.

[44] A pesar de la sanción del Código de Ética en 1998 con el objeto de penalizar a aquellos diputados que "desoían" las decisiones del bloque; las relaciones entre los diputados, el Ejecutivo y el partido fueron complicadas, en particular por la falta de coordinación entre el bloque legislativo y el Ejecutivo y las fallas de comunicación entre ellos y la cúpula de la Democracia Popular. Esto cambió a partir de fines de 2000, donde hubo una importante depuración de las filas de la flecha verde en el legislativo.

[45] Diversas líneas internas estructuraron el funcionamiento partidista de la DP en los dos primeros años de gobierno de Mahuad. Tras el triunfo en los comicios de 1998 y el ejercicio del gobierno se han podido identificar una serie de líneas internas vinculadas a liderazgos regionales. Una de esas facciones es la que suele ser denominada como *grupo CORDES* (Corporación para el Desarrollo), la que se la califica como "doctrinaria, que defiende principios y no intereses, y que está integrada principalmente por los diputados de Pichincha (Alexandra Vela, Raúl Hurtado, Pedro Pinto, Pedro Pitarque) y muy vinculada a la figura del ex presidente de la República Osvaldo Hurtado. Una segunda línea partidista es la que se conforma por los sectores costeños y Este es el que suele denominarse como *grupo de la Costa*, liderado por Juan José Pons, hombre relacionado con los socialcristianos, en particular con Jaime Nebot y con los sectores agroexportadores (principalmente de banano y camarón) y financistas del país. Mahuad lo premió con la Presidencia del Congreso tras las elecciones, puesto que ya vislumbraba una alianza con los socialcristianos. Este grupo está compuesto principalmente por los diputados de las provincias costeñas (Juan Pons, Alex Aguayo, Jaime Estrada y Elba González). Una tercera línea es que se encuentra detrás del liderazgo de Jamil Mahuad. En esta fracción estaban en 1999 Ramón Yulee, Eduardo Mahuad, Ramiro Rivera y Vladimiro Alvarez, un sector que se identificó como "jamilista antes que demócrata popular" y que se autodenominó como el "*bunker*". Una cuarta línea está básicamente integrada por los diputados que se autoconsideran como *amazónicos* entre los que se encuentran Juan Manuel Fuertes y Elizeo Azuero y que agrupa cerca de seis diputados de esta región. Por último, en el período de 1998-2000 pudo identificarse la emergencia de los *independientes* (Saa, Dávila

que en distintos medios de comunicación lo denominaron como "[...] el desgobierno del partido de gobierno [...]"[46]. Cada una de esas líneas tenía sus propios liderazgos y encarnaba "realidades políticas, estrategias, maneras de entender lo que debe hacer el Gobierno" distintas[47]. Hasta la depuración de agosto-septiembre de 2000, el partido en el gobierno desgastó al partido como organización burocrática y afectó notablemente su imagen ante la opinión pública nacional. Este tipo conflictivo de relación fue una muestra del tipo de efectos que un partido que gana el Ejecutivo puede llegar a tener sobre la organización interna de un partido, a raíz de los conflictos que las decisiones y la necesidad de apoyos generan, en sistemas donde la disciplina partidista llega a ser difícil de mantener.

b) Gobiernos pro-partidos

El *gobierno de Rodrigo Borja* (1988-1992) fue un ejemplo de un gobierno de partido. Borja se posesionó como Presidente el 10 de agosto de 1988 ante el Presidente del Congreso Wilfrido Lucero, tradicional militante de la DP que luego se cambió a ID, con el ánimo de realizar una profunda reforma social que modificara *el status quo* del país. En el ámbito político, convocó a un gran consenso nacional[48] para llevar a cabo sus políticas; puso énfasis en la necesidad

---

y en su momento Baquerizo), que no son figuras tradicionales ni afiliados al partido pero que se prestaron en los últimos comicios como candidatos de la *flecha verde* detrás del liderazgo de Mahuad (Ver Freidenberg y Alcántara 2001a).

[46] En: *Diario Hoy*, "La DP apuntala la flecha verde", 25 de septiembre de 1999.

[47] En: *Periódico El Comercio*, julio de 1999.

[48] Según el expresidente Borja, los llamados "gobiernos de concertación nacional" habían fracaso por lo que su gabinete estaría conformado por personas de una tendencia política, con claras tesis políticas, económicas y sociales [...]". En: *Diario El País*, 16 de mayo de 1988. Aún así, el propio presidente convocó a todos los sectores del país a un "acuerdo ético" debido a la situación de emergencia en la que se encontraba el país. "He convocado a la concertación nacional, que sólo puede darse en democracia porque solamente en ella cabe el acuerdo ético e intereses distintos puesto que en los sistemas autoritarios la única interacción concebible con el adversario es procurar su eliminación [...] Invoco al patriotismo de los dirigentes políticos para que

de renovación ética de la política (principio fundamental del ideario de su partido) y prometió luchar contra la corrupción, para lo que impulsó una fuerte política de austeridad en el gasto público[49].

Si bien los datos indican que como Administración privilegió las relaciones entre el Gobierno y el partido[50]; a partir de la participación de dirigentes socialdemócratas en cargos importantes en el proceso de toma de decisiones; en diversas entrevistas a militantes cercanos a Borja en el momento de definir el gabinete, señalaron que la intención del líder era contar con colaboradores independientes, relegando a miembros del partido[51]. La relación partido gobierno resulta difícil de definir a partir de estos datos, en particular, si se busca establecer las intenciones que movieron en el Presidente al momento de establecer su estrategia gubernamental. Más allá de esto, los datos cuantitativos señalan una tendencia hacia un gobierno de partido, toda vez que Borja no consiguió contar con apoyos extrapartidistas importantes, por lo que hubo de recurrir a militantes socialdemócratas[52], generando esto cierto desgaste en Los datos señalan que más del 66 por ciento de los ministros del gabinete de Borja provenían de las filas partidistas y casi todos (14 de 15) del partido de gobierno. Las áreas donde no hubo presencia de ministros con militancia partidista fueron las de Energía, Relaciones Exteriores, Salud y en algunos períodos en Agricultura, las de-

---

coadyuven con el gobierno, sea desde la colaboración, sea desde la independencia, sea desde la oposición, en la búsqueda de las mejores soluciones para los conflictos que nos afligen [...] A los partidos rivales [...] les está confiada una de las más altas responsabilidades: la de ejercer la oposición [...]" Discurso de toma de posesión del Presidente Constitucional Rodrigo Borja en Quito el 10 de agosto de 1988. En: Borja (1994: 267).
[49]

[50] De un total de 24 ministros, 15 (57,6 por ciento) fueron personas con militancia partidista; casi todos (14) del partido de gobierno.

[51] Ver Entrevistas 40 y 42 en Freidenberg y Alcántara (2001a).

[52] Algunos de los más destacados Ministros del partido fueron Andrés Vallejo, Raúl Baca Carbo, Alfredo Vera, César Verduga, Pablo Better, entre otros. Además, en otros puestos claves del partido estuvieron otros dirigentes socialdemócratas como Washington Herrera en la Secretaría de la Administración; Oswaldo Molestina Z. como Contralor; Germán Carrión Arciniegas como Procurador o Gonzalo Córdova Galarza como Superintendente de Bancos.

más carteras tuvieron la mayor parte del tiempo a miembros del partido. El modelo de conformación de su gabinete fue el clásico, caracterizado por la participación de tres tipos de miembros: unos elegidos por su pertenencia regional (cuota por provincias); otros por sus relaciones al interior del partido (cuota por cercanía) y, finalmente, los seleccionados por sus destrezas y habilidades políticas (cuota por destreza)[53].

El nuevo gobierno heredaba un país en profunda crisis económica y social, con signos de inflación (63 por ciento con tendencia a crecer); desempleo (que afectaba al 13 por ciento de la población económicamente activa) y el subempleo (que tocaba a la mitad de la población con capacidad de trabajar)[54]. En los primeros momentos se abocó a la búsqueda de la estabilidad macroeconómica con planes de ajuste que consiguieron bajar la inflación, estabilizar la economía y bregó por emprender una serie de reformas estructurales vinculadas a las políticas de ajuste estructural y de apertura de la economía; la reprogramación de la deuda externa y el control sobre determinadas áreas estratégicas por parte del Estado en la economía[55].

El *gobierno de Abdalá Bucaram Ortíz* (1996-1997) fue también un gobierno de partido y con una importante fuerza electoral producto de su triunfo en 20 provincias ecuatorianas, perdiendo sólo en Guayas[56]. A pesar de sus intenciones en la campaña electoral, la fusión entre partido y gobierno fue muy alta. De un total de 19 ministros, 12 tenían militancia: 7 pertenecían al PRE, 1 al APRE, 1 al FRA y 3 al MIRA mientras que Relaciones Exteriores y Defensa eran personas heredadas del gobierno conservador de Durán Ballén. De

---

[53] Ver Entrevista 40 en Freidenberg y Alcántara (2001a).

[54] Citado en el artículo de Simón Espinoza "Los cuatro años de Borja" en *Revista Vistazo* 1992 pág. 14-18.

[55] El gobierno pretendió implantar un modelo de desarrollo basado en el incremento del consumo interno, a partir de una sostenida política de carácter social que presionara sobre el aparato productivo pero bastante lejos de sus propuestas de un sistema de economía mixta donde convivieran la planificación estatal con la propiedad privada, como sostiene la Declaración de Principios de su partido. Ver Freidenberg y Alcántara (2001a).

[56] En Pichincha la diferencia a favor del roldosismo fue sólo de 4.000 votos.

este modo, del total de ministros posesionados, más del 63 por ciento pertenecían a un partido político mientras que un 26 por ciento no tenía afiliación política, siendo más de la mitad del partido del Presidente. Si bien Bucaram Ortíz en principio rechazó que el gobierno fuera monocolor y que se viera sólo como una Presidencia roldosista[57], en la práctica esto no ocurrió, toda vez que la mayor parte de sus colaboradores (incluso los que se ubicaban en sitios estratégicos como la Secretaria de la Administración o la Secretaria privada de la Presidencia) eran hombres de gran trayectoria partidista y con cargos en el Comando Nacional del PRE[58]. Por tanto, este fue un período de fusión entre gobierno y partido, donde el PRE tuvo relaciones de apoyo directo hacia el Presidente y en el que la participación del mismo en el proceso de toma de decisiones fue fundamental ya que los mismos hombres que estaban en los más altos cargos de decisión formaban parte (en ese momento) del Comando Nacional del partido. El PRE había sido creado por Bucaram Ortíz como un instrumento para conquistar el poder y ejercerlo, presionado por el diseño institucional que forzaba a la afiliación partidista para poder competir electoralmente, del mismo modo que lo había hecho Febres Cordero. Es más, precisamente los más directos colaboradores de Bucaram eran los *hombres clave* del movimiento roldosista[59].

---

[57] "El fin es plantear un gobierno programático, que vaya por encima –incluso– de los intereses de [mi] propia organización política. Mi aspiración máxima, Dios quiera, que en mi gobierno no haya un solo ministro roldosista [...]" Declaraciones de Bucaram Ortíz en momentos de la campaña electoral. Abdalá Bucaram Ortíz "Vemos bien el diálogo con el Perú: Bucaram" Entrevista en la Tertulia del Periódico *El Comercio* realizada el 25 de mayo de 1996. Ver *Periódico El Comercio* 27 de mayo de 1996, A-3. Y otra declaración que señalaba que "[...] en mi gobierno llamaré a la concertación de todos los sectores [...] En los momentos finales de la campaña electoral de 1996, Bucaram indicó que "hasta los socialcristianos buenos podrían ser parte de (mi) gobierno". En: *Periódico El Comercio* "El PRE insiste en que su gobierno será pluralista" 25 de junio de 1996, A-2.

[58] Ver Freidenberg y Alcántara (2001a).

[59] Esto fue corroborado tanto en las declaraciones de Bucaram Ortíz al momento de señalar a sus personas de confianza como en las entrevistas realizadas a los dirigentes y militantes del partido en la cual se identificaban los

Una de las originalidades del gobierno roldosista fue la creación del Ministerio Indígena. Con ello, buscaba congraciarse con un sector que había sido importante en términos electorales en la elección de 1996[60] y que en ese momento estaba recién estructurando su propia organización política que ese año hizo su debut electoral nacional[61]. Así y todo, con la elección de sus miembros, Bucaram buscaba proporcionalidad de las fuerzas políticas que participaran en la Administración y pretendía la definición de una "filosofía de gobierno" bastante lejana a su concepción centroizquierda, promovida en sus programas de gobierno anteriores a 1996[62]. De este modo, buscó ratificar los compromisos adquiridos durante la campaña electoral e impulsó una "alianza programática" que permitiera reactivar la economía. Bucaram hizo de sus nominaciones ministeriales en materia económica una muestra de la política que se iba a impulsar, del mismo modo que lo había hecho Febres Cordero.

Este fue el mejor ejemplo de que los nombramientos realizados por un Presidente son una muestra del tipo de política que pretende aplicar. Su tendencia hacia el liberalismo económico se percibió en esas designaciones en las carteras económicas, el área más importante del gabinete en ese momento. Los principales colaboradores eran personas comprometidas con la libre-empresa; eran los grandes capitales del país defensores de las medidas exigidas por los organismos internacionales para estabilizar la economía, pero que en su origen estaban enfrentados a la oligarquía patricia

---

miembros de la coalición dominante. Ver PPAL (1999) y Declaraciones de Abdalá Bucaram Ortíz en una entrevista personal con la autora realizada en Ciudad de Panamá el 16 de agosto de 2000.

[60] En la segunda vuelta electoral, Bucaram consiguió el apoyo de diferentes sectores entre los que destacaban los movimientos sociales y, en particular, los grupos indígenas representados en la CONAIE y en MUPP-NP (Rivera 1996: 36).

[61] En la primera vuelta de la elección presidencial, realizada el 19 de mayo de ese año, el binomio del MUPP-NP, conformado por Fredy Elhers y Rosana Vinueza de Tama obtuvo el 20,60 por ciento de los sufragios, lo cual significó 785.124 votos válidos situándose en el tercer lugar (por detrás del Partido Roldosista Ecuatoriano y del Partido Social Cristiano). Ver Freidenberg y Alcántara (2001).

[62] Ver Freidenberg (2001).

guayaquileña[63]. Con ello, el roldosismo se enfrentaría a un verdadero dilema: el de combinar los ajustes y restricciones de la convertibilidad y las reformas estructurales necesarias para sanear el déficit público y recortar los gastos del Estado, con políticas de corte social que les permitieran mantener los apoyos de su red partidista clientelar[64], que requería enormes egresos del sector público. Con el anuncio del programa de medidas el 1 de diciembre de 1996, el Gobierno puso en riesgo la posibilidad de concertación nacional y se agudizaron las líneas de conflicto, en particular, con la dirigencia de las tres principales centrales sindicales del país, que el 3 de diciembre de ese mismo año ya tenían la decisión de cortar el diálogo con el Gobierno (Quintero López 1999:178). Asimismo, sectores del empresariado, las mismas Fuerzas Armadas y movimientos sociales (campesinos, indígenas, empleados públicos, entre otros) resistían el modelo impulsado por el gobierno. De este modo, con esta propuesta, el gobierno del *loco* era de todo menos lo que su discurso populista había propuesto en época de campaña electoral.

En tanto, en otras áreas del gabinete, Bucaram incorporó a miembros de partidos, del propio y de otros, con los que tenía compromisos de campaña y también dio en principio cierta libertad de acción para nombrar a colaboradores a la Vicepresidenta, Rosalía Arteaga, que provenía del MIRA, un movimiento nuevo e independiente. Pero el enfrentamiento entre ambos no se hizo esperar y tuvo manifestaciones insospechadas. Tras un mes de ejercicio de gobierno, se generó el primer cisma debido al tema de la sucesión presidencial que dejó sin dormir más de un día a Bucaram, siguió con la renuncia de diversos funcionarios nombrados por Rosalía

---

[63] En la Junta Monetaria se ubicó a Alvaro Noboa (quien luego fuera candidato a la Presidencia por el partido en los comicios de 1998), Roberto Isaías y David Goldbaum; en el Ministerio de Economía y Finanzas a Pablo Concha, cuñado de Bucaram; todos ellos comprometidos con políticas de apertura de la economía y saneamiento del sector público.

[64] Para mantener el apoyo de sus simpatizantes se realizaron una serie de actividades recreativas como el Teletón, conducido por el propio Presidente de la República para conseguir fondos para donar juguetes a los niños en Navidad y la grabación de un *compact disk* donde el Presidente cantaba canciones de los Iracundos. En Freidenberg y Alcántara (2001a).

pero destituidos por el Presidente sin siquiera ejercer su cargo; continuó con el enfrentamiento verbal entre Jacobo Bucaram[65] y la Vicepresidenta respecto a qué partido ejercía poder y el conflicto con Adolfo Bucaram respecto a quién era responsable del Frente Social. Varios funcionarios nombrados en el área de Arteaga debieron renunciar dado que Bucaram sentenció "[...] yo soy el que pone los funcionarios [...]"[66]. A todo ello, se le agregó la negativa del Contralor General, Fernando Rosero, a que usara partidas de gastos reservados y la desautorización del Secretario de la Administración, Miguel Salem, del tema que trataría la cadena nacional si era para informar sobre el plan social (como anunció Arteaga) o para anunciar reformas administrativas en el gobierno (como finalmente fue). Estos conflictos finalmente degeneraron en la crisis y se agravaron con la presión para que Bucaram dejara el poder en 1997[67].

---

[65] El hermano del Presidente y diputado del PRE declaró en el aeropuerto de Guayaquil, el 12 de septiembre de 1996 que Arteaga quería cogobernar cuando en le país "hay un solo presidente, agregando que "el MIRA no existe: el único partido en el gobierno es el PRE".

[66] Ver Juan Carlos Calderón V. "Rosalía La soledad del no poder" en *Revista Vistazo* 26 de septiembre de 1996, pág. 7.

[67] Tras un año y medio de gestión, el Presidente fue destituido. El 6 de febrero de 1997, luego de una semana de marchas de protesta por diversas ciudades del país, negociaciones entre partidos políticos, movimientos sociales y diversos grupos como las Cámaras de la Producción y las centrales de trabajadores; de que Bucaram convocara a las masas roldosistas a Guayaquil para demostrar respaldo popular, pretendiendo neutralizar el efecto de la movilización popular de Quito y de que Rosalía Arteaga buscara mostrar a la opinión pública su legítimo derecho a la sucesión presidencial ya que según sostenía la ausencia de la norma expresa sobre el reemplazante definitivo era un problema de codificación y no de fondo; el Congreso Nacional cesó a Bucaram Ortíz como Presidente de la República por 44 votos a favor y 34 en contra, alegando razones de incapacidad mental. Esto motivó la huida del Presidente, comenzando de este modo el tercer exilio en ciudad de Panamá. El 11 de febrero Rosalía Arteaga, sin apoyo popular y político, cuestionada por su pasado electoral, sin mucho que ofrecer en términos políticos ya que no contaba con una fuerza política que la apoyara en el seno del Congreso de la República, renunciaba al encargo presidencial; lo que conducía a Fabián Alarcón, Presidente del Congreso, a la primera magistratura del país, nominado por el Congreso como Presidente Interino. Ver Freidenberg y Alcántara (2001a).

c) Casos diferentes: partidos contra gobiernos y gobiernos protege partidos

El caso del *gobierno de Roldós-Hurtado* requiere de un tratamiento especial, toda vez que el análisis de los datos no tienden a reflejar con certeza el tipo de relación que se dio entre el gobierno y los partidos. Si bien en esta situación, las elecciones mostraron cierta cohesión en torno de los candidatos, una vez en el poder los conflictos entre los diversos ámbitos del partido dificultaron la acción de gobierno.

La Democracia Popular y Concentración de Fuerzas Populares (CFP)[68], dirigida por Assad Bucaram Emalín[69], formaron el bi-

---

[68] Concentración de Fuerzas Populares (CFP) había sido fundada en 1949 por Carlos Guevara Moreno, tras la derrota electoral de Unión Popular Republicana (1947), un movimiento electoral integrado por sectores provenientes de los suburbios y creado para apoyar la candidatura a la Alcaldía de Guayaquil de Mendoza Avilés. Guevara Moreno aprovechó ese sustento para organizar un partido fuertemente disciplinado y estructurado, que empleara técnicas de movilización de apoyos hasta ese momento no conocidas en el país. Al grito de *pueblo contra trincas* se enfrentó al gobierno de Galo Plaza y luego al de Velasco Ibarra a los que ataca desde la *Revista Momento* (Hurtado 1977/1999: 227). Para 1956 Guevara Moreno ya había sido elegido Alcalde y Diputado y se iba convirtiendo en un dirigente nacional, con gran peso en la Costa. Para 1960, luego de una infructuosa administración municipal de Luis Robles Plaza y de las constantes pugnas internas del partido que debilitan su estructura, el CFP estaba debilitado, lo que le lleva a perder la Alcaldía y el control político de la ciudad así como también las elecciones presidenciales de manera estrepitosa, al punto de recibir en todo el país menos del 50 por ciento de los votos, cifra que años antes conseguía sólo en Guayas. Precisamente es el ingreso de Assad Bucaram Emalín el que resucita al CFP, luego de que Guevara Moreno dejara la dirección del partido y se exiliara voluntariamente (Hurtado 1977/1999: 228).

[69] El caudillo cefepista de origen libanés había sido Diputado suplente por CFP en 1956 Diputado provincial en 1958 y en 1962 Alcalde de Guayaquil con el 43 por ciento de los votos emitidos. Su figura fue creciendo gracias a su Administración Municipal y a la persecución que de él hace la Junta Militar que le destituye del gobierno municipal, llegando a ser elegido como primer Diputado por Guayas a la Asamblea Constituyente en 1966 que a su vez le designa como Vicepresidente. En 1967 fue elegido por segunda vez Alcalde de Guayaquil y en 1970 Prefecto del Guayas con más del 50 por ciento de los votos emitidos. El

nomio presidencial Jaime Roldós - Osvaldo Hurtado bajo el lema *La Fuerza del Cambio*. Esta alianza, sustentada en el respeto mutuo y las coincidencias programáticas generales entre Roldós y Hurtado, revelaba cierto pragmatismo político de los demócratas cristianos, toda vez que era poco a nivel electoral lo que éste podía otorgarle al CFP[70], aunque si le podía prestar cuadros técnicos, cierto tono ideológico, pragmático y tecnocrático. Mientras la DC/DP era un foco de iniciativa ideológica, aunque débil en la organización interna y en el arrastre electoral; el CFP era un aliado ideológico secundario pero con una fuerza electoral central[71].

El gobierno tuvo dos etapas: la desarrollada bajo el liderazgo de Roldós y la dirigida por su vicepresidente, Osvaldo Hurtado, quién asumió el poder en 1981 tras el fallecimiento en un accidente aéreo del primero. La Administración de Roldós estuvo caracterizada por un fuerte enfrentamiento entre el Presidente y su partido, Concentración de Fuerzas Populares, toda vez que en el período que medió entre la primera y segunda vuelta electoral (1978-1979) Roldós y Assad Bucaram Emalín, líder del CFP, rompieron relaciones. Roldós había sido elegido por Bucaram como candidato a la presidencia por el CFP debido a que él no cumplía con el requisito (no escrito) según el cual para ser Comandante en Jefe de las Fuerzas

---

enfrentamiento con el V Velasquismo proyecta su imagen a nivel nacional, convirtiéndolo en el seguro triunfador de los comicios presidenciales que se realizarían en 1972 pero que no llegaron a realizarse debido al golpe de Estado Militar realizado ese mismo año entre otras razones para impedir el acceso al poder de Bucaram Emalín (Hurtado 1977/1999: 228).

[70] Ver Menéndez Carrión (1986: 423, nota 88).

[71] En alusión a este argumento, Burbano de Lara (1997:29) se pregunta: "¿De dónde viene ese toque modernizante del discurso populista de Jaime Roldós?" Y se responde: "[...] le viene de su candidato a la vicepresidencia: Osvaldo Hurtado". Según relata el autor, Hurtado ha señalado que dio racionalidad al cefepismo y que su racionalidad gustaba a las clases medias serranas. Se da una convergencia entre dos formas discursivas, la populista, con apelaciones retóricas a un pueblo movilizado contra la oligarquía, y la moderna, tecnocrática racional, más cercano a las clases medias. Por su parte, Hurtado ha sostenido que había afinidades ideológicas y coincidencias programáticas entre CFP y DP. Las primeras eran de tipo antioligárquico y las segundas antidictatoriales".

Armadas se debía ser hijo de ecuatorianos. En 1977, en el momento del diseño institucional, las Fuerzas Armadas apelaron a esa vieja disposición castrense como una manera de impedir (de manera indirecta) la postulación de Bucaram Emalín a los comicios, toda vez que se presentaba como el seguro ganador. Si bien no se prohibía directamente su postulación como candidato; se le hacía saber que tendría dificultades para acceder a la Primera Magistratura en el caso de que ganara las elecciones. Por ello, Bucaram Emalín eligió a su delfín como candidato. Cuando se delineó la candidatura el lema era ¡Roldós a la Presidencia, Bucaram al poder! pero en los siete meses que mediaron entre las dos vueltas electorales el distanciamiento entre Roldós y Bucaram fue inevitable. Una vez en el poder, el mayor opositor del gobierno de Roldós fue precisamente el partido que lo había llevado al poder, que desde la legislatura impedía que las leyes del Presidente fueran aprobadas. Esto fue una muestra de cómo un mismo partido puede tener dinámicas y estrategias distintas. El partido en el gobierno estuvo enfrentado al partido en la legislatura, desperdiciando de este modo una vía para generar transformaciones políticas y sociales significativas, toda vez que el bloque del CFP en la Cámara de Representantes era muy importante[72].

Así y todo, la presencia de CFP en el gabinete fue sólo del 2 por ciento mientras que la DP participó en un 32 por ciento, lo que muestra el tipo de relaciones existentes entre el Presidente y el principal partido que sostenía la fórmula[73]. El gobierno estuvo integrado por 59 ministros, de los cuales 27 (cerca del 50 por ciento) pertenecieron a partidos políticos[74] aunque también tuvo un importante grupo de in-

---

[72] La alianza CFP/DP obtuvo en la primera vuelta de las elecciones presidenciales 381.215 votos (27,70 por ciento) y en la segunda vuelta 1.025.148 votos (68,49 por ciento), apoyados en esta última por Izquierda Democrática y el Frente Radical Alfarista. En los comicios legislativos, los únicos que se realizaron de manera coincidente con la segunda vuelta electoral desde la reinstauración democrática en 1978, el CFP consiguió 30 escaños en el Congreso de la República.

[73] Ver Conaghan (1998).

[74] De los cuales 17 eran de la Democracia Popular, 9 de Concentración de Fuerzas Populares y 1 del Partido Demócrata.

dependientes 19 (35,85 por ciento). A pesar de que el análisis cuantitativo marca una tendencia hacia el partidismo, en la práctica las relaciones entre el gobierno y el partido sostenedor del momento fueron complejas, en particular, respecto a la relación Roldós -CFP; aunque también la de Hurtado - DP, toda vez que éste intento mantener en resguardo a su partido. Si bien contó con un número importante de militantes en los cargos ministeriales (17); la DP como organización burocrática no participó activamente en el tratamiento de las políticas públicas importantes (como la financiera y la fiscal), por decisión de la coalición dominante de la agrupación pero más particularmente por voluntad de Hurtado que buscaba mantener alejado al partido de la lucha política como un modo de preservarlo. Las áreas donde se dio la mayor participación de ministros no partidistas fue en Relaciones Exteriores; Gobierno; Finanzas y Energía. En las demás áreas se alternaron miembros de partidos con otros que no pertenecían a ninguna agrupación política.

Lo aquí expuesto señala que en Ecuador ha habido *gobiernos de partidos*, en el que estos últimos controlaron las nominaciones y tuvieron una mayor presencia en el gabinete. Pero esta afirmación debe ser matizada por el hecho de la fusión en una misma persona del cargo de Presidente de la República y líder máximo del partido, lo que hizo que la relación sea muy intensa, toda vez que la coalición dominante del partido pasó a controlar el gobierno. También ha habido *gobiernos antipartidos,* conducidos por Presidentes que no creían en los partidos y que incorporaban a independientes y personas de su círculo íntimo no partidista en el gabinete. A través de estos gobiernos se buscó constantemente llevar a cabo la reforma política que quitara importancia a los partidos en el sistema[75]. También ha habido *gobiernos protege partidos*, en el que los Presidentes intentaban alejar a sus partidos de la gestión de gobierno para que no se desgastaran con ella. La consecuencia de esto ha sido muy similar a la de un gobierno antipartido, ya que el partido sostenedor estuvo alejado de la gestión de gobierno. La diferencia está en la actitud pro-partido del Presidente.

---

[75] Para un análisis sobre este punto y sus consecuencias en el sistema político ver Freidenberg (2001).

Es decir, el partido está alejado del gobierno no porque se esté en contra de él sino para protegerlo de la presión de gobernar. Finalmente, ha habido *partidos contra gobiernos*, es decir, gobiernos en los que el propio partido en la legislatura terminó siendo el mayor opositor de la organización gubernamental y el principal promotor del conflicto entre poderes.

4. Factores que inciden sobre la relación gobiernos-partidos

Las relaciones entre partidos y gobiernos pueden estar condicionadas por una serie de factores de carácter externo al partido como interno a él. Entre los primeros, destacan la estructura institucional (forma de gobierno: presidencialismo, parlamentarismo y subtipos de los mismos; y las reglas del régimen político); las líneas de división que estructuran al sistema de partidos y las particularidades de la competencia intrapartidista. Entre los segundos, cabe señalar los rasgos internos de los partidos (si está dividido en facciones o tendencias; el tipo de liderazgo); la relación existente entre los representantes del partido en las diversas caras del partido (legislativa, burocrática y de gobierno) y el número de partidos sostenedores y la relación existente entre ellos, por una parte, y con el Presidente, por otra, ejercen influencia sobre la relación que se da entre los partidos sostenedores y sus gobiernos.

Figura 3

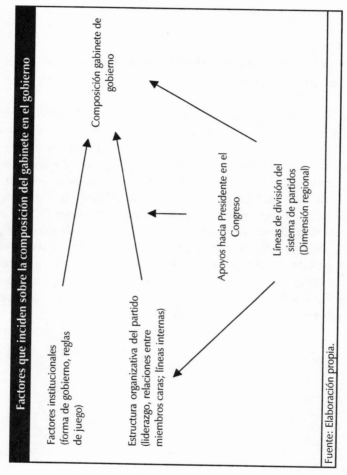

Factores que inciden sobre la composición del gabinete en el gobierno

Composición gabinete de gobierno

Factores institucionales
(forma de gobierno, reglas de juego)

Estructura organizativa del partido (liderazgo, relaciones entre miembros caras; líneas internas)

Apoyos hacia Presidente en el Congreso

Líneas de división del sistema de partidos (Dimensión regional)

Fuente: Elaboración propia.

a) Variables exógenas: factores institucionales

El tipo de estructura institucional que se de al interior del sistema político puede llegar a ser un elemento que condicione el modo en que los Presidentes eligen a sus colaboradores. Según sean las prerrogativas que el Presidente tenga en esta materia puede actuar de una manera más autónoma o no frente al partido y a otros poderes del Estado. Por ejemplo, puede que el Presidente tenga capacidad para nombrar y remover libremente a quienes quiere que lo ayuden en las tareas del gobierno o puede que deba contar con el apoyo del Congreso para ello; también puede ser que en el momento de querer removerlo necesite contar con la aprobación del Congreso y no pueda actuar de manera independiente a este. El hecho de que el Congreso cuente con importantes prerrogativas para censurar a los ministros puede generar un quiebre significativo en las relaciones entre el Presidente y el Congreso y, más precisamente, entre la cara gubernamental y la cara legislativa del mismo partido. Asimismo, la destitución automática por parte del Congreso sobre los ministros resta autonomía al Presidente, toda vez que sus colaboradores deben rendir cuenta de sus acciones no sólo a él sino también al ámbito legislativo. Esto significa que las prerrogativas contempladas en la formación del gabinete inciden tanto en el modo en que se eligen a los colaboradores como también en la composición definitiva de estos.

Las características principales de la forma presidencialista en Ecuador hasta 1998 se encuentran descritas en los artículos de la Constitución Política de 1978. Entre los poderes *no legislativos*[76] con los que cuenta el Presidente de la República se encuentran aquellos relacionados con el nombramiento de su gabinete según los cuales el jefe del Ejecutivo tiene capacidad para nombrar y remover libremente a ministros y otros altos funcionarios del gobierno sin la aprobación

---

[76] Las atribuciones del Ejecutivo que determinan su relación con el Legislativo se pueden subdividir en dos áreas: poderes legislativos y poderes no legislativos. La primera está vinculada a la capacidad de producir, aprobar o negar leyes por parte del Ejecutivo mientras que la segunda se relaciona con el nombramiento y remoción del gabinete, la censura de los ministros y la posible disolución de la Función Legislativa.

del Congreso y proponer las ternas para que el Congreso nombre al Procurador y al Ministro Fiscal. Por su parte, el Congreso conoce los informes de los ministros y demás funcionarios de los órganos de poder público; pudiendo interpelar, censurar y destituir durante el ejercicio de sus funciones y hasta un año después de finalizadas sus tareas a Ministros y otros funcionarios de gobierno[77]; puede enjuiciar y destituir al Presidente y Vicepresidente por cohecho, traición a la patria o cualquier infracción que afectare el honor nacional[78]. En caso de censura por parte del Congreso, la decisión final de la salida del ministro queda sujeta al propio Presidente, a diferencia de períodos anteriores donde el Congreso tenía la capacidad de destituir automáticamente a los ministros.

En los estudios realizados hasta el momento sobre este tema en Ecuador se ha señalado que el Presidente ha tenido amplios poderes legislativos pero bajos poderes no legislativos[79]. Precisamente, el Ejecutivo se ha visto obligado a utilizar de manera recurrente sus poderes para superar situaciones de bloqueo provocadas por el Congreso, toda vez que éste ha utilizado algunos de sus poderes para presionar sobre el mismo, por ejemplo, a través de la facultad de destitución automática y la de interpelación y censura hasta un año después del ejercicio del cargo del ministro. Así, en función de los poderes formales que le otorga la Constitución al Presidente de la República, la relación entre gobierno y partido ha sido de cierta autonomía, toda vez que el Presidente ha contado con todas las prerrogativas para nombrar a sus colaboradores sin la participación directa en ello de otros poderes. De este modo, el proceso de formación del gabinete ha dependido exclusivamente del Presidente sin contar con la aprobación del Congreso.

---

[77] Entre ellos se encuentran los Magistrados de la Corte Suprema de Justicia; miembros del Consejo Nacional de Judicatura; del Tribunal Constitucional; del Tribunal Supremo Electoral; Procurador; Contralor; Ministro Fiscal; Defensor del Pueblo y Superintendentes.

[78] Ver CORDES (1999: 151).

[79] Ver Shugart y Carey (1992); CORDES (1999); Conaghan (1998).

El conflicto se ha generado entonces en la remoción de los mismos, ya que la supremacía inicial del Ejecutivo se diluía frente al poder del Legislativo por su capacidad de censura y destitución automática. La censura sirvió para presionar al Ejecutivo aunque no para negociar[80]. Esta prerrogativa finalmente se ha modificado toda vez que el Congreso ya no cuenta con la capacidad de censura automática sobre los ministros, aunque continúa teniendo la potestad de interpelar, censurar y señalar su decisión de que ese ministro no continúe en el cargo. Al realizarse esta modificación particular, la autonomía del Presidente en la formación de los gabinetes y sus potestades sobre los mismos han sido mayores[81].

b) Variables endógenas: Líneas de división regional

Lo regional ha incidido directamente sobre dos aspectos de aquello que buscamos analizar. Por una parte, ha influido sobre el gobierno y, por otra, sobre los partidos. En primer lugar, los partidos gozan de apoyos regionales diferenciados[82]. Lo regional ha cruzado no sólo al sistema de partidos, toda vez que divide al sistema en dos grandes regiones que cuentan con su propia dinámica intrapartidista, sino que también fractura a los partidos internamente[83]. Hay

---

[80] Ver CORDES (1999:149).

[81] Un excelente estudio acerca de las relaciones Ejecutivo-Legislativo en Ecuador y las "pugnas de poderes" que han enfrentado a ambos en los últimos veinte años ha sido el trabajo realizado por el equipo de CORDES (1999) en el marco del proyecto sobre Gobernabilidad .

[82] Ver Freidenberg y Alcántara (2001b).

[83] Uno de los elementos que afectan la política ecuatoriana es la marcada diferenciación regional del país. Diversos trabajos (Martz, 1972; Maiguashca, 1994; Menéndez Carrión, 1991; Quintero y Silva, 1991; Pachano, 1991 y 1996) han indicado que la base de división más importante respecto a la integración nacional ha sido tradicionalmente la territorial, al punto de convertir al país en el ejemplo de conflictos regionalistas más intensos del hemisferio (Martz, 1972: 16). Asimismo, una línea de estudios (Martz, 1972; Villavicencio, 1990; Menéndez Carrión, 1991; Pachano, 1991 y 1996; CORDES, 1999; Freidenberg y Alcántara, 2001) han mostrado la manera en que la división regional ha incidido sobre diferentes aspectos de la vida política del país así como también el modo en que esta variable "pesa" en el diseño institucional. Es importante destacar que esas diferencias regionales no son mera-

433

partidos que cuentan con sustento en determinadas regiones mientras en otras tienen serias dificultades para obtenerlos, lo que lleva a que cada agrupación desarrolle estrategias diferenciadas según sea la sociedad regional que le de apoyo. Asimismo, lo regional ha afectado la estructura y la dinámica interna de los partidos; en la función de agregación de intereses de estos y en el papel que desempeñan sobre la formulación de políticas toda vez que hacen que sus demandas e intereses locales, provinciales o regionales se trasladen al nivel nacional. Y eso afecta la capacidad de negociación del gobierno con los partidos (y muchas veces hasta con su propio partido) en el ámbito legislativo. También incide sobre la formación de las fórmulas presidenciales, toda vez que se han presentado candidatos respetando las diferencias regionales y afecta la definición y la formación de los gabinetes por la necesidad de mantener el equilibrio regional.

Con respecto a la influencia de lo regional en la dinámica interna de los partidos resulta interesante destacar la presencia de liderazgos regionales y de intereses de este tipo que aglutinan grupos internos que buscan competir por controlar los recursos significativos (candidaturas, designación de cargos públicos y hasta la dirección) de la propia agrupación y que pretenden imponer intereses locales a nivel nacional. Si como señala Pachano (1999) para el conjunto del sistema político, las agrupaciones "nacionalizan sus demandas locales", podría pensarse que esto mismo se da en el ámbito interno partidista. Las propuestas y necesidades de grupos locales se "nacionalizan" y se convierten en la bandera del partido en todo el país. Por tanto, la lucha intrapartidista se plantea entre coaliciones regionales que conforman bloques internos muchas veces bastante heterogéneos entre sí que pretenden disputar el control del partido, influir en los patrones de reclutamiento; en los nombramientos en las listas de candidatos para cargos de represen-

---

mente geográficas sino que entrañan culturas políticas particulares y formas de relación específica que se hunden en raíces diferenciadas: memorias históricas, peculiaridades culturales, relaciones con el Estado, intereses sociales, desarrollo económico, un papel diferenciado en el comercio mundial, entre otros. Como señala Pachano (1996), cada espacio regional supone "sociedades" propias con características particulares.

tación popular como en la designación de los cargos públicos. Además, el hecho de que se de esta diferenciación en la estructuración del voto del electorado genera a presencia de partidos con apoyos claramente regionales, llevando a conformar dos subsistemas de partidos, con propias dinámicas competitivas.

La fractura regional también se manifiesta en la formación de los gabinetes, por la necesidad de mantener equilibrado el poder. Al estudiar la procedencia regional de los miembros de los mismos se puede observar el modo en que los Presidentes han buscado mantener el equilibrio regional en los mismos, toda vez que la composición se ha mantenido más o menos homogénea habiendo cierta tendencia a una mayor representación de ministros costeños (Roldos-Hurtado; Bucaram) que de serranos (Durán Ballén, Mahuad). Esto muestra la importancia de la variable regional en la decisión de los Presidentes al momento de elegir a sus colaboradores. También es posible encontrar su importancia en las fórmulas presidenciales ya que los partidos buscan mantener ese equilibrio en la designación de aquellos que los representarán en la contienda electoral. Lo regional se observa de este modo en la procedencia de las candidaturas a Presidencia de la República, puesto que el equilibrio regional debe mantenerse en la fórmula (si el candidato a presidente es de la sierra, el vicepresidente debe ser a la costa o a la inversa).

Figura 4

				Gabinete	
				Sierra	Costa
1979-1981	Jaime Roldós	CFP	Costeño	22	28
	Osvaldo Hurtado	DP	Serrano		
1981-1984	Osvaldo Hurtado	DP	Serrano		
	León Roldós	PSE	Costeño		
1984-1988	León Febres Cordero	FRN	Costeño	14	14
	Blasco Peñaherrera	PLRE	Serrano		
1988-1992	Rodrigo Borja	ID	Serrano	11	13
	Luis Parodi	ID	Costeño		
1992-1996	Sixto Durán Ballén	PUR	Serrano	20	19
	Alberto Dahik	PCE	Costeño		
	Eduardo Peña		Costeño		
1996-1997	Abdalá Bucaram Ortíz	PRE	Costeño	5	13
	Rosalía Arteaga	MIRA	Serrana		
1998-2000	Jamil Mahuad Witt	DP	Serrano	12	8
	Gustavo Noboa Bejarano	Ind.	Costeño		
Fuente: Elaboración propia.					

La importancia de la variable regional en la fórmula presidencial y en el gabinete

c) Variables endógenas: factores organizativos

Uno de los factores que incide sobre la composición de los gabinetes es la estructura organizativa del partido que ha sustentado al gobierno en la competencia electoral, específicamente, aquel partido que ha postulado a uno de sus hombres como candidato presidencial (más allá que luego ese candidato haya sido también apoyado por otras agrupaciones políticas). La estructura organizativa tiende a reflejar el equilibrio de poder existente dentro del partido. Como tal, afecta las oportunidades que los distintos grupos intrapartidistas tienen de influir sobre las características de las actividades que se realizan e inciden sobre la forma en que se toman las decisiones. La estructura del partido, en particular, el tipo de liderazgo interno y el nivel de cohesión de la coalición dominante (presencia de facciones o no) se presenta como importante toda vez que señala la intensidad de la vinculación existente entre el Presidente y el partido. Si hay una fusión en la persona que "dirige" el gobierno y "controla" el partido debería esperarse una mayor presencia de militantes de la agrupación gobernante en los puestos clave de decisión gubernamental.

Y esto es lo que ha ocurrido en el caso de estudio. Tanto Borja como Bucaram eran los líderes de sus partidos. A diferencia de otros partidos ecuatorianos, como el socialcristiano, donde el poder formal no se corresponde con el real, toda vez que el líder de la agrupación no ejerce (ni ejerció nunca) la presidencia del partido[84], en el PRE y en ID, la dirección formal y real han coincidido plenamente, más allá de la ausencia física de Bucaram Ortíz y del momentáneo alejamiento de Borja tras el período de gestión gubernamental. En el caso de Mahuad y Roldós, ambos eran líderes importantes de su partido pero ninguno controlaba a la coalición dominante del mismo, toda vez que se daba la presencia de otros liderazgos. Asimismo, el grado de cohesión interna de la agrupación incide sobre la integración de los gabinetes. De este modo a una mayor fragmentación interna del partido (presencia de múltiples facciones), mayores posibilidades que el Presidente no siga una línea partidista en la composición del gabinete. Mientras que a una mayor cohesión interna de la coalición dominante, mayores posibilidades de que el Presidente integre a miembros de su partido en el gabinete. El caso de Mahuad ha sido un ejemplo de ello. La presencia de líneas internas significativas con sus propias cuotas de poder y la fragmentación de los liderazgos contribuyó a una tendencia más antipartido. Así, en dos oportunidades, el presidente electo no controlaba la coalición dominante de la agrupación que

---

[84] Si bien Febres Cordero era el líder del PSC al tomar posesión del gobierno, no detentaba el cargo máximo en la estructura interna del partido, siendo su Presidente en ese momento era Camilo Ponce Gangotena (1984-1988). Cabe destacar que hasta el momento Febres Cordero nunca ha desempeñado ese cargo, a pesar de su indiscutible papel dentro del partido. En cuanto a la ID, al momento de ser elegido Presidente de la República Borja y más allá de ser el líder histórico del partido, el cargo de Director Nacional era Nicolás Issa Obando (1988-1990), pero sí había desempeñado el cargo anteriormente. Respecto a la DP, al momento de ser elegido Presidente de la República, Jamil Mahuad, el cargo de Presidente del Partido era desempeñado por Ramiro Rivera pero Mahuad había ejercido como presidente del partido con anterioridad. Ver Freidenberg y Alcántara (2001a).

lo sustentaba: Roldós en 1978 y el CFP bajo el liderazgo de Assad Bucaram y Jamil Mahuad en 1998 debido a la fragmentación interna de la DP.

En el período analizado, lo regional se ha traducido de diversas maneras en el interior de los partidos. En la Izquierda Democrática han existido disputas internas vinculadas a dos figuras de peso dentro de la agrupación. La división más clara se ha presentado entre el liderazgo serrano de Rodrigo Borja, uno de los fundadores del partido y líder histórico del mismo, y Raúl Baca Carbo[85], un hombre de la Costa, más precisamente de Guayaquil, que había sido incorporado al partido para los comicios de 1978 como candidato a vicepresidente de la República como una manera de garantizarse mayor respaldo electoral en una región hostil para la socialdemocracia serrana. Aún así, el partido ha tenido disputas por el liderazgo en torno a dos grupos, el que se aglutinaba tras la figura de Borja, y el que giraba en torno a Raúl Baca. En tanto, el PRE es la agrupación que menos disputas internas de carácter regional presenta, toda vez que en su interior el liderazgo es claro y con una correspondencia costeña definida, sujeta a un sólo líder que distribuye incentivos (selectivos como solidarios) entre los miembros del grupo[86]. En cuanto al PUR la incidencia de esta variable tiene menor peso, dado que éste fue un partido que funcionó como una mera plataforma electoral para lanzar la candidatura de su líder condicionado por la exigencia del diseño institucional que no permitía la participación de independientes en política. El PUR luego fue perdiendo su peso en el marco del sistema de partidos y ac-

---

[85] Baca había sido primero Prefecto Provincial del Guayas (1976) y luego Alcalde de Guayaquil (1977) durante el gobierno militar. Con esta incorporación a las filas socialdemócratas se pretendía contar con un "bastión electoral" importante en la Costa, principalmente, en Guayaquil. Baca había conducido su administración en base a "[...] criterios técnicos, desarrollistas, [e incentivó] el desarrollo comunitario, particularmente en las zonas suburbanas de asentamiento más reciente [...] donde las necesidades eran mayores [...] (Estimuló la organización de los moradores en torno a sus necesidades básicas, en particular, en las "zonas de puentes", esto es, en áreas suburbanas donde las viviendas son construcciones precarias, chozas de caña sustentadas en pilotes de madera sobre el agua)" (Menéndez Carrión, 1986: 408).

[86] Freidenberg (2001).

tualmente no tiene una estructura significativa en el mismo. Es más, el líder del mismo, Sixto Durán Ballén, que se desempeña como diputado en el periodo 1998-2003 actúa bajo el "paraguas" del Partido Conservador Ecuatoriano.

Por su parte, en la Democracia Popular esto se fue manifestando de manera distinta. Desde sus orígenes como Democracia Cristiana en la década de 1960, esta agrupación ha tenido liderazgos regionales. En sus inicios se dio la alianza entre un grupo proveniente de la Costa, más precisamente de Guayaquil, liderado por Juan Pablo Mocagatta, y otros de la Sierra, en particular, de Quito, encolumnados detrás de Hurtado. Se debe destacar que en su debut electoral, esta agrupación obtuvo un apoyo considerable en la Costa que, aunque no superó a los de la Sierra, deben ser entendidos como sumamente significativos toda vez que no han vuelto a repetirse entre 1986 y 1996. Quizá ese apoyo se deba al trabajo organizativo y de movilización interna realizado por el grupo coordinado por Mocagatta, que en esos años era muy activo en la vida interna de la agrupación pero que finalmente salió de la misma debido a enfrentamientos internos[87].

Pero las relaciones conflictivas entre liderazgos no deben esperarse únicamente entre la cara burocrática y de gobierno o entre la de gobierno y la legislativa. Los conflictos por el liderazgo pueden estar también en la propio gobierno y entre los máximos responsables del mismo. En el caso de estudio, la mayoría de los presidentes han tenido conflictos con sus vice, llegando muchas veces a rupturas significativas (como el caso de Durán Ballén-Dahik, Bucaram-Arteaga). Salvo Roldós-Hurtado y Borja-Parodi, los demás han tenido

---

[87] Según Espinosa Cordero (1999: 21), "[...] Mahuad llegó al gobierno con un partido formado por pocos diputados de verdad, antiguos miembros de la flecha verde, y por otros que se flecharon a última hora en la campaña electoral [...]" En julio de este año, solo 14 de los 33 diputados de la flecha verde estaban afiliados al partido (*Periódico El Comercio*, julio de 1999). Es más, en PELA (1998), la mayor parte de los diputados ha señalado que su elección como legislador se debe a su propia experiencia en otros cargos públicos y/o políticos (el 45 por ciento) y muy pocos indicaron que su elección se debiera a la ideología del partido (3,2 por ciento), al arrastre del líder (6.5 por ciento) o al programa de la agrupación (9,7 por ciento).

algún tipo de conflicto en la cumbre (Ver Figura 5). Esto muchas veces generó cambios en el gabinete por la búsqueda de nuevos apoyos externos a la coalición de gobierno.

Figura 5

Rupturas en la cumbre entre presidente y vicepresidente			
Gobierno		**Duración**	**Causa**
Osvaldo Hurtado	DP	8 meses	Declaraciones sobre Jaime Roldós.
León Roldós	PSE		
Leon Febres Cordero	PSC	20 meses	Levantamiento Taura.
Blasco Peñaherrera	PLRE		
Sixto Durán Ballén	PUR	39 meses	Juicio de Gastos Reservados.
Alberto Dahik	PCE		
Abdalá Bucaram	PRE	1 mes	Sucesión Presidencial.
Rosalía Arteaga	MIRA		
Jamil Mahuad	DP	1 año y 6 meses	Quiebra del Gobierno. Ingobernabilidad.
Gustavo Noboa	IND.		
Fuente: Elaboración propia a partir de datos de: Juan Carlos Calderón V. "Rosalía La soledad del no poder" en *Revista Vistazo* 26 de septiembre de 1996, pág. 7.			

5. Conclusión

El objetivo de este trabajo se enmarca en la necesidad de pensar las relaciones entre gobiernos y partidos en América Latina. Esto supone repensar teóricamente los modelos de análisis desarrollados hasta el momento a la luz de las características particulares que presenta la realidad latinoamericana. Asimismo, se plantea como un intento de encuadrar los enfoques sistémicos sobre los partidos a las experiencias de este contexto subregional. Así, el presente estudio muestra que es posible comprender cómo actúan los partidos en diferentes arenas y que muchas veces las caras de un mismo partido pueden hasta comportarse de manera contradictoria.

Se sostiene que desde el proceso de transición democrática de 1977, la relación entre los gobiernos ecuatorianos y sus partidos ha sido variopinta y compleja. La vinculación entre los miembros de un mismo partido que participaban en diferentes ámbitos de actuación del partido ha sido de carácter conflictiva en la mayor parte de las experiencias gubernamentales que ha habido en el país tras la transición democrática. Estas relaciones conflictivas han llevado a que se dieran bajos niveles de partidismo en el gobierno y que en distintos momentos los propios partidos hayan sido los que dificultaron la acción de gobierno del Presidente y otros que buscaron su salida del poder. Además se argumenta que diversos elementos han afectado de manera constante el tipo de nombramientos los Presidentes han realizado.

La presencia de políticos independientes muestra un alejamiento entre Presidente y partido y, por tanto, una mayor autonomía del Presidente de su agrupación partidista. Este indicador muestra que no estaríamos ante un gobierno de partido. Una mayor personalización de la política suponen patrones clientelísticos, ideología difusa, debilidad organizativa. No es posible señalar ni una plena autonomía ni una plena independencia, ya que esto varía por partido y por política. Además, no hay una subordinación de la cara legislativa hacia el gobierno ni hacia el partido, lo cual incrementa los niveles de conflictividad en el sistema político.

También se ha mostrado que es posible estudiar la composición de los gabinetes ministeriales como una manera de abordar los modos de relación entre el gobierno (Ejecutivo Nacional) y el partido que lo sustenta, en el sentido de que las decisiones que los Presidentes toman respecto a ello suponen un primer paso en el marco de una estrategia más general en los procesos de elaboración y formulación de políticas públicas. Esta manera es una de las más fácilmente identificables en cuanto a lo que el Presidente está dispuesto a hacer durante su gestión. El presente trabajo además presenta como propuesta el hecho de superar los análisis meramente empírico-descriptivos, centrándose más en un nivel empírico explicativo, que de cuenta de los factores que inciden sobre la formación de los gabinetes (una de las variables más importantes al momento de estudiar la relación partidos-gobiernos). De este modo, se propone ver como un entramado explicativo la vinculación posible entre factores institucionales, organizativos y sociales en el marco de esa dimensión objeto de estudio.

Finalmente cabe señalar una vez más cómo la variable regional tiene un peso importante en la política ecuatoriana no sólo en el ámbito electoral, es decir, a nivel de las preferencias de los ciudadanos, sino también en el marco de las instituciones políticas y en su dinámica interna. Lo cual lleva a pensar la importancia de este factor en la vida política de este país e invita a reflexionar respecto a las consecuencias que las misma genera en la dinámica política. Así, lo regional se presenta más que como un problema analítico como una *urgencia* política real en el sentido de pensar en soluciones políticas viables que redistribuyan las relaciones de poder en el seno de este sistema político.

Bibliografía

ALDRICH, J. (1995). *Why Parties? The Origin and Transformation of Political Parties in America.* Chicago y Londres: The University of Chicago Press.

AMORIM NETO, O. (1988). "Cabinet Formation in Presidential Regimes: An Analysis of 10 Latin American Countries". Trabajo presentado en el Congreso Internacional de la Asociación de Estudios Latinoamericanos, The Palmer House Hilton Hotel, Illinois, 24-26 de septiembre.

BLONDEL, J. (1988). "Introduction: Western European Cabinets in Comparative Perspective". En Blondel, J. y Müller-Rommen, F. (eds.) *Cabinets in Western Europe.* Londres: Macmillan.

BURBANO DE LARA, F. (1997). *Antecedentes de la nueva democracia. La ilusión de los años 60 y 70.* Documento de trabajo 3. Quito: CORDES.

BUSTAMANTE, F. (2000). "Los partidos como orientadores culturales". *Iconos* 9: pp. 88-97. Quito: Flacso-Ecuador.

CANSINO, C. (coord.) (1997). *Gobiernos y partidos en América Latina. Un estudio comparado.* México: Centro de Estudios de Política Comparada.

CASTLES, F. y WILDENMANN, R. (1986). *The Future of Party Government. Visions and Realities of Party Government.* Collection The Future of Party Government. Berlín: DeGruyter, European University Institute Series.

CONAGHAN, C. (1996). "Políticos versus partidos: Discordia y desunión en el sistema de partidos ecuatoriano". En Mainwaring, S. y Scully, T. (eds.) *La construcción de las instituciones democráticas.* Santiago: CIEPLAN.

_____ (1998). "Partidos débiles, políticos 'indecisos' y tensión institucional: el presidencialismo en Ecuador, 1979-1988". En Linz, J. y Valenzuela, A. (eds.) *La crisis del presidencialismo, 2, América Latina.* Madrid: Alianza Universidad.

COPPEDGE, M. (1994). *Strong Parties and Lame Dicks: Presidential Partyarchy and Factionalism in Venezuela.* Stanford: Stanford University Press.

CROTTY, W. (1970). "A Perspective for the Comparative Analysis of Political Parties". *Comparative Political Studies,* pp. 267-295.

DE LA TORRE, C. (1992). "Demagogia, irracionalidad, utilitarismo o protesta". En autores varios *Populismo.* Quito: ILDIS, El duende y Ediciones Abya-Yala.

FREIDENBERG, F. (2001). *El reino de Abdalá Bucaram: El Partido Roldosista Ecuatoriano en busca del poder (1982-2000).* Tesis Doctoral. Universidad de Salamanca.

FREIDENBERG, F. y ALCÁNTARA SÁEZ, M. (2001a). *Los dueños del poder: Partidos políticos en Ecuador (1979-2000)*. Quito: Flacso-Sede Ecuador.

_____ (2001b). "Cuestión regional y política en Ecuador: Partidos de vocación nacional y apoyo regional". *América Latina hoy*, 27. Salamanca: Ediciones Universidad de Salamanca.

HOPKIN, J. y PAOLUCCI, C. (1999). "The Business Firm Model of Party Organization: Cases from Spain and Italy". *European Journal of Political Research*. Vol. 35:3: pp. 307-399.

HURTADO, O. (1977). *El poder político en Ecuador*. Quito: Pontificia Universidad Católica.

INFORME FINAL CORDES-GOBERNABILIDAD (1999). *La ruta de la gobernabilidad*. Quito: CORDES.

INGLEHART, R. (1984). "The Changing Structure of Political Cleavages in Western Society". En Dalton, R, Flanagan, S. y Beck, P. (eds.) *Electoral Change in Advanced Industrial Democracies: Realignment or Dealignment?* Princeton: Princeton University Press.

KATZ, R. y MAIR, P. (1990). "Three Faces of Party Organization: Adaptation and Change", trabajo presentado en el XII Congreso Mundial de Sociología, realizado del 9 al 13 de julio en Madrid.

KATZ, R. (1987). "Party Government and its Alternatives". En Katz, R. (ed.) *Party Governments: European and American Experiences*. Berlín: Walter de Gruyter, European University Institute.

LAVER, M. y SHEPSLE, K. (1996). *Making and Breaking Governments: Cabinets and Legislatures in Parliamentary Democracies*. New York; Cambridge: Cambridge University Press.

LAVER, M. y SCHOFIELD, N. (1998). *Multiparty Government: The Politics of Coalition in Europe*. Ann Arbor: University of Michigan Press.

LIPSET, S. M. y ROKKAN, S. (1971). "El partido político: agente de conflicto e instrumento de integración". En Calanchini, J. *Partidos políticos 2*. Montevideo: Instituto de Ciencia Política y Fundación de Cultura Universitaria.

MAIGUASHCA, J. (ed.) (1994). "El proceso de integración nacional en el Ecuador: el rol del poder central, 1830-1895". Cap. 7. En Maiguashca, J. *Historia y región en el Ecuador*. Quito: FLACSO-Sede Ecuador; Corporación Editora Nacional.

MARTZ, J. (1972). *Ecuador: Conflicting Political Culture and the Quest for Progress*. Boston: Allyn and Bacon.

MENÉNDEZ CARRIÓN, A. (1991). "Región y elecciones en Ecuador: 1952-1988. Elementos para el debate". *Documentos de trabajo* 6. Quito: FLACSO-Sede Ecuador.

_____ (1986). *La conquista del voto*. Quito: ILDIS.

MONTÚFAR, C. (2000). *La reconstrucción neoliberal. Febres Cordero o la estatización del neoliberalismo en el Ecuador, 1984-1988*. Quito: Abya-Yala.

O'DONNELL, G. (1995). "Otra institucionalización". *Ágora*, 5 (Invierno). Buenos Aires.

PACHANO, S. (1999). "Problemas de representación y partidos políticos en Ecuador". En Manz, T. y Zuazo, M. (coords.) *Partidos políticos y representación en América Latina*. Caracas: ILDIS; Editorial Nueva Sociedad; Friederich Ebert.

_____ (1996). *Democracia sin sociedad*. Quito: Corporación Editora Nacional.

PANEBIANCO, A. (1980-1992). *Modelos de partido*. Madrid: Alianza.

QUINTERO LÓPEZ, R. (1999). *Animal político. Lecturas para politizar la memoria*. Quito: Escuela de Sociología y Ciencias Políticas de la Universidad Central del Ecuador; Abya-Yala.

QUINTERO, R. y SILVA, E. (1991). *Ecuador: una nación en ciernes*. Quito: FLACSO, Sede Ecuador; Abya-Yala.

RANNEY, A. (1962). *The Doctrine of Responsible Party Government, Its Origins and Present State*. Urbana: Greenwood Press Reprint.

RIVERA, F. (1996). "Gobierno bucamarista y la política espectáculo". *Ecuador debate*, 39 (diciembre): pp. 35-42.

ROSE, R. (1969). "The Variability of Party Government: A Theoretical and Empirical Critique". *Political Studies*, 17: pp. 413-445.

SARTORI, G. (1976-1992). *Partidos y sistema de partidos*. Madrid: Alianza.

SHUGART, M. y CAREY, J. (1992). *Presidents and Assemblies. Constitutional Design and Electoral Dynamic*. Nueva York: Cambridge University Press.

SACHATTSCHENEIDER, E. E. (1942). *Party Government*. Holt, Rinehart y Winston.

STROM, K. (1990). *Minority Government and Majority Rule*. Cambridge: Cambridge University Press.

VILLAVICENCIO, G. (1990). "Diferencias regionales y evolución política electoral en el Ecuador: aproximación comparativa, 1978-1989". En TSE: *Análisis de los procesos electorales*. Quito: CEN.

Legislación

Constitución de la República del Ecuador (1979) y (1998).

Tribunal Supremo Electoral (1990): *Legislación electoral ecuatoriana*. Tomo III. Quito: CEN.

Bases de datos

Proyecto de Elites Parlamentarias Iberoamericanas (PELA) (1996). *Ecuador*. Volumen 4. Salamanca y Madrid: Universidad de Salamanca y Centro de Investigaciones Sociológicas (CIS).

Proyecto de Elites Parlamentarias Iberoamericanas (PELA) (1998). *Ecuador*. Salamanca: Universidad de Salamanca.

Proyecto Partidos Políticos en América Latina (PPAL) (2000). *Ecuador*. Salamanca: Universidad de Salamanca.

Documentos de los partidos

Declaración de Principios y Estatuto del Partido Social Cristiano presentada al Tribunal Supremo Electoral en 1997.

Declaración de Principios y Estatutos de la Democracia Popular. Aprobada en el Congreso Ideológico del 2, 3 y 4 de julio de 1993.

Declaración de Principios y Estatutos del Partido Roldosista Ecuatoriano (1982).

Declaración de Principios y Estatutos de la Izquierda Democrática (1978 y 1994).

Fuentes periodísticas

Diario *Hoy digital* y base de datos *Explored* (1990-2000) (Quito, Ecuador).

Periódico *El comercio* y base de datos *Explored* (1990-2000) (Quito, Ecuador).

Periódico *El universo* (1999-2000) (Guayaquil, Ecuador).

Periódico *El expreso* (1999-2000) (Guayaquil, Ecuador).

Periódico *La hora* (1999-2000) (Ecuador).

Periódico *El país* (1977-2000) (Madrid, España).

Periódico *El telégrafo* (1999-2000) (Guayaquil y Quito, Ecuador).

Periódico *Vistazo digital* (1995-2000) (Guayaquil y Quito, Ecuador).

Siglas de Agrupaciones Políticas

APRE = Acción Popular Revolucionaria Ecuatoriana

CFP = Concentración de Fuerzas Populares

DC = Democracia Cristiana

DP-UDC = Democracia Popular - Unión Demócrata Cristiana

FADI = Frente Amplio de Izquierda

FRA = Frente Radical Alfarista

FRN = Frente de Reconstrucción Nacional

ID = Izquierda Democrática

MDS = Movimiento Social Demócrata

MSC = Movimiento Social Cristiano

MIRA = Movimiento I para una República Auténtica

MUPP-NP = Movimiento Unidad Plurinacional Pachakutik - Nuevo País

PCD = Pueblo, Cambio y Democracia

PD = Partido Demócrata

PCE = Partido Conservador Ecuatoriano

PSC = Partido Social Cristiano

PRE = Partido Roldosista Ecuatoriano

PNR = Partido Nacionalista Revolucionario

PSE = Partido Socialista Ecuatoriano

PUR = Partido Unidad Republicana

Conclusiones: Los partidos ante un futuro incierto

Manuel Alcántara Sáez y Elena M. Barahona *

El avance irrestricto de la democracia en los últimos tiempos ha supuesto un triple proceso: la necesidad de articular reglas de juego asumidas por la mayoría donde hubiera espacios organizativos mínimos para la competición política; la incorporación de la movilización social a través de formas de participación y de representación; y, finalmente, la creación de canales de selección del personal político. Estas tres facetas se refieren a temas recurrentes en la literatura de las ciencias sociales y aluden, en una terminología más técnica, a la institucionalización del régimen político, a la intermediación entre las demandas societales y el poder, y a la profesionalización de la política. En un marco de poliarquía, en el que predomine la libre e igualitaria competencia por el poder mediante reglas conocidas y asumidas por la mayoría, a través de procesos electorales periódicos, la institucionalización, la intermediación y la profesionalización son elementos indispensables, que vienen siendo desempeñados por los partidos políticos.

De esta manera, la importancia de su estudio y de los problemas a los que se enfrentan reside en que constituyen claros ejes que entrelazan, de una manera estable y previsible, a la sociedad con el régimen político. Así, independientemente del modelo de partido de que se parta, las funciones desempeñadas de articulación y de agregación de intereses, de legitimación, de socialización, de representación y participación, y de formación de una elite diri-

* Universidad de Salamanca.

gente, con mayor o menor intensidad, siguen siendo vitales para el sistema político.

El papel de los partidos políticos se liga a su operatividad funcional. Una operatividad que está enormemente condicionada por los distintos ámbitos de actuación del partido en los que se trasmite la dualidad privado-público que envuelve a los partidos. Si la estricta organización interna de los mismos, su forma de articular su gestión y de estructurar su liderazgo podría situarse en el ámbito más privado del binomio, la nominación de sus miembros para los puestos de representación política y generalmente la financiación estatal, dada su primacía, se desplaza hacia lo público. Escenario en el que ha aparecido en los últimos tiempos una demanda más intensa de transparencia y de participación. Es en todos estos ámbitos donde se ha situado el presente libro señalando gran número de sus retos y las posibles soluciones en este terreno político, falto, en gran medida, de análisis y de evidencia empírica, contribuyendo de este modo a la discusión abierta sobre el tema.

Un denominador que en un estudio reciente[1] aparece con claro vigor y consistencia es el carácter ideológico de los partidos latinoamericanos[2]. De esta manera, a la disyuntiva de si los partidos en la Región son instituciones o meras máquinas políticas se añade dicho denominador. No se trata, por tanto, de una opción teórica que contrapone exclusivamente, en el universo de la política, a los partidos como instituciones de los partidos como maquinarias, sino que ambas son concebidas como ideológicas. Comportan valores que dan sentido a la existencia política y enuncian postulados de acción también política. En los dos casos hay un componente programático-ideológico evidente que dis-

---

[1] Se trata del trabajo de Manuel Alcántara (en prensa) ¿Instituciones o máquinas ideológicas? Origen, programa y organización de los partidos políticos latinoamericanos. Madrid. Akal

[2] El término ideológico se separa del usado por Max Weber (1984) Economía y sociedad. México, Fondo de Cultura Económica. Págs: 1078-1079, cuando diferenciaba entre partidos como esencialmente "organizaciones patrocinadoras de cargos" y "partidos de ideología" que se proponen la implantación de ideales de contenido político.

crimina, por una parte, a los partidos y, por otra, les da un contenido inequívoco tanto en lo relativo a configurar una seña de identidad propia como de enviar una oferta al electorado que, consistente o no con sus intenciones reales, apropiado o no como solución a los problemas existentes, termina por darles un sentido exógeno.

Desde la perspectiva de la sociedad, los partidos vienen centrando las críticas más consistentes, y a veces despiadadas, sobre el funcionamiento de la democracia. El deterioro y la baja calidad de la misma se asocia enormemente con el desempeño del universo partidista. Existe un denominador social generalizado que estima que los partidos políticos tienen una elevada dosis de responsabilidad en el devenir de la política. Se trata de una delicada señal de alarma que subraya el interés del tema en la medida de la capacidad de encontrar una respuesta a las valoraciones negativas que se realizan. El estudio de opinión pública llevado a cabo en diecisiete países latinoamericanos denominado Latinobarómetro ha puesto de manifiesto que el grado de confianza de los ciudadanos en los partidos ha caído a niveles inferiores al veinte por ciento para todos los países en el periodo comprendido entre 1996 y 2002, salvo en el caso de Uruguay que se mantiene en torno al 31 por ciento y de Venezuela que ha mejorado del 10 al 19 por ciento. En casos como Paraguay, Argentina y Chile el descenso es dramático[3].

Sobre la base de estos dos denominadores y a guisa de conclusión se subrayan cinco retos, de entre los más relevantes, que los partidos deben encarar frente a su futuro incierto, todo ello sin la pretensión de agotar el tema. De esta manera se ha indicado como primer reto de la política partidista en América Latina la necesidad de la presencia real en el poder de todo el espectro ideológico ya que la clasificación en el continuo izquierda-derecha pone de relieve la dificultad que tienen los partidos agrupados en la izquierda y en el centro-izquierda para acceder al gobierno, a pesar de haber mejorado en la última década y de haber alcanzado parcelas de poder en instancias descentralizadas del mismo como son los ayun-

---

[3] Ver los datos al respecto publicados en *The Economist*, 15 de agosto de 2002.

tamientos, las regiones o los Estados. Más aun, los partidos tienen que recoger en su seno las divisiones existentes en la sociedad, no todas ellas nuevas, estructurándose de acuerdo con los ejes que dominan no sólo el debate político sino el económico y el cultural. Sumidos en una realidad cada vez más multicultural y globalizada deben articular la misma desde los grupos a los que representan y tratar de abrir cauces de participación a los mismos. Se trata, por tanto, de conseguir la presencia en la política de los sectores indígenas, secularmente marginados de la misma, como de nuevos sectores urbanos que se definen por sesgos sociales, económicos y culturales no tradicionales y que se expresan, entre otras, mediante reclamaciones de género, ecológicas, frente a la globalización y a nuevas formas de actividad económica.

En lo que al tema de la financiación de los partidos y de sus actividades se refiere, cobra especial relevancia la problemática doble de las prácticas clientelísticas que profundizan la corrupción existente en los partidos y de la rendición de cuentas de los gastos realizados. Frente a estos desafíos, la solución se vislumbra en el fomento de la transparencia y en la conjugación de política y ética. Algo que no se consigue únicamente desde la regulación legal imponiendo normas razonables y controles efectivos sino mediante la aplicación de esos controles adecuadamente para lo que es imprescindible la obligación de actuar con honestidad tanto por parte de los dirigentes como de los militantes y de la ciudadanía. Pero no sólo ello, la sociedad debe tomar conciencia de que la política cuesta dinero y de que quizá sea más fructífero invertir en la misma desde lo público, donde las posibilidades de rendición de cuentas y de reparto equitativo son más viables, que desde meras plataformas privadas que pudieran responder a intereses muy particulares.

En tercer lugar, los análisis sobre la organización interna de los partidos políticos latinoamericanos ponen de relieve que, si bien son relativamente estructurados y mantienen una vida partidista continua entre las elecciones, no tienen totalmente resuelta su estrategia de definirse como partidos de militantes o de electores. El papel de los militantes continúa siendo ambiguo fruto de las fuertes tendencias existentes tanto hacia su patrimonialización como a su personalismo. Sin embargo, en sociedades a veces poco estructuradas son un activo fundamental que no debe desecharse. Si bien la presencia todopoderosa de la televisión sustituye de forma casi irremediable muchas de las funciones clásicas que realizaban los militantes, los partidos no deben renunciar a tener una presencia incluyente en la sociedad huyendo de la fórmula de éxito de los últimos tiempos de los "partidos taxi", denominación de aquellas formaciones cuyo exiguo número de militantes les permite entrar a todos en el mismo auto.

Corolario de ésto, los partidos se ven sometidos a fuertes tensiones en lo relativo a su propia democratización. Se llega a considerar intolerable que los principales actores de la democracia no tengan, a su vez, resuelto el problema de su democracia interna en una doble vertiente: la referida al proceso de selección de sus candidatos para cuadros de las instancias representativas en los diferentes niveles y la que hace referencia a su propia estructura, la elección de los diferentes órganos de gobierno del partido y el grado de su responsabilidad y rendición de cuentas ante los militantes. Éste ha sido un cambio en el que se ha avanzado notablemente en los últimos tiempos a pesar de que el carácter caudillista de algunos partidos, reforzado por la personalización de la política que imponen las nuevas formas de hacer campaña, lo hace difícil y termina por manipularse el propio proceso.

Finalmente, la adecuación al modelo de sistema político existente, a sus instituciones, tanto en lo atinente a las reglas electorales en lo relativo a la introducción del *ballotage* para la elección presidencial, a distintas fórmulas de voto preferencial y de representación mayoritaria, como a la forma de gobierno suponen un constante reto. La práctica de gobiernos de coalición desarrollada con profusión a lo largo de la década de 1990, así como la proliferación de elecciones según los diferentes niveles de política descentralizada llevadas a cabo en tiempos diferentes suponen prácticas nuevas que requieren el reacomodo de los partidos. Pero más importe es la adecuación a la lógica del presidencialismo ya que se trata de un tipo de forma de gobierno que establece una peculiar relación con los partidos al constituir tres instancias que no siempre se llevan bien, a saber: el gobierno, el grupo o bancada parlamentaria y el estado mayor del partido. Instancias que a veces cuentan con liderazgos diferentes, intereses desiguales y responsabilidades distintas.

Para terminar, a lo largo de la presente obra se ha podido comprobar cómo la financiación de los partidos, junto con su institucionalización, sus características en el ámbito organizativo o su papel en las instancias gubernamentales, son fundamentales para el desarrollo y la evolución de la democracia en general y de los partidos en particular. De modo que los trabajos recogidos han contribuido al debate de los partidos como mini sistemas que actúan en un escenario multivariado con varias caras que se traducen en dos ámbitos: el externo (organización de gobierno, electoral y legislativa) y el interno (organización burocrática y de miembros).

Hay cierta evidencia de que, pese a ciertas visiones catastrofistas, el mundo partidista latinoamericano presenta problemas y desafíos semejantes a los del resto de partidos a escala del mundo occidental, con la diferencia que constituye un campo de estudio poco examinado por diferentes motivos entre los que se cuentan el bajo desarrollo de la democracia, pero también el olvido por parte de la Academia, y cuya riqueza ha quedado patente. Este es el verdadero reto al que esta obra ha querido desafiar.

Curriculum Vitae de los autores

Manuel Alcántara Sáez

Catedrático de Ciencia Política y de la Administración de la Universidad de Salamanca (España). Director del Instituto Interuniversitario de Estudios de Iberoamérica y Portugal de dicha Universidad. Es asimismo profesor de la Escuela de Verano de la Universidad de Georgetown desde 1996 y Visiting Fellow del Kellogg Institute de la Universidad de Notre Dame. Es autor de numerosos estudios sobre la política de América Latina, entre los que destacan los libros *Sistemas políticos de América Latina* (2ª ed. Madrid, 1999).

Sergio Iván Alfaro Salas

Licenciado en Derecho por la Universidad Autónoma de Centro América. Ha completado los créditos para optar al grado de Doctor por la Universidad de Salamanca dentro del programa "Procesos Políticos Contemporáneos" en el Area de Ciencia Política y de la Administración y actualmente desarrolla una tesis sobre la organización y funcionamiento de los partidos costarricenses.

Roberto Espíndola

Profesor de Ciencia Política y Director del Departamento de Estudios Europeos de la Universidad de Bradford (Reino Unido), donde también dirige el Centro de Investigaciones sobre las Relaciones Europeo-Latinoamericanas y la consultoría Governance and Policy Research. Es miembro del consejo científico de Cahiers des Amériques Latines (París) y del consejo editorial de Cahiers de Cercal (Bruselas). Ha sido presidente del consejo editorial de Bulletin of Latin American Research

(Reino Unido), de la Sociedad de Estudios Latinoamericanos del Reino Unido (SLAS) y de la Asociación Europea de Investigación sobre Centroamérica y el Caribe (ASERCCA) de la cual es Presidente Honorario. Entre sus publicaciones recientes se cuentan Problems of Democracy in Latin America (Estocolmo, 1996) y contribuciones a revistas y trabajos científicos en Francia, Israel y el Reino Unido.

Delia Ferreira Rubio

Doctora en Derecho por la Universidad Complutense de Madrid. Co-directora del centro de Estudios para Políticas Públicas Aplicadas –CEPPA–. Es autora de numerosos libro y capítulos sobre financiación partidista. Profesora invitada en la Universidad de Oxford (Inglaterra).

Flavia Freidenberg

Investigadora del Instituto Interuniversitario de Estudios de Iberoamérica y Portugal de la Universidad de Salamanca. Becaria del Programa de Formación de Personal en Investigación (1998-2001) del Ministerio de Educación y Cultura de España. Coordinadora académica de la Maestría en Ciencia Política Iberoamericana de la Universidad Internacional de Andalucía. Master en Estudios Latinoamericanos por la Universidad de Salamanca. Doctora en Ciencia Política y de la Administración Pública por la Universidad de Salamanca con una tesis sobre la estrategia organizativa para movilizar apoyos del Partido Roldosista Ecuatoriano.

Steven Levitsky

Doctor por la Universidad de California (Berkeley). Profesor Asistente de Gobierno y de Estudios Sociales en la Universidad de Harvard. Su área de especialización es la política latinoamericana con específico interés en los partidos políticos, en los sistemas de partidos y democratización. Es autor de numerosas obras entre las que destaca la de *Transformando los partidos obreros en América Latina: el peronismo argentino en perspectiva comparada.*

Elena Martínez Barahona

Licenciada en Derecho y en Ciencia Política por la Universidad de Salamanca. Master en Estudios Latinoamericanos por el Instituto de Estudios de Iberoamérica y Portugal, Universidad de Salamanca. Ha realizado los cursos de doctorado en el programa de Procesos Políticos Contemporáneos de la Universidad de Salamanca y se encuentra trabajando en su tesis doctoral sobre partidos políticos en América Latina. Actualmente realiza el Diploma en *Social Science Data Analysis and Collection* en la Universidad de Essex (Inglaterra).

Scott Morgenstern

Profesor de Ciencia Política en la Universidad de Duke (North Carolina –USA–). Cursó en el CIDE en Mexico. Profesor invitado en la Universidad de Salamanca (España) para el curso 2001-2002. Ha publicado articulos en Journal of Politics, Comparative Politics, Party Politics, y Legislative Studies Quarterly. Co-editor del próximo libro de Cambridge University Press, "Legislative Politics in Latin America".

Leticia M. Ruiz Rodríguez

Profesora Ayudante del Área de Ciencia Política-Departamento de Derecho Público General de la Universidad de Salamanca. Master en Política Comparada en la University of North Carolina en Chapel Hill. Maestría de Estudios Latinoamericanos de la Universidad de Salamanca. Diploma en *Social Science Data Analysis and Collection* en la Universidad de Essex (Inglaterra). Realiza su tesis de doctorado sobre temas de partidos políticos y competencia partidista en América Latina.

Daniel Zovatto

Abogado y Licenciado en Ciencias Políticas y Relaciones Internacionales. Doctor en Derecho Constitucional por la Universidad Complutense de Madrid, con Maestrías en Diplomacia (Escuela Diplomática Española) y Gerencia Pública (Universidad de Harvard). Desde 1997 se desempeña como Senior Executive de International Institut for democracy and Electoral Assistance (IDEA) .

Este libro se terminó de imprimir
en agosto de 2003 en los talleres de
Diseño e Impresos Sandoval. Tel. 57934152.
La edición consta de 1,000 ejemplares
más sobrantes para reposición.